DATA ASSET ACCOUNTING

一本书讲透
数据资产会计

数据资产入表的财务路径

戚笑天 ◎ 著

机械工业出版社
CHINA MACHINE PRESS

图书在版编目（CIP）数据

一本书讲透数据资产会计：数据资产入表的财务路径 / 戚笑天著．-- 北京：机械工业出版社，2024.10.
ISBN 978-7-111-76562-2

Ⅰ．F272.7

中国国家版本馆 CIP 数据核字第 20242P39S6 号

机械工业出版社（北京市百万庄大街 22 号　邮政编码 100037）
策划编辑：杨福川　　　　　　　　　责任编辑：杨福川　罗词亮
责任校对：杜丹丹　杨　霞　景　飞　责任印制：常天培
北京科信印刷有限公司印刷
2024 年 12 月第 1 版第 1 次印刷
170mm×230mm・24 印张・3 插页・361 千字
标准书号：ISBN 978-7-111-76562-2
定价：129.00 元

电话服务　　　　　　　　　　　网络服务
客服电话：010-88361066　　　　　机　工　官　网：www.cmpbook.com
　　　　　010-88379833　　　　　机　工　官　博：weibo.com/cmp1952
　　　　　010-68326294　　　　　金　书　网：www.golden-book.com
封底无防伪标均为盗版　　　　　　机工教育服务网：www.cmpedu.com

赞誉

（按评论者的姓氏拼音排序）

作为财务从业人员，我一直关注企业在数字化转型中的财务管理变革。戚笑天先生的这本书恰好契合了当下企业在数智化浪潮中面临的紧迫需求，它以深入浅出的方式解读了数据资产从理论到实践的全流程，特别是针对数据资产的会计处理、账务操作和信息披露等关键环节，给出了系统性的指导方案。对于财务 BP 而言，这不仅是一部工具书，更是为财务团队赋能的思想武器，有助于我们更好地在企业内部推动数据资产化、数字化转型进程，提升财务决策的精准性与战略价值。这本书必将成为财务领域从业者提升职业竞争力的必读佳作。

——冯月思　悦财创始人 / 畅销书《财务 BP：500 强高管的实践之道》作者

数据是数字经济时代的重要市场要素。作为法律从业者，我认为数据资产的确权、估值、交易等方面均存在较多法律挑战，而这本书恰如其分地从会计角度回应了这些挑战，尤其是在数据资产入表的规范和处理上，提供了清晰的指引和翔实的案例分析。这不仅有助于企业实现数据资产的合规，还为数据产品相关交易和诉讼提供了坚实的理论依据和实务指导。对于所有关注数据资产法律风险与机遇的专业人士，这本书无疑是必读之作。

——江翔宇　上海市协力律师事务所高级合伙人 / 法学博士 /
上海市法学会金融法研究会副秘书长

这本书以作者独到的见解和丰富的实践经验，为我们详细解读了数据资产会计的理论与实务。它不仅响应了国家对数据资产入表的迫切需求，还为企业在数字化转型中如何准确评估和管理数据资产提供了宝贵指导。作为数据要素领域的先行者，我认为这本书必将成为推动企业高效管理数据资产的必备工具，对行业发展具有里程碑意义。

——马卫东　工信通（北京）科技有限公司董事长/数据要素高研院院长

这本书是数据资产领域的一部重要著作，尤其对我们这些专注于数据资产研究的机构来说，具有重要的理论和实践价值。它全面解析了数据资产的会计处理流程，从理论构建到实务操作，深入探讨了数据资产如何在企业中实现价值转化，并以大量实际案例为支撑，为我们的数据资产研究和实践提供了系统性的指导。数据资产在数字经济中的地位日益提升，这本书为相关领域的研究提供了丰富的素材和思路，必将成为数据资产研究者和从业者的必备参考书，推动数据资产在更广泛领域的应用与发展。

——彭海林　贵州数据宝数据资产研究院院长

在数字化浪潮中，数据资产已成为企业最宝贵的资源之一。这本书不仅为会计专业人士提供了数据资产核算的详尽指南，更为我们这些在数据交易领域工作的人员提供了深刻的洞见。书中对数据资产的全面解读，从理论到实践，从政策到操作，都体现了作者戚笑天先生的专业素养和前瞻视野，并为我们如何高效、合规地进行数据资产交易提供了宝贵参考。它不仅能够帮助我们理解数据资产的会计处理，还让我们认识到数据资产在企业价值中的核心地位。对于致力于推动数据交易市场健康发展的我们来说，这本书是必读之作。我把它强烈推荐给所有对数据资产交易有兴趣的同行和企业家，让我们一起探索数据资产的巨大潜力。

——赵永涛　甘肃省产权交易所总经理

推荐序

这是一个年轻人在一个更加年轻的新兴会计领域的一部著作。这个年轻人是戚笑天，而那个更加年轻的新兴会计领域则是数据资产会计。年轻代表着未来，年轻意味着希望。年轻人勇于探索的精神令人欣赏，新兴会计领域丰富多彩的前景令人期待。

随着数字经济的持续和深入发展，海量数据逐渐成为微观企业和宏观经济发展的重要战略资源。2020年4月《中共中央 国务院关于构建更加完善的要素市场化配置体制机制的意见》发布，正式将数据作为新的生产要素单独列出。财政部2023年8月出台并于2024年1月1日施行的《企业数据资源相关会计处理暂行规定》，正式开启了会计意义上的数据资源资产化和数据资产进入财务报表的进程。在国家相关政策的引领下，数据资产会计已经成为当前会计理论与会计实务中一个极为重要的发展方向，受到了学术界、实务界、政策界的广泛关注与高度重视。

数据资产会计是数字经济时代客观发展规律对会计理论和实践提出的必然要求，是一个新兴的、正在蓬勃发展的会计学分支，并且对未来会计理论和实践的整体发展也将具有战略性的意义和价值。本书开宗明义地指出，数字经济越发展，数据资产会计越重要。本书以此为统领，试图对数据资产会计的理论和实务问题进行系统性的探索，难能可贵。

本书对数据资产会计的探索具有以下几个特点：

一是重视实践需求，系统研究数据资产入表的实操问题。本书围绕《企业数据资源相关会计处理暂行规定》的有关要求，紧密结合其他的政策和制度精神,全面、系统地分析了数据资产相关的职业判断、账务处理、信息披露、税会差异、会计分析等各项财务会计问题,基本做到了"讲实讲透",为数据资产会计在企业的落地提供了有效的解决方案。

二是重视理论需求,初步构建数据资产会计理论体系。本书尝试从会计学基本原理出发,结合最新政策导向和数据要素业态,初步搭建数据资产会计的基本理论框架,推进了数据资产会计的理论创新。

三是重视未来需求,拓展探索数据资产会计的研究范畴。本书在分析数据资产会计实操和基本理论问题的基础上,进一步拓展探索范围,对数据资产会计的税务问题、最新企业数据资产入表的典型实战案例进行了分析,对数据资产会计的研究热点和未来前景进行了展望,为数据资产会计的进一步丰富和发展提供了有益参考。

当然,数据资产会计尚处于其发展的萌芽阶段,很多相关理论和实务问题的研究还远未成熟。但每一个会计分支从诞生走向成形、成熟,都不可能一蹴而就,都需要会计理论界和实务界的有识之士持续不断地努力。本书作为国内早期尝试对数据资产会计理论和实务进行系统性探索的著作,是数据资产会计从萌芽走向成熟历程的一个良好开端,也是目前数智化时代适合会计转型学习的一本好书。

我与本书作者之间有一些奇妙的渊源。在他读大四的时候,我受邀前往其所在学校进行学术交流,与他第一次见面并有过简短的交流,从他身上感受到一个青年学生对会计学专业的热爱和对会计领域前沿问题的极大热情。他在攻读会计学专业硕士学位的时候,曾经代表校研究生会邀请我前往进行学术交流,我欣然应允。但遗憾的是,最终我因故未能成行。研究生毕业之后,他进入实务部门工作,但依然对研究会计前沿问题保持着极高的热情,其中数据资产会计是他重点关注的一个领域。他将研究成果发布在自己的微信公众号上,我对之也有所关注。今年7月初,时隔多年之后我们第二次见面,他邀请我为本书写推荐序,我也欣然应允。之所以我乐意向广大读者推荐这本书,有两个主要原因:一是本书主题非常符合当代会计理论和实务发展的需要,同时书中的内容具有很高的学习和参考价值;二是作者勇于创新、持续探索的精神非常值得鼓励，同时我很高兴以这种方式与他继续我们之间奇妙的会计之缘。衷心希望在作者和广大读者的共同努力下，我国数据资产会计理论与实务不断丰富和发展，真正成为能引领世界潮流的会计领域！

南开大学商学院会计学教授、博士生导师
刘志远

前言

为何写作本书

随着国家数据局的成立以及一系列数据要素相关政策的重磅出台，数据资产成为数字经济的财富风口，全民掀起了"数据资产热"。数字经济越发展，数据资产会计越重要。因此，数据资产会计成为会计学界最新、最热的时代课题。在现行会计准则体系下量化企业数据资产的价值创造、基于会计师视角助力企业数智化转型，是会计行业对数字经济做出专业贡献的大文章。新兴的数据资产会计不是一个普通的会计专题，而是会计师解锁新时代数据财富的密码，是新时代启迪财商的必修课。

财政部 2023 年 8 月下发的《企业数据资源相关会计处理暂行规定》已于 2024 年 1 月 1 日开始执行，数据资产入表成为会计业界最紧迫的现实需求。对于数据资产入表等数据资产会计事项，多数企业需要更加详细的指导，然而，目前还没有关于数据资产会计的完整理论体系及权威的实务指南。传统会计理论越来越不能满足以数据要素为核心的数字经济的发展需要，会计学界亟待开展数据资产会计专题研究，整合数据资产相关的会计理论体系，为数据资产会计实务提供详细指导，为日新月异的数据产业生态提供优质的会计服务，为数据要素价值的释放提供会计方案。

本书在经典会计理论及企业会计准则体系的基础上，结合最新数据业态及政策导向，梳理数据资产会计的缘起与现状、应对思路，搭建数据资产会计理论框架，以数据要素运作场景与会计核算底层逻辑双重视角为主线，全面、深入、系统地阐释数据资产会计的职业判断、账务处理与信息披露，为企业数据资产入表实践提供落地方案，为财务报表使用者提供基于数据资产入表的专题财务分析及鉴别数据资产入表质量的实操方法，为会计理论及会计监管工作者提供启迪数据资产会计智慧的参考，同时为数据要素产业相关人士提供启迪数据财富智慧的专业视角。

本书主要内容

本书聚焦于企业数据资产会计范畴，从数据资产会计基础到数据资产会计实务，再到数据资产会计专题研究，重点阐述会计实务界最关心的职业判断、账务处理与信息披露，提供数据资产全生命周期会计核算及数据资产入表的落地方案，并围绕数据资产会计的核心问题进行适当拓展。本书共 11 章，分为上、中、下三篇。

上篇（第 1~3 章） 数据资产会计基础

带领读者全面认识数据要素与数据资产，深刻认识数据资产会计在数字经济中的地位，以及数据资产会计在企业数智化转型中的作用。以数据资源化、数据资产化、数据资本化为主线，阐述数据资产会计的缘起与现状，梳理数据类及会计类相关政策体系，搭建数据资产会计的基本框架，展现基于业数财融合视角的数据管理体系，进一步基于数据要素的全价值链视角展现数据资产会计的生态位及应用前提。

中篇（第 4~8 章） 数据资产会计实务

基于业数财融合视角详细展示数据资产会计对数据业态的应对思路，是详解数据资产会计核算技能的关键篇。以包括《企业数据资源相关会计处理暂行规定》在内的企业会计准则体系为基础，结合数据密集型企业实践，提供数据资产会计在企业的落地方案，在启迪企业会计人士应对数据业务的职业判断智慧的基础上，萃取账务处理精华，同时启迪企业数据业务人士的会计智慧，点拨数据业务与财务的协同逻辑，基于数据资产入表展开深度财务分析，打造报表管理与账务筹划的迭代优化循环。

下篇（第 9～11 章） 数据资产会计专题研究

拓展介绍数据资产会计与数据资产税务、数据资产审计之间的联系，剖析最新企业数据资产入表的典型实战案例，提炼数据资产会计底层逻辑，研讨数据资产会计推动企业数智化转型的技术方案。据此，为数据资产会计准则研究提供进一步的突破方向，为构建数据资产会计监管体系提供政策建议，并展望数据资产会计的未来。

本书读者对象

本书的读者对象较为广泛，包含会计学界、会计业界、政界等相关人士，具体如下。

广大会计业界人士

本书既可以作为数据资产会计的实务指南，又可以作为相关企业会计工作者的案头工具书。本书旨在规范数据资产会计核算，推动数据资产入表实践，对相关专业人士系统学习数据资产会计具有重要意义。很多会计实务工作者只知道"规定是什么"，却不知道"规定为什么是这样"以及"新规怎样落地到实务中"，更不知道数据资产会计新规的深远意义及其对自身职业的影响，只能被动地应对未来的会计变数。对数据资产会计的能力要求越发普遍，学习本书可以让会计职场人士抢先获得新的职业技能优势，从而从容应对数字经济时代对会计师的新要求。此外，本书对数据资产会计底层逻辑的剖析不局限于数据资产会计领域，可以让会计实务工作者掌握会计记账的底层逻辑，全面提升会计素养，训练财务思维，更好地学习其他财务领域的知识。

广大会计学界人士

本书对传统会计理论的传承、突破与创新，可以为会计学界提供进一步研究的学术灵感。尤其是，本书作为一本关于数据资产会计研究专题的开拓性著作，系统地整合了与数据资产会计相关的研究方向，有助于相关理论研究人士快速学习数据资产会计知识，挖掘更有实务意义的数据资产会计学术研究方向。此外，本书可作为高校开设数据资产会计课程的参考教材。不同于常规参考教材，本书没有采用总结式的教材风格，而是以由浅入深的讲解方式激发读者思考，使读者以政策制定者的视角理解现行规定的来源，在领悟数据资产会计底层逻辑的同时逐渐勾勒出完整的数据资产会计知识轮廓。

数据相关专业服务机构人士

本书不仅可以为数据资产会计人士提供指引，而且可以为数据资产评估、数据资产审计、数据资产税务等关联中介机构人士提供一定的指导，还可以帮助数据要素产业链的其他人士（包括从事数据资产法律服务、数据资产经纪、数据资产保险、数据资产信托、数据资本运作、数据资产证券化、数据资产投资等的人士）全面、系统地了解数据资产会计。虽然一本书不可能把所有数据相关领域全部讲透，但至少有关数据资产相关领域与数据资产会计之间联系的问题，几乎都可以在本书中找到答案。以会计师视角将数据产业链条完整地展现出来是本书的一大特色，本书既可以为会计师开阔全局视野、提供数据资产其他领域对数据资产会计的影响分析，也可以向其他数据相关专业服务机构人士展现数据资产会计如何利用数据资产相关服务、如何反映数据资产相关工作成效。

拟参与数字经济的创业者

除了相关专业人士，拟参与数字经济的创业者同样需要通晓数据要素"商业语言"——数据资产会计。无论是利用数据资产入表获取税收优惠等政策红利，还是利用数据资本拓宽融资渠道，都绕不开展现企业数据能力的数据资产会计。需要特别指出的是，数据资产概念火热的背后，有数据传销等新型骗局的推波助澜，如何甄别拟参与合作的数据业态是否健康，本书传授的数据资产会计给出了答案。此外，对于数据要素概念股的投资也是参与数字经济的一种形式，但要注意甄别"伪数据资产入表"，规避潜在投资损失，本书手把手传授的数据资产入表质量分析可以帮助投资者探秘上市公司的数据资产入表"小动作"，识别货真价实的数据资产入表公司。

拟转型首席数据官（CDO）的职场人士

CDO在国内最早出现于阿里巴巴等一众互联网平台公司，随着数据要素的火热，CDO 不再局限于互联网行业，凡是处于数智化转型进程的公司，都开始纷纷设立 CDO 职位。不同于偏向于 IT 领域的 CIO，对 CDO 的能力体系要求更为广泛，CDO 担负着落实数据要素为企业关键生产要素的使命，不仅需要懂 IT，懂业务数字化，还需要懂数据合规、数据治理、数据资产等数据要素领域知识。包括数据资产入表在内的数据资产会计已然成为 CDO 的必修课。尤其是数据资产的形成与运用，离不开数据资产会计师。本书可以为 CDO 补充应对数据资产领域难题的重要财务视角，为拟转型 CDO 的职场人士提供最为相关的财务知识。

拟变现数据权利的社会大众

数字经济是全民可参与的，是推动共同富裕的重要手段，是去中心化的全民财富风口。每一个主体都或多或少拥有一些数据权利，并通过与其他主体连接形成了各种形式的数据利益共同体，整合主体持有的数据资源、形成数据产品或其他可变现的数据资产、积极参与数据要素的分配体系、充分挖掘数据财富，离不开数据资产会计。而本书正是基于数据要素全产业链的高度传授数据资产会计之道，无论读者以什么身份参与数据要素价值链的什么环节，本书都基于会计师视角给予其数据业务方向的财商启迪，为协同数据要素全生态的价值创造提供了现实路径。

本书内容特色

促进数据产业与会计行业的结合

数字经济的兴起，催生了无数数据产业。然而，如果数据产业人士不懂会计，就无法推动数据要素价值显性化，从而对后续数据资本运作形成很大阻力，难以形成被其他主体承认的数据资产。同样遗憾的是，很多会计行业人士不懂数据要素，甚至对数据资产非常陌生，会计行业至今也没有给出数据资产的权威定义。

在此背景下，本书开创了"数据资产会计"专题，作为会计学的新兴理论分支，指导数据资产会计实践，让数据要素融入会计核算全流程，同时提供数据资产业务实践的会计师视角，让会计智慧贯穿数据业务全体系，从而为数据产业人士与会计行业人士提供交流平台，促进数据产业与会计行业的有机结合。

"数据资产会计"的专题化整合，凝结了与数据要素最相关的会计知识，不但可以使数据相关业务人员快速掌握数据商业语言，直击数据资产会计核心，而不必从零开始学习庞大的会计体系，而且可以使会计相关专业人员真正基于会计师视角全面认识数据要素及数据资产，掌握数据资产会计底层逻辑，而不必囿于传统会计框架、陷入思考误区。

系统构建数据资产会计理论体系

与数据资产相关的会计研究已有多年历史，但至今没有一本系统化整合数据资产会计理论的专业著作，很难形成对数据资产会计实践的全面、系统指导。本书不仅可以推动数据资产会计的落地应用，而且凝练数据资产会计实践的精华，拔升理论高度并做了系统化整合。

尤其是 2022 年以来数据要素产业政策形成密集发布态势，自 2023 年开始数据资产会计政策也紧跟数字经济的发展大局而不断推陈出新，无论是理论界还是实务界，都亟须吸收最新政策导向的系统化的数据资产会计理论。在此背景下，本书结合最新政策导向及最新数据要素业态，在传承经典会计理论体系的基础上提炼出数据资产会计理论专题，系统构建了数据资产会计理论体系，旨在基于实践导向推进数据资产会计理论创新，丰富数据资产会计知识体系。

针对不同类型读者分层次传授数据资产会计知识

鉴于大部分初学者不了解数据资产会计，本书遵从由浅入深的原则，分上、中、下三篇循序渐进地培养读者的数据资产会计素养，从数据资产会计基础讲到数据资产会计实务，再到数据资产会计专题研究，且各章内容都围绕具有特色的主题展开，以满足不同层次读者的差异化学习需求，便于读者快速定位需要重点学习的篇章。

需要提醒的是，本书对章节内容的安排是成体系的，后面章节对前面章节的引用并不少见，章节顺序是按读者的最佳学习顺序编排的。因此，对于时间和精力允许的读者，建议按章节顺序全面学习本书内容，先阅读第1章，从会计师视角重新认识数据及数据资产，打牢根基，然后循序渐进地全面掌握数据资产会计体系及相关细分专业领域的重点工作。

资源和勘误

本书的附加资源及增值服务可在微信公众号"会计数据精英"上获取，包括但不限于本书涉及的重要政策链接汇总、财政部会计司等官方机构公开的数据资产会计相关培训资料、本书内容答疑、本书内容勘误、本书后续的细节更新。该公众号还会不定期地推送数据资产会计相关原创文章。其实，在本书出版前，我已在这个公众号上发布了7篇"数据资产会计"系列原创文章，这是本书的雏形。

致谢

2023年冬至2024年夏，在夜深人静的时候，书稿在时断时续的键盘敲击声中渐渐成形。在这个过程中，我要感谢支持我创作的家人，他们给了我一个暖心的创作环境，助我平衡好工作、写作与生活。尤其是我的妻子王洋洋，她在繁忙的工作之余帮我画了大部分书稿配图，并以读者的视角及时反馈书稿的细节问题，帮助笨手笨脚的我提升了书稿交付效率，为此牺牲了很多原先计划好的旅游放松时间，在此特别表示感谢。

本书的问世，还要感谢"会计数据精英"的粉丝们对公众号的支持、对"数据资产会计"系列文章的点赞与分享，他们的支持给了我持续写作的动力。

数月的写作不是一种刻意的坚持，而是一种持续深入研究的热爱。从写作第一天到完稿，无论是在办公桌上，还是在火车上、地铁上，甚至在梦境中，思考永不停歇，被我"册封"为"数据资产会计研究基地"的笔记本一刻也不离身，便于及时抓住创作灵感，不断丰富书稿。从小到大对数字的感情，多年来对会计专业的热爱，以及对基于会计师视角解码新时代数据财富的渴盼，都凝聚在这本心血之作里。

由于个人能力有限，这本数据资产会计的专业著作可能并不完美，感谢为本书提出批评和指正意见、帮助我进一步完善本书的读者。希望本书的出版可以进一步促进业内人士广泛交流，立足于数据资产会计，携手为数据要素生态建设贡献会计专业力量。

目录

赞　誉

推荐序

前　言

上篇　数据资产会计基础

第 1 章　全面认识数据要素和数据资产

1.1　全面认识数据要素　2
    1.1.1　数据是什么　3
    1.1.2　数据要素与数字经济　5
    1.1.3　大数据与智能经济　8
    1.1.4　数据财政的崛起　10
    1.1.5　未来的数据世界　12

1.2　全面认识数据资产　15
    1.2.1　数据资源的形成　16
    1.2.2　基于会计师视角的数据资源　17
    1.2.3　数据资产的概念界定　20
    1.2.4　数据资产的属性、特征与分类　28
    1.2.5　数据资本的运作　33

第 2 章　全面认识数据资产会计

2.1　数据资产会计的理论框架　35

  2.1.1　数据资产会计的内涵　　　　　　　　36
  2.1.2　数据资产会计的理论基础　　　　　　38
 2.2　数据资产会计的时代课题　　　　　　　　　　44
  2.2.1　数据资产会计如何挑战传统会计框架　　45
  2.2.2　数据资产会计如何促进新质生产力发展　　52
 2.3　数据资产会计的政策跟踪　　　　　　　　　　55
  2.3.1　数据资产会计的纲领性文件　　　　　　55
  2.3.2　数据资产会计的新旧规定衔接　　　　　58
  2.3.3　数据资产会计的辅助支持政策　　　　　68

| 第 3 章 | 数据资产会计的应用前提与核算环节

 3.1　数据治理体系　　　　　　　　　　　　　　　75
  3.1.1　明晰企业数据战略　　　　　　　　　　75
  3.1.2　搭建数据组织架构　　　　　　　　　　77
 3.2　数据管理体系　　　　　　　　　　　　　　　79
  3.2.1　基于数据资产化导向确立数据标准体系　　81
  3.2.2　基于业数财融合视角重塑管理办法体系　　82
  3.2.3　业数财协同编制数据资源盘点目录　　　82
  3.2.4　法律部门牵头评估数据合规风险　　　　83
  3.2.5　技术部门牵头筑牢数据安全体系　　　　85
 3.3　数据资产确权　　　　　　　　　　　　　　　86
  3.3.1　什么是数据确权　　　　　　　　　　　87
  3.3.2　数据权利性质　　　　　　　　　　　　88
  3.3.3　数据产权登记　　　　　　　　　　　　90
 3.4　数据资产估值　　　　　　　　　　　　　　　91
  3.4.1　数据资产价值的影响因素　　　　　　　91
  3.4.2　数据资产价值评估：成本法　　　　　　92
  3.4.3　数据资产价值评估：收益法　　　　　　96

         3.4.4 数据资产价值评估：市场法　　　　100
         3.4.5 数据资产评估方法的综合运用　　　101
   3.5 数据资产定价　　　　　　　　　　　　　103
         3.5.1 数据资产定价模式　　　　　　　　103
         3.5.2 数据资产交易市场　　　　　　　　108
   3.6 数据资产核算　　　　　　　　　　　　　116
         3.6.1 数据资产会计确认　　　　　　　　117
         3.6.2 数据资产会计计量　　　　　　　　125
         3.6.3 数据资产会计记录　　　　　　　　131
         3.6.4 数据资产会计报告　　　　　　　　132
   3.7 数据资产入表　　　　　　　　　　　　　134
         3.7.1 数据资产入表的意义　　　　　　　134
         3.7.2 数据资产入表的全链条梳理　　　　136

中篇　数据资产会计实务

第 4 章 数据资产业务模式与会计职业判断

   4.1 内部使用业务模式下的职业判断　　　　　145
         4.1.1 构成业务的内部使用　　　　　　　146
         4.1.2 不构成业务的内部使用　　　　　　149
   4.2 对外提供服务业务模式下的职业判断　　　153
         4.2.1 提供信息服务模式　　　　　　　　154
         4.2.2 提供技术服务模式　　　　　　　　159
         4.2.3 辅助合同履约模式　　　　　　　　163
   4.3 出售业务模式下的职业判断　　　　　　　164
         4.3.1 不保留对数据产品的继续控制　　　165
         4.3.2 保留对数据产品的继续控制　　　　168
   4.4 租赁业务模式下的职业判断　　　　　　　170

　　　　4.4.1　数据查询授权模式　　　　　　　　　　170
　　　　4.4.2　数据空间运营模式　　　　　　　　　　174

|第5章| 数据资产形成方式与会计职业判断

　5.1　外购形成方式的职业判断　　　　　　　　　　176
　　　　5.1.1　外购形成数据资源存货　　　　　　　　176
　　　　5.1.2　外购形成数据资源无形资产　　　　　　178
　　　　5.1.3　外购形成数据资源暂无对价　　　　　　180
　5.2　内部开发形成方式的职业判断　　　　　　　　　181
　　　　5.2.1　全程内部开发形成数据资产　　　　　　181
　　　　5.2.2　半程内部开发形成数据资产　　　　　　186
　5.3　委外研发方式的职业判断　　　　　　　　　　　188
　　　　5.3.1　全程委外研发形成数据资产　　　　　　189
　　　　5.3.2　共同开发形成数据资产　　　　　　　　190

|第6章| 数据资产会计的账务处理

　6.1　数据资产会计的初始确认　　　　　　　　　　　193
　　　　6.1.1　数据资源存货的初始确认　　　　　　　194
　　　　6.1.2　数据资源无形资产的初始确认　　　　　198
　6.2　数据资产会计的后续计量　　　　　　　　　　　201
　　　　6.2.1　数据资源存货的后续计量　　　　　　　202
　　　　6.2.2　数据资源无形资产的后续计量　　　　　204
　6.3　数据资产会计的终止确认　　　　　　　　　　　213
　　　　6.3.1　数据资源存货的终止确认　　　　　　　213
　　　　6.3.2　数据资源无形资产的终止确认　　　　　214

|第7章| 数据资产入表与信息披露

　7.1　数据资产表内确认　　　　　　　　　　　　　　218

	7.1.1	存货项下单列数据资产	219
	7.1.2	无形资产项下单列数据资产	221
	7.1.3	开发支出项下单列数据资产	221
7.2	数据资产表外披露		222
	7.2.1	数据资产强制披露信息	223
	7.2.2	数据资源自愿披露信息	229

第 8 章 数据资产入表的财务分析

8.1	数据资产会计对财务报表价值的重塑		235
	8.1.1	数据资产会计对资产负债表价值的重塑	236
	8.1.2	数据资产会计对利润表价值的重塑	237
	8.1.3	数据资产会计对现金流量表价值的重塑	238
8.2	数据资产入表质量分析		239
	8.2.1	数据资产入表质量分析对后续财务分析的影响与局限性	239
	8.2.2	数据资产入表能力画像	245
	8.2.3	数据资产入表质量的细节分析	251
8.3	数据资产入表相关会计分析指标		261
	8.3.1	数据资产盈利能力分析	261
	8.3.2	数据资产营运能力分析	263
	8.3.3	数据资产垂直结构分析	265
	8.3.4	数据资产影响相关财务比率分析	266

下篇 数据资产会计专题研究

第 9 章 数据资产会计的税务问题

9.1	数据资产课税的政策趋势	270

	9.1.1　数据资产的可税性　271
	9.1.2　数据资产的课税环节　272
	9.1.3　数据资产的税收政策难题　274
 9.2　数据资产的税务处理及税会差异　275
	9.2.1　数据资源存货的税务处理及税会差异　276
	9.2.2　数据资源无形资产的税务处理及税会差异　279

第 10 章 数据资产入表实战案例

 10.1　上市公司数据资源无形资产入表实战案例分析　284
	10.1.1　数字产业化企业数据资源无形资产入表的典型范例　285
	10.1.2　产业数字化企业数据资源无形资产入表的典型范例　289
	10.1.3　上市公司数据资源无形资产入表的总结分析　290
 10.2　上市公司数据资源存货入表实战案例分析　291
	10.2.1　上市公司数据资源存货入表的典型范例　292
	10.2.2　上市公司数据资源存货入表的失败案例分析　293
 10.3　上市公司数据资源开发支出入表实战案例分析　295
	10.3.1　上市公司数据资源开发支出单独入表　296
	10.3.2　上市公司数据资源无形资产与数据资源开发支出同时入表　298
 10.4　上市公司数据资产入表实战案例综合分析　300
 10.5　非上市企业数据资产入表现状　302
	10.5.1　非上市企业数据资产入表分析　302
	10.5.2　非上市企业数据资产入表案例荟萃　303

第 11 章 数据资产会计的研究热点与未来展望

 11.1　数据资产会计的监督体系研究　306

11.1.1 数据资产会计的内部控制　　306
　　11.1.2 数据资产会计的审计应对　　311
　　11.1.3 数据资产会计的监管动态　　316
　11.2 数据资产会计准则研究　　321
　　11.2.1 关于"第四张表"的探讨：数据资产表　　321
　　11.2.2 数据资产入表对会计信息质量的冲击与权衡　　326
　　11.2.3 现行准则体系与数据资产会计底层逻辑　　330
　11.3 数据资产会计如何推动企业数智化转型　　338
　　11.3.1 企业数智化转型与数据资产入表的良性互动　　339
　　11.3.2 数据资产管理会计报告成为企业数智化转型的重要抓手　　341
　　11.3.3 数据资产会计为推进世界一流财务管理体系建设提供数据智慧　　344

附录

| 附录 A |《企业数据资源相关会计处理暂行规定》　　348
| 附录 B |《数据资产评估指导意见》　　355

| 上篇 |

数据资产会计基础

马克思说:"经济越发展,会计越重要。"在全面开启数字经济的新时代,数字经济越发展,数据资产会计越重要。数字时代,数据要素价值得到充分释放,并充分反映在会计账面上,聚焦于数据资产的会计处理框架——数据资产会计应运而生。

本篇通过讲述数据资产会计的诞生背景与现状,从会计师视角依次回答下面四个数据相关问题来全方位展现数据资产会计的来龙去脉:

- 什么是数据要素?
- 什么是数据资产?
- 什么是数据资产会计?
- 什么是数据资产入表?

第 1 章 CHAPTER

全面认识数据要素和数据资产

与数据资产相关的资金运动是数据资产会计的研究对象,因此全面认识数据资产是开展数据资产会计专题研究的基础。数据资产会计缘起于数据资产,数据资产缘起于数据要素。追根溯源,应先从"数据"入手,全面认识数据要素是开展数据资产会计专题研究的前提。

本章全面介绍与数据资产会计有关的经济背景、政策背景、技术背景、社会背景,以数据视角、会计视角为主线,从宏观数据要素运作到微观数据资源形成,从单一主体数据资产入账到多主体数据资本运作,分别聚焦于数据要素与数据资产,初步描绘数据资产会计的业务背景,为数据资产会计研究奠定基础。

1.1 全面认识数据要素

树立对数据的科学认知是研究所有与数据相关的主题的基本前提,在此基础上才能科学认知数据的"要素"身份以及数据对经济社会各个方面的要素化赋能。从数据到数据要素，是经济模式的飞跃，是推动社会从工业经济时代转变为数字经济时代的神奇秘方。数字经济的灵魂，正是数据。

1.1.1 数据是什么

谈起数据，很多人考虑到数据没有实体、比较抽象，喜欢将数据与信息、数字做类比，这反而容易混淆。显然，数据≠信息，数据≠数字。那么，数据到底是什么？我们耳熟能详的大数据又是什么？

相关法律法规给出了不同视角的数据定义，定义思路大致可分为直接定义和间接定义。学习一个新概念，最容易的方式就是建立它与老概念之间的联系。可能是因为数据与信息最为接近，从数据与信息的关系视角间接定义数据的占多数，比较有代表性的定义如下。

根据《中华人民共和国数据安全法》，数据是任何以电子或者其他方式对信息的记录。由此可见，数据是对信息的记录，是信息的载体，是信息的形式来源。不同背景的人对同样的数据有不同的理解，提炼的信息甚至大相径庭。数据依靠"数据—信息—决策"的路径实现数据驱动决策，实际是由数据提炼出的信息驱动决策，而信息的源头是数据。例如，会计信息主要来源于账面数据，虽然财政部规范的是会计信息质量而不是会计数据质量，但要实现会计信息披露的高质量，只能在会计信息记录的载体即账面数据上做文章。表1-1总结了数据与信息的区分要点。

表 1-1 数据与信息的区分要点

关系特征	数据	信息
原始/衍生	原始	衍生
形式/内容	形式	内容
客观/主观	客观	主观
单一/多样	单一	多样
抽象程度	更具象	更抽象

明晰了数据与信息的对比，再来看数据的直接定义：数据是事实或观察的结果，是对客观事物的逻辑归纳，是用于表示客观事物未经加工的原始素材。

此定义中强调了"未经加工",因为信息产品是由数据原材料加工而来的,这也间接强调了数据的"可信性"。因此,可以通过会计数据的可信溯源判断会计信息是否可靠。

《辞海(第七版)》将数据定义为"描述事物的数字、字符、图形、声音等的表示形式"。因此,数字只是数据的一种量化表示形式,数据不一定是数字,可以表现为数字化的信息,如图1-1所示。数据对事物的描述都是对相关信息的记录,尤其是元数据,是相关信息的最终溯源。更加通俗地讲,数据就是一种符号,只要不是没有任何意义的符号都是一种数据。例如,中国信息通信研究院给出的数据定义是:"数据是对客观事件进行记录并存储在媒介物上的可鉴别符号,是对客观事物性质、状态以及相互关系等进行记载的物理符号或物理符号的组合,是一种客观存在的资源。"这个定义稍显冗长,如果放下对数据表现形式的"执拗",简明扼要地勾勒数据的本质含义,可以是:数据是对客观世界及其变化的数字化记录。

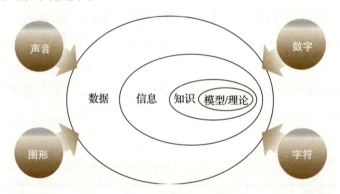

图1-1 数据的组成及概念关系

最早可追溯到没有语言和文字的人类存在之初,为了交流信息做出的各种符号就是数据存在的证据。例如,会计记载的各种经济事项,在古代就表现为"结绳记事",即用绳子上的不同形状的结来表示不同的数字。这与现在用计算机记账本质上是一样的,都是用数据来反映会计信息,只是数据的表现形式有所差别。影响数据表现形式的相关技术反过来也会制约会计信息的丰富程度。

近年来，各类数据相关名词层出不穷，虽然过度造词不可取，但需要思考的是相关概念的起源与本质是什么。部分概念终将过时，但它们是某一时代知识体系的结晶，对于我们了解知识体系的来龙去脉有一定帮助。比如已经火爆的"数据中台"概念，强调的仍然是对数据资源的统筹利用及对前台业务的支持，实质上还是数据对业务决策的支持，实现企业管理决策的"数据驱动"，如图 1-2 所示。当然，数据也是分层次的，根上的数据就是"元数据"，可以对除元数据之外的所有层次数据进行溯源式支持。无论是什么层次的数据，都需要在日常业务活动中不断沉淀，最终通过数据分析提炼出具有决策参考价值的信息，回馈到业务中去。业务活动在沉淀数据的同时，还可以对从历史数据中提炼出的信息予以反馈，如有误导业务活动的信息，需要在数据分析或数据准确性等数据科学方面及时纠正。如果企业成功实现了数智化转型，表面上是业务活动带来现金流，实质上是数据及对数据的智能化运用带来源源不断的财富。

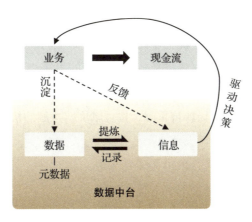

图 1-2　数据驱动的决策模型

1.1.2　数据要素与数字经济

数据是数字经济的灵魂，那么数据是以什么身份参与数字经济的？答案是生产要素。生产要素不仅是一种生产资源，而且是市场主体生产经营过程中投入资源的高度凝练，是维持宏观经济运行、推动生产力发展最基本的要素投入。

它参与经济成果分配，在经济体系中占据极大的分量。这也是"数据要素"一词的由来，其经济学含义是"数据生产要素"，即数据对目前经济模式可以进行要素化赋能。这是经济学的最新理论研究成果。

"要素"二字的加持更能体现对数据的重视，因此很多政策文件用"数据要素"指代"数据"，相关经济问题讨论也愈加倾向于使用"数据要素"一词指代"数据"。但数据要素本质上仍然是对信息的记录，只是用生产要素的新身份来强调其地位更重要、用途更广泛。例如，2023年12月，国家数据局会同有关部门发布了《"数据要素×"三年行动计划（2024—2026年）》，用"数据要素×具体经济领域"的方式展现数据要素的12个重点应用方向（工业制造、现代农业、商贸流通、交通运输、金融服务、科技创新、文化旅游、医疗健康、应急管理、气象服务、城市治理、绿色低碳），比"数据×"或"大数据×"的提法更能凸显数据在数字经济中的要素级地位，作为数字经济的"要素底座"贯穿经济运行全链条。

如果追溯数据的历史源头，在以前的工业经济时代甚至更早，在人们掌握对信息的记录手段后，数据就已经诞生了。然而不同的是，在数字经济时代，数据以生产要素的身份被重新定义，数据要素的提法成为一项重大理论创新。2019年中共十九届四中全会提出"健全劳动、资本、土地、知识、技术、管理、数据等生产要素由市场评价贡献、按贡献决定报酬的机制"，首次将数据增列为生产要素。

更为明确的提法是，2020年4月《中共中央 国务院关于构建更加完善的要素市场化配置体制机制的意见》将数据与土地、劳动力、资本、技术并列，使数据正式成为第五大生产要素（如图1-3所示），并首次提出"加快培育数据要素市场"的若干要求。更进一步，数据不仅作为五大生产要素之一，而且被明确为关键性生产要素："数字经济时代，数据具有基础性战略资源和关键性生产要素

图1-3　数据成为五大生产要素之一

的双重属性。"◯既然是关键生产要素，数据要素就成为数字经济深化发展的核心引擎，这也在 2022 年 1 月国务院发布的《"十四五"数字经济发展规划》中得到进一步明确。

生产要素几乎存在于经济运行的所有关键环节，要素供给与要素需求的匹配自然形成要素市场。如果要素市场不活跃，或者尚待建设完善，那么生产要素的身份就名不副实。因此，如图 1-4 所示，数据从以前的普通经济资源升格为重要经济资源即资源要素，又从资源要素身份升格为生产要素身份，直到目前的关键性生产要素身份。"加快培育数据要素市场"是当务之急，这同时在 2021 年 1 月《建设高标准市场体系行动方案》、同年 3 月《中华人民共和国国民经济和社会发展第十四个五年规划和 2035 年远景目标纲要》及后续一系列政策文件中得到了充分体现。根据《"十四五"数字经济发展规划》，计划在 2025 年初步建立数据要素市场体系。

图 1-4 数据成为关键性生产要素的发展历程

从 2022 年起，数据要素相关政策的发布频率越来越高。2022 年 1 月，《要

◯ 引自《光明日报》于 2021 年 7 月发表的《发展数字经济应抓住数据要素市场化这个关键》一文。

素市场化配置综合改革试点总体方案》和《"十四五"数字经济发展规划》均在"加快数据要素市场化流通"上进一步发力。同年3月,《中共中央 国务院关于加快建设全国统一大市场的意见》再次强调了"加快培育数据要素市场"。同年12月,《中共中央 国务院关于构建数据基础制度更好发挥数据要素作用的意见》("数据二十条")提出"加快构建数据基础制度"。作为数据要素的重磅政策文件,该意见点燃了学界对数据要素问题的研究热情,在全国范围内全方位展开了对数据要素与数字经济的广泛研究。随后,各地方政府加快了数据要素顶层设计在地方上的落地准备,扶持数据要素化发展的地方性政策呈井喷之势。同月,财政部发布《企业数据资源相关会计处理暂行规定(征求意见稿)》,探索实现数据资源入表,直到2023年8月正式下发《企业数据资源相关会计处理暂行规定》,开启了"数据资产会计"的研究热潮。2023年9月,中国资产评估协会正式下发《数据资产评估指导意见》。2023年10月,国家数据局揭牌,数字中国建设步入新阶段,"数据要素×"成为新时代的经济风口。

总之,从"数据"到"数据要素",并不是一个概念游戏,背后是经济模式的推陈出新、生产力及生产关系的发展、最新的政策导向。从工业经济到数字经济的数字化转型潮流孕育了数据要素。数据要素与技术要素一样可以提升全要素生产率,已经成为新时代的财富密码、未来大国竞争的关键角逐点。正是数据要素定义了数字经济的核心:"数字经济是继农业经济、工业经济之后的主要经济形态,是以数据资源为关键要素,以现代信息网络为主要载体,以信息通信技术融合应用、全要素数字化转型为重要推动力,促进公平与效率更加统一的新经济形态。"(引自《"十四五"数字经济发展规划》)

1.1.3 大数据与智能经济

与数字经济同时兴起的,除了数据要素,还有大数据、人工智能、云计算、物联网、区块链等数字技术。尤其是近年来以ChatGPT为代表的AIGC等数字技术的突破,进一步助推了数字经济的智能化发展。智能经济是数字经济的高级形态,除了依赖数据要素,还依赖数字技术的发展,才能使数据要素流通由自动化向智能化演进。

其实，大数据的兴起早于数据要素的火热：正是大数据等数字技术的发展，大大促进了数据要素的流通、对大样本数据的全面处理以及对数据所含信息的深度挖掘。大数据实现了数据处理的自动化，一定程度上替代了数据工程师的体力劳动；人工智能实现了数据处理的智能化，一定程度上替代了数据工程师的脑力劳动。大数据叠加人工智能，造就了"数据要素×"与"人工智能+"相互辉映的绚丽图景，催生了无数新兴的经济业态。经济形态的发展，离不开技术的迭代升级。数字经济与智能经济是相辅相成的，数字经济催生了智能经济，智能经济反哺数字经济。

以会计为例，早年信息技术的发展缔造了"会计电算化"，账本由线下发展到线上，属于核算自动化的初级阶段；ERP等信息系统的进一步发展，使得"会计电算化"升级到"会计信息化"，属于核算自动化的高级阶段；大数据与AIGC技术的兴起，进一步推动"会计信息化"走向"会计智能化"，"智能财务"极大减少了会计人员的基础工作，甚至很大程度上革新了会计行业的主要工作内容，使得在做战略决策时从财务数据获得更多洞察成为可能，丰富了"战略财务"的内涵，极大提升了财务人员在企业决策中的话语权。

目前，数字技术仍在快速发展，不断丰富数字经济的智能形态：ChatGPT等通用大模型技术的横空出世标志着强人工智能时代的到来，各行业都在争相发展垂直大模型，以让大模型技术渗透到各垂直领域的方方面面，让AIGC技术的成果更多体现在具体行业的应用上。仍然以会计为例，原先的会计信息系统只能完成自动生成会计分录、一键生成财务报表等规则明晰的工作，很多特殊业务仍然主要依赖人工判断，而且即便是自动生成的财务报表，后续也有很多人工调整的工作。通用大模型连在很多专业细节上都无法给出满意的成果交付，更别提要在不掌握具体企业历史数据的情况下给出衔接得当、承上启下的工作成果了。而行业垂直大模型，甚至公司借助大模型技术研发出的熟悉本公司历史情况、业务现状及未来规划的、仅适用于本公司的专用大模型，有望真正实现"会计智能化"，从而减少会计人员的脑力工作，极大推动行业生产力的发展。

1.1.4 数据财政的崛起

数据要素的流通,为打造新兴经济增长点提供了可行性极高的落地方案,在促进数字经济回归本源与智能化发展的同时,也会增加财政税收,减轻对土地财政的依赖,促使土地财政向数据财政转型,平稳完成经济增长动能的切换。

与土地财政不同的是,数据财政是可持续的、更加健康的,因为数据资源是可以无限挖掘的,而土地资源是有限的。数据要素的边际报酬递增,而土地要素的边际报酬递减。在技术可行的前提下,数据要素供给是无限的,再叠加边际报酬递增的增益效果,企业因数据、数智化转型而富有,财政税收因企业富有而丰盈。数据财政的运行机制如图 1-5 所示。

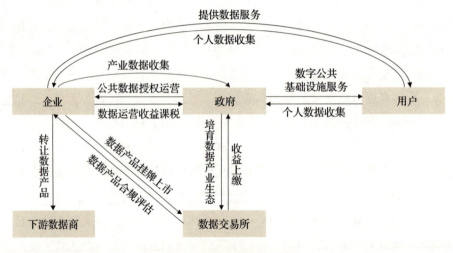

图 1-5　数据财政的运行机制

在数据财政中,除了数据相关税收可以作为财政税收的主要源泉外,"公共数据授权运营"是补充财政收入更加直接高效的途径。政府部门掌握了很多宏观数据、行业数据等公共数据,而企业仅仅掌握自身的企业数据以及依托企业平台为用户提供服务时收集的海量用户个人数据,这些数据最终也可以被政府以产业数据收集的方式获取。显然,公共数据更符合大数据的特征,拥有更大的使用价值。如果政府将这些公共数据以授权运营的方式开放给市场主体,一方面可以直接获取公共数据授权运营的收益作为数据税收的补充,另一方面可以让更多的数据要素得以市场化配置，进一步促进数据要素市场的繁荣、数字经济的发展。

在由企业、政府、用户组成的多方数据关系中，政府始终处于主导地位，也是最有能力培育数据产业生态、完善数据流通基础设施的一方。例如，政府可以牵头组建数据交易所，供市场主体挂牌上市数据产品，为企业数据产品提供合规评估、安全流通服务，也可以将其作为企业向下游数据商转让数据产品的场内交易平台，平台上的挂牌交易价格可以为数据资产会计提供公允价值计价参考。

在图 1-5 所示的数据财政运行机制中，资金流、数据流互为因果，数据流驱动资金流，资金流反映数据流。梳理数据流发现，政府在多方主体的数据流转中处于核心地位，既通过产业管理收集企业数据，又通过提供数字公共基础设施服务收集用户个人数据，是数据资源的最大汇聚地。企业向政府提供的运营数据，又源自通过提供数据服务向用户收集的个人数据，企业既是数据提供方又是数据收集方，除了向政府无偿提供数据外，还可以依托数据交易所向下游数据商有偿转让数据产品，是数据产业生态中的中坚力量。站在用户的视角，其个人数据既被企业收集，又被政府收集，虽然是政府、企业收集数据的源头，但数据规模极其有限、无法单独运营产生收益，因此在数据财政的运行机制中用户只能以数据最终提供方的身份获取潜在的数据运营收益。

站在政府的视角，其收益来源是多元的，既有对各个企业主体数据业务收益的课税，也可以通过对企业（例如城投公司、国资数据集团等）进行公共数据授权运营来收取授权使用费。此外，政府对于数据产业生态建设的投资也可以通过数据交易所收益上缴而逐步收回。总之，在数据财政的运行机制中，政府可以从多个渠道获取财政收入，数据产业生态投资产生的收益也足以平衡财政支出。

在数据要素收益分配方面，数据要素提供方与数据要素运营方既要秉承"由市场评价贡献、按贡献决定报酬"的中共十九届四中全会精神，也要增加政府与市场合作模式的制度供给，以便在做大做强数据财政的同时增加数据财政的灵活性，增强财政体系对数字经济发展不稳定因素的对冲能力。当然，数据财政的崛起对于政府会计而言同样意义非凡。

1.1.5 未来的数据世界

未来是数据的世界,数据将是主宰未来世界的核心工具。不光是数据财政,一切商业生态都将被数据重塑。未来的数据世界将精彩纷呈、变幻莫测,所有商业模式创新都绕不开数据,所有智能模型的运转都离不开源源不断的数据投喂。

随着各行各业相继完成数智化转型,数据智慧不断喷涌而出,甚至出现了可以模仿人类智慧的真人"数字分身",如图1-6所示。究其实质,模型就是数据的肉身,数据就是模型的主要能量来源,模型实时消化新的数据,吸收数据养料,排泄数据边角料。

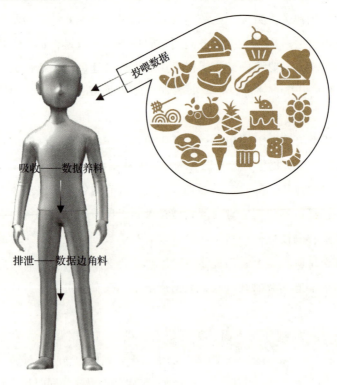

图1-6 未来世界人类的"数字分身"

数据模型的"智慧"正在飞速增长，它在很多领域的决策效率、决策科学性正在超越人类，逐渐抢夺人类的话语权。比如，商业银行要不要给一家企业放贷，谁说了算？行长的话语权逐渐让渡给数据模型，数据模型测算的企业偿债能力可提供重要参考甚至左右决策。虽然数据模型的能力可能超过人类，但在会计师的眼里，只要人类能够控制数据，数据就始终是人类的资产，永远为人类服务。幸运的是，与数据对话不再是程序员的特权，大模型使普通用户也可以用自然语言与数据模型交流、控制数据模型的输出，这一数据调度范式转移加快了企业数智化转型、人类进一步开发数据资源的历史进程。

在这样的社会发展趋势下，谁能掌握数据、开发利用数据、整合数据生态，谁就可以夺得未来的话语权。首席数据官（Chief Data Officer，CDO）成为新兴的高级就业岗位，逐渐融入企业的治理结构，如图1-7所示。

图1-7　首席数据官融入企业治理结构

这一岗位得到政府的大力支持和推广，如工业和信息化部人才交流中心数次下发《关于举办首席数据官岗位能力提升高级培训班的通知》，力求培养一批数据资产管理专业人才，培训内容囊括公共数据授权运营模式、数据资产入表、数据合规法律制度、数据资产评估、数据安全治理、数据资产交易流通等数据类体系化知识。

除了政策支持、业界不断实践创新外，学界也逐渐兴起"数据要素研究热"，一众大学先后开设数据要素交叉领域专业。数据类研究领域博士会非常抢手，既可以在教育界发光发热，还可以在业界数据专家等高薪岗位上创造价值，也可以加入相关研究院或数据管理机构为政界献计献策。部分高校已经有所行动，例如中国人民大学首度招收数据要素交叉领域科研博士后，基本培养期限为两年。

对于新兴领域，繁荣的同时也会衍生很多新问题。未来，随着数据要素的广泛流通，各地数据资产产权争议会越来越多，这将推动数据类司法资源配套逐渐完善，数据资源律师成为律师界新兴的细分赛道，数据资源法庭渐成规模。例如，2024年5月8日，在苏州市高新区揭牌成立了苏州数据资源法庭（狮山人民法庭）。该数据资源法庭将聚焦数据采集、存储、处理、销毁等全生命周期合规需求，通过发挥数据资源类案件的管辖集中化、审理专业化的优势，不断为数据收集、开发、开放的全过程明确行为规范和责任体系。在解决新兴产业新问题的同时，也会进一步补充完善产业生态，夯实数据要素发展根基。

在人人都在争夺数据之时，比的不再是谁的数据更多，而是谁的数据质量更高，例如谁有高级数据产品。未来，实景三维数据将成为高级数据产品。2024年4月25日，自然资源部办公厅、国家数据局综合司联合印发《关于开展2024年实景三维数据赋能高质量发展创新应用典型案例征集工作的通知》（自然资办发〔2024〕18号），在全国范围内征集具有较强典型性、示范性、实用性并已在实际生产生活和管理中应用且取得显著成效的实景三维数据创新应用典型案例。

通常，越高级的数据产品越需要由大规模数据配套强大算法算力训练而来。AI算力生态的国产化会成为日后大国综合实力较量的重要方面，全栈国产化AI算力生态将成为数据要素新质生产力的重要内涵。幸运的是，我国早已开始积极布局：北京数字经济算力中心项目基础设施预计2024年底建设完成，项目按照"AI工厂"的全新理念建造，将设置算力展厅、智算展示机房、国产算力芯片展示区、算力剧场、科技公园广场等多个区域，建立工业互联网、工业设计仿真、智慧金融、智慧医疗、智慧交通等服务平台，实现算力中心平台化和平台算力服务化，着力打造全栈国产化AI算力生态。预计投产后逐步累计实现2000PFlops智能算力供给，为国企、政府及中小人工智能企业提供普惠算力服务。

未来，普通的数据产品不再有新鲜感，市场将重点关注各种新兴概念与数据的结合。例如，数据的"量子态"、量子数据等可以利用数据的量子传输对数据进行加密，不仅成为时髦的数据安全技术，而且量子形态的数据拓宽了数据产品的展现形式。与量子数据相关的研究正在成为新兴的学术热点，部分学者研究发现，量子数据的纠缠程度与量子机器学习模型的性能相关。2023年6月，IBM宣布计划在欧洲建立首个"量子数据中心"，建设"量子计算生态系统"逐渐被提上日程。量子计算机可以将经典数据制备成量子态数据，如果实现"万物皆量子数据"，那么在"万物皆可量子计算"的时刻，量子数据的资产价值会迅速映入人们的眼帘。

上述数据故事都是"数据要素×"的生动展现。在实践"数据要素×"的过程中，离不开政策赋予的容错空间，允许商业主体积极探索、开创新的数据商业业态，更有利于把"数据要素×"落到实处。然而，算力资源是有限的，现实中不能容许各类市场主体无门槛地不断试错，因此在大规模应用某一数据业态想法时，可以通过举办"数据要素×"大赛进行集体智慧验证。未来，各类各级"数据要素×"大赛将成为企业取得数据要素政策优惠的"捷径"。例如，2024年5月9日，国家数据局主办的2024年"数据要素×"大赛在安徽合肥正式启动，大赛主题为"数据赋能 乘数而上"，这是全国首个聚焦数据要素开发应用的大赛。国家数据局党组书记、局长在启动仪式上表示，要更好地释放数据要素乘数效应，离不开典型场景、优质数据、创新资源的协同发力，需要场景需求方、数据供给方、技术服务方的共同参与，通过优势互补实现合作共赢。

1.2 全面认识数据资产

数据在宏观经济层面的要素化运行，形成数据要素。宏观经济运行是由一个个微观经济主体推动的，数据要素落到微观企业层面，形成一种重要的经济资源，即数据资源化，为后续数据资产化、数据资本化奠定基础。因此，只有全面认识微观经济主体层面的数据资源，包括微观会计主体层面的数据资产，才能完成全面认识数据要素从宏观到微观的逻辑闭环。

当然，会计视角更多关注会计主体可以在会计意义上确认的数据资产，只不过全面认识数据资源可以更加顺畅地完成由数据要素到数据资产的过渡。同理，全面认识数据资产可以更加顺畅地完成由数据资源到数据资本的过渡，最终打通"数据要素—数据资源—数据资产—数据资本"全链条，完成要素资源化、资源资产化、资产资本化的关键飞跃。在1.1节完成从"数据"到"数据要素"的基础上，本节完成从"数据要素"到"数据资产"的转变，完成数据资产会计研究对象的基础认知。

1.2.1 数据资源的形成

数据资源，是用经济资源的视角来看待数据得到的概念。相比于生产要素，经济资源的概念范畴更广。在经济学中，生产要素属于经济资源范畴，而经济资源不一定属于生产要素。对经济资源中的重要组成部分进行高度凝练，形成了"资源要素"，实质上就是经济学界常说的"生产要素"。无论是在宏观经济学还是在微观经济学中，数据都可以用"生产要素"或"经济资源"来表达，即"数据要素"或"数据资源"，只不过经济学界更加倾向于用"数据要素"来表达，这样更能体现数据最新获得的生产要素身份。

企业的生产经营管理过程就是宏观经济运作的微观缩影。企业内部的资源配置更加具象，很多未获得生产要素身份的经济资源也需参与企业的生产经营管理过程：生产要素直接参与企业生产过程，而其他经济资源也会参与企业经营管理过程，从而间接参与企业生产过程。虽然宏观经济模式已经被定调为数字经济，但在很多未经历数智化转型的企业中数据仅仅是一种占比较小的资源补充。因此在管理学界，尤其是企业管理学界，更常用术语"经济资源"，相关表述为"企业数据资源"。例如，属于管理学科门类的会计学，对数据进行会计核算遵循的是财政部出台的《企业数据资源相关会计处理暂行规定》。

从"数据要素"到"数据资源"，再到基于会计师视角的"企业数据资源"，是对数据要素微观运作的一种专业探索，也是社会各界热议的"数据资产"的形成基础。将数据资源纳入会计核算体系，反映在账面上、报表上，对于经济管理的意义是非凡的。

1.2.2　基于会计师视角的数据资源

2023年8月，财政部印发财会〔2023〕11号文件《企业数据资源相关会计处理暂行规定》(以下简称《暂行规定》)，正式开启了数据资源的会计师视角："适用范围：本规定适用于企业按照企业会计准则相关规定确认为无形资产或存货等资产类别的数据资源，以及企业合法拥有或控制的、预期会给企业带来经济利益的、但由于不满足企业会计准则相关资产确认条件而未确认为资产的数据资源的相关会计处理。"

由此可见，会计师认可的数据资源首先要满足资产定义。根据《企业会计准则——基本准则（2014）》第二十条，资产是指企业过去的交易或者事项形成的、由企业拥有或者控制的、预期会给企业带来经济利益的资源。显然，会计学界是基于经济资源的视角来定义资产的。虽然数据资源本身就是一种经济资源，但只有符合资产定义的经济资源才能进入会计师视野。

有个别机构出于营销目的简单粗暴地宣讲"数据＝资产"，这种"数据即资产"的误区需要得到纠正。如果对数据的利用达不到变现的程度，不但不能称之为资产，而且如果数据存在合规问题，它反而是累赘，甚至是负债！数据到底会成为数据资产还是数据负债，不是由会计师的专业艺术决定的，而取决于企业的数据管理能力。不过数据资产会计可以反映企业的数据管理能力。

需要明确的是，进入会计师视野的数据资源不一定能够入账入表。只有得到会计确认的数据资源才能入账入表，而只有满足资产确认条件的数据资源才能得到会计确认。会计师首先要分析哪些数据资源满足资产定义，再进一步分析这些符合资产定义的数据资源是否还满足更苛刻的资产确认条件，才能判断是否应将这些数据资源进行会计确认，进而入账入表。

《暂行规定》的适用范围表述得很清晰，一方面包括那些既满足资产定义又满足资产确认条件的数据资源，另一方面包括那些只满足资产定义而不满足资产确认条件的数据资源。这两种数据资源均被纳入会计师视野，但只有前一种数据资源才能得到真正意义上的会计确认，才能实现数据资源入表。由于无法确认为数据资产的数据资源仍需根据《暂行规定》判断是否需要进行会计处理以及怎样进行会计处理，因此《暂行规定》是基于数据资源层面进行论述的，而非局限于数据资产层面。这也规范了会计师应在"数据要素—数据资源—数据资产—数据资本"数据层级链条中的哪一环开始介入，见图1-8中的虚线部分。

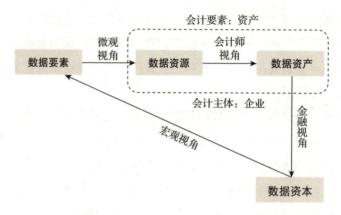

图1-8　会计师视角下数据资产的形成路径

全方位梳理会计主体的所有数据资源是数据资产会计工作的第一步，梳理的标准与经济师或其他职能部门不同，是会计准则中的资产定义：是否满足"由企业过去的交易或事项形成""由企业拥有或控制""预期会给企业带来经济利益"等资产定义要素。这是会计师最开始的关键职业判断，因为它影响着会计师进行后续分析与处理的数据资源范围。一旦某一数据资源被排除在会计师处理范围之外或梳理时有遗漏，这一数据资源就再无入表可能。

上述三项资产定义要素中，比较硬性的是"由企业拥有或控制"，它涉及数据确权问题，也是实务工作的一项难点，虽然不在会计师的职责范围内，却是开展数据资产会计工作的前提。影响会计师开展数据资产会计处理工作的前提事项会在第3章详细介绍。

会计师之所以用资产标准来衡量数据资源，有两方面的原因。一方面，为了保证反映在账面上的数据资源权属清晰、具有经济性，坐实数据资源的经济资源属性并明确为属于会计主体的数据资源。只有这样的数据资源会计信息才能反映在会计主体财务报表上，否则将会扰乱社会经济秩序。另一方面，不单是数据资源，任何一项需要会计核算的经济活动都要落实到会计要素中。根据《企业会计准则——基本准则（2014）》第十条，"企业应当按照交易或者事项的经济特征确定会计要素。会计要素包括资产、负债、所有者权益、收入、费用和利润。"会计要素是对会计对象的基本分类，任何一项需要会计核算的经济活动都需要初步归类确定为哪种会计要素，这可以理解为确定拟入账具体会计科目的所属大类。不同国家设立的会计要素有所差异。根据我国设立的以上六种会计要素，数据资源如果不能入账为资产，就只能入账为费用或干脆不能入账。无论以何种会计要素入账，都要既满足要素定义，又满足要素确认条件。当然，最能反映数据资源相关经济活动本质的会计要素就是资产，因此要用资产标准来衡量数据资源。

资产标准的内涵包括两道关卡：先过资产定义关，再过更严苛的资产确认条件关。至于资产确认条件关，根据《企业会计准则——基本准则（2014）》第二十一条，主要有两方面：与该资源有关的经济利益很可能流入企业；该资源的成本或者价值能够可靠地计量。其中，对于"很可能"的判断标准，业界的共识是经济利益流入企业的概率超过50%。这两方面是资产确认的基本条件，至于具体确认为什么类型的资产，即入账为哪种资产类会计科目，仍然需要会计师的职业判断（第4、5章将详细讲解）。根据《暂行规定》，要么是存货，要么是无形资产，其内在逻辑是在满足资产确认的基本条件后，要么满足存货的定义及具体确认条件，要么满足无形资产的定义及具体确认条件。

能过以上两道关卡的数据资源都是货真价实的。这种专业的资产标准把关是将推动数据资源入表的重任交给会计界的意义，当然这也是会计师的本职工作，只有会计师才拥有将数据资源转换为数据资产的"魔法"，在"魔法"中融入了会计师的职业判断。

当然，数据资产的概念内涵不能简单地理解为存货或无形资产或者满足资产定义但不满足资产确认条件的资产，为了诠释数据资产会计，需要对数据资产进行科学严谨的概念界定。

1.2.3 数据资产的概念界定

遗憾的是,《暂行规定》及财政部的其他文件并未对数据资产或数据资源给出一个权威的概念表述。国务院其他部委以及众多地方政府出台的数字经济相关文件中多次提到数据资产,其中很多文件尝试着给出了五花八门的数据资产定义,但都不是会计意义上的数据资产定义,其定义目的也并非为会计师服务。所谓会计意义上的数据资产,属于服务于会计主体进行会计核算的数据资产概念范畴,对数据资产在财务报表上是否反映、如何反映等会计事项具有决定性意义。社会大众所知晓的资产,与会计师认可的资产、能在财务报表上反映的资产是完全不同的概念。

数据资产的概念界定分为总体层面与具体层面,如图1-9所示。总体层面的数据资产定义是会计要素级别的,具体层面的数据资产定义是会计科目级别的,一级会计科目还可以细分为二级会计科目。

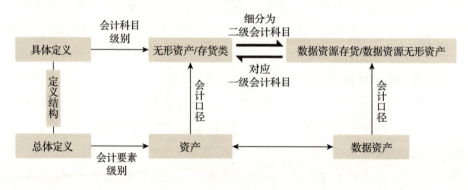

图1-9 数据资产的概念界定

1. 总体层面的概念界定

(1)借鉴资产评估相关研究成果

比较有借鉴意义的是中国资产评估协会发布的《数据资产评估指导意见》(以下简称《指导意见》)第一章第二条:"本指导意见所称数据资产,是指特定主体合法拥有或者控制的,能进行货币计量的,且能带来直接或间接经济利益的数据资源。"《指导意见》仅晚于《暂行规定》半个月左右发布。资产评估师与会计师在工作中有很多交集，法定资产评估往往基于财务报表中列示的资产进行，并且资产评估学相关研究更加聚焦于资产本身，因此虽然不能取代会计学界对数据资产在会计意义上更为严谨的概念界定，但中国资产评估协会给数据资产下的定义还是值得借鉴的。

（2）比较分析《暂行规定》相关表述

至于《暂行规定》，唯一一句对数据资产概念界定比较有借鉴意义的表述是对《暂行规定》适用范围的解释，其中包括"企业合法拥有或控制的、预期会给企业带来经济利益的、但由于不满足企业会计准则相关资产确认条件而未确认为资产的数据资源的相关会计处理"。其实，这句话描述的是那些满足资产定义而不满足资产确认条件的数据资源，前面那些定语都是对资产定义的转述。

这些对资产定义的转述与资产定义的原本表述是否完全一致？如有差异，将透露出财政部对数据资产的微妙定义倾向。回顾资产定义的三要素"企业过去的交易或事项形成""由企业拥有或控制""预期会给企业带来经济利益"以及资产定义中对资产的资源定性，《暂行规定》与之有差异的地方是删除了"企业过去的交易或事项形成"，并在"由企业拥有或控制"的基础上强调了"合法"，表述为"企业合法拥有或控制"。

（3）分析定义中的资产历史成因

"企业过去的交易或事项"的表述是在描述资产的历史成因，即要么是企业与外部会计主体的交易，要么是企业内部的经济事项，它作为资产的"来龙"，与资产定义中的"预期会给企业带来经济利益"这个"去脉"遥相呼应，主要是为了凸显定义的完整性。该定义要素的会计意义比其他定义要素弱，因而主要存在于资产的总体定义中，而具体资产对应的具体会计准则常常删除这个定语。比如，《企业会计准则第6号——无形资产》第三条"无形资产，是指企业拥有或者控制的没有实物形态的可辨认非货币性资产"，以及《企业会计准则第1号——存货》第三条"存货，是指企业在日常活动中持有以备出售的产成品或商品、处在生产过程中的在产品、在生产过程或提供劳务过程中耗用的材料和物料等"，都没有"企业过去的交易或事项形成"之类的表述。《暂行规定》中的那句定语也删除了这样的表述。即使不考虑《暂行规定》，从零开始界定数据资产的概念范畴，也倾向于删除这类表述。

（4）分析定义中的法律权属现状

至于通过"企业合法拥有或控制"的表述强调企业拥有或控制数据资产的合法性，不仅在《暂行规定》中有，《指导意见》也强调了这一点，甚至在财政部对《暂行规定》的解读宣贯中也举了很多事例特别强调数据资产来源的合法性，这在具体资产定义中尚属首例。因为会计学界强调"实质重于形式"的会计原则，即"经济实质重于法律形式"，所以资产的总体定义中在经济意义上强调"拥有或控制"，没有强调取得相应资产控制权的合法性。当然，这并不代表会计师明确承认非法控制的资产可以入表核算，只是在涉及数据资产核算的问题上，发现很多对数据取得控制权的情形并没有法律依据，而且相关法律法规亟待完善。很多产权有争议的数据资产不宜反映在会计账面上，因此在数据资产定义中强调数据来源的合法性是很有必要的。但这并不意味着对"实质重于形式"会计原则的突破，因为与数据产权相关的确权纷争的确会带来很重要的经济后果，要考虑法律形式对资产后续经济实质变化的影响，所以出于"谨慎性"原则，对有法律纷争的数据资产一刀切地排除在会计师承认的数据资产范畴之外。

然而，"企业合法拥有或控制"的表述并不完美。数据资产利益相关者包括数据来源方、数据持有方、数据经营方、数据使用方、数据加工方等多个数据利益相关主体，到底哪一方控制了数据资产？数据资产是否有可能被多个主体共同控制？会计意义上对数据资产的控制权，到底应如何界定？如果没有统一的解读，实务工作会陷入争议之中，毕竟数据资产不像其他资产那样涉及的利益主体单一、对控制权的界定清晰明了。

"企业合法拥有"更是一个法律难题，数据确权尚未达成法律共识，哪一利益主体真正具有数据资产的所有权以及是否享有数据资产的完整所有权，都需要法学界进一步明确。法学界目前有两种声音：一种声音主张按照常规思路界定数据资产的所有权，但相关研究还在进行中；另一种声音主张绕过数据资产的所有权纷争，体现2022年12月《中共中央 国务院关于构建数据基础制度更好发挥数据要素作用的意见》中数据产权的三权分置思路，即"建立数据资源持有权、数据加工使用权、数据产品经营权等分置的产权运行机制"。三权分置思路有利于绕过数据资产所有权界定难题、巧妙解决数据确权难题，成为当前业界最为认可的主流思路。因此，会计学界不能继续抱着"所有权与控制权两权分置"的旧思路来定义及确认数据资产，需要参考三权分置思路更正相关表述。

（5）分析定义中的经济利益预期

关于另一个定义要素"预期会给企业带来经济利益"，在国际会计学界也存在一定的争议。2018年国际会计准则理事会（IASB）发布的《财务报告概念框架》给出了非常简洁明了的资产定义，即"资产是主体因过去事项而控制的现时经济资源"，并进一步将经济资源解释为"有潜力产生经济利益的权利"。可见，在新时代，国际会计学界弱化了原先资产定义中的"预期会给主体带来经济利益"以及"带来经济利益的很大可能性"。会计的所有规则都因经济社会的发展而变化，对资产的"未来经济利益流入"方面的把关在不断弱化，主要是考虑到经济不确定性增强以及新兴商业业态层出不穷。例如，数字经济时代的数据资产对企业价值创造的贡献很难合理预期，很多间接产生经济利益的方式很难提前想到，因此会计师在做出"某项资产不符合预期给企业带来经济利益的定义或不符合很可能带来未来经济利益流入的确认条件"的职业判断时，应更加谨慎。这在《指导意见》对数据资产定义的表述"能带来直接或间接经济利益"中也得到了体现，用"能"来替代"预期"或"很可能"，并强调能带来间接经济利益也可以。而《暂行规定》的相关表述并未更新。考虑到我国企业会计准则的"国际趋同"原则，以及我国数字经济的发展规律，对数据资产的概念界定倾向于弱化对数据资产带来未来经济利益的直接预期。

（6）分析定义中的资产定性总结

关于数据资产的定性，有如下考虑：无论是我国会计学界还是国际会计学界，都倾向于将资产定性为一种经济资源。虽然数据资产的权利主体更加多元，国际会计学界有部分声音主张以资产的"权利观"取代"经济资源观"，甚至有主张"未来经济利益观"的声音，但考虑到经济资源的内涵可以包括未来经济利益的流入以及各种经济权利，考虑到准则体系的历史衔接与前后一致，仍倾向于将数据资产定性为一种经济资源。

（7）分析定义中的货币计量单位

关于《指导意见》对数据资产的定义中的"能进行货币计量"，在会计学界对数据资产的定义中无须强调：虽然数据资产计量单位可以借鉴更能还原数据本身特征的计算机术语或其他计量单位，甚至有人主张数据资产应该依据企业的实际经营管理需要选择计量单位，而非选用常规的货币计量单位，但考虑到货币计量假设本身就是四大会计假设之一，在可预见的未来仍以货币为主要计量单位，无须在数据资产定义中强调货币计量，这样也为未来数据业态的发展变化对会计计量单位的多元化影响提供了灵活变通的可能。

（8）数据资产的总体层面定义

综上，如果在总体层面粗略给出数据资产的定义，大致是"企业过去的交易或者事项形成的、由企业合法拥有持有权或加工使用权或经营权的、可以给企业带来直接或潜在经济利益的数据资源"。然而，数据资产是一种具体资产类别，考虑到对企业会计准则体系的遵循，对数据资产的概念界定应具体化，参考《暂行规定》的思路，应借鉴《企业会计准则第1号——存货》及《企业会计准则第6号——无形资产》的术语体系界定数据资产的具体概念内涵。

2. 具体层面的概念界定

（1）借鉴无形资产会计准则及存货会计准则

依据前述思路，首先删除数据资产中的"企业过去的交易或者事项形成的"这一表述。其次，考虑到存货与无形资产这两个具体资产类别差异较大，在借鉴相关会计准则时需先分析哪个为主、哪个为次。存货主要包括拟出售的库存商品、尚处于加工过程中的半成品、尚待加工的原材料及各种物料等，主要是有形资产、一年内或一个营业周期内变现的流动资产。无形资产主要包括专利权、非专利技术、商标权、著作权、特许经营权、土地使用权、知识产权等，是一种无形的资产，变现周期在一年或一个营业周期以上。数据资产具有无形性及其他特性，显然更加接近无形资产而不是存货，而且业界将数据资产像存货一样进行流通交易的情形较少，数据资产多用于企业内部，因此其概念界定应主要参考《企业会计准则第 6 号——无形资产》对无形资产的概念界定思路，相应表述为"企业拥有或者控制的没有实物形态的可辨认非货币性资产"。

（2）分析数据资产的"非货币性"特征

非货币性其实是无形资产与存货的共性，只是因为无形资产的非货币性属性更强，并且需要与不可辨认的、同样没有实物形态的商誉资产进行区分，才对其加以强调。所谓非货币性资产，指的是回收金额不固定且不可确定的资产，与银行存款、应收账款等回收金额固定或可确定的货币性资产是相对概念。显然，数据资产是非货币性资产，而且非货币性属性很强，因此倾向于在概念界定中加以强调。

（3）分析数据资产的"可辨认性"特征

关于可辨认性，《企业会计准则第 6 号——无形资产》是这样解释的：符合"能够从企业中分离或者划分出来，并能单独或者与相关合同、资产或负债一起，用于出售、转移、授予许可、租赁或者交换"或者"源自合同性权利或其他法定权利，无论这些权利是否可以从企业或其他权利和义务中转移或者分离"，就满足"可辨认性"的判断标准。其实，"可辨认性"的概念界定源自区分同无实物形态的商誉与无形资产的需求。商誉多为企业并购溢价，即比账面价值多支付的并购费用。主要考虑到随着并购企业与被并购企业的资源整合，并购企业可以通过协同经营产生的超额利润来收回商誉，因此将商誉划分为资产类项目而不是费用类项目。只是这种资产很特殊，比传统意义上的无形资产更为抽象，资产属性也较为薄弱，因而被定性为不可辨认的无形资源，以借助"可辨认性"的职业判断与无形资产在会计确认上予以区分。

显然，数据资产比商誉更加"可辨认"，虽然"可辨认性"可能不及无形资产。至于存货，大多具有实物形态，毫无疑问是可辨认的，甚至《企业会计准则第 1 号——存货》中都没有强调这一点。数据资产的可辨认属性可能介于存货与无形资产之间，那么数据资产究竟属于可辨认资产还是不可辨认资产？考虑到《暂行规定》已经将数据资产的入账类别限定为存货或无形资产，深究这个问题的意义不大，为了保持准则体系的一致性，无论不同类别的数据资产的可辨认性有何差异，一律界定为可辨认性资产，这样也有利于与最不可辨认的商誉划清界限，只不过由于其可辨认属性相对薄弱，需要在概念界定中像无形资产一样对可辨认性加以强调。

（4）比较分析无形资产与存货的定义要素

如果归纳企业会计准则对无形资产的定义要素，从"企业拥有或者控制的没有实物形态的可辨认非货币性资产"中可概括为"法律权属""实物特征""可辨认性""非货币性"。如果归纳企业会计准则对存货的定义要素，从"企业在日常活动中持有以备出售的产成品或商品、处在生产过程中的在产品、在生产过程或提供劳务过程中耗用的材料和物料等"中可概括为"持有目的""消耗方式""资产形态"。二者的定义要素类别没有交叉，可见差异之大，在界定数据资产定义要素类别前需要参考更多资产类具体会计准则。

（5）分析定义要素中的"持有目的"

很多资产类具体会计准则对相关资产的定义要素包含"持有目的"，例如《企业会计准则第 3 号——投资性房地产》《企业会计准则第 4 号——固定资产》《企业会计准则第 5 号——生物资产》等，而数据资产的持有目的可归纳为内部使用、对外出售、对外提供服务等（详见第 4 章），比无形资产更加丰富、明确，因此倾向于在概念界定中纳入"持有目的"定义要素。

（6）分析定义要素中的"实物特征"与"资产形态"

关于"实物特征"与"资产形态"，有形资产的资产形态较为丰富多元，无形资产的资产形态较为单一，用"没有实物形态"概括足矣。多数资产类具体会计准则描述的是有形资产，因此只有在《企业会计准则第 6 号——无形资产》中强调了"没有实物形态"。而数据资产不仅可划分为无形资产，还可划分为存货，且传统意义上的存货是有形资产，因此需要在数据资产定义中强调"没有实物形态"的实物特征。

（7）分析定义要素中的"法律权属"

关于"法律权属"的"拥有或控制"表述，依据前述分析，不适用于数据资产，即使改为三权分置的表述思路，也过于冗长且可能没有定型，考虑到数据确权制度体系尚在发展变化中，而且多数资产类具体会计准则在界定相应资产概念时并没有表述其"法律权属"，对数据资产的概念界定也不再纳入"法律权属"定义要素。

（8）分析其他定义要素的必要性

当然，在其他资产类具体会计准则中也能见到其他定义要素，如"使用寿命"（参考《企业会计准则第 4 号——固定资产》）、"合同权利"（参考《企业会计准则第 22 号——金融工具确认和计量》）等，但使用频率较低，且不宜或没有必要在数据资产概念界定中加以明确或强调，因此不再考虑。

（9）数据资产的具体层面定义

鉴于以上分析，数据资产的定义要素充分吸纳存货定义要素与无形资产定义要素的共通之处及重点要素，应包含"持有目的""实物特征""可辨认性""非货币性"等，如图 1-10 所示，从而将数据资产概念界定为"企业用于内部使用、对外出售或对外提供服务的没有实物形态的可辨认非货币性资产"。这个定义可以将数据资产与不用于对外交易的无形资产、不用于内部使用的存货、不可辨认的商誉、所有有形资产、所有货币性资产都有效区分开来，同时可以吸纳数据资源存货与数据资源无形资产的关键共性特征。

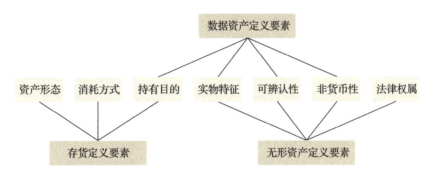

图 1-10　数据资产定义要素

进一步，在数据资产的具体确认条件上，重点强调"可计量性"即可，应弱化关于"经济利益流入的可能性"的判断。有关数据资产确认条件的详细分析见 3.6.1 节。

3. 严格区分"数据资产"与"数字资产"

需要强调的是，很多看似专业的讨论混淆了数据资产与数字资产的概念表述，其实二者是完全不同的概念范畴：其一，数据与数字是不同的概念，1.1.1节已经对二者进行了区分；其二，数字资产是较为单一的资产形态，例如比特币、数字人民币等，多数与区块链数字技术有关，而数据资产是一项强调数据内容本质的资产大类，不一定以数字形态存在，还可能以物理方式记录。因此，至少在会计意义上，数据资产不一定是数字资产，数字资产也不一定是数据资产，二者甚至都不是一个层级的概念范畴，需要严格区分。显然，对于能够做到"数据驱动决策"的数智化转型，数据资产才是根本，而不是给部分资产套一个数字技术形态的外壳，因此数据要素相关会计研究的重点对象是数据资产而不是数字资产。

基于对数据资产的概念界定，继续从数据资产的属性、特征、分类等方面入手，才能全方位熟悉"数据资产是什么"。

1.2.4 数据资产的属性、特征与分类

1. 数据资产的属性

根据《指导意见》，数据资产拥有三大属性，分别是信息属性、法律属性和价值属性。

（1）信息属性

根据《指导意见》，信息属性主要包括数据名称、数据结构、数据字典、数据规模、数据周期、产生频率及存储方式等。

前文分析过，数据的存在就是为了反映信息，信息通过记录成数据的形式随时反馈，甚至可以这样粗略地理解：数据≈信息。明晰数据资产的信息属性，既是在业务层面对数据资产的具体刻画，也是对数据资产本质内涵的明确，还是对数据资产与数字资产的最为本质的区分。

（2）法律属性

根据《指导意见》，法律属性主要包括授权主体信息、产权持有人信息，以及权利路径、权利类型、权利范围、权利期限、权利限制等权利信息。

数据的确权与知识产权类似，是一个容易引起权利纠纷的领域，而数据资产是否真的被会计主体拥有（即所有权），关系到数据资产会计及数据资产价

值评估在主体开展的前置条件，包括审计师在对资产的认定中有专门的"权利与义务"认定，在对数据资产监盘的审计程序中也需要额外关注数据资产的所有权问题，而所有权属于法律范畴，所以数据资产天然带有法律属性分析的必要性。

（3）价值属性

根据《指导意见》，价值属性主要包括数据覆盖地域、数据所属行业、数据成本信息、数据应用场景、数据质量、数据稀缺性及可替代性等。

乍一看，价值属性不就是资产评估要分析的东西吗？为什么要把它单独拎出来？静下心来一想，其实价值属性囊括了资产运用的主观层面，毕竟任何一项资产的价值评估与其业务特征和管理模式是分不开的，数据资产带来的未来现金流量的时间分布、风险、金额与会计主体打算怎么运用数据资产是分不开的，这当然也与会计主体的行业及战略规划有关，这种属性虽然相对于数据资产本身而言是主观的，但相对于后续的估值技术却是客观的。看跟谁比，主观、客观也是相对的，《企业会计准则第8号——资产减值》中对资产可收回金额的计量，不也是跟资产的预期使用方式这一主观因素有关吗？所以无论是财务会计还是资产评估，这种主观方面的东西是开展下一步工作的前提，只不过被中国资产评估协会凝练为价值属性，实质上是开展客观数据工作的主观前提，毕竟同一个数据资产放在不同会计主体或者放在同一会计主体的不同年份业务规划下是完全不同的价值表现。

以上三个属性基本涵盖了数据资产基础形态的主要问题，《指导意见》对数据资产属性的概括较为全面。

2. 数据资产的特征

根据《指导意见》，数据资产拥有五大特征，分别是非实体性、依托性、可共享性、可加工性、价值易变性。

（1）非实体性

根据《指导意见》，非实体性是指数据资产无实物形态，虽然需要依托实物载体，但决定数据资产价值的是数据本身。数据资产的非实体性也衍生出数资产的无消耗性，即其不会因为使用而磨损、消耗。

无论是数据还是信息，虽然都需要依托实物载体来呈现，但从资产内容的本质来讲都是没有实物形态的。非实体性，不仅是数据资产的评估特征之一，而且在数据资产概念界定时加以强调，这与《企业会计准则第 6 号——无形资产》对无形资产的概念界定如出一辙，凸显了数据资产参照无形资产进行会计处理及评估的合理性。

（2）依托性

根据《指导意见》，依托性是指数据资产必须存储在一定的介质里，介质的种类包括磁盘、光盘等。同一数据资产可以同时存储于多种介质。

数据资产的非实体性，某种程度上就已决定了数据资产的依托性，再怎么说数据资产也不能存在于空气中。根据《指导意见》对依托性的解释，没有介质的资产永远不是真正的数据资产，这也构成了对数据资产"可辨认性"的部分支撑。

（3）可共享性

根据《指导意见》，可共享性是指在权限可控的前提下，数据资产可以被复制，能够被多个主体共享和应用。

"是否排他性占有"是影响资产评估价值的重要因素，经济学上也说稀缺性决定资源的价值，而这对会计学上资产定义中控制权方面的分析也是有影响的。

（4）可加工性

根据《指导意见》，可加工性是指数据资产可以通过更新、分析、挖掘等处理方式，改变其状态及形态。

在数据之间相互联系的基础上加工出新数据，是数据资产内部研发的一个很常见的路径。例如，ChatGPT 的问世对文本类数据资产的诞生有了新启发。

（5）价值易变性

根据《指导意见》，价值易变性是指数据资产的价值易发生变化，其价值随应用场景、用户数量、使用频率等的变化而变化。

显然，价值属性的存在就决定了数据资产具有价值易变性，不同主体运营数据资产创造的增量价值差异可以很大。当然，关于如何看待《指导意见》强调数据资产的价值易变性，也要考虑到《指导意见》的出台目的——提前说明数据资产评估报告的评估结论适用范围。

3. 数据资产的分类

数据资产的分类与数据的分类高度相关，不同的业务维度决定了不同的分类方式。而由于数据业务场景的广泛性，数据的分类维度太多，机械地记忆不可取，要结合数据使用需求及管理目的决定数据或数据资产的分类方式，进而在对数据资产的分类分析中有的放矢。

（1）按数据结构分类

最常见的分类就是按数据结构，分为结构化数据、半结构化数据和非结构化数据。结构化数据是按照某种预定格式和模式组织的数据，客户信息表等各类数据库中的表格数据就是典型例子。而非结构化数据没有固定的数据模式或格式，与结构化数据相比，数据的组织方式、存储需求及分析方法都有显著的差异。相较于完全结构化或完全非结构化数据，介于二者之间的半结构化数据较多。

以数据结构为主的分类方式之所以成为主流，是因为数据的结构化程度不仅与数据的本身样貌有较为直观的联系，而且会影响到数据加工使用者及数据分析者利用数据的难易程度，与数据使用成本高度相关。幸运的是，随着大数据与人工智能等数字技术的发展，人类对于非结构化数据可以更加有效地处理和利用。很多新兴领域的发展过程，伴随着领域内非结构化数据的结构化进程。无论数据的结构化进程如何，对本领域数据的驾驭能力都是关键。

（2）按数据存储维度分类

从一块整体数据的内部分工来看，既有为数据使用者直接提供服务的表层数据，也有支撑表层数据的里层数据，究其根本在于数据存储的维度，从这个维度可分为基础层数据、中间层数据、应用层数据，类似于数据后台、数据中台、数据前台。

与涉及数据使用成本的数据结构视角不同，这样分类便于更加有针对性地管理数据。如果要抓数据质量，就要对表层数据进行追根溯源，保证基础层数据的可信性。如果要强化"数据驱动决策"，就要对应用层数据下功夫，利用各种数据可视化手段提升数据与决策之间的交互效果。如果既要降低数据开发和维护成本，又要不断跟随最新变化的数据分析和挖掘需求，那么就要大力建设数据中台，在中间层数据上下功夫。

（3）按数据加工程度分类

随着数据交易市场的兴起，在数据提供者与数据使用者愈发分离的背景下，双方信息不对称会导致多数数据无法直接使用，而且即使数据提供者与数据使用者是同一主体，在数据的二次应用时也会随着业务场景的变化而进一步加工。由于场景的多变性，真正的数据成品是很少的，数据使用者需重点考虑数据加工成本。按照数据加工链条中的不同环节，数据也可像原材料、半成品、产成品一样，分为原始数据、衍生数据、成品数据等不同的加工程度。

数据的加工程度与结构化程度有一定联系，一般而言，非结构化数据往往不能直接使用，需要数据标注等较多的加工成本，多为原始数据，而成品数据往往表现为结构化数据。但这并不代表原始数据的价值就一定低于成品数据，比如非常重要的元数据是描述数据的数据，是所有数据的"根"，但它更接近原始状态而非成品状态。数据的加工步骤与传统意义上的有形产品的加工步骤异曲同工，在会计学中，生产型企业的原材料、半成品、加工完成后的库存商品都汇总列示在报表项目"存货"中。恰巧，针对数据资源会计处理的《暂行规定》也允许将符合《企业会计准则第1号——存货》核算要求的数据资产分类为"存货"，相关会计分析也借鉴了传统存货的分析思路，详见第8章。

当然，还有其他的数据分类方式，例如：根据数据来源，可分为内部数据与外部数据；根据数据重要程度，可分为关键数据与辅助数据，或者分为主数据与参考数据；根据数据脱敏程度，可分为敏感数据与非敏感数据；根据数据时间维度，可分为实时数据、历史数据等。如图1-11所示，不再一一详解。

数据的分类既可以为数据资产的会计分类提供基础，也可以直接作为相关数据资产在数据技术层面的分类。相较于数据的分类维度，数据资产的会计分类更加倾向于业务模式与形成方式，例如对外提供服务的数据资产、对外出售的数据资产、内部使用的数据资产，外部采购的数据资产、内部开发的数据资产等（如图1-12所示），与数据资产会计处理高度相关，详见第4和5章。

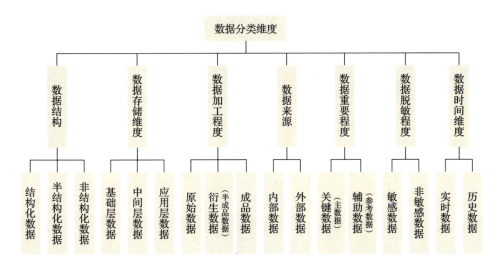

图 1-11　数据资产的不同分类维度

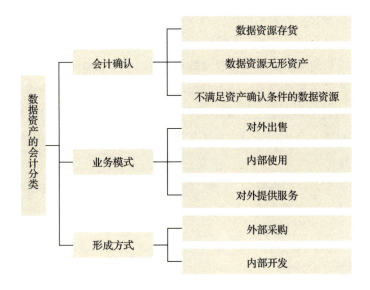

图 1-12　数据资产的会计分类

1.2.5　数据资本的运作

从数据资源到数据资产，完成了数据资产化的第一次惊险一跃，实现了数据从表外到表内的历史创举。从数据资产到数据资本，可以完成数据资本化的第二次惊险一跃，让数据在会计师加工处理的基础上进一步加入资本的游戏。所谓的数据资本化，就是在数据资产形成的基础上，通过在数据资本市场上的资本运作技巧实现数据资产价值的二次变现。

1. 数据密集型企业的诞生

经济模式的发展，决定着哪种生产要素占据主导地位。数据成为数字经济时代的主导生产要素后，数据密集型企业将成为新时代的宠儿。从劳动密集型企业，到资本密集型企业，再到数据密集型企业，不仅是企业资源配置结构的变化，更是资本嗅觉方向的变化，使数据真正获得资本青睐。

2. 数据的"上市"

传统意义上的"上市"指的是公司的上市，往往是公司整体资产在证券交易所的上市。如今，数据交易所的兴起，给"上市"及"上市主体"带来了全新的意义，加速了数据资本时代的到来。

在数据交易所中，上市的主要是数据产品，而非公司整体。一家公司可以有多个数据产品供流通交易，一个数据产品也可能由多家公司联合开发，从而涉及多个上市受益主体。拟上市公司的 IPO 可以使公司创始团队实现财务自由，同样，打造一个上市流通的爆款数据产品也是实现财务自由的一种方式，更是时代财富的新风口。

在金融资本时代向数据资本时代转变的过程中，传统的金融资本会受到削弱，数据资本走到了新时代的聚光灯下，让资本运作有了更多的选择、更丰富的方式。

3. 数据资产证券化

"凡资产皆可证券化"成为一种资产证券化的探索精神，数据资产也不例外。所谓证券化，就是将资产转化成一种可交易的证券形式。数据资产证券化，或者说形成的数据资产支持证券，可以加速推动数据要素与资本要素的联动，进一步激活数据资产的价值潜能，是数据资本化的重要途径。

第 2 章 CHAPTER

全面认识数据资产会计

数字经济越发展,数据资产会计越重要。在数据资源到数据资产"惊险一跃"的基础上,本章基于会计师视角正式提出一个全新的理论专题——数据资产会计,这也是经济发展对会计学界提出的全新时代课题。在正式开启数据资产会计的专题研究之前,有必要全面认识数据资产会计。

基于第 1 章对数据资产的概念界定,本章系统地阐释什么是数据资产会计,搭建数据资产会计的理论框架,提出数据资产会计的时代课题,梳理数据资产会计的政策体系。

2.1 数据资产会计的理论框架

数据资产会计与数据资产息息相关,是会计界基于"数据要素—数据资源—数据资产—数据资产会计"的数据要素发展链条顺势提出的。从数据资产到数据资产会计,不仅是数据资产入表,更是会计师对数据要素全生命周期的全面反映。从概念界定到理论基础,本节分两步搭建数据资产会计的理论框架。

2.1.1 数据资产会计的内涵

1. 数据资产会计的提出

数据资产会计是一个会计专题概念,揭示了数据资产确认、计量、记录、报告等数据资产的账务处理程序是一整套富有内在逻辑的会计体系,需要整合为一个小专题去学习、研究,不能仅停留在资产这个单一会计要素层面,后续的减值测试、摊销、数据资源相关支出费用化与资本化的临界点、终止确认等贯穿会计记账全生命周期,需统筹规划设计。

其实,会计学有很多专题分支,比如环境会计、人力资源会计等,与数据资产会计都是同一个性质。这些理论专题都是会计适应新时代发展的产物,比如数据资产会计,就是会计学界对数字经济发展的专业贡献,是对数字经济衍生的最新会计问题的系统性回应。因此,数据资产会计在接下来较长一段时间内,既是会计学界的学术热点,又是会计业界的新学习任务,还是会计政界的关注焦点。

需要强调的是,数据资产会计≠数字资产会计。基于第1章对数据资产与数字资产进行的严格区分,显然,即使存在数字资产会计专题,数据资产会计的内涵也与数字资产会计大相径庭。更何况,不是什么样的研究对象都能在会计学意义上升格为一个专题研究,学术研究资源应优先分配给更有实践意义或学术价值的研究领域。数字资产只是一种较为单一的资产形态,一种带有数字技术的资产类别而已。类似地,鲜有人提的货币资金会计、固定资产会计等是同样的性质,顶多只是企业会计部门内部分工的一个小岗位或岗位的部分工作内容而已。

2. 数据资产会计的研究对象

会计对象,即会计的研究对象,是指会计核算和监督的内容,通常表述为资金运动。这里的资金运动是指会计主体发生的包括交易和事项在内的所有经济活动,都由会计通过专门的方法和程序予以反映和监督。

数据资产会计的研究对象,不是会计主体涉及的全部资金运动,而只是与数据资产相关的资金运动。根据第1章对数据资产的概念界定,数据资产是指企业用于内部使用、对外出售或对外提供服务的没有实物形态的可辨认非货币性资产，凡是与此类资产相关的会计事项，都属于数据资产会计的研究范围。

需要强调的是，数据资产会计的研究聚焦于数据资产本身，是基于会计师视角的数据资产研究，而不是基于数字化视角的会计研究，即数据资产会计≠数字化会计，因为数据资产会计的底层逻辑取决于数据资产会计核算和监督的对象即数据资产相关资金运动，在此过程中的会计理论创新也以数据资产相关业务的特殊商业实质为依据。总体来看，数据资产是商业世界中的新事物，会计作为商业语言的翻译官，主要输出方法论，专注于数据资产形成具有一定特色的反映和监督体系，即形成数据资产会计理论体系，并非专注于会计自身行业的数字化革新。

3. 数据资产会计的定义

介绍了数据资产会计的缘起、界定了数据资产会计的对象后，需要给出数据资产会计的完整定义，即在会计一般定义的基础上，结合数据资产会计的研究对象，从会计学总体层次上定义数据资产会计。

会计的定义就是回答"会计是什么"，凸显会计的本质，主要分为两种学术流派：会计信息系统论与管理活动论。会计信息系统论从会计反映信息的过程入手，主张会计是一个信息系统，那么数据资产会计就是专门用于反映数据资产信息的会计信息系统。这样定义的数据资产会计更加凸显技术属性，但弱化了会计提供信息的目的。管理活动论从会计工作的目标出发，主张会计是一项经济管理活动，那么数据资产会计就是会计针对数据资产的经济管理活动。这样定义的数据资产会计更加契合会计实务工作，贴近当前学界主流对会计的一般定义：会计是以货币为主要计量单位，对企事业单位的经济事项进行连续、全面、系统的反映和监督的一项经济管理活动。

因此，数据资产会计的定义是：以货币为主要计量单位，对企事业单位与数据资产相关的经济事项进行连续、全面、系统的反映和监督的一项经济管理活动。

2.1.2 数据资产会计的理论基础

在给出数据资产会计的定义后，还需打好数据资产会计的理论基础，才能为后续章节发展数据资产会计理论打下铺垫。总体而言，数据资产会计理论是经典会计理论在数据资产领域的应用，也是数据资产会计基于经典会计理论的传承与创新，二者不断互动、交互，形成数据资产会计的理论基础，如图2-1所示。

图 2-1 数据资产会计的理论基础

不同于其他会计理论分支，数据资产会计理论是会计对象起点研究导向下的产物，从其命名即可看出，数据资产相关的会计问题即数据资产会计理论的研究对象。因此，会计对象起点论成为数据资产会计的母理论。除了会计对象起点论外，与数据资产会计较为相关的理论基础还有资产负债表观、决策有用观、无形资源会计理论、财务会计概念框架、会计准则的原则导向与规则导向等。

1. 会计对象起点论

会计对象起点论是开展诸多细分领域会计研究的基石，回答的是会计理论研究的正确起点是什么，这对于新兴的数据资产会计理论研究的重要性不言而喻：从不同的起点搭建理论框架，会得到完全不同的数据资产会计理论结构，不同的理论结构没有对错之分，但有适用性高低之分。如果数据资产会计的元理论建构不当，数据资产会计理论体系很难契合中国特色数字经济实践需求。

会计研究的起点通常是什么？对这个问题的回答可谓百家争鸣。会计对象、会计目标、会计假设、会计职能等都有学者主张。本书提出的"数据资产会计"从名称上就给出了答案——以数据资产为边界区分数据资产会计对象与其他细分领域会计对象，因而支撑了会计对象起点论。如果从会计学整体层面探讨会计对象，学界共识是资金运动。因此，在学术层面，数据资产会计的会计对象是与数据资产相关的资金运动。在会计对象起点论的视角下，这是数据资产会计理论研究的逻辑起点。

当然，数据资产会计的提出并不是出于会计对象起点论，只是需要在会计对象起点论的前提下开展数据资产会计研究，强调的是数据资产会计的理论研究应该从数据资产的业务逻辑本源出发来推导数据资产相关的会计命题，而不能完全依照传统会计理论框架来套用数据资产。

然而，财政部于2023年8月出台的《暂行规定》却是从传统会计准则体系出发尽力给出数据资产会计事项的处理依据，甚至对于数据资产也套用《企业会计准则第1号——存货》《企业会计准则第6号——无形资产》等旧准则理论框架来阐释，并没有正面给出数据资产的会计定义，没有从数据资产的本源特征来规范数据资产会计处理，因此《暂行规定》只是暂行规定。

当然，政策出台方有新旧会计规定衔接等方面的考虑，但数据资产的重量级与其他类型资产显著不同，数据资产可以成为数据要素的会计载体，是推动宏观经济模式从工业经济向数字经济演变的决定性力量，与传统资产特征几乎完全不同，很难用某一类传统资产包括无形资产、存货等来比较研究数据资产。因此，数据资产的会计处理特征理应显著有别于经典会计理论体系。从数据资产出发重新设计相应的会计核算体系，可能比改良传统的会计核算体系更加适用于日新月异的数字经济商业模式。

基于会计对象起点论强调开创数据资产会计专题研究的重要性，并不意味着对《暂行规定》的否定，而是强调在对数据资产业务具有深刻认识的前提下，学习《暂行规定》及《暂行规定》尚未涉及的数据资产会计实务重点，这与本篇的讲述顺序"全面认识数据要素和数据资产—全面认识数据资产会计—数据资产会计的应用前提与核算环节"的逻辑是一致的。

2. 资产负债表观与决策有用观

财务会计报告是对会计信息的最终加工产品，其中的资产负债表、利润表以集中的方式提供了最重要的会计信息，当二者不能兼顾之时，究竟以何为重？

如果以资产负债表为重，需要严格把关资产的表内确认，只有预期能够带来直接或间接现金流入的经济资源才有资格列报为资产负债表上的资产项目，有利于管理层在企业资源配置中的决策分析，而收入和费用仅仅是资产和负债变动产生的副产品。

如果以利润表为重，需要优先保证收入与费用的当期配比。在当今流行的借贷记账法等复式记账规则下，可能需要牺牲资产和负债的会计信息质量，因为利润表观决定了资产和负债只是收入和费用合理配比之后的副产品。比如一些递延费用或递延收益由于不满足配比原则只能暂时塞入资产负债表，虽然并不代表企业的经济资源或现时义务，但有利于评价管理层的经营业绩，反映受托责任。

资产负债表观与利润表观在财务报告方面各有侧重，但二者孰轻孰重已基本达成共识，资产负债表编号为01表、利润表编号为02表就是支持资产负债表观的直接依据。如今，数据资产的确认已经成为会计学界的重点课题，显然需要严格把关，这也是数字经济的内在要求，怎能让利润表上的收入与费用的配比原则来影响数据资产的会计确认标准？在资产负债表观的理论认知下，收入来源于资产的增加或负债的减少，费用来源于资产的减少或负债的增加，因此利润表上的收入、费用定义是以资产负债表上的资产、负债定义为基础的。所谓的"数据资产入表"，是"数据资产记入资产负债表"的简称，不仅出于资产要素本身就列示在资产负债表上的考虑，也有背后资产负债表观的力量。

其实，资产负债表观的背后是决策有用观。相对应地，受托责任观是利润表观的理论依据。侧重资产负债表观还是利润表观，根源在于财务报告的目标是优先保障会计信息的决策相关性，还是优先保障反映经营业绩的会计信息来更好地评价管理层的受托责任。这个会计价值观的选择对会计核算的影响是方方面面的：如果反映的数据资产相关会计信息更具决策有用性，就需要摒弃历史成本计量原则的执念，大胆探索公允价值会计在数据资产核算方面的应用，毕竟数据资产的现时价值容易偏离入账时的历史成本，如果比照存货或无形资产的历史成本计量原则进行数据资产会计处理，会使得数据资产会计信息失去决策相关性，毕竟"沉没成本效应"是决策大忌，决策应立足于数据资产的现时价值评价、面向未来的数据资产业务场景应用。每一次资产负债表会计信息的生成，都应包括对数据资产的最新盘点结果的应用，需要及时更新数据资产账面价值，以供数据管理决策。

3. 无形资源会计理论

数据资产是一种无形的经济资源，因此数据资产会计理论属于无形资源会计理论体系的一部分。当然，这里讲的无形资源更多的是以"无形的资产"作为逻辑分析起点，并非会计上狭义的"无形资产"会计科目的核算范围。除了"无形资产"，"商誉"等凡是没有实物形态的资产都属于无形资源，被划分为存货核算范围的数据资产也不例外，都可以借鉴无形资源会计理论加以分析，从而使得基于会计对象起点论的数据资产会计在会计理论体系中不至于陷入"无本之源"，而且无形资源会计的研究发展本身也得益于会计对象起点论，与数据资产会计的理论构建基本思路也是一致的。

4. 财务会计概念框架

财务会计概念框架是制定企业会计准则及判断现行准则是否适当的直接理论依据。根据著名会计学家葛家澍教授的观点，财务会计概念框架是由财务报告目标和围绕财务报告目标的其他基本概念组成的一套理论体系，可以为财务报告主体的报表要素、信息质量特征、确认、计量、列报及披露提供基本的概念与原则。包括决策有用观与受托责任观这两种财务报告目标的不同观点，也属于财务会计概念框架的一部分。

我国会计学界通常把财务会计概念框架分为三个层次：第一层次包括会计目标、会计对象、会计假设；第二层次包括会计信息质量特征、会计要素、会计核算的一般原则；第三层次包括会计要素的确认、计量、记录与报告等。

从第一层次到第三层次，是从抽象到具体，从会计基本理论落地到资产、负债、所有者权益、收入、费用、利润等六大会计要素核算的实操原则。在数据资产的会计核算中，需要遵循财务会计概念框架对资产要素的核算原则。

财务会计概念框架形成了对具体会计准则的"统摄"，很多具体会计准则的问题源于财务会计概念框架的缺失或不完善，这也是本书为什么不直接论述具体的数据资产会计处理，而优先展开对会计细节处理起到统摄作用的、属于财务会计概念框架层面的理论辨析。如果没有财务会计概念框架，会计的技术属性会掩盖科学属性。只有从技术背后更为本源的科学视角出发，才能悟得数据资产会计之道，即规范数据资产会计之术的相关会计规定之根本。

不同国家的财务会计概念框架有所不同，其中比较成熟的有美国财务会计准则委员会（FASB）制定的版本，但它不适合于我国当前的发展实际。在我国，财务会计概念框架的制定始于2006年《企业会计准则——基本准则》的出台，该准则在一定程度上填补了我国财务会计概念框架的缺失，协调了各个具体企业会计准则，对会计方法论的整体形成做出了突出贡献。它包括资产的定义、资产的确认条件等要素层面的确认与计量原则，成为包括存货、无形资产等具体会计准则对具体资产类别确认条件的前置判断，为数据资产捋清了"资产要素定义—数据资产具体定义—资产要素确认条件—数据资产具体确认条件"等相关会计职业判断的逻辑顺序。

5. 会计准则的原则导向与规则导向

企业会计准则是对我国企业会计实务指导意义最强的会计规范层次，与会计法、各项会计制度共同组成了我国多层次的会计规范体系，这也是数据资产会计实务应用的主要规范层次。我国企业会计准则体系包含 1 项基本准则和 42 项具体准则，其中 4 项具体准则为 2014 年或 2017 年新增，占据主体的 38 项具体准则及 1 项基本准则为 2006 年发布，部分准则在 2014 年或 2017 年得到集中更新。随着近年来数字经济的快速发展，数据资产会计准则的制定是大势所趋。

不同国家制定会计准则的风格有所差异：有的事无巨细，将实务中可能遇到的各种会计处理细节写入会计准则，即规则导向，规定之外的会计处理都不合规；有的倾向于在会计准则中重点明确各类资金运动的一般会计处理原则，指导会计师做出符合准则精神的职业判断，即原则导向，规定之外的符合准则精神的会计处理也是合规的。

显然，二者各有优缺点，虽然规则导向有利于保护会计群体利益，但原则导向更能满足日新月异的商业模式对会计的需求。比如国际会计准则理事会（IASB）颁布的国际会计准则（IAS），为了照顾各国会计差异，只能采用原则导向。我国早些年的会计规定倾向于规则导向，后来为了在会计准则上保持"国际趋同"，逐渐采用与 IAS 一致的原则导向，而 FASB 颁布的公认会计原则（GAAP）是以规则导向为主的。

因此，为了与企业会计准则整体层面的原则导向保持一致，数据资产会计准则原则上也应以原则导向为主，以规则导向为辅。当然，准则层面的原则导向与规则导向并不是一成不变的，取决于经济发展需要以及类似于安然事件这种对会计界有重大影响事件的推动，具体应该采用什么导向，需要结合国家的会计发展史、经济发展阶段、准则制定目标来分析。

涉及具体会计准则层面时，对原则导向或规则导向的侧重程度也有所不同。

财政部之所以可以在不出台专门规范数据资产会计核算的具体会计准则的背景下，出台《暂行规定》且不冲击原有准则体系，是因为《暂行规定》依据的《企业会计准则第 1 号——存货》《企业会计准则第 6 号——无形资产》《企业会计准则第 14 号——收入》等相关具体会计准则本身就是原则导向的，数据资产会计核算可以在它们之间"夹缝中求生存"。虽然数据资产是新兴事物，晚于企业会计准则体系，但不代表原则导向的会计准则无法规范数据资产的会计核算，会计主管部门也可以及时出台原有准则体系是如何服务于数据资产核算的解释，比如《暂行规定》，当然这不代表专门梳理数据资产的核算原则是不必要的。假如企业会计准则是规则导向的，对于新兴事物的出现，原有准则体系就彻底无能为力了。

在原则导向的准则制定理念下，会计师的职业判断能力极为关键，这也是落实"实质重于形式"这一会计信息质量要求的体现。会计职业判断是一门很深的学问，既要领悟准则精神，还要结合业务实质及企业管理目标分析会计政策的选择思路。相应地，数据资产会计的账务处理，稍复杂的情形就需要用到会计师的职业判断，某种程度上职业判断决定了账务处理。数据资产会计准则及相关会计规定的原则导向倾向越大，职业判断空间就越大，对会计师的要求就越高。因此，数据资产会计的职业判断与账务处理二者不可分割，精髓在于职业判断，是数据资产会计实务应用的关键所在，也是中篇论述逻辑的理论依据。

2.2 数据资产会计的时代课题

根据数据资产会计的理论框架，经典会计理论体系越来越难以满足数字经济的发展需要，亟待结合中国特色数字经济实践予以改良，并在此基础上提出数据资产会计的时代课题。作为会计学界在数字经济时代崭新的研究领域，作为无形资源会计体系中的崭新力量，数据资产会计需要有针对性地突破传统会计框架，才能续写会计师服务经济发展的新的历史篇章，有效助力数字中国建设。

2.2.1 数据资产会计如何挑战传统会计框架

新时代总是要挑战旧时代的事物,数据资产会计也要突破一些不再适合服务数字经济发展的传统会计框架才能在新的时代课题中绽放光芒。这些突破表现为对历史成本计量原则、收入与费用配比原则、资产要素定义、会计主体假设、合并报表范围等方面的冲击,如图2-2所示。

图 2-2 数据资产会计对传统会计框架的冲击

1. 数据资产会计对历史成本计量原则的挑战

所谓的历史成本计量原则,强调的是会计师对资产及负债计量属性的倾向性选择,以历史成本为主,以其他计量属性为辅。在历史成本、重置成本、可变现净值、现值、公允价值等五种主要的计量属性中,只有历史成本可以称为会计原则之一。之所以历史成本在会计史可以拔得计量属性头筹,是因为历史成本的计量数字通常有比较可靠的单据支撑,有力地支撑了各项资产及负债的初始入账价值,这也是人们对传统会计记账的直观印象与基本要求,尽力保障会计师工作成果是客观的,从而能够可靠地评价会计主体的经营效益。

但是,历史成本在管理决策中属于沉没成本,是决策的非相关成本,因此对于以历史成本为主导计量属性的财务报表,决策层容易陷入"沉没成本效应"心理陷阱,这对于提高会计师的地位或者提高会计工作的效果而言是不利的,尤其在决策有用观的会计目标优先于受托责任观的时代。

即使谈起会计的本质，在南方会计学派基于会计学方法论视角主张的信息系统论与北方会计学派基于会计实务工作视角主张的管理活动论的交锋中，会计的主流定义仍然采用了更加贴切会计工作目标的管理活动论：会计是以货币为主要计量单位，对企事业、机关单位或其他经济组织的经济活动进行连续、系统、全面地反映和监督的一项经济管理活动。这从侧面进一步支撑了会计提供的信息要更加契合决策有用观，服务于业务管理决策与经济社会发展，强调业财融合的实务导向，而不能陷入以历史成本计量为主导的旧式会计方法论圈子中不求变通。

这并不意味着否定历史成本计量属性，只是需要根据实务发展多元化选择会计计量属性，而不是一味逃避式地应用更容易撇清会计责任的历史成本。当然，多元化会计计量属性的弊端也饱受争议，最突出的一点就是弱化了财务报表数字汇总信息的可理解性，显得杂乱无章，但这一点可以顺着优化财务报告披露体系的思路寻找解决办法，因此这并不能成为继续采用历史成本计量原则的根本理由。

究竟什么样的资产适用历史成本计量？什么样的资产不适用？基于决策相关性的主导要求，资产的历史成本如果与资产价值偏离严重，就不适用历史成本计量。即使资产的初始计量适用历史成本，但随着资产账面价值与资产现时价值不断偏离，至少在后续计量中，需要刷新计量数字或改变计量属性。若资产后续价值变动向下偏离较多，还可以基于前期入账的历史成本计提减值、加速折旧或摊销，但若资产后续价值变动向上偏离较多，不彻底改变计量属性就束手无策。如这种可能性与某一类资产的通用特性有关，那么这类资产至少在后续计量中就不适用历史成本，甚至在初始计量时就应该提前选定符合资产全生命周期规划的适用计量属性。

根据 1.2.4 节，数据资产具有显著的"价值易变性"特征，如果一味坚持历史成本计量原则，很可能无法提供决策相关的数据资产会计信息。然而，目前规范数据资产确认与计量的《暂行规定》要求数据资产计量属性要么与无形资产保持一致，要么与存货保持一致，而数据资源无形资产或数据资源存货根据相关具体准则只能遵循历史成本计量原则，涉及其他计量属性的情形微乎其微，即使存货的可变现净值高于成本也不能改变历史成本属性的账面价值。

当然，这个规定应该只是暂时的。公允价值会计的兴起逐渐打破了历史成本计量的"魔咒"，颇有形成公允价值计量与历史成本计量并驾齐驱之势。例如交易性金融资产，包括价值实时波动的股票、债券，实质上奉行的是公允价值计量原则，只是不敢正式这么提，很难动可以捍卫众多利益相关者的历史成本计量原则的奶酪。但学界近些年在不断弱化历史成本计量原则的提法，努力让历史成本回归计量属性之一的本质，这也为后期解绑数据资产的历史成本计量"魔咒"做了铺垫。目前，对数据资产应用公允价值计量的最大障碍就是难以获取真正公允的公允价值数字，毕竟数据交易所的建设影响数据资产交易价格的公允性，还需要进一步完善数据资产交易基础设施，才能打造诞生公允价值的活跃交易市场。这类似于股票市场要实时获取标的资产的公认价格，才能满足公允价值会计的适用条件。

总之，挑战历史成本计量原则并不是数据资产会计的专利，但数据资产的价值与多元化的应用场景高度相关，会计主体购入或开发形成数据资产的成本数字，与财务报表如实反映数据资产价值的会计规范目标背道而驰，毕竟不同的会计主体很可能有完全不同的数据资产经济利益获取方式。待相关基础设施建设完善后，涉及数据资产的会计规范很可能迎来重大变革，尤其是在计量模式上。

2. 数据资产会计对收入与费用配比原则的挑战

在我国财务会计概念框架中，会计要素确认与计量的要求有三条，分别是合理划分收益性支出与资本性支出、收入与费用配比、历史成本计量，它们都属于会计原则级别。除了历史成本计量原则受到挑战外，收入与费用配比原则也难逃一劫。

收入与费用在同一会计期间的合理配比，不仅是权责发生制的内在要求，还是合理划分收益性支出（费用）与资本性支出（资产）的内在要求，不仅包含了收入与费用在时间意义上的配比，还包含了收入和费用在因果联系上的配比。

虽然资产负债表观在一定程度上冷落了收入与费用配比原则，但配比原则从未退隐江湖，在 2017 年修订《企业会计准则第 14 号——收入》时地位仍旧显赫，保障了利润表对一定会计期间经营成果计算的科学性、合理性，只是在处理收入增加引起资产增加或负债减少、费用增加引起资产减少或负债增加等同时涉及资产或负债的确认事项时，把权力交回给资产负债表会计要素的相关规定，作了让步而已。

这还不够，数据资产会计的出现，连这种平衡都打破了。从前配比原则作出的让步，只是在会计技术上都可以满足任何一条会计原则的前提下作出的非技术性让步，是权衡各个会计原则后的最佳考虑，然而在数据资产会计实务中，即使不顾其他会计原则，在纯会计技术上也很可能很难实现收入与费用在当期的合理配比。

其一，在初始计量方面，企业为获取数据资源发生的支出，在《暂行规定》实施前很大概率只能划分为收益性支出，即计入费用，而很难满足划分为资本性支出即计入资产的条件。资产与费用，都可以表达支出，根据固有的记账规则，二者只能择其一，毕竟支出的性质只能是一个。《暂行规定》在一定程度上鼓励了数据资源支出的资本化处理即计入资产，但对于数据资源支出性质的会计职业判断，根据政策精神，主要优先考虑是否满足数据资产的确认条件，而非出于与当期收入的配比的考虑来优先判断是否满足数据费用的确认条件。《暂行规定》对数据资产的特殊对待，使配比原则在数据资产核算中显得更加鸡肋。至于合理划分收益性支出与资本性支出方面，虽然数据资产会计使得该原则的执行更加扑朔迷离，但技术难题可以通过细化规范、加强指导来解决，严谨来说，数据资产会计不构成对该原则地位的挑战，但对该原则执行难度的增加会使得配比原则的执行更加不可控。此外，即使一开始就将数据资源支出计入费用，由于相关支出成本的收集高度依赖企业数字化运营能力，对于费用计量数字准确性的挑战也会影响配比原则的落实。

其二，在后续计量方面，如果数据资源支出在初始计量环节得到资本化处理，在后续的数据资产消耗使用过程中以什么样的节奏费用化、逐步挪进利润表与收入各期实现配比，会形成对配比原则的第二次重大挑战。根据《暂行规定》及无形资产准则要求，数据资产摊销方法应当能够反映经济利益的预期消耗方式。然而，经济利益的预期消耗方式与易变的数据资产商业模式高度相关，企业无法合理预测数据资产业务模式的变化，很难判断什么样的计入各期损益的数据资产摊销金额是适当的，甚至对数据资产应分类为存货还是无形资产都难有把握，而存货一般不需要摊销。进一步，如果企业无法预测数据资产的使用寿命，摊销期限无法估计的情形下连摊销都无法实现，而这些都极大影响着配比原则的执行条件。

3. 数据资产会计对资产要素定义与会计主体假设的挑战

数据资产的会计确认之所以难，引起社会广泛争论，就是因为按照财务会计概念框架中的资产会计要素的定义，很难判断数据资源是否满足资产定义：纳入资产核算范围可能不可靠、存在合规风险，不纳入资产核算范围可能违背了资产定义的初衷、损害了账内资产的完整性，这是一个僵局，也是数据资源风靡多年而相关会计规范严重滞后的关键因素。

《企业会计准则——基本准则（2014）》第二十条给出了资产的权威定义：资产是指企业过去的交易或者事项形成的、由企业拥有或者控制的、预期会给企业带来经济利益的资源。在资产要素的定义中，强调"由企业拥有或控制"。所谓的"拥有"一般理解为"资产归谁所有"即所有权，建立在物权法、合同法等相关法律基础上。"控制"即控制权，强调的是"实质重于形式"的会计原则精神，即使没有获得资产的所有权，如果能控制资产为己所有，享有资产的报酬、承担资产的风险，对资产排他占有，那么也视该资产为企业的资产。

尤其在数据资源产权尚待法律规范的背景下，数据资源是否符合会计学上的资产定义，最关键的职业判断就是数据资源是否被企业控制。对于具有实物形态的有形资产，"是否由企业控制"是比较容易判断的，资产的占用、使用、收益、处分等涉及对资产控制的权利界定也相对容易。即使对于没有实物形态的专利、商标、土地使用权等无形资产，由于相关法律制度较为健全，也容易有一个明晰的分析思路来界定资产的控制权。然而，数据资源不但没有实物形态，而且相关法律制度建设处于起步期，现实生活中同一份数据可以被无数主体占用、复制，数据的交易模式及相关经济利益的获取方式也在不断创新，甚至数据丢失、数据盗窃、数据失效等数据安全问题层出不穷，很难说哪一个主体可以排他占有数据资源、满足控制资产的判断要义从而将数据资源确认为账面资产。

因此，如果用现行资产定义强套数据资产，只能通过两种途径实现：要么会计界改良资产定义，要么法律界解决数据资产产权难题。如果刻意忽略这个问题，数据资产完全可以表述成"企业过去的交易或者事项形成的、由企业拥有或者控制的、预期会给企业带来经济利益的数据资源"，或者加上合法性因素，表述成"企业过去的交易或者事项形成的、由企业合法拥有或者控制的、预期会给企业带来经济利益的数据资源"，然而这种很难执行下去的数据资产定义是没有实践意义的。目前的主流思路是绕开所有权，弱化排他性控制权，基于数据要素应用场景定义具体数据权利，将所有权与控制权的二元权利结构演化为"数据资源持有权、数据加工使用权、数据产品经营权"三权分置产权体系。数据产权界定思路的底层逻辑变化在尝试解决数据确权难题的同时，也挑战了会计学意义上的资产定义。

所谓的"企业拥有或控制"，演变成"企业拥有数据资源持有权或数据加工使用权或数据产品经营权"。这里的"企业"，严谨地说应该叫"会计主体"，意思是"会计为谁记账"，即会计核算的空间范围。资产是会计主体的资产，若没有会计主体假设，资产概念也不复存在。一般来讲，资产的权属大多具有排他性，纳入哪个会计主体的账套核算是一道单选题，这也使得不同会计主体间的资产规模有了比较分析的意义。

那么，同一个资产有没有可能同时涉及多个会计主体？当然有可能！比如《企业会计准则第21号——租赁（2018）》规范的租赁情形之一：出租主体拥有资产，承租主体控制资产，出租人与承租人在各自的会计账套内确认租赁资产。这种情形也很常见，虽然这会导致社会整体层面资产虚增。这仅仅涉及两个会计主体而已，而数据资产由于权利界定的多样性，很可能涉及非常多的会计主体，虽然不能从根本上动摇会计主体假设，但也在一定程度上削弱了会计主体假设存在的意义。本质上，会计主体假设是一种中心化记账的思想，这里的中心化指的是与主体相关的中心化。然而，数据资产的核算梳理可能需要统筹以客体（数据资产）为中心的记账体系，而这个记账体系是跨越会计主体的，尤其是在企业集团层面合并财务报表编制的过程中，对梳理与数据资产相关的合并抵消分录非常关键。

4. 数据资产会计对合并报表范围的挑战

不同于会计主体对资产的控制，《企业会计准则第33号——合并财务报表（2014）》第七条从另一个视角强调了控制："合并财务报表的合并范围应当以控制为基础予以确定。"这里的控制指的是会计主体之间的控制关系，虽与会计主体内部对资产的控制不同，但也有相通之处："控制，是指投资方拥有对被投资方的权力，通过参与被投资方的相关活动而享有可变回报，并且有能力运用对被投资方的权力影响其回报金额。"其中，相关活动是指"对被投资方的回报产生重大影响的活动"。简要概括就是，控制 = 权力 + 可变回报，其中，"可变回报"强调了风险承担与报酬享有，"权力"强调了对标的资产产生经济利益的活动具有决定性意义的排他性干涉，这个标的资产可以是一个会计主体整体，也可以是不构成业务的单项资产。对单项资产的控制与否，结合资产所有权，决定了会计主体核算范围是否包含该项资产。相应地，对其他会计主体的控制与否，决定了会计主体编制合并财务报表的合并范围是否包含其他会计主体。

然而，数据资产的搅局会使控制的边界逐渐变得模糊。在传统会计框架中，会计主体之间的控制关系界定主要以股权投资关系为依据，因为通常情况下只有股权投资协议涉及投资方是否可以向被投资方的董事会派驻董事，从而使得投资方拥有对被投资方的回报产生重大影响或决定性控制的权力。在数据资本时代，这种控制能否以非股权投资的形式进行？不考虑会计主体之间另行订立的契约型战略联盟，数据资产本身是否可以基于业务模式形成会计主体间的控制与被控制关系？

数据资源持有权、数据加工使用权、数据产品经营权，都属于数据资源的不同权利，一份数据经过三权分置后相关权利可能分属三个不同的会计主体，如果持有数据资源的会计主体将该数据资源的加工使用权、产品经营权让渡给了其他会计主体，并与相关会计主体约定了数据资源收益分配机制，建立起跨会计主体的数据资源产业链，则数据资源产业链下游主体在一定程度上决定了上游主体的与数据资源相关的可变回报，如果该数据资源还是上游主体的主要资产甚至构成主营业务，那么是否满足《企业会计准则第 33 号——合并财务报表（2014）》对控制的判定？这是否代表着下游主体实质上拥有对上游主体的权力？如果是，该数据资源是否应纳入合并报表范围？

数据资源将不同会计主体的相关经济利益活动拧成了一股绳，绳上的关键节点可能代表着享有该节点权利的主体有能力主导其他节点主体的相关活动，但不一定有股权投资关系，这实质上是一种隐形的控制关系，符合界定合并范围的准则精神。然而，《企业会计准则第 33 号——合并财务报表（2014）》在判定主体间的控制关系时，是以投资关系为基础阐释的。在数据资本赶超金融资本的数字经济时代，需要重新定义主体间的控制关系，重点关注以数据为纽带的隐形控制关系，搭建系统化的数据血缘分析体系。

目前，构建数据血缘图谱的工具开发如火如荼，对大数据时代下的财务会计提出了更高的要求，"去主体中心化"极大地动摇了以前由股权投资关系决定的主体间控制体系，对合并报表范围的职业判断提出了更高的要求。数据资产纳入财务报表后，能够反映对其他会计主体控制权的报表项目不再由长期股权投资垄断，所有能够反映数据资产的报表项目（如存货、无形资产、开发支出等）都可能包含对其他会计主体隐形的控制权，即使暂时没有改变《企业会计准则第 33 号——合并财务报表（2014）》中关于合并范围判定的底层逻辑，至少也对《企业会计准则第 41 号——在其他主体中权益的披露》提出了更高的要求。

2.2.2 数据资产会计如何促进新质生产力发展

数据资产会计可以持续监督数据资源的盘活运用、最直观地反映数据要素价值释放，可以间接反映数据资产带来的经济效益，让新质生产力的发展"心中有数"，代表会计界见证第四次工业革命——各行各业逐步数智化转型，步入以数据为支撑的智能化时代，数据资产的分量越来越重，逐渐成为主要资产。

1. 数据资产会计促进数据与算法、算力的结合形成新质生产资料

数据、算法、算力是数字经济三大要素，三者缺一不可，是做好"数据要素×"与"人工智能+"深度融合的关键，如图2-3所示。

算力象征着处理数据的能力，算法是支撑数据处理的技术工具模型，如机器学习、深度学习、数据挖掘等。没有算法和算力，空有数据生产资料，就无法实现数据资产的预期经济效益，在会计师视角下数据资产就会有减值甚至终止确认的风险。数据资源如果只是堆放在存储空间，没有合适的算法和算力或者简便有效的数据分析工具加以利用，那

图 2-3　数字经济三大要素

么难以确认为会计学意义上的数据资产。换句话说，数据资产能成为资产，少不了数据与算法、算力的有机结合。因此，数据资产会计对于数据资产的核算与控制，可以反映和监督数据与算法、算力结合成为资产的能力，这是会计师对数字经济业态下具有完整投入产出能力的数据类生产资料的综合价值显性化，而非局限于单薄的数据。

在数字经济时代，促进新质生产力发展需要更加注重数据、算法、算力的平衡发展，无论是空有数据、空有算法模型，还是空有算力，都会使得新质生产力发展面临不平衡不充分的问题。数据资产会计通过严格把控数据资产与数据资源的概念边界，促使会计主体按照数据资产会计确认标准打造货真价实的数据资产，而非一味追求数据规模，不顾算法和算力对于数据价值的深度挖掘。

2. 数据资产会计通过挖掘数据流的资产含量提高全要素生产率

传统的会计视角只有资金流、实物流、票据流，引入数据资产会计后，增添了重要的数据流视角。数据流不一定产生于跨会计主体的交易，也可能产生于会计主体内部的事项。会计主体内部的层层数据流转，结合会计主体与外部主体的交易关系网上的数据流动，形成了庞大的数据血缘关系网。数据血缘分

析，在梳理不同层级的母数据与子数据相互关系的基础上，挖掘数据价值源头，萃取数据流转的关键价值环节，在数据资产会计的指引下找出最具资产含量的数据层次进行数据资产沉淀，从而大幅提高数据要素对全要素生产率的贡献。

传统的会计对象是资金运动，这里的资金运动不一定是实际的资金流动，也可以是资金占用形态的转化或资金来源渠道的转换，只要是资金核算科目的变化，都纳入会计对象资金运动的范畴。数据流的兴盛虽然不会动摇这一会计根基，但会给资金运动带来新的时代内涵：数据摇身一变成为资产后，也就成为资金运动的组成部分，其价值得到会计显性化的直接经济体现就是数据价值纳入双方的交易考虑、明示在交易合同中，从而顺理成章地展现在反映资金运动的会计分录中的相关会计科目。进一步，数据资产可以成为一揽子交易的主要交易标的，数据运动引起的资金运动情形越来越多，铸就数字经济时代会计分录的新特征。

甚至，当"数据就是金钱"的财富观逐步深入人心后，分析资金运动中的数据含量可能成为划时代的会计理念。此时的数据不再是普通资产，甚至不再是普通的金融资产，数据动能成为数智化生态下的新能源。如果拿传统能源打比方，数据就是数字经济时代的石油，算力就是新时代石油的采掘工具，算法就是新时代的炼油工具，"挖矿"一词也有了新的含义。回看2006年财政部颁布的《企业会计准则第27号——石油天然气开采》，将数据套入其中，神奇的是很多逻辑是相通的，甚至可以得到数据资产核算新的灵感，这些灵感可能会体现在将来的数据资产会计准则中。如果拿医学打比方，数据就是数字经济的经络，看不见，摸不着，但作为管理抓手却有非常对症的效果，表面的资金运动可能是由于背后的数据流在运作，"识别隐形数据流并对症下药"成为疏通企业数据经络、提高经济体新陈代谢效率的精益管理手段。

总之，数据资产会计要做好数据流与资金运动深度交互的会计应对，基于数据资产化的价值导向进行数据血缘分析，挖掘高资产含量的数据流环节，为数据要素管理提供会计依据，从而让数据要素更好地赋能新质生产力发展。

2.3 数据资产会计的政策跟踪

学术研究、实务探索推动政策演变,政策演变反过来继续推动学术研究、实务探索。在会计学界与会计业界的共同努力下,财政部会计司及时响应实务需求与研究关切,出台了数据资产会计的纲领性文件,给予了数据资产会计最关键的制度供给,打通了数据资产会计的产、学、研良性循环体系。

鉴于数据资产会计的落地需要企业数据治理及数据管理体系,国家相关部委出台了推动数据资产形成与流通的鼓励政策,构成了数据资产会计的辅助政策体系。除财政部会计司外,对数据资产会计影响较大的政策发布机构还有国家数据局数据资源司以及财政部资产管理司,三者共同组成了数据资产会计政策发布核心,如图 2-4 所示。本节全方位梳理数据资产会计的政策体系,概览数据资产会计的纲领性政策,重点从会计准则及会计制度层面进行数据资产会计新规出台前后的政策比较,并进一步分析新旧会计准则体系的衔接问题。

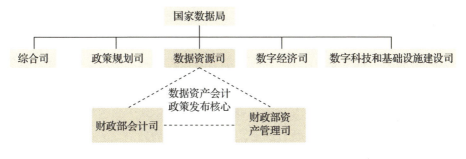

图 2-4 数据资产会计政策发布核心

2.3.1 数据资产会计的纲领性文件

1.《暂行规定》的出台

谈起数据资产会计的纲领性文件,从接地气的实务角度出发,很多人的第一反应是数据资产会计准则。然而,目前相关制度供给还没有到达数据资产会计准则层面,不像无形资产、固定资产、存货、投资性房地产等有专门的准则规范及应用指南。目前,代替数据资产会计准则职能的当属财政部于 2023 年 8

月下发的《暂行规定》，该规定对数据资产的确认、计量、列报等关键会计事项给予了较为明确的会计处理意见。作为官方层面第一次系统性规范数据资产会计实务的政策文件，《暂行规定》是一切数据资产会计实务指南的总框架，也是未来可能出台的数据资产会计准则的制度根基。

既然《暂行规定》只是暂行的会计规定，那么《暂行规定》是否包含在企业会计准则体系中呢？企业会计准则体系包含1项基本会计准则、42项具体会计准则、企业会计准则应用指南、企业会计准则解释及各种规范专门事项的会计规定。《暂行规定》属于规范专门事项的会计规定，自然也是企业会计准则体系的一部分。

同样属于暂行规定层级的会计规范有《资产管理产品相关会计处理规定》（财会〔2022〕14号）、《律师事务所相关业务会计处理规定》（财会〔2021〕22号）、《永续债相关会计处理的规定》（财会〔2019〕2号）、《碳排放权交易有关会计处理暂行规定》（财会〔2019〕22号）、《知识产权相关会计信息披露规定》（财会〔2018〕30号）、《企业破产清算有关会计处理规定》（财会〔2016〕23号）等，但它们与《暂行规定》的重要程度不可同日而语。部分会计规定永远是暂行规定的层次，而部分会计规定可能是在晋升正式准则之前的过渡规定，视实务需求及规范研究成熟度选择"转正"的时机，数据资源相关的暂行规定显然属于后者。甚至，考虑到数据资源在数字经济发展态势中越来越普遍，尽管数据资产会计只是暂时依靠《暂行规定》保驾护航，《暂行规定》的受关注程度也不亚于任何一号企业会计准则，堪当企业会计准则体系中的耀眼明星。

在《暂行规定》正式出台前，最早的数据资产会计领域的官方声音是财政部办公厅在2022年12月发布的《关于征求〈企业数据资源相关会计处理暂行规定（征求意见稿）〉意见的函》（财办会〔2022〕42号）。经过8个月的意见征集汇总，最终形成了各界基本一致认可的纲领性文件——《暂行规定》。

2.《暂行规定》的框架结构

《暂行规定》共分为四个部分，分别是适用范围、关于数据资源会计处理适用的准则、关于列示和披露要求、附则，如图2-5所示。

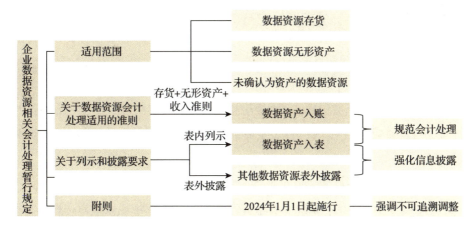

图 2-5 《暂行规定》的框架结构

第一部分是"适用范围"。在 1.2.2 节介绍基于会计师视角的数据资源时对适用范围已有较为详细的分析。

第二部分是"关于数据资源会计处理适用的准则"。这个提法印证了《暂行规定》不是数据资产会计准则的观点，表明《暂行规定》只是引导数据资源相关会计核算在已有准则体系中找到比较权威的准则依据。这一部分解决的是数据资产的确认与计量问题，主要引用了无形资产会计准则、存货会计准则、收入会计准则。它是《暂行规定》的主体部分，包含较为丰富的原则导向下的职业判断点拨，是数据资产会计的主要学习内容。本书中篇会详细解析。

第三部分是"关于列示和披露要求"。这一部分是《暂行规定》的一大亮点，点燃了会计实务界对数据资产入表的激情，表明了会计政界彻底支持数据资产入表，鼓励意义甚至比规范意义还要大。那些不满足入账核算要求的数据资产，即使暂时不能在财务报表中列示，也可以借助这一部分的政策引导先行在表外披露，可见其意义非凡。本书中篇会详细解析。

第四部分是"附则"。这一部分内容很少："本规定自 2024 年 1 月 1 日起施行。企业应当采用未来适用法执行本规定，本规定施行前已经费用化计入损益的数据资源相关支出不再调整。"只明晰了新规执行的开始时间以及是否需要追溯调整新规施行前的会计账表。

2.3.2 数据资产会计的新旧规定衔接

1.《暂行规定》与已有会计准则的衔接分析

《暂行规定》从内容上看就是一个大框架，在数据资产会计确认与计量环节只会引用已有准则。《暂行规定》主要引用《企业会计准则第6号——无形资产》《企业会计准则第1号——存货》《企业会计准则第14号——收入》这三个具体会计准则。

甚至，关于核心概念"数据资产"的界定，《暂行规定》都"交"给了无形资产准则与存货准则：按照《暂行规定》的说法，凡是能入账为存货或无形资产的数据资源，即满足存货准则或无形资产准则要求的数据资源，就是数据资产。因此，几乎没有专业人士认为专门规范数据资产会计核算的《暂行规定》给出了数据资产的会计学定义。

其实，即使是最为正统的从1到42号具体的会计准则，行文也习惯多多引用其他具体会计准则，这样既可以精炼准则语言，也可以点出与其他会计准则的关联、规避潜在的准则冲突，还可以明确界定各项具体会计准则的责任边界。因此，很多引用看似试图规避暂时无法明确规范的事项，实则是有必要的。但是，也不能过度依赖引用大法，一项准则如果一点自己的独有之处也没有，几乎不可能升格为与42号具体会计准则并列的准则层级，毕竟原则上适当的引用只是为了使得相关规定更加高效简洁，或者在与其他准则可能产生矛盾时阐释准则适用的优先级。

《暂行规定》没有保持这个平衡，而是借用相关会计准则来规范数据资产的会计处理，像"旧瓶装新酒"，旧瓶有三个——无形资产准则、存货准则、收入准则，新酒只有一种——数据资产，如图2-6所示。这三个旧瓶没有熔炼整合为一个旧瓶，只能依赖分酒器，基于数据资产的差异化业务场景，把处于不同会计处理环节的新酒——数据资产按照《暂行规定》的原则精神选择性地装入三个旧瓶准则之一，无论装入哪一个旧瓶，就得各个方面服从旧瓶的规矩，倒进去后再想换瓶子就难了。对应的会计处理是：一旦数据资产分类为存货，后续的会计处理不能在存货与无形资产之间选择了，都得按存货的核算规矩来；

一旦数据资产分类为无形资产，后续所有的会计处理都得按无形资产的规矩来；分类为存货的数据资产与分类为无形资产的数据资产，在后续计量环节对收入准则的调用也都有所不同。

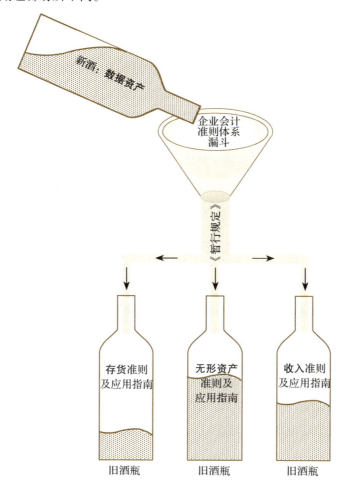

图 2-6 《暂行规定》用三个"旧瓶"装"新酒"

既然数据资产会计规定几乎都是基于存货准则、无形资产准则、收入准则，那么《暂行规定》的意义体现在哪？其一，《暂行规定》告诉你装新酒的旧瓶子有几个、是哪几个。其二，《暂行规定》告诉你在倒酒时如何选择旧瓶子。其三，在新酒暂时没有新瓶子装的背景下，《暂行规定》鼓励用旧瓶子装新酒，起到了极大的精神鼓励效果：无论能用哪个瓶子，鼓励大家能装起来就装起来，而且《暂行规定》还贴心地给出了用哪几个旧瓶子的提示，不然即使有勉强能用的旧瓶子，大家还是出于合规考虑不敢捡起来装新酒。

之所以《暂行规定》用了不止一个旧瓶子装同一种新酒，是因为数据资产难以用任何一个会计学上已有的资产分类来囊括，既可能有存货的特征，还可能有无形资产的特征，也可能有研发支出的特征。那么请读者思考一个问题：《暂行规定》为什么不从数据资产的综合特征出发，在借鉴存货、无形资产等相关准则的基础上，打造出一个可以装进所有数据资产的新瓶子呢？会计师遇见存货，只需拿出《企业会计准则第 1 号——存货》基本就可解决问题，遇见无形资产，只需拿出《企业会计准则第 6 号——无形资产》问题就可迎刃而解，那么为什么不能直接树立打造《企业会计准则第 43 号——数据资产》的目标？即使担心目前单出一号准则的准备不充分，需要暂时借用旧瓶子过渡一下，也可以把相关旧瓶子重组为一个有机整体，从而让摊销、减值、处置等任何一个分酒处理环节可以通过《暂行规定》指引匹配到最合适的旧瓶子，而不是一开始做出存货与无形资产的二选一并默认后续所有会计处理全部套用一开始的选择类别。

《暂行规定》制定者做出这样的选择，有其道理。其一，要在准则的科学性与可行性之间权衡，考虑准则制定成本、实施成本及后续更新成本。其二，单独出台数据资产会计准则略显突兀，用"三个旧瓶子装新酒"的方式比"整合为一个旧瓶子装新酒"或者"新瓶子装新酒"的方式，更能规避数据资产会计新规对原有准则体系的冲击，尽可能保持企业会计准则的稳定性，实现数据资产会计融入前后的平稳过渡。其三，我国会计准则制定倡导"国际趋同"原则，需要考虑国际会计准则的制定方向与进度，步子不能迈得过大，目前国际会计准则也没有单独出台数据资产准则，若我国在首次规范数据资产会计事项时直接给予数据资产一号单独的准则名分，有违我国会计准则制定机构与国际会计学界达成的"国际趋同"原则共识。其四，需要考虑准则间的衔接成本。随着商业模式迭代更新，会计规范日益增多，具体会计准则之间的衔接说明越来越多，使得出台或更新一项具体会计准则需要打补丁的地方越来越多，新准则制定的工作量已经远远超过了旧准则制定的工作量，出台新准则需更加慎重，尽量控制业内人士的学习成本，否则准则体系难以有效执行。其五，"三个旧瓶子装新酒"更有利于降低数据资产会计的监管成本，在很多数据资源会计事项还在争议、尚待实践反馈的背景下，这可能是最适合的权宜之计。

当然，对于新准则而言，选择任何一条制定路线都有利有弊，《暂行规定》是财政部会计司在现阶段权衡利弊之后做出的选择。选择了"三个旧瓶装新酒"，至少是最有利于维持原有准则体系不受冲击、最有利于新旧会计规定衔接的一种方式。《暂行规定》主体内容基本致力于将数据资产核算问题衔接到旧准则身上，整套《暂行规定》就是为新旧衔接而生的，不利于与原有准则衔接的术语都没有写进《暂行规定》。

那么，在《暂行规定》出台前，数据资产是否也是按照《暂行规定》的衔接方式来套用旧准则核算的？这需要从会计技术角度系统性分析原有会计准则可以如何支持数据资产会计核算。

2.《暂行规定》施行前后数据资产会计核算比较分析

显而易见，《暂行规定》实施前，数据资产没有单独列示在财务报表中。然而，对于那些以数据资产为重的互联网公司，数据资产真的一丁点也没有反映在账面上吗？虽然以前没有明文规定数据资产能否入账入表，但只要数据资产入账入表没有明显违背企业会计准则，在相关利益群体的推动下，先于《暂行规定》出台前实施部分《暂行规定》内容也并不奇怪。况且，如果数据资产入账入表真的明显违反了原有会计准则体系规范，《暂行规定》也无法"用旧瓶装新酒"。既然旧瓶能勉强用，那么只要会计主体利益相关方有强烈意愿，在《暂行规定》出台前就很可能先行探索数据资产入账入表最稳妥的实现路径。如果可能，在旧准则体系下，数据资产可以隐藏在财务报表的哪个角落？

答案是主要由并购溢价组成的商誉报表项目。财务报表分为单体报表与合并报表。例如在母公司投资控制子公司的关系中，子公司报表、母公司报表都属于单体报表，而母、子公司组成的合并会计主体要编制囊括母、子公司集团所有资产负债的合并报表。如果母公司当初并购子公司是纯市场行为，那么母公司支付的合并成本可能高于并购的子公司的净资产公允价值，这个差额类似于子公司整体的"品牌溢价",需要在合并报表中反映为商誉,在母公司单体报表中作为长期股权投资经济内容含义的一部分。即使子公司无法将自身拥有的数据资产单独入账,在与母公司合并前的并购商务谈判中也是一个抬高并购溢价的筹码。例如微软用超过领英市值50%的溢价实施对领英的并购,实际上是出于领英拥有的占比较大的数据资产无法在会计账面上反映的缘故。这时候以数据资产为代表的账外资产反而可能是最重要的资产,因此主要代表并购溢价的商誉中可能蕴含着大量数据资产,尤其是在数字经济浪潮背景下。

在《暂行规定》出台前,过高的并购溢价可能并不代表花费了过高的合并成本,而是出于重要账外资产的考量。《暂行规定》实施后,数据资产入账了,成为表内资产,在单体层面上即可确认,这样可以将之前隐藏在合并财务报表上的商誉的数据资产单独剥离出来。因此,《暂行规定》的施行不一定代表数据资产"从无到有"地入账,还有可能只是在原有账面的基础上将数据资产显性化单独列示而已。

在旧准则体系下,数据资产除了可能在合并报表中隐身到商誉中,有没有可能直接反映在单体报表中?考虑到数据资产容易与无形资产混淆,可以顺着这个思路分析无形资产的哪些子目最有可能藏有数据资产。

根据《〈企业会计准则第6号——无形资产〉应用指南》,无形资产主要包括专利权、非专利技术、商标权、著作权、土地使用权、特许权等。一般情况下,会计主体根据无形资产的不同类别设置二级核算科目。虽然无形资产不具有实物形态,但专利权、商标权、著作权、土地使用权、特许权等权利形态规范,至少有一张官方认证的纸来专门呈现相应的权利,而非专利技术很可能连一张纸也没有,权利边界更加模糊,计量色彩更加神秘。因此,《暂行规定》实施前的数据资产若想入账,很可能混淆于"无形资产—非专利技术"会计科目中,如果混淆于其他无形资产二级核算科目,那也不再是单纯的数据资产,而是符合相关权利定义的具有数据底色的其他无形资产,不必重点探讨。在另一种意义上,"无形资产—非专利技术"明细账也为会计主体在《暂行规定》实施后充分挖掘已有数据资产提供了一个思路。但如果细究,技术与数据本身就是并列的两大生产要素,二者不应混淆。

在数据要素兴起之前，弘扬技术创新已经是很长一段时间内的主基调，学术界经常用无形资产规模来衡量企业技术创新程度。在大数据技术诞生后，很多非专利技术甚至专利技术是基于庞大的数据资源打造的，因此诞生了很多"披上技术形态的数据资产"，或者称为"具有数据底色的技术资产"。这种游走于技术与数据边界的无形资产到底应如何界定，本质上对于企业财务管理并不重要，只是会计核算科目的小区别。但是在《暂行规定》实施后，国家及地方政府出台了很多关于企业数据资源的真金白银的鼓励政策，会计核算为非专利技术还是数据资产有了实实在在的区别，企业会更加倾向于将无形资产中的数据资产剥离出来单独列报，有关技术类数据资产的全生命周期会计政策会具有一定的偏向性。这与商誉中剥离数据资产的本质是相近的，《暂行规定》实施后有一众企业在账面上看似以极快的速度实现了数据资产的从无到有，实则很可能是通过会计核算的分类艺术快速实现了数据资产的显性化反映。

即使在无形资产研发过程中，企业将包含数据资源支出在内的相关研发成本暂时计入资产类会计科目"研发支出"，在资产负债表中，企业也只能在开发支出报表项目中列示可以资本化的、有希望将来形成无形资产的研发支出，非技术类数据资源支出由于无法归入任何一个无形资产的二级明细分类，通过"研发支出"会计科目归集后也只能最终转入利润表中的研发费用报表项目或管理费用报表项目，无法在资产负债表上以资产的身份留下痕迹，哪怕是暂时的。当然，"研发支出—费用化支出"及"管理费用—研发费用"明细账也可以为企业提供一种发现有潜力形成数据资产的相关支出的途径。

总之，从政策角度看，在《暂行规定》出台前，企业如果想对数据资源支出进行资本化处理以计入资产项目，除了通过企业合并手段将数据资源间接纳入资产范围，大概率只能寄希望于将数据资源整合为非专利技术，为了规避合规风险，往往还需要将其进一步整合为专利技术才能被企业会计准则体系承认并入账无形资产，这就使得非技术类数据资产几乎无法直接反映在单体报表及账面上。

继续沿着"三个旧瓶装新酒"的思路，除了无形资产准则及企业合并准则外，存货准则及收入准则也可以被意图在资产项目中藏匿数据资产的会计主体利用。自《企业会计准则第 14 号——收入》于 2017 年重大修订后，为了更加及时、全面地反映企业为履行合同发生的成本，为了更好地实现收入与费用的配比，在最早可以确认收入的会计期间之前，可以在符合收入准则规定的条件下将履行合同的成本暂时计入资产类会计科目"合同履约成本"，列报在"存货"或"其他非流动资产"报表项目中，待收入确认时再予以结转入费用，而不是像旧收入准则那样履行合同的成本发生时直接计入费用，无论是否匹配收入确认的会计期间都不通过资产负债表过渡。自此，存货报表项目在汇总"原材料""生产成本"（在产品）、"库存商品"（产成品）等常见存货类会计科目之外，新增了同样比较常见的"合同履约成本"。

根据《企业会计准则第14号——收入（2017）》第二十六条，企业确认"合同履约成本"的前提是企业履行合同的成本不属于其他企业会计准则的规范范围。以数据资源成本为例，如果数据资源满足了无形资产准则要求或存货准则要求，应直接列报为"无形资产—数据资源"或"存货—数据资源"。如果没有任何一号资产类准则肯吸纳企业为了履行合同而发生的数据资源支出，而根据收入准则又有必要暂时作为一项资产予以反映，那么才将其计入"合同履约成本—数据资源"会计科目中，虽然最后此会计科目也会汇总和反映在存货报表项目中。

对比数据资产入账的新旧会计规定，三个旧瓶中无形资产准则与收入准则早在《暂行规定》出台前就已悄悄地服务于数据资产会计核算了，只有存货准则比较新颖，不同于大杂烩般的"合同履约成本"，数据资源可以直接在存货报表项目下单独列示。这是《暂行规定》为数不多的独有制度供给，也是数据资产会计对经济发展要求的响应：数据生产要素正式提出后促进了数据资产流通，不同于企业只是将数据资产自用或辅助客户合同履行的时代，持有数据资产还可以仅仅为了单独出售，类似于商品流通企业的买卖。这打破了数据资产作为无形资产或合同履约成本的惯例，持有以备出售的业务模式满足了存货准则的要求，使得数据资产在财务报表中反映为存货逐渐成为一种新常态。

当然，"合同履约成本"的核算粒度较粗，很少单独将里面包含的数据资源支出区分出来，是利润表观影响收入准则更新的产物。资产负债表观影响的存货准则对于资产核算的粒度与之不同，存货必须单独披露存货中包含的数据资源，并在财务报表附注中说明存货的具体构成，而收入准则支持的"合同履约成本"科目虽然经常列报入存货报表项目，但不是存货准则关注的重点，因此在存货报表附注披露中仅仅细化到存货包含多少合同履约成本，这使得附身在"合同履约成本"上的数据资源无法在财务报表中直接显性化反映。

类似地，除了"合同履约成本"，《企业会计准则第 3 号——投资性房地产》《企业会计准则第 4 号——固定资产》《企业会计准则第 22 号——金融工具确认和计量》等涉及资产会计要素确认计量的具体会计准则，也可能在少数核算情形下在相应核算科目中包含一些数据资源支出，但同样是间接反映，无法直接列报在财务报表上。由于此类核算情形更不常见，不再一一赘述。

《暂行规定》实施前后涉及数据资产核算的会计科目与报表项目的对比分别见表 2-1、表 2-2，基于这两张表再进一步比较数据资产会计科目与数据资产报表项目受《暂行规定》影响的异同，展示在表 2-3 中。

表 2-1 《暂行规定》实施前后数据资产会计科目对比

会计科目维度	涉及的主要数据资产会计科目（不包含损益类科目）
《暂行规定》实施前	"无形资产—非专利技术""合同履约成本""研发支出"
《暂行规定》实施后	"无形资产—数据资产""合同履约成本""研发支出"，以及"原材料—数据资产""生产成本—数据资产""库存商品—数据资产"等存货类会计科目

表 2-2 《暂行规定》实施前后数据资产报表项目对比

报表项目维度	涉及的主要数据资产报表项目（不包含利润表项目）
《暂行规定》实施前	无形资产、商誉、开发支出
《暂行规定》实施后	无形资产（单独列报数据资产）、存货（单独列报数据资产，还包含存货项下不单独列报的合同履约成本中的数据资产组成部分）、开发支出（单独列报数据资产）、商誉

表 2-3 《暂行规定》实施前后会计科目与报表项目的比较分析

《暂行规定》实施前后对比	会计科目维度	报表项目维度
相同点	"无形资产""研发支出""合同履约成本"	无形资产、开发支出、商誉
不同点	新增"原材料""生产成本""库存商品"等存货类科目，以及在"无形资产"一级科目基础上可下设"无形资产—数据资产"二级科目	在原有报表项目下再加一行对相应报表项目包含的数据资产单独列示

因此，所谓新兴的"数据资产入表"，在报表项目层面其实早就实现了，只不过在相应报表项目下更加明确地单独列示罢了，更主要的是可能会大幅增加入表的数据资产计量金额。《暂行规定》鼓励企业在处理数据资源相关支出时在不违背基本会计原则及具体准则规定的前提下，更加大胆地进行资本化，从而更加偏向于计入资产而不是计入费用。

在会计科目层面，除了调用存货类会计科目服务数据资产会计核算外，更主要的是鼓励企业在相关一级会计科目基础上单独下设数据资产二级明细核算，从而方便编制财务报表时单独披露数据资源的资本化支出金额。

总体来看，《暂行规定》的目的不是打造一个全新的数据资产会计核算体系，而是在原有准则体系、现行企业会计实践的基础上通过单独反映的思路更加显性化数据资产会计核算。因此，对于数据资产会计的学习，还是离不开企业会计准则体系，只学习《暂行规定》肯定是远远不够的。然而，企业会计准则体系较为庞大，包括1项基本准则、42项具体准则及相应的应用指南、相关准则解释以及其他各类暂行规定，通学一遍也很难抓住与数据资产会计相关的准则学习重点。本书在全面梳理企业会计准则体系后，为不同学习时间预算的业内人士提供差异化学习层次，从第一层次到第四层次，相关准则知识与数据资产会计的相关性逐步降低，如图2-7所示。

第一层次的准则体系是必学的，如果不学习《企业会计准则——基本准则》《企业会计准则第1号——存货》及存货准则应用指南、《企业会计准则第6号——无形资产》及无形资产准则应用指南、《企业会计准则第14号——收入》及收入准则应用指南，连《暂行规定》都无法读懂，因为《暂行规定》的核心要义就是对上述具体准则的整合式引用，很多在上述具体准则中明确的要求，《暂行规定》不再重复。

第二层次的准则体系是数据资产会计实务常用的，例如：《企业会计准则第8号——资产减值》规范了确认为无形资产或开发支出的数据资产的减值操作；数据资产带来的税会差异处理需要用到《企业会计准则第18号——所得税》；企业借助数据资产会计的力量获取数据要素政策补助，需要依据《企业会计准则第16号——政府补助》权衡相关政府补助对会计账表的影响；对于新兴的数据资产租赁业态（在第 4 章中介绍），可能还会涉及《企业会计准则第 21 号——租赁》；对于数据交易所提供的交易价格，数据资产会计要利用交易价格、评判交易价格的公允性，以及为将来可能的数据资产会计的公允价值计量模式做好准备，就需要学习《企业会计准则第 39 号——公允价值计量》。只有学习完第二层次的准则体系，才能满足数据资产会计的基本实务需要。同样，学习上述准则时还需要同步学习相应的准则应用指南。

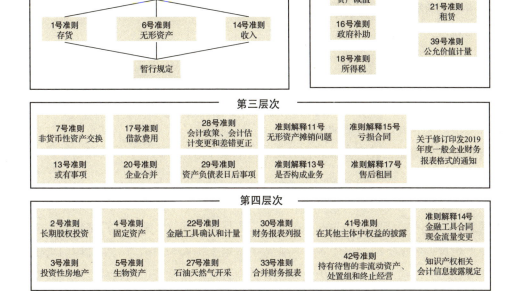

图 2-7　以数据资产会计为核心的企业会计准则体系学习层次㊀

第三层次的准则体系是对第一层次、第二层次准则体系的补充，对于数据资产会计实务中可能遇到的疑难问题进行了有针对性的讲解，适合想全面掌握数据资产会计实务的业内人士，不再一一赘述。

㊀　为了便于展示，图中对准则名称做了简化，如用《1 号准则：存货》代表《企业会计准则第 1 号——存货》，且省去了书名号，其余以此类推。

第四层次的准则体系是辅助、启发性质的，适合数据资产会计研究人士用来进一步研究数据资产会计底层逻辑，不再一一赘述。

2.3.3 数据资产会计的辅助支持政策

除了涉及数据资产会计核算的包含《暂行规定》在内的企业会计准则体系内部的相互引用之外，数据资产会计核算规定与其他数据管理领域的相应规定也是相互影响的，数据资产会计核算规定无法脱离相关数据管理规定而单独存在，如同数据资产会计核算的前提是规范的企业数据治理体系一样。因此，有必要考虑关联程度列出与数据资产会计相关的非会计领域政策供专业人士拓展学习视角。

整合以数据资产会计为核心的政策体系的基本思路是基于数据资产的全局产业链视角，挖掘影响数据资产会计的前端环节以及数据资产会计影响的后端环节。从会计反映已发生经济活动的语言属性上看，会计本身就是一个偏后端的环节，只有前端经济活动尘埃落定，会计师才能凭借足够可靠的依据进行会计记录，最后加工成财务报表的形式呈现给会计信息使用者，以便辅助管理决策与责任评价。

数据资产是一个新兴的概念，"完成数据要素的资产化"不是会计师的专属责任，而有赖于数据治理、数据管理、数据资产确权、数据资产估值、数据资产定价、数据资产交易等各行各业从事数据工作人士的努力，会计师的责任主要在于判断前端人士的努力成果能否达到会计准则对资产确认的要求，或者根据数据资产会计确认条件对前端环节进行反馈、指导，虽然数据资产化的成果确实只能由会计师完成交付。因此，对于围绕数据资产研究而诞生的会计专题而言，数据资产会计前端环节的政策梳理相较于后端环节更为重要。至于数据资产会计后端环节，主要是在充分反映数据资产及数据资源的财务会计报告基础上，开展围绕数据资产进行的资本化运作，例如开发数据资产证券化产品、数据资产保险经纪、数据资产质押融资等金融环节，政策梳理较为简单。

鉴于此，本小节重点补充数据资产会计的前端环节政策，这也是数据资产会计的应用前提，否则数据资产会计学得再好，也会陷入"巧妇难为无米之炊"

的尴尬境地。本小节的定位仅在于初步梳理相关政策，第 3 章会系统性讲解数据资产会计的应用前提。

1. 数据要素政策底座："数据二十条"

作为数据要素产业链条中的一环，数据资产会计的相关政策由财政部会计司负责统筹制定，当然不能违背中共中央、国务院对数据要素产业链统筹规划的政策底座——"数据二十条"。"数据二十条"全称为《中共中央 国务院关于构建数据基础制度更好发挥数据要素作用的意见》，于 2022 年 12 月 19 日对外发布。

"数据二十条"高度浓缩了国家政策导向，总共二十条要点，从总体要求、建立数据产权制度、建立数据要素流通和交易制度、建立数据要素收益分配制度、建立数据要素治理制度、保障措施等六大方面予以阐述，点出了受到政策关注与支持的部分数据资产业务模式、支持了"三权分置"的数据资产产权制度发展方向，对于会计学界进行数据资产的概念界定、基于数据资产业务模式做出会计职业判断有一定的启发与指导意义。

"数据二十条"已经成为所有数据类领域出台进一步政策的根本遵循，地方政府出台地方性数据二十条来落实国家级数据二十条的指导思想，以及包含数据资产会计人士在内的所有数据人士领会政策精神的必修课。

"数据二十条"发布后，各省份纷纷出台地方数据二十条予以响应，相关政策文件一般名为《××省数据要素市场化配置改革实施方案》《××省培育数据要素市场三年行动计划》《××省关于推进数据基础制度建设更好发挥数据要素作用的实施意见》等。各省份结合自身经济发展实际制定政策目标，例如到××年，培育××家《数据管理能力成熟度评估模型》(DCMM) 贯标单位，打造××个典型数据应用场景，本省大数据交易所上架产品突破××款，形成××个高质量数据集，打造××个品牌数据产品，数据流通年交易额突破××亿元，建设××个数据要素产业集聚区，培育××家数据要素型企业或数商企业，数据产业规模达××亿元且年复合增长率达××%，培育××个国家级大数据产业示范标杆，等等。也有很多定性表述。在会计师眼里，这些都是数据资产会计的前端环节，只有培育好数据资产会计落地应用的土壤，数据资产会计才有用武之地。

这些内容虽然不属于数据资产会计领域，却是数据资产会计师的必修课，如果不了解数据资产业务模式的本质，就无法针对相应账务处理做出恰当的会计职业判断，因此有必要学习数据资产相关经济活动的政策源头，就同会计系新生要先学习管理学与经济学、打好学科基础是一样的道理。虽然数字经济越发展，数据资产会计越重要，但只有将数据资产会计与数字经济牢牢绑定在一起，主动学习关系到数据资产会计诞生的政策导向，才能走得更远、永不落后。

2. 数据资产会计实务指南与研究成果

除了作为纲领性政策的《暂行规定》外，一些地方机构联合行业专家出台了一些实务指南用于进一步指导数据资产的确认、计量与列报，毕竟《暂行规定》过于笼统，可能难以直接指导企业会计实践。这些实务指南虽然出台得较为仓促、研究成熟度尚待讨论，但促进了数据资产会计领域的研究，对企业也有一定的借鉴意义。此处列出具有较大参考意义的数据资产会计政策文件，至于最重要的《暂行规定》不再赘述。

（1）上海数据交易所：《数据资产入表及估值实践与操作指南》

2023年12月，上海数据交易所发布《数据资产入表及估值实践与操作指南》。该指南共分为数据资产化路径、数据资产入表实践、数据资产估值操作、附录四部分，点明了数据资产入表的十大难题及处理方法，并深入探讨了数据资产评估难题的应对思路，对数据资产会计及数据资产评估实践颇具指导意义，值得推荐。需要注意的是，该文件的发布机构上海数据交易所更加关注的是数据产品的交易与定价等流通问题，因此文件中的很多表述更多服务于促进数据产品流通，例如主张企业在形成数据产品的基础上形成数据资产，甚至认为数据产品化是数据资产化的必要前提。然而在会计学意义上，数据资产的形成并不必然经历标准化的数据产品形态。财政部会计司也曾在《暂行规定》培训宣贯会上明确指出，分类为存货的数据资产远远少于分类为无形资产的数据资产，这代表着用于流通的数据资产（典型例子就是数据产品）远远少于仅供自身使用的数据资产。因此，会计师在学习《数据资产入表及估值实践与操作指南》时需注意分辨取舍。

（2）浙江省财政厅：《数据资产确认工作指南》

国内首个针对数据资产确认制定的省级地方性标准《数据资产确认工作指南》于2023年11月花落浙江省，预计各省财政厅会陆续发布用于指导本省数据资产会计确认实践的工作指南，以帮助会计师从落地层面进一步理解高屋建瓴的《暂行规定》。浙江省发布的《数据资产确认工作指南》聚焦于数据资产会计确认全环节，包含初始确认、后续确认、终止确认。该指南虽有一些表述在专业上并不严谨，但也具有一定的借鉴意义。

（3）普华永道：《数据资产化前瞻性研究白皮书》

作为国际四大会计师事务所之一的普华永道，早在2021年11月就发布了《数据资产化前瞻性研究白皮书》，早于《暂行规定》、"数据二十条"的发布，正如其名，确实颇具前瞻性。该白皮书聚焦了数据资产确权、数据资产估值、数据资产核算等数据资产最重要的三大命题，虽然后续没有根据我国数据资产会计新规予以更新，但对于数据资产会计底层逻辑的研究具有较强的启迪，推荐数据资产会计的高级人士学习。

此外，四大会计师事务所纷纷组织了有关数据资产会计的内部研讨会，但研讨成果一般不对外公开。

（4）EFRAG：《提供更好的无形资产信息——哪种方式最好？》

作为国际会计学界的重要力量，欧洲财务报告咨询组（EFRAG）于2021年8月发布讨论稿《提供更好的无形资产信息——哪种方式最好？》，该讨论稿代表国际会计学界对数据资产这种新兴无形资产形态会计处理的前沿技术探索，对于数据资产会计理论研究具有重要的参考价值，推荐数据资产会计的高级人士研究学习。

3. 数据资产评估政策

1.2.3节介绍过在财政部指导下中国资产评估协会（简称中评协）于2023年9月8日发布的《数据资产评估指导意见》，该指导意见不仅是数据资产评估领域的纲领性政策，而且为会计师解决数据资产计量难题、实现公允价值计量在数据资产会计的应用提供了评估角度的借鉴思路。该指导意见的前身是中评协于 2020 年 1 月发布的《资产评估专家指引第 9 号——数据资产评估》。针对数据知识产权，中评协于 2023 年 8 月印发的《资产评估执业准则——知识产权》对于数据资产评估具有一定的补充指导意义。此外，中评协于 2017 年 9 月修订的《资产评估准则——无形资产》对于数据资产评估也具有一定的启示意义。

会计师在工作内容上与资产评估师时常有交集，尤其是数据资产会计计量难题，需要会计界与评估界联手解决，因此中评协发布的与数据资产相关的评估政策都值得数据资产会计师学习参考。

4. 与数字中国、数字经济、信息产业相关的国家级规划政策

（1）中共中央、国务院：《数字中国建设整体布局规划》

2023 年 2 月，中共中央、国务院印发了《数字中国建设整体布局规划》，引导全社会、全产业数字化转型，将数字经济统筹进数字中国整体建设，针对数据要素市场建设中的产权不清晰、交易不规范、数据共享难、数据开放不力等突出问题，进一步明确了数据要素的全方位管理体系及管理制度建设。该规划是一切与数字中国建设相关研究的政策底座。数据资产会计作为数字中国建设中必不可少的一部分，也需要遵循《数字中国建设整体布局规划》。从另一个角度讲，《数字中国建设整体布局规划》是"数据二十条"的进一步发展，它们都属于政策底座级别，适合所有数据人士学习参考。

（2）国务院：《"十四五"数字经济发展规划》

数据资产会计不仅要懂数字经济的客观发展规律，还要了解具有中国特色的当前数字经济导向。比较权威的导向文件是"十四五"规划级别的数字经济文件——2021 年 12 月颁布的《"十四五"数字经济发展规划》。该文件对于优化升级数字基础设施、充分发挥数据要素作用、大力推进产业数字化转型、加快推动数字产业化、持续提升公共服务数字化水平、健全完善数字经济治理体系、着力强化数字经济安全体系、有效拓展数字经济国际合作等八大方面具有权威的指导意义。

《"十四五"数字经济发展规划》是"十四五"发展规划体系的组成部分，类似的规划文件还有 2021 年 12 月中央网络安全和信息化委员会印发的《"十四五"国家信息化规划》，2021 年 11 月工业和信息化部印发的《"十四五"大数据产业发展规划》等，这些文件值得反复研读。

5. 数据资产管理政策

（1）财政部资产管理司：《关于加强数据资产管理的指导意见》

继《暂行规定》《指导意见》后，财政部出台或指导制定的数据资产领域第三个重磅文件就是《关于加强数据资产管理的指导意见》，该指导意见包含总体要求、主要任务、实施保障等三方面十八条内容，对于有序推进数据资产化、加强数据资产全过程管理、推动数据资产合规高效流通使用具有重要指导意义，为数据资产会计的应用提供进一步的政策辅助。

（2）国家标准：《数据管理能力成熟度评估模型》(DCMM)

中国电子技术标准化研究院牵头并与业界、学界共同起草的《数据管理能力成熟度评估模型》（GB/T 36073—2018），简称 DCMM，已于 2018 年 10 月实施。这是我国首个数据管理领域正式发布的国家标准，是针对企业数据管理和应用能力的评估框架，它提炼出包含数据战略、数据治理、数据架构、数据应用、数据安全、数据质量、数据标准和数据生存周期的数据管理 8 个能力域评估模型，将数据管理能力成熟度等级划分为 5 个等级，为组织数据管理能力建设与提升提供依据。

此后，工业和信息化部接连在《"十四五"大数据产业发展规划》《工业和信息化部关于工业大数据发展的指导意见》《关于印发企业数据管理国家标准贯标工作方案的通知》等政策文件中不断推进 DCMM 国家标准贯标，使 DCMM 在企业数据管理实务中得到广泛应用。DCMM 给数据资产会计师提供了一个全面了解数据管理的窗口。

| 第 3 章 | CHAPTER

数据资产会计的应用前提与核算环节

在实现数据资产会计在企业中的落地核算之前,需要满足数据资产会计的应用前提,主要集中在数据治理与数据管理方面。在全社会数据产业链条中,数据资产会计的前端环节还包括数据资产确权、数据资产估值、数据资产定价等一系列数据资产相关管理工作,这些都是数据资产会计的应用前提,需要会计师充分了解。只有在符合一定标准的数据资产管理环境中,数据资产会计工作才能顺利展开。

本章一方面系统化梳理数据资产会计的应用前提,另一方面全面展现数据资产的会计核算环节,根据《暂行规定》梳理数据资产从初始确认到最终入表的全流程会计处理。具体来说,本章基于实操流程梳理包含数据资产会计及前端环节在内的全生命周期数据资产管理工作,即"数据治理体系与数据管理流程搭建—数据资产盘点—数据资产确权—数据资产估值—数据资产定价—数据资产交易—数据资产核算—数据资产入表"。

3.1 数据治理体系

对于企业而言，若想实现数据资产入表，首先要搭建完善的数据治理体系。然而，伴随着"数据资产入表热"，实务中很多企业最先联系的却是会计师事务所，觉得只要有会计师事务所的辅导，就能顺利实现数据资产入表。大部分会计师事务所的工作不会涉及前端数据治理环节，因此需要企业至少梳理好数据治理体系后再签订数据资产入表辅导协议。

无论是自己梳理，还是寻求数据服务商的帮助，企业若想实现数据资产入表或者实现数据资产的有效管理，第一步只能是在数据治理上下功夫。因此，数据资产会计的应用前提首先就是完善的数据治理体系。数据治理，就是公司治理在数据领域的应用。从战略到组织，本节分两步搭建数据治理体系。

3.1.1 明晰企业数据战略

数字化转型是企业管理数据资产的必经之路，在"万物皆可数字化"的响亮口号下，各式各样的数字化业态层出不穷，然而，什么样的数字化路径契合企业战略？正如财务战略需要在企业总体战略的基础上制定一样，企业对数据的管理也要与企业战略管理保持一致。搭建数据治理体系首先需要具有明确的战略导向，形成企业数据战略。

数据资产会计师不但要懂财务战略，也要懂数据战略。绝大多数企业财务部在倡导"业财融合"，财务人士只有懂业务才有可能干好财务。对于数据资产会计而言，所谓的"懂业务"离不开"懂数据"。在数字时代，数据是连接业务与财务的桥梁，是业财融合的底层抓手，甚至是企业战略资产化的核心，是一切的根本。"数据成为一种资产"是数据资产会计的一大壮举，因为数据不是一种普通的资产，而是企业非常重要的战略资产。

在数据资产会计的视角下，明晰企业数据战略是借助数智化转型的力量，实现企业战略的资产化管理，或者是将企业数据资产按照战略资产的管理逻辑进行运作。

根据 DCMM 的定义，数据战略是组织开展工作的愿景、目的、目标和原则，包含数据战略规划、数据战略实施、数据战略评估等方面。因此，数据战略实质上是企业战略管理在数据方面的运用。在数字化浪潮下，数据战略的最终目标是"数据驱动决策"。

只有在"数据驱动决策"目标的指导下，企业的数据才能成为真正意义上的战略级别资产，才能永续发挥数据资产的价值，而不是被作为存货管理、用于倒买倒卖的短期财富。数据资产流通虽然是数据资产运作的一大飞跃，但从数据资产管理历史上看，先有数据资产的自用模式，后有数据资产的出售模式，即先有数据资源无形资产，后有数据资源存货，只有无形资产模式的数据资产才是战略意义上的数据资产。

用会计学语言来表述是，如果企业只用存货模式管理数据资产，那么就谈不上有什么数据战略，毕竟存货只有一个持有目的，就是通过出售获取经济利益，一锤子买卖性质的流动资产怎么能在长期战略意义上给企业创造价值呢？

当然，并不是只有数据资产满足会计学上无形资产的确认条件才能代表企业拥有战略意义上的数据资产。虽然会计学界已经尽力在账面上直接显性化反映企业拥有的数据资源无形资产，但也无法保证达到"凡是企业具有战略价值的数据资产都能在账面上予以反映"的理想效果，这并不一定是会计师的能力局限性造成的，而是有着学科层面固有局限性的缘故，即"数据资产会计，这一会计学的理论分支固然不能违背会计学整体理论框架，只能基于会计学底层逻辑尽最大所能来反映数据资产的业务实质"。需要照顾整个学科体系的融洽与平衡，不能一味追求数据资产会计的完美而损害包括可比性在内的其他方面的会计信息质量。例如，部分学者主张数据资产并不一定非要用货币计量，可能用货币之外的计量单位反映数据资产会计信息更具有决策相关性。然而，数据资产会计信息最终也要汇总进财务报表中，如果财务报表中既有货币计量的报表项目又有其他计量单位计量的报表项目，那又如何用数字表示总资产等汇总信息？为了局部信息的完美而忽视局部与整体的关系，盲目打破会计学的基本假设必然会乱套，数据资产会计也要具备会计学大局意识。

因此，虽然"数据资产入表"是好事，甚至是会计史上的里程碑成就，但"数据资产入表"并不等于数据资产真正发挥了该有的战略价值，企业的当务之急不是盲目跟风"数据资产入表",而是尽可能借助数据资产会计的智慧围绕数据资产打造企业的战略护城河。"数据资产入表"是表象,数据战略管理是根本。在会计学视角下,资产负债表上即使没有数据资产,也不代表企业没有具备战略意义的数据资源。

真正的"数据资产入表"无法在短期内实现"数据资产的无中生有",要么企业本身具有数据资产的积淀,只是需要会计师的辅导才能合法合规呈现在财务报表上,要么企业亟待数字化转型,从明晰数据战略及搭建数据治理体系开始全方位培育专属于自身的数据资产,最终在财务报表上实现数据战略的量化管理。先有明晰的数据战略,才能有数据资产会计对数据战略的量化反映。

数据战略是跟随企业经营战略乃至总体战略的变化而变化的,作为企业战略的子战略,与财务战略这种职能战略类似,不是一成不变的,可能需要根据企业经营战略目标调整。但需要注意的是,如果调整过于频繁,可能与明晰数据战略的要求相冲突。

洞悉数据资产的战略导向,是会计师为了相关职业判断而梳理数据资产业务模式的关键,如果企业数据战略不清晰或者变化过于频繁,企业数据资产的业务模式会很不稳定,不仅数据资产评估难以实现,数据资产会计也很难推行。

3.1.2 搭建数据组织架构

在管理学中,战略决定组织。那么,数据战略决定数据组织架构,数据组织架构需响应数据战略,根据数据战略的变化而变化。尤其是在数据资产业务模式不断推陈出新的时代,数据组织架构的稳定性需要让位于更加关键的适合企业现阶段发展的数据战略调整。

在数字化转型浪潮中,首席数据官(CDO)兴起。目前,社会上针对企业的数据相关培训有两个最为火热,一个是"数据资产入表辅导",另一个就是"首席数据官能力体系培训"。之所以设立首席数据官,是因为数据组织架构需要有战略灵魂,需要在企业整体层面统筹数据资源。而搭建能渗入企业各个方面,可以帮助企业数字化转型、集聚数据资产、支撑企业数据战略的数据组织架构,非数据资产会计乃至企业财务部门凭一己之力能完成的,需要借助企业一把手的力量。

　　按照惯常思路，很多企业会设立一个专门的部门来管理新兴领域。然而，如果企业专设一个数据管理部门，即使数据管理部门内部有十分明确、专业的分工，即使将数据管理部门提级到各个后台职能部门之上，如果数据管理部门"闭门造车"，相关工作也很难推行到位。就如同财务人员需要经常走出财务部与业务人员交流一样，数据管理人员也不能被单独的一个后台部门约束，需要深入产生数据的业务一线，全方位了解数据在企业内部的流转过程。

　　数据有前台、中台、后台之分，不能按照后台职能部门的设立思路来设置数据组织架构。数据中台之所以火热，有其"能够根据数据前台智慧反馈数据后台管理"的缘故。数据组织架构的设置，一方面不能脱离明晰的数据战略，另一方面需要借助数据中台的智慧打通数据前台与数据后台的沟通桥梁，这样才能整合企业各层级的数据力量服务于企业数据战略。

　　现实情况是，很多企业的内部各部门之间在无形中构筑了很多"数据壁垒"，这与企业内部各部门之间的潜在利益冲突有关。不仅企业不愿意无偿向社会公开数据，而且企业内部各部门之间也不愿意相互开放数据。即使某些部门针对本部门业务的数字化运营打造了亮眼的数据系统，但不同部门打造的数据系统之间没有接口对接，从企业的全局视角来看这些就是彼此独立的一堆"数据烟囱"。这表面上看是技术问题，根源上是管理问题。如何规避这种管理误区，或者如何改变这一管理现状，成为数据组织架构的重大课题。

　　站在会计师的立场上，会计主体是企业而不是企业内部的部门层级，如果数据资产只能在企业某部门内部流通使用，无法在企业整体层面赋能运营，那么就无法将其确认为企业的数据资产。典型的例子就是企业某部门针对某业务开发的系统，如果该系统沉淀的数据只能服务于该业务的运营，由于该系统与企业其他业务系统之间没有接口、彼此独立，或者由于该部门设置了人为障碍不愿向企业总部分享相关数据，就会使得该数据资源无法在企业整体层面带来经济利益，就不满足企业主体的数据资产定义及确认条件，不能确认为数据资产。

　　科学的数据组织架构设计有助于打破这一僵局。企业需要平衡好相关部门的利益关系，考虑是否在企业部门之间建立数据资源流通机制，例如：研究设计数据资源内部转移定价，让相关数据资源主体愿意分享；打通重要业务系统之间的数据接口，打造企业总体层面的数据仓库，建设数据中台打造数据底座，让相关数据资源主体能分享；建立健全数据安全体系及溯源体系，保障数据资源提供者的原始权益，完善数据利益争议协调机制，让相关数据资源主体敢分享；等等。

只有数据组织架构是科学、合理的，是符合企业数字化发展实际的，在此基础上设计的与数据相关的内部控制体系才可能是健全、有效的，否则即使内部控制流程设计得再健全、再合理，在落后的数据组织架构中也无法有效运行。

数据组织架构既要让企业总部牢牢控制企业内部一切的数据资源，将所有企业数据权利进行集权，也要协调企业总部与提供数据资源的分部之间的利益关系，调动一线数据主体的积极性，实现控制数据资源经营权的企业总部与拥有数据资源持有权的企业分部之间的利益共享。同时，企业要重视数据中台建设，深入一线业务了解数据产生机制，可以考虑设置包含统筹企业数据资源的后台管理专家、提供关键数据资源的一线业务专家、具有数据资源再加工能力的数据处理专家在内的数据治理委员会。

3.2 数据管理体系

如果说数据治理体现了驾驭数据之道，那么数据管理就是驾驭数据之术，它解决的是企业应当怎样做才能管理好数据、充分挖掘数据资产的问题。在企业搭建好符合数据战略要求的数据组织架构后，就需要思考数据管理流程制度应怎样落实到具体的数据管理细节中。

建立数据管理体系需要五步。第一步，要明确什么样的数据输出符合企业整体层面的需求，即明晰数据管理的具体目标，这主要体现在数据标准体系的确立上。第二步，在确立数据标准后，企业应明确什么样的工作流程才能输出符合企业数据标准的数据资源，即制定数据管理办法予以规范或指导。第三步，在明确了"做什么""怎么做"之后，企业需要对输出的数据资源"心中有数"，虽然可能暂时无法在会计账面上反映，但也需要定期整理、做好数据资源盘点工作，及时更新数据资源盘点目录。第四步，在盘点目录的基础上，要重点分析数据资源的合规性，例如会计合规性涉及数据资源后续演变为数据资产的潜力，法律合规性涉及数据资源产权是否有潜在争议。第五步，对不合规的数据资源需要尽可能地整改，对合规的数据资源要加以保护、防止数据资源泄露，如有必要，及时向有关部门申请数据权利证书，以筑牢数据安全体系。

　　上述步骤中，前三步的数据管理工作尤其需要业数财融合理念，业务是导向，数据是灵魂，财务将数据资产化理念贯穿数据管理全流程，因此需要业务部门、数据管理部门、财务部门的相互配合。后两步的数据管理工作主要依靠法律部门与IT技术部门。业、数、财、法、技等五部门合作构建数据管理体系，才能做好"数制"的日常管理工作，为后续"数智"的目标不断努力。结合数据管理体系需要由数据治理体系支撑，图3-1以数据管理体系为主，综合展现了从"数治"到"数制"再到"数智"的过程。

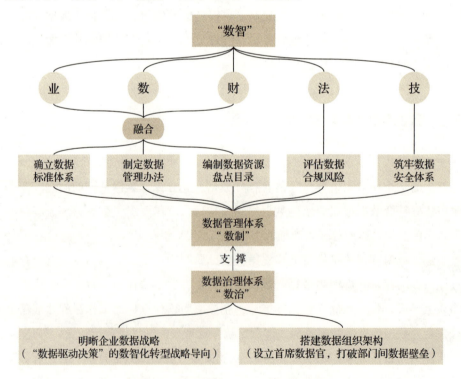

图 3-1　基于业数财融合的数据管理体系

本节从数据管理实操出发，按照"确立数据标准体系—制定数据管理办法—编制数据资源盘点目录—评估数据合规风险—筑牢数据安全体系"的数据管理全链条，分别介绍相应数据管理环节的实操要点与常见误区，突出业数财融合视角的数据管理体系，重点解析影响数据资产会计确认的注意事项。

3.2.1 基于数据资产化导向确立数据标准体系

数据标准体系的确立，既要契合数据管理战略目标，也要考虑数据业务发展实际，还要尽可能地方便企业后续打造相应的数据资产。对待数据如同对待资产，在数据标准体系的确立过程中要有"数据资产化"意识，才有利于在财务报表中显性化数据标准工作成效。

如同数据资产的概念界定一样，对于会计师心目中的数据资产标准，不同行业有不同的理解，然而为了保障国家整体会计工作的有序进行、会计信息相互可比，财政部会计司需要在国家整体层面明确会计对数据资产的统一确认条件。

需要规避的一个误区是"将数据标准等同于数据资产标准"，实际上，前者是管理标准，后者是会计标准，制定标准的目的不一样。虽然数据标准的确立尽可能便于企业后续数据资产入表工作，但当数据管理目标与数据资产的会计确认条件暂时发生背离时，切不可为了将数据资产快速入表而背离业务导向的数据标准确立原则。只有在数据管理业务目标导向的大原则下，"基于数据资产化导向确立数据标准体系"才有意义，不可因一味追求"数据资产入表"而本末倒置。即使从企业财务管理角度出发，财务报表管理一般也要让位于现金流管理，业务上能持续不断地赚到钱是根本，脱离业务导向的数据资产入表不会长久。

另一个误区是企业过度依赖多年积累的数字技术优势，以技术上最容易打造什么数据资源，或者企业在什么数据标准方向上可以发挥最大的技术优势来确立数据标准体系，而非以战略及业务目标来确立数据标准体系，这也是一种本末倒置。无论财务人员还是技术人员，都要为业务服务，以"数字技术驱动决策"的框架打造的数据资产并不是战略意义上的数据资源，要以"能驱动业务决策"的标准来打造数据资源，在业财技融合路径中要以业务战略为本。某种意义上，实现了"数据驱动决策"，离"数据资产入表"也就不远了。

3.2.2　基于业数财融合视角重塑管理办法体系

有了数据标准体系的具体目标，就要从业务上探索如何实现根据业务目标打造的数据标准体系，在企业管理中通常落实为"制定数据管理办法"。

数据管理办法，不应是一份普通的流程制度，而应是一个与数据相关的管理办法体系。只要在规范具体业务的某管理办法中同时规范了如何管理业务产生的数据，那么该管理办法同样属于数据管理办法。从管理的成本效益考虑，企业不必为了数据管理而重建一套管理办法体系，也不宜制定专门的数据管理办法，而应优先考虑将数据管理落地细节融入现行管理办法体系中。在这一过程中，业务目标是引领，财务手段是支持，数据思维是灵魂，从而实现"基于业数财融合视角重塑管理办法体系"，这才是"制定数据管理办法"的巧妙落地方案。

与企业建立数据治理委员会的组织架构思路类似，既然企业数据管理不应仅依靠专门设立的数据管理职能部门，那么企业依靠专门规范数据管理的数据管理办法也是远远不够的，否则即使数据组织架构深入业务一线，数据管理也会陷入后台职能管理的误区达不到理想效果。凡是可以产生数据的业务流程规范，都应融入遵从企业统一数据标准的数据管理要求。

既然数据资产不能按照普通资产来对待，那么数据管理也不能按照职能管理的普遍方式来对待，需要凝聚到企业文化中，形成契合企业数据战略、基于企业数据组织架构、业务目标导向的企业数据管理文化。企业数据管理文化的影响应该体现在企业内部控制体系的方方面面，应该将所有规范数据相关业务的流程制度整合到企业整体层面，在数据维度统筹各个相关管理办法，在一系列相关具体管理办法中落实数据标准要求。

3.2.3　业数财协同编制数据资源盘点目录

企业搭建了数据战略清晰、组织架构合理的数据治理体系，确立了数据标准，制定了数据管理办法，经过一段时间的经营积累，自然会输出具有一定规模的数据资源，数据资源的统筹管理也就会提上日程。致力于数智化转型的企业，如果对拥有的数据资源都说不清楚，很难实现数智化转型。在此背景下，数据资源盘点工作通常成为数据管理的有效抓手，数据资源盘点目录自然成为数据管理流程中的关键一环。

企业应当把数据资源视为一种财产，与其他有形财产一样，都需要进行定期的财产清查。在会计学中，会计核算的七大方法为"设置账户—复式记账—填制和审核凭证—登记账簿—成本计算—财产清查—编制财务会计报告"，其中"财产清查"环节是保障账实相符的必要手段。审计工作中的监督盘点程序强调要监督财务对存货资产的盘点，数据资源存货也应当在盘点范围中。

从会计工作角度考虑，资产盘点是确保账实相符的必要手段，要保证账面上或者资产负债表上列示的资产都存在，保证所有符合会计确认条件的资产都能在账表上反映。具体的盘点工作，尤其是存货盘点工作，往往是财务监督业务盘点，审计监督财务盘点，虽然层层监督盘点，但具体资产的盘点还要落实到资产归口管理的业务部门。

但是，企业不能仅满足会计工作的要求进行资产盘点，因为会计一般不对账外资产进行盘点。虽然一些满足数据资产定义但不满足数据资产确认条件的数据资源无法入账、不受会计师控制，但企业仍需要通过数据资源盘点工作对其进行相应的梳理，这是几乎所有数据资产入账前的必经之路，反而应该更加重视。如果企业仅仅应付会计工作要求，只盘点账内资产，只能输出数据资产盘点目录，这与更加广义的数据资源盘点目录有着本质的不同。企业的管理抓手应前探到数据资源环节，如果仅关注可以入表的数据资产，会流失大量具有经济潜力的数据资源，这与数据管理初衷相悖。

3.2.4　法律部门牵头评估数据合规风险

评估数据的合规风险，不仅是全面风险管理在数据方面的要求，更是为了让更多的数据资源在将来能够顺利转化成产权明晰的数据资产。在企业中，这项工作通常由法律部门牵头，需要与首席数据官、首席财务官及相关业务部门协同。由于数据合规问题对数据资产会计影响很大，如果这项工作由兼具法律与会计背景的复合型人才如法务会计来牵头，效果会更好。

在数据领域，合规问题尤为突出。我国数据相关法律规范还处于快速更新迭代期，数据产权的法律界定尚处于研究完善阶段，甚至相当一部分业务情形中数据权属尚在争议中。例如，在数据权益共享机制中，究竟哪个或哪几个利益相关会计主体可以将该数据权益纳入表内核算？会计主体假设的运用可能都存在困难，更别提需要由会计主体合法拥有或控制了。如果其中一个会计主体贸然将相关数据权益纳入自己的资产核算范围，未必得到其他会计主体的认可，存在争议的数据资产在变现过程中可能无法带来预期的经济利益，甚至会带来未决诉讼等预计负债。显然，这不仅在法律合规层面存在风险，在会计合规层面也存在很大问题，达不到数据资产的确认条件。在会计学中，入账的资产必须产权清晰，明确归属于会计主体。即使会计主体并不一定依据对数据资产的所有权而确认数据资产，也至少是根据对该数据资产某一方面的数据权利的控制而确认数据资产。总之，会计主体对数据资产的确认依据中暗含了享有权属清晰的数据权利，哪怕仅仅是数据资产某一方面的数据权利。

对数据合规的风险评估虽贯穿数据权利的占有、使用、收益、处分的全过程，但特别需要关注的是数据权利的取得方式是否合规。从途径上看，企业取得的数据权利要么来源于自己，要么来源于外部。对于来源于外部的数据权利，需尤为注意合规风险，即使是通过正规数据交易平台甚至数据交易所购买的数据产品，即使企业出资购买数据的流程完全正规，如果出售方存在非法取得数据的不当行为，企业日后也可能面临第三方对购置数据的权利伸张。为了从源头上规避数据合规风险，企业不仅需要评估自身的数据合规风险，还需要关注数据出售方的数据来源合规问题。

例如，装修公司购买地产开发商售卖的业主个人信息，业主个人信息具有很强的客户订单转化潜力，被装修公司购买和使用后可以显著带来经济利益，数据成本也能够满足会计计量要求，那么按照《暂行规定》的精神能否将此数据资产反映在账面上？显然不能，因为业主个人信息数据不满足《暂行规定》中"合法拥有或控制"的要求，违反了《中华人民共和国个人信息保护法》。数据资产有别于其他产权易于界定的资产，需特别强调取得来源的合法性，这已经不再是资产的产权问题，而是已经被《暂行规定》拔高到数据资产的界定问题。一言以蔽之，来源不合法的数据永远不可能被会计确认为数据资产。

3.2.5 技术部门牵头筑牢数据安全体系

企业经过明晰数据战略、搭建数据组织架构、确立数据标准体系、制定数据管理办法、编制数据资源盘点目录、评估数据合规风险等一系列数据动作后取得的合法合规、具有战略意义、未来有潜力转化为数据资产的数据资源，已经非常不易。然而攻城不易，守城更难。如果不筑牢数据安全体系，原本排他占有的数据资源可能被非法公开、盗窃、毁损，可能让企业前期巨大的数据投资付诸东流。

其实，数据安全问题是企业迟迟不敢投入重金培育数据资产的主要原因之一，这不仅是一个技术问题，更多的是法律问题、监管问题。在企业中，这项工作由技术部门牵头执行，虽然企业高薪聘请的计算机技术专家可以防止企业的数据系统被黑客侵入，但是没有完善的数据法律环境，照样不能彻底解决数据安全的顾虑。一个新兴行业在最开始的野蛮生长期，很容易陷入"跑马圈地"的模式，开始暴力血腥的资本原始积累。数据资本也有类似的隐忧，越来越多的企业会意识到占有数据资源越多越好，在残酷的竞争环境下可能会不择手段来非法占有甚至"抢劫"数据资源，如果数据安全法律制度不能显著抬高非法获取数据的违法成本，致力于数智化转型的企业会面临非常恶劣的竞争态势。

澎湃新闻报道，2020年底一家自称从事铁路运输技术支撑服务的境外公司打着"为进入中国市场需要提前对中国铁路网络进行调研"的幌子向上海一家公司提出合作，委托该公司进行移动测试、采集相关数据，一个月采集了500GB数据。虽然这例涉及高铁运行安全的危害国家安全类案件得以告破，但是它提醒我们数据安全问题已经迫在眉睫。

无论是公共数据还是企业数据或个人数据，都需要强有力的数据安全保障。幸运的是，《中华人民共和国数据安全法》已于2021年9月开始实施，相关法律制度也在不断建立健全中。但是，企业也不能将数据安全的全部希望寄托于外部法律环境的改善，更应该注重自己能掌控的内部数据安全问题，实践中不少企业数据机密的泄露反倒是内部人员的无心之举或报复行为。

企业应当建立针对数据资源的分类分级安全监管体系，应当包括技术层面对数据安全的系统控制、财务层面对相关责任人的奖惩制度、业务层面对数据资源的实时监控，以及企业文化层面对数据安全意识的定期宣贯。企业需要实时升级数据安全技术来应对不断扩大的数据安全风险，例如积极引入最新的隐私计算技术，拥抱"原始数据不出域、数据可用不可见"的理念，尽量让数据要素的流通成为单纯的价值流通，在数据不动的前提下仍然可以释放数据要素价值。

数据安全的保障还有赖于数据安全的监管，例如数据出境问题，既要满足企业数据出境的实际需求，又要筑牢数据安全底线，可以采用"负面清单管理制度"。2024年5月9日，天津自贸试验区管委会、天津市商务局联合公布《中国（天津）自由贸易试验区数据出境管理清单（负面清单）（2024年版）》，这是我国第一份自贸试验区数据出境负面清单，围绕生物医药、互联网平台、汽车、国际贸易等自贸试验区8大重点领域产业发展和监管需要，将企业出境数据分为战略物资和大宗商品类、工业类、金融类、科学技术类等13个大类46个子类，每一类均对数据基本特征作出详细描述，以便于企业理解和操作。

此外，数据安全审计已经成为一个新兴的领域，逐渐形成了一套专门的程序与方法来测试数据安全级别，识别数据流通各个环节中所有潜在的安全风险，评估所有与数据相关的安全风险控制流程设计及执行有效性。由此形成的各式各样的数据安全审计技术产品，其实就是传统审计理念在数据安全领域的应用，旨在在考虑成本的前提下将数据安全风险降至可接受的低水平。

3.3 数据资产确权

无论是数据治理还是数据管理，都属于企业内部的努力。然而，数据资产的会计确认前提之一是会计主体能够拥有产权清晰的数据权利，保障入账数据资产的产权无纠纷。针对这一点，大多数情形下需要借助外部力量，不是企业内部能完成的。即使企业对数据原材料投入了大量的加工成本，形成了数据产品，但如果数据原材料的产权存在争议，企业花重金投资的数据产品也不满足数据资产的入账标准。因此，业内常说数据确权是开展一切数据资产工作的首要前提，它自然也是会计师尤其关心的问题，毕竟实践中数据资产入表被数据确权争议耽搁的情形不在少数。

基于数据资产的权利观，数据的资产内涵正是数据权利。同一个数据资产的不同数据权利可能被不同的会计主体合法拥有并分别得到确认。本节会详细介绍各种数据相关权利、数据产权登记实践发展现状以及数据确权制度的发展趋势。

3.3.1 什么是数据确权

数据确权，就是明晰数据的产权问题。数据确权问题之所以重要，是因为数据产权制度是打造整套数据基础制度的逻辑起点，如果数据确权难题得不到有效解决，后续包括数据资产会计在内的数据产业链条就如同地基不稳的危楼一般，一旦发生数据产权变革，顷刻间数据资产大楼就会随之倒下，会计计量也会更加不可靠。因此，包括会计师事务所在内的第三方专业中介机构在承接"数据资产入表"辅导项目时，首先关注的往往是标的数据资产的产权是否明晰，这在很大程度上影响着项目风险的控制。虽然数据确权是一个法律问题，但作为后端环节的会计师也不得不重视。

与数据确权相关的问题如下：

- 需要确立数据的哪几种权利？在什么数据权利底座上确立不同类别的数据权利？能否将数据视为一种财产，基于财产权的思路来理解数据权利？
- 各地纷纷出台自己的数据确权政策，如何统一实践标准？各地颁发的不同样式的数据权利证书是否有效？
- 三权分置政策是否能在实践中充分贯彻落实？是否可上升到法律高度？
- 怎样协调数据权利拥有者与数据收益共享机制的冲突？在数据共享情形下，如何界定不同主体的数据权利边界？

数据确权是一个大难题，由无数个小难题组成，虽然大部分难题尚在解决进行时，但已经有了初步探索的大方向：三权分置。将数据权利结构化分置的亮点在于绕过"数据到底归属于谁"的所有权难题，基于数据用益权的权利底座促进数据的各种细分权利进一步流通，颇有中共十八届五中全会提出土地要素三权分置的魄力，形成围绕数据要素的新时代改革开放，与当年推动土地要素的市场化流通类似。

数据可以是一种资产，至少是一种资源，这个资源的内涵是一种权利属性。这是数据资产会计的重大理论创新，在新的层面上拓宽了对资产内涵的认识：权利也可以满足资产要素的定义及确认条件，进而成为一种会计确认的资产。数据成为资产的本质，正是数据的相关权利可以被会计主体拥有或控制。即使会计主体不敢明确主张对数据的所有权，甚至并没有全面控制数据，也不代表会计主体没有拥有或控制数据相关的任何一种权利，并没有堵死会计主体依据某一方面的数据权利而在账面、报表上确认数据资产的可能。这些正是三权分置对于"会计师如何认识数据资产"问题的重大影响。会计师应密切跟踪数据产权制度体系的变革方向，才能做好数据商业语言的翻译官。

数据确权一般遵循分类分级原则。比如，数据按照主体类别可分为公共数据、企业数据和个人数据。有学术观点认为公共数据没必要确权，对于个人数据重点做好个体权益保护即可，其实更常见的会计主体是企业，如果企业获批了公共数据授权运营，那么从数据权利的角度看，完全可以将这类数据纳入企业数据确权研究范畴。在这个角度上，数据资产会计涉及的数据确权问题主要是指企业数据确权范畴。

3.3.2 数据权利性质

法学界已对数据权利性质展开了激烈的探讨与争辩，本书重点聚焦符合现行政策导向的三权分置框架下的数据权利性质。

三权分置，即对数据资源持有权、数据加工使用权、数据产品经营权进行结构化分置，是对数据资源的权利分拆导向，便于拆分后的细分数据权利流通。虽然数据资源持有权主要集中在数据采集阶段，数据加工使用权主要集中在数据处理阶段，数据产品经营权主要集中在数据流通阶段，但考虑到上述三种数据权利可以分别归属于不同的会计主体，不同会计主体的数据资源业务模式对取得的数据权利的阶段性定位各有差异，从宏观层面上看，上述三种数据权利可以分布于采集、处理、流通等几乎所有的数据管理阶段。

从资产要素定义的角度看，会计主体对资产的控制权一般界定为资产整体层面的控制权，而根据数据资产会计的理论创新，需要将数据资产细分到具体权利性质的层级，因此会计主体实际上将数据资产的控制权界定为对某一性质的数据权利的控制权，这种对控制权的重新定义并不根本违背经典会计理论体系。进一步，如果会计主体掌握了对数据几乎所有主要方面的权利，那么在数据资产整体层面，也可以近似认为会计主体掌握了对数据资产的控制权。

其实，在数据资产会计视角下，三权分置正是对数据资产整体层面控制权的细分思路。在会计学中，对资产的控制权评估强调会计主体有权力且有能力主导资产全生命周期的排他性使用，并且能够通过持有、使用、处置等多种方式获得资产几乎全部的经济利益。因此，对于一个数据资产，看会计主体是否拥有该数据资产的持有权、加工使用权、经营权，并满足会计准则对控制权评估的主要要求，在会计专业角度上，这是解决"会计主体是否控制了数据资产"判断难题的一种思路。

从这个意义上看，三权分置对数据权利的划分似乎解决了数据资产定义及确认条件的执行问题，让会计主体在无法明确"是否合法拥有数据资产"的背景下可以有一个明确思路来做出"是否合法拥有或控制"的职业判断，从而顺利将满足会计确认条件的数据资产入账入表。但是，三权分置的意义更多的在于"分置"而不是"三权"，只是顺带给会计师对数据资产控制权的评估提供了法律层面的支持与启发。随着数据流通机制的建立健全，越来越多的数据三权会"合久必分"，相应地，入账入表的数据资产权利层级也会逐渐下沉，控制权的评估会逐渐从数据资产整体层面下沉到数据权利细分层面。

总之，数据资产的权利内涵不只是会计信息理解层面的意义，而会更多地影响到会计师对数据资产控制权的评估，甚至会影响到数据资产能否入账的职业判断。因此，会计学界应紧跟数据产权制度的变化，及时指导会计实务标准的更新。

3.3.3 数据产权登记

无论数据确权难题最终是由哪个思路破解的，破解得有多完美，如果数据产权登记制度跟不上，数据确权理论研究的宝贵成果就会付诸东流。

数据产权登记的核心是证明主体对所拥有数据权利的合法主张，降低数据产权信息传递成本，为数据权利的交易进行合法增信。无论是数据资产登记证书还是数据知识产权登记证书，数据确权证明可以有各种各样的形式，核心是通过公开的形式才能实现权利主张，且公开的方式得到广泛的承认。从目前的实践来看，颁发数据产权登记证书的主体层次多种多样，既有国资机构，也有民营机构，既有知识产权局等行政机关，也有数据交易所等公益性机构，颁发的证书样式也是各具特色。

理论上，数据产权不限于数据资源持有权、数据加工使用权、数据产品经营权等财产性权利，还包括诸多人格性权利，虽然站在会计师的视角，只能根据数据的财产性质予以记录。在实践中，各地推出了各式各样的数据产权登记证书，然而"若干证书样书证明的是什么类型的数据权利"仍然存在模糊处理的倾向，导致虽然权利证书上清晰地载明了主体享有相应数据资源的什么数据权利，但各地实践缺乏统一性，反而阻碍了数据资源的跨地域流通。

几乎所有改革都是"政策先行，法律后跟"，从各地的差异化政策到统一的法律制度需要一个过程，各地正在相继出台《××省市数据产权登记管理暂行办法》或《××省市数据知识产权登记办法（试行）》，细节各不相同。在这个过程中，企业应遵从属地政策完成数据确权，如果数据业务运营是跨地域的，还应尽量满足目标运营地域的产权登记政策要求。虽然目前各地的数据产权登记政策不统一，但国家数据局将出台统一的数据产权制度，解决数据产权界定、归属和利益分配等问题。

在数据产权登记全国统一制度出台前的过渡性历史时期，在数据资产入账前的产权合规评估环节，对于数据资产相关产权登记证书效力的判定一定要关注证书颁发机构的权威性。原则上，国家机构颁发的证书效力大于地方机构，全国性数据交易所颁发的证书效力大于地方性数据交易所，行政机关颁发的证书效力大于营利机构，以此类推。但是，也不能一刀切地看待数据产权登记对于数据资产会计的影响，数据产权登记证书并不是数据资产之所以成为数据资产的必要附件，只要企业确认的数据资产无产权争议、权属关系明晰即可。

3.4 数据资产估值

数据资产完成确权后，距离可交易的状态还差两个环节：估值与定价。数据资产估值是数据资产定价的重要手段，尤其在数据资产交易市场尚不活跃的情况下，更需要借助资产评估师的专业力量确定公允、合理的价值评估数字。

本节基于中国资产评估协会制定的《指导意见》，首先介绍数据资产的价值影响因素，再介绍数据资产估值的三种主要方法，最后介绍数据资产评估方法的综合运用。

3.4.1 数据资产价值的影响因素

根据《指导意见》第十六条，影响数据资产价值的因素主要包括成本、场景、市场、质量四种因素。

（1）成本因素

成本因素包括形成数据资产所涉及的前期费用、直接成本、间接成本、机会成本和相关税费等。历史成本计量原则在之前很多年里一直是常识级别的计量原则，虽然近几年不再强调，但很多准则已定型，影响力还在。无论是从财务会计来说，还是从资产评估方法之成本法来说，成本因素肯定都是影响资产价值的因素之首。即使资产评估是从资产运用的商业实质出发的，也要考虑资产的账面价值，而资产的入账价值与受到历史成本计量原则影响的具体会计准则脱不开干系，所以成本因素十分关键。

（2）场景因素

场景因素包括数据资产相应的使用范围、应用场景、商业模式、市场前景、财务预测和应用风险等。场景因素与数据资产的价值类型有关，谈起一项数据资产的价值大小，先要说明评估的价值类型。虽然同一个数据资产在不同的价值类型下可以有不同的评估价值，但最适用的当然还是数据资产在当前的主场景类型对应的价值类型。

（3）市场因素

市场因素包括数据资产相关的主要交易市场、市场活跃程度、市场参与者和市场供求关系等。从市场因素的定义来看，市场因素在明确数据资产的运用场景为市场交易时才适用，可以说是场景因素中某一场景的具体化，对应资产评估方法之市场法。

（4）质量因素

质量因素包括数据的准确性、一致性、完整性、规范性、时效性和可访问性等。数据质量评估是数据资产评估的必要前置步骤，更多是技术、业务层面，具体方法包括数据质量评价的层次分析法、模糊综合评价法、德尔菲法等。

3.4.2 数据资产价值评估：成本法

成本法，顾名思义，指主要基于数据资产的形成环节，依靠成本归集来评估数据资产价值。然而，"成本"与"价值"就如同所有权与控制权的分离一样，价值从成本中分离出来，已然成为一个独立的概念。虽然会计师常用历史成本来计量资产的账面价值，但这并不代表所有类型资产都适用历史成本计量属性，也不代表资产历史成本可以如实反映资产价值，更不代表资产的账面价值与资产的评估价值必须是同一种价值。

当然，成本法评估出来的价值数字可能更接近于资产的账面价值，毕竟财务会计推崇历史成本计量原则。但是，财务会计与资产评估是目的不同的两种工作：会计师更侧重资产账面价值的可靠性，历史成本虽然实质上是沉没成本，但往往有单据支撑，更加可靠；而资产评估师更侧重资产评估价值的相关性，根据评估目的选取不同的价值类型进行评估。因此，适用于会计师的原则很可能不适用于资产评估师。评估师如果选择用成本法评估资产价值，首先要考虑的是成本法的适用性，能否满足评估需求。

1. 考虑成本法的适用性

根据《指导意见》第二十二条第（一）款，采用成本法评估数据资产时应当根据形成数据资产所需的全部投入，分析数据资产价值与成本的相关程度，考虑成本法的适用性。

显然，《指导意见》在指导成本法评估时，首先明确了一个根本前提：只有在数据资产价值与成本高度相关时，利用成本法评估出的数字才能反映数据资产价值。那么，什么样的数据资产具备价值与成本的显著分离特征，不适用成本法评估？需要从价值与成本二者概念的本质入手进行分析：数据资产的价值实现表明了数据资产的变现方式，对应数据资产带来收入的过程；数据资产的成本构成表明了数据资产的形成方式，对应数据资产的成本归集过程。

用会计学的语言表述：如果用历史成本计量属性，数据资产的成本列示在资产负债表上的资产项目中，其价值实现的过程就是形成利润表上收入的过程，确认收入的同时也要及时结转成本，即将已经处置的数据资产从资产负债表上的相关资产项目挪入利润表上费用项目。相关收入减去相关费用形成的毛利就是数据资产价值与成本的差额，也是数据资产的增值额。如果毛利率稳定，代表数据资产价值与成本高度相关，反之则相关性较低。

那么，怎么判断数据资产经营的毛利率是否稳定？资产评估师通常依据数据资产的本源特征进行具体分析，不会根据某一分类进行一刀切式的判断。会计师可以借助会计准则的智慧进行对毛利率稳定性的职业判断。如果数据资产适合分类为存货，即契合《企业会计准则第 1 号——存货》的核算特征，考虑到存货的主要变现方式就是出售，利润主要来源就是倒买倒卖或者加工后再出售，主营业务收入与主营业务成本的稳定配比也是资产流通商业模式的底层逻辑，因此存货类数据资产通常拥有较为稳定的毛利率，其价值与成本高度相关。如果数据资产适合分类为无形资产，即契合《企业会计准则第 6 号——无形资产》的核算特征，考虑到无形资产的主要变现方式就是自用，自用产生的无形价值本身就具有高度易变性，而成本是一个定数，因此价值与成本的相关性无法保证。虽然会计准则的智慧源于对商业模式本质的反馈，但也可能为了照顾会计学科体系的平衡而存在一定程度的固有偏差，不能替代资产评估师对数据资产本身特征的具体分析。

如果数据资产价值与成本显著分离，就一定不能适用成本法评估吗？在理论上是，但在实务中不能急于给出答案。收益法、市场法等其他资产评估方法也有相关的适用性要求，如果都不能完全满足，数据资产评估还怎么开展？因此是否需要用成本法评估，一定程度上也取决于成本法、收益法、市场法等评估方法适用性在具体数据资产评估工作中的综合比较，不仅要考虑评估方法的绝对适用性，还要考虑评估方法的相对适用性。

2. 确定数据资产的重置成本

根据《指导意见》第二十二条第（二）款，采用成本法评估数据资产时应当确定数据资产的重置成本，包括前期费用、直接成本、间接成本、机会成本和相关税费等。前期费用包括前期规划成本，直接成本包括数据从采集至加工形成资产的过程中持续投入的成本，间接成本包括与数据资产直接相关的或者可以进行合理分摊的软硬件采购成本、基础设施成本及公共管理成本。

对于重置成本，会计师应该不会感到陌生，重置成本是五种会计计量主要属性之一，是对历史成本的一种替代。在丢失单据无法取得历史成本的情况下，借用资产评估师对资产重置成本的评估思路，用重置成本入账在资产盘盈时并不鲜见。

在某种意义上，重置成本的确定，就是成本法评估资产的核心。因此，重置成本的构成要素是影响成本法评估结果的关键所在，一般可参考《资产评估执业准则——资产评估方法》第十九条：资产评估专业人员应当根据评估目的、评估对象和评估假设合理确定重置成本的构成要素。重置成本的构成要素一般包括建造或者购置评估对象的直接成本、间接成本、资金成本、税费及合理的利润。

显然，相比于重置成本的一般构成要素，数据资产重置成本额外强调了前期费用，不再强调合理的利润。虽然前期费用更像一个垃圾筐，较为杂乱，打开了评估师的操作空间，但从后续评估准则更新空间的角度看暂时是必要的。至于合理的利润，在数据资产行业野蛮成长期，可能谁也无法说清数据资产的利润为多少是合理的，因此暂时不再强调也可以理解。但后续随着市场的成熟、行业的进一步规范，重置成本的构成要素可能进一步细化。

3. 确定数据资产价值调整系数

根据《指导意见》第二十二条第（三）款，采用成本法评估数据资产时应当确定数据资产价值调整系数，例如：对于需要进行质量因素调整的数据资产，可以结合相应质量因素综合确定调整系数；对于可以直接确定剩余经济寿命的数据资产，也可以结合剩余经济寿命确定调整系数。价值调整系数是对数据资产全部投入对应的期望状况与评估基准日数据资产实际状况之间所存在的差异进行调整的系数。

对比成本法的一般规定，这个质量因素调整系数是数据资产专有的。对数据资产质量的评价贯穿了《指导意见》全文。根据《指导意见》第十七条，资产评估专业人员应当关注数据资产质量，并采取恰当方式执行数据质量评价程序或者获得数据质量的评价结果，必要时可以利用第三方专业机构出具的数据质量评价专业报告或者其他形式的数据质量评价专业意见等。

这方面已经有了成功的实践。坤信国际资产评估集团有限公司（简称坤信国际）与山东浪潮傲林大数据有限公司（简称浪潮傲林）签约，对浪潮傲林方提供的模型数据资产进行评估。坤信国际联合各个单位的专家一起举行了数据模型资产质量评价沟通会，专家讨论并通过了本次数据质量评价的评价维度、评价规则、评价标准，对数据质量进行了现场检测并签署了数据质量评价报告。

数据资产评估，绕不开数据质量评价，这是数据资产价值影响因素决定的。然而，评估师不一定是数据专家，很多数据的质量评估需要请求外部专家的协助，再加上数据质量评价的层次分析法、模糊综合评价法和德尔菲法等方法本身就有很多主观因素存在，如果数据质量评估存在较大偏差，会极大影响资产评估师出具评估报告的权威性。包括评估结论偏差的责任划分等一系列数据质量评价环节衍生的问题，都需要在实践中谨慎摸索，以进一步完善评估准则。

《指导意见》附录给出了基于质量要素的指标体系设计示例，示例中提供了设计评价指标体系时可以考虑的准确性、一致性、完整性、规范性、时效性、可访问性等六大质量要素特性。其中，准确性是指数据资产准确表示其所描述事物和事件的真实程度，指标设计包含内容准确率、精度准确率、记录重复率、脏数据出现率等。一致性是指不同数据资产描述同一个事物和事件的无矛盾程度，指标设计包含元素赋值一致率等。完整性是指构成数据资产的数据元素被赋予数值程度，指标设计包含元素填充率、记录填充率、数据项填充率等。规范性是指数据符合数据标准、业务规则和元数据等要求的规范程度，指标设计包含值域合规率、元数据合规率、格式合规率、安全合规率等。时效性是指数据真实反映事物和事件的及时程度，指标设计包含周期及时性、实时及时性等。可访问性是指数据能被正常访问的程度，指标设计包含可访问度等。

4. 成本法评估模型

根据《指导意见》附录，在成本法下，数据资产价值＝数据资产的重置成本 × 价值调整系数。

成本法的模型不复杂，适用范围也较窄，但参数确定并不简单，评估结果对数据资产会计的参考价值较大。

3.4.3 数据资产价值评估：收益法

收益法，顾名思义，指根据资产未来产生的收益来评估资产，类似于会计计量属性中的现值。在折现的过程中，会涉及预计未来现金流量及增长率、折现率等一系列参数估计，而对估值结果有较大影响的关键参数还要做敏感性分析，因此收益法评估模型更复杂、工作量更大、标准更加不可控。但是，用收益法做评估，更能体现资产在使用过程中创造价值多少的本质特征，往往更能实现评估目的。虽然收益法在评估模型适用性上很可能比成本法更高，但也需结合具体情形考虑其适用性。

1. 收益法适用性条件的放松

根据《指导意见》第二十一条第（一）款，采用收益法评估数据资产时应当根据数据资产的历史应用情况及未来应用前景，结合应用或者拟应用数据资产的企业经营状况，重点分析数据资产经济收益的可预测性，考虑收益法的适用性。

相较于成本法模型严格的适用条件，用收益法评估数据资产只需要考虑是否能够预测数据资产经济收益，显然更加放松。不仅如此，用收益法评估数据资产的适用前提甚至比用收益法评估一般资产更加放松，对比的是《资产评估执业准则——资产评估方法》中第十条对收益法应用前提的三条规定：评估对象的未来收益可以合理预期并用货币计量、预期收益所对应的风险能够度量、收益期限能够确定或者合理预期。

虽然收益法的三条应用前提说的是折现模型的分子、分母底数、分母指数，是折现运算的必要参数输入，但即使是如此基本的适用条件，对于数据资产这类新兴资产，也很难做到参数上所谓的"合理预期"，因此弱化收益法模型的适用条件也在情理之中。毕竟，在大多数企业中，对于是否存在数据资产都有疑问，相关法律法规处于快速迭代期，一些数据资产产权保护环境可能随时发生变化，怎样合理预期收益期限及反映数据资产各种不确定风险的折现率？

此外，看《指导意见》的行文顺序，收益法在第二十一条，成本法在第二十二条，市场法在第二十三条，把收益法放在了三种数据资产常用评估方法之首，再对比收益法一般适用前提，可见《指导意见》在前面对数据资产认知的基础上，倾向于用收益法评估数据资产。的确，数据资产更多的是数据资源无形资产而很少有数据资源存货，即更多的是在使用过程中创造价值而较少依赖交换实现价值，而无形资产本身也更加适用于收益法评估，其价值与成本关系通常不大，因此很少借助成本信息反映价值，更加倾向于使用收益法这种更能体现数据资产价值特征的评估方法。

2. 统一数据权利类型与预期收益的数据口径

根据《指导意见》第二十一条第（二）款，采用收益法评估数据资产时应当保持预期收益口径与数据权利类型口径一致。

数据资产评估要事先确定数据权利类型，基于三权分置的思路，需要明确评估的是数据资源持有权、数据加工使用权还是数据产品经营权。不同的获益模式，收益法模型会有不同时间分布、不同风险程度、不同金额的现金流。并不是说同样的数据资产放在同样的会计主体中，就会有唯一正确的预期收益口径。如果会计主体同时拥有两种及以上权利类型的数据资产大产权（类比一下大产权房与小产权房），则它完全可以有不同的权利变现途径选择，它在不同发展阶段也可以有不同的资产运用战略。因此在明确预期收益口径之前，一定要明确数据权利类型这个假设前提。

这是数据资产个性化的产权口径，不是每一个资产都有这么复杂多样的商业模式，但任何一项资产的收益法评估，都要统一模型中的预期收益类型及口径。至于一般意义上的《资产评估执业准则——资产评估方法》，只是提到了诸如整体收益口径与部分收益口径需明确、名义金额口径与实际金额口径要明确等，而数据资产收益口径更加多样，这点更为关键。

3. 选定数据资产的收益预测方式

根据《指导意见》第二十一条第（三）款，在估算数据资产带来的预期收益时，根据适用性可以选择采用直接收益预测、分成收益预测、超额收益预测和增量收益预测等方式。

数据资产或无形资产之所以有较多种收益预测方式，源自收益预测数据获取的可行性以及业务模式的多样性。有些企业专门开拓数据资产业务，或者在业务中融入了占据主要地位的数据资产元素，那么被评估数据资产的应用场景及商业模式相对独立，可以用最简单的"直接收益预测"，因为具有独立业务模式的数据资产为企业带来的直接收益可以合理预测。

但是，数据资产通常附着在企业常规资产中一起运营，为企业带来的直接收益很难合理预测。可以合理预测的收益通常是包含数据资产在内的资产组整体收益，在此基础上刨去资产组中其他资产带来的收益，就可以间接预测数据资产为企业带来的收益。如果资产组中其他资产的未来收益可直接预测，那么该方法类似于商誉的估值方法，称为"超额收益预测"。如果资产组中其他资产的未来收益也很难直接预测，那么就需要运用"分成收益预测"的思路，将总收益在被评估数据资产和产生总收益过程中作出贡献的其他资产之间进行分成，即采用分成率计算数据资产预期收益，一般考虑基于收入分成或利润分成。以上三种收益预测方法都基于的是会计主体的内部视角，如果跨会计主体进行比较，将被评估数据资产所在的主体和不具有该项数据资产的主体的经营业绩进行对比，并将得到的二者差异作为被评估数据资产所对应的增量收益，这种预测方法称为"增量收益预测"。

熟悉资产评估的业内人士肯定知道这不是数据资产独有的，而是源自无形资产评估规定中的收益预测方式。这在一定程度上从侧面印证了即使是基于评估师的视角，数据资产也更适合参照无形资产模式而不是存货模式进行评估。无形资产创造的效益通常不能直接观测，尤其是为企业整体数智化运营赋能的数据资产，在收益法评估时更需要区分数据资产与其他资产带来的收益。因此，《指导意见》第二十一条第（四）款再次强调：区分数据资产和其他资产所获得的收益，分析与之有关的预期变动、收益期限，与收益有关的成本费用、配套资产、现金流量、风险因素。

4. 综合考虑数据资产应用过程中的各种风险来估算折现率

根据《指导意见》第二十一条第（五）款，采用收益法评估数据资产时应当根据数据资产应用过程中的管理风险、流通风险、数据安全风险、监管风险等因素估算折现率。

《资产评估执业准则——资产评估方法》第十三条规定，收益法评估所采用的折现率不仅要反映资金的时间价值，还应当体现与收益类型和评估对象未来经营相关的风险，与所选择的收益类型与口径相匹配。《指导意见》在此基础上进行了细化指导，明确点出了管理风险、流通风险、数据安全风险、监管风险这四大风险，但随着相关法律法规的建立健全及实务工作的继续探索，风险因素不止这四种，风险评估应该贯穿数据资产应用的全生命周期。

预期收益属于折现模型的分子，折现率属于折现模型的分母，任何一个模型的分子与分母的数据口径都要匹配，因此《指导意见》第二十一条第（六）款强调：保持折现率口径与预期收益口径一致。在确定折现率的过程中，也需要注意与上一步骤收益预测的口径匹配问题。

5. 合理确定数据资产的经济寿命或收益期限

根据《指导意见》第二十一条第（七）款，采用收益法评估数据资产时应当综合考虑数据资产的法律有效期限、相关合同有效期限、数据资产的更新时间、数据资产的时效性、数据资产的权利状况以及相关产品生命周期等因素，合理确定经济寿命或者收益期限,并关注数据资产在收益期限内的贡献情况。

经济寿命侧重客观方面考虑,收益期限侧重主观方面考虑,都是对折现模型中确定折现期的指导。显然,《指导意见》在指导评估师确定数据资产的经济寿命或收益期限时,紧密贴合数据资产的法律特征及管理需求。对比一下《资产评估执业准则——资产评估方法》第十二条:资产评估专业人员在确定收益期时应当考虑评估对象的预期寿命、法律法规和相关合同等限制,详细预测期的选择应当考虑使评估对象达到稳定收益的期限、周期性等因素。

相比之下,数据资产评估淡化了详细预测期,毕竟粗略预测可能都已不易。数据资产评估额外强调了关于数据资产更新时间、时效性、权利状况的特殊考虑,更加强调了数据资产特征的特殊性对资产评估工作的影响。

3.4.4 数据资产价值评估:市场法

市场法,顾名思义,指将被评估数据资产在数据资产交易市场上与具有类似特征的已明码标价的数据资产相比较,结合被评估数据资产与可比数据资产的特征差异分析在可比数据资产价格的基础上进行调整,从而评估出被评估数据资产的价值。

这种方法看似简单粗暴,实则需要十分苛刻的条件:数据资产交易市场成熟了吗?市场上的交易活跃吗?市场交易价格公允吗?总之,市场条件是核心。关于数据资产流通市场,3.5节会详细讲述发展现状及未来趋势。

1. 考虑是否存在运用市场法的市场条件

根据《指导意见》第二十三条第(一)款,采用市场法评估数据资产时应当考虑该数据资产或者类似数据资产是否存在合法合规的、活跃的公开交易市场,是否存在适当数量的可比案例,考虑市场法的适用性。

培育交易市场只是第一步,还需要打造合法合规的、活跃的公开交易市场,如果市场交易不活跃,交易定价就很可能不公允,而无论是会计师还是评估师一般都不会参考不公允的市场价。

虽然目前应用市场法评估数据资产的案例很少,但随着数据交易市场的建立健全，市场法会逐渐成为数据资产评估的主流方法之一。

2. 选择合适的可比案例

根据《指导意见》第二十三条第（二）款，采用市场法评估数据资产时应当根据该数据资产的特点，选择合适的可比案例，例如：选择数据权利类型、数据交易市场及交易方式、数据规模、应用领域、应用区域及剩余年限等相同或者近似的数据资产。

3. 对比数据资产与可比案例的差异，确定调整系数

根据《指导意见》第二十三条第（三）款，采用市场法评估数据资产时应当对比该数据资产与可比案例的差异，确定调整系数，并将调整后的结果汇总分析得出被评估数据资产的价值。通常情况下需要考虑质量差异调整、供求差异调整、期日差异调整、容量差异调整以及其他差异调整等。

其中：质量调整系数可以参照 3.4.2 节及《指导意见》附录中列出的各项质量要素考量；供求调整系数是指在估算被评估数据资产价值时，综合考虑数据资产的市场规模、稀缺性及价值密度等因素对其价值影响的调整系数；期日调整系数是指在估算被评估数据资产价值时，综合考虑各可比案例在其交易时点的居民消费价格指数、行业价格指数等与被评估数据资产交易时点同口径指数的差异情况对其价值影响的调整系数；容量调整系数是指在估算被评估数据资产价值时，综合考虑数据容量对其价值影响的调整系数；其他调整系数主要是指在估算被评估数据资产价值时，综合考虑其他因素对其价值影响的调整系数，例如：数据资产的应用场景不同、适用范围不同等也会对其价值产生相应的影响，可以根据实际情况考虑可比案例差异，选择可量化的其他调整系数。在实务中，市场法可以采用分解成数据集后与参照数据集进行对比调整的方式。

3.4.5　数据资产评估方法的综合运用

1.《指导意见》总体倾向

《指导意见》对成本法评估数据资产的意见大致是"实施成本低的评估方法可能偏离评估目标"，真是"一分钱一分货"，但也要分具体评估情形来看，不能一概而论，只是由于数据资产的固有属性，成本法大概率无力应对"资产成本与价值显著偏离"的评估难题。即使经过评估方法的谨慎论证后仍然采用成本法，也需要着重考虑数据资产质量差异对数据资产评估价值的调整，绕不开数据资产质量评估的前置性难题。

《指导意见》对市场法评估数据资产的意见大致是"简单高效的评估方法可能不满足苛刻的实施条件"，不仅需要考虑数据交易所等数据资产流通基础设施的建设情况，还要考虑数据资产多样性导致的被评估数据资产与市场上可比数据资产的质量、供求、期日、容量等各方面差异，进行科学、系统的价值调整。

《指导意见》对收益法评估数据资产的意见大致是"高成本、高收益"，由于市场法的应用条件暂时难以满足，成本法虽易于实施但可能"答非所问"，重担自然落在了虽工作量稍大，但可行性较高、更易实现评估目标的收益法。在此背景下，《指导意见》特意放松了收益法的应用条件，强调了可参照无形资产收益法评估模式来评估数据资产，强调了数据权利类型的相关参数估计与口径统一。

总体上，《指导意见》重收益法，轻成本法、市场法，这个排序与《指导意见》的行文顺序一致。

2. 基于企业生命周期不同阶段的评估方法选择

当然，一个企业在不同生命周期对不同评估方法也有侧重。比如，在数据资产诞生期倾向于用成本法来评估数据资产，并用历史成本计量属性来完成数据资产的初始入账。在数据资产诞生后自用，运用大数据智慧优势降成本、重构商业模式，产生显著的超额经济效益后，倾向于用收益法评估数据资产。等到企业发展成熟，数据资产基本完成沉淀并得到标准化应用，形成标准的数据产品后上市流通，甚至以数据资产作为抵押来融资，那么对数据资产的评估方法又会倾向于市场法。

3. 基于不同类型业务场景的评估方法选择

对于主要以交易流通方式实现数据资产价值的业务场景，比如司法执行、企业清算、质押融资、许可使用等，或者根据《暂行规定》要求计入存货的数据资产（主要指产成品存货，而非原材料存货），在满足一定条件时优先选择市场法。

对于按照存货准则要求计入原材料或生产成本的数据资产，虽然在资产负债表上仍然列示为存货，但由于此类存货尚未加工或在达到预定可销售状态之前需走完较长的进一步加工链条，市场上多样化的数据资产业务模式导向及灵活多变的管理需求可以实时影响加工过程，可能使得市场法很难寻找到可靠的可比交易案例。当输出价值难以确定时，只能退而求其次，参考输入成本。结合存货资产评估主要用于交易流通，数据资源存货的定价方式既可以基于市场也可以基于成本，因此对于会计上确认为"原材料—数据资产"或"生产成本—数据资产"的数据资产，可以考虑用成本法替代市场法来评估数据资产的合理性。

对于主要以数智化赋能业务运营的自用方式实现数据资产价值的业务场景，比如根据《暂行规定》要求计入无形资产的数据资产，或者资产证券化、出资、买受数据资产等，优先选择收益法。

3.5 数据资产定价

数据资产评估是数据资产定价的重要手段之一，数据资产定价是数据资产评估的重要目的之一。数据资产的价值只有从使用价值飞跃到交换价值，才能实现数据这一关键性生产要素的市场化资源配置，而这一过程有赖于完善的数据资产流通基础设施。数据资产交易是实现数据资产流通的主要方式。数据资产定价不仅是数据资产交易的关键性前置活动，而且是数据资产会计初始计量的重要参考。

本节分别从数据资产定价模式与交易市场的视角切入，全面阐述数据资产定价问题。如果说具体评估方法是"术"，那么数据资产定价模式就是"道"。

3.5.1 数据资产定价模式

数据资产价值评估需要明确一个重点事项：如何考虑数据资产与会计主体

拥有或控制的其他资产的关系。因为数据资产的价值实现高度依赖应用场景，尤其是数据资源无形资产，高度依赖会计主体有形资产及其他无形资产来落地数据资产的应用价值。因此，数据资产评估与定价不能忽视会计主体应用环境。在数据资产定价过程中，如何考量数据资产应用环境因素，成为区分数据资产定价模式的关键。

数据资产价值构成中的主要部分可能来源于数据资产与会计主体其他资产的协同效应。如同房地产评估，新建小区的周边商业及学区配套对小区房屋价值不仅有影响甚至占据主导因素，转让核心学区的房屋时，"是否带学位一起转让"成为定价重要因素，甚至很多时候学位与房屋高度绑定、无法分割。在土地财政向数据财政的转型历程中，数据资产也会与相关资产实现绑定，会计学上称之为"资产组"，而企业就是由若干"资产组组合"搭建的。是以单项资产视角来定价数据资产，还是以资产组视角、资产组组合视角进行定价？虽然在完善的数据资产交易市场中，应该对同类同级数据资产有一个较为稳定的定价区间，但数据资产也可像超市赠品一样贴有"不可单独出售"标签，不得不考虑资产组及资产组组合的定价模式。

1. 单项资产定价模式

把数据资产视为单项资产是最有利于实现标准化定价的定价模式，因为这种定价模式可以跨会计主体、跨业务场景进行标准化应用，是一种可复制、可推广、可大幅提高定价效率的定价模式。

例如，各地数据交易所大力宣传"数据产品"，甚至部分宣传中将"数据资产"与"数据产品"画等号，就是基于单项资产定价模式。这种定价模式有好处也有弊端。提高定价效率虽然有利于更加快速地完善流通市场，但这在无形中将数据资产与存货画等号，而不是将数据资产与更具长期价值的无形资产画等号。这会使得相当一部分具有战略意义的数据资产被排除在这种定价模式之外。因此，需要重点关注怎样完善多层次数据资产定价模式。

再拿房地产举例，房屋的定价，不仅在于钢筋水泥构建的居住属性，还更多地在于金融属性，而金融属性的来源正是房地产绑定各种无形资源后形成的资本化运作。二手房交易市场可以完整地显示房屋背后的各种无形资源，而目前以数据交易所为主导、以标准化数据产品为核心的场内数据交易市场脱离了数据资产落地应用的会计主体资产组环境，既无法显示也无法绑定数据资产所需的资产配套。当然，不能仅凭这一点武断地评价数据交易所主导的数据交易市场建设思路，因为这也与数据资产固有特征脱不开干系，毕竟数据资产无法像房地产一样具有不动产实物形态、可以在交易时天然绑定稀缺资源。

单项资产定价模式不仅可以应用于数据资源存货，还可以应用于数据资源无形资产。诚然，一些资产虽然在会计上计入了无形资产，满足无形资产准则要求的核算特征，但会计主体的资产管理理念或资产应用环境没有跟上，导致数据资产是"形式上的无形资产、实质上的存货"，与企业其他资产相对独立，完全可以单独拎出来，形成标准化的数据产品，依赖交易流通进行价值变现，而不是对企业整体进行数智化赋能。

对于适用于单项资产定价模式的数据资产，评估思路应参照存货资产，以是否需要进一步加工、是否达到预定可销售状态为重要参考来选择具体的评估方法。结合 3.4.5 节中基于不同业务场景选择具体评估方法的思路，鉴于单项资产定价模式最为数据要素流通需要，应当将适用于此类定价模式的数据资产按照"可流通"与"需进一步加工后才可流通"的不同流通状态类别进行分类。对于可直接流通的数据资产，应当优先考虑市场法评估模型；对于需进一步加工后才可流通的数据资产，需要考虑数据资产目前所处的加工链条，若在达到可流通状态前只需较少的加工步骤，也应优先考虑市场法评估模型，若还需较多加工步骤，还应考虑成本法评估模型。

2. 整体资产定价模式

基于上述分析，既然将数据资产提升到关键生产要素的战略高度，那么数据资产定价相较于一般资产需要更加侧重整体资产定价模式，结合数据资产所在资产组及资产组组合来综合考虑数据资产定价问题，这也是数据资产特殊属性的本质要求。

在评估实务中，也经常使用"单项资产评估"与"整体资产评估"的资评估业务分类方式，但"整体资产评估"通常评估的是企业的整体价值，评估范围包括企业所有资产，而本小节阐释的"整体资产定价模式"仅针对数据资产这一单项资产而言，只是站在会计主体整体资产运营环境中来完成数据资产定价，可能更适合于数据资产场外交易，不同于数据交易所倡导的标准化数据产品思路。

整体资产定价模式所谓的"整体"，究竟扩大到资产组范围合适，还是扩大到会计主体所有资产组组合范围合适？

如果扩大到会计主体整体层面，前提是数据资产可以真正对会计主体整体业务运营进行数智化赋能，这时候数据资产象征着会计主体资产命脉，在会计核算上可以占据会计主体总资产的主要部分，甚至会计主体成为该数据资产的存在象征。比如 Meta 等以数据资产为主要资产的企业，卖数据资产相当于卖企业，卖企业相当于卖数据资产，其股权交易定价在一定程度上意味着相关数据资产的定价，这也是整体资产定价模式最直观的象征。如果数据资产穿透了企业的每一寸"肌肤"，那么对于该数据资产的真正交易就是企业股权的交易，不活跃在目前国内的数据交易所中，而早已活跃于以证券交易所为代表的资本市场中。因此，在数据资产入表前，相关企业资本性交易定价貌似"高得离谱"，市值与会计账面价值相差极大，形成了畸高的市账率。核算逻辑本不应该这样，无论是潜在的套路还是良性的无形价值，都需要会计师全面、完整、系统地反映与监督，揭示经济运行的本质逻辑。

如果扩大到与数据资产关联密切的资产组范围，既可以打破企业整体层面资本交易的魔咒，也可以让数据资产在回归数据交易本源的同时，与独立性较强的普通资产加以区分。对于评估界人士而言，资产组范围的整体资产定价模式类似于介于"企业资产评估"与"单项资产评估"之间的"项目资产评估"，背后的假设仍有资产独立性的因素，只不过是基于数据资产所在的资产组与企业其他资产组之间的独立性衍生的评估理念。

关于资产组的认定范围，《企业会计准则第 8 号——资产减值》第十八条提示："应当以资产组产生的主要现金流入是否独立于其他资产或者资产组的现金流入为依据，应当考虑企业管理层管理生产经营活动的方式（如是按照生产线、业务种类还是按照地区或者区域等）和对资产的持续使用或者处置的决策方式等。"

但是，资产组不一定构成一项具备完整投入产出能力的业务，只有上升到业务层面才能完整地展现数据资产的价值实现，才能真正践行整体资产定价模式，因此只有将资产组范围扩大到业务层面，才能实现数据资产流通既不依赖于企业整体资本运作，也不依赖于标准化数据产品运作，还能与一般资产流通形成本质区分进而真正反映数据资产背后的无形价值。

关于如何认定"业务"范围的资产组（包含助力数据资产组价值实现的相关负债），《企业会计准则第 20 号——企业合并》应用指南给出了专业严谨的指导："业务，是指企业内部某些生产经营活动或资产的组合，该组合一般具有投入、加工处理过程和产出能力，能够独立计算其成本费用或所产生的收入，但不构成独立法人资格的部分。"

对比资产减值准则界定的"资产组"概念与企业合并准则界定的"业务"概念，前者更多基于减值测试逻辑、考虑现金流入最小单元来定义数据资产所在的资产组，与数据资产价值实现高度相关但也有一定差别，倾向于最小化数据资产业务单元，而后者更加契合数据资产整体业务转让流通的逻辑，以数据资产管理需求来定义数据资产业务单元，可以与数据资产相关负债一并转让流通。因此，整体资产定价模式所谓的"整体"范围，应该参照《企业会计准则第 20 号——企业合并》应用指南关于"业务"的概念界定。

坚守"业务"的资产组概念导向，也有利于甄别号称以数据资产为主要资产的皮包公司，这也是"业务"概念在企业合并准则规范中的另一个意义，空有单一资产、没有完整业务能力的皮包公司不应混淆在真正的企业合并范围中。大部分企业具有若干项业务，如果一项完整的业务能力都不具备，即使账面上存在大量的数据资源无形资产，也只能适用单项资产定价模式，毕竟定价要以经济实质为核心而不应拘泥于会计核算形式。

坚守"业务"的资产组概念导向，还有利于数据资产交易比企业与企业之间的整体转让交易更加便捷地实现。企业本质上只是一种生产组织形式，可以同时运营数据类业务与众多非数据类业务。对于数据交易流通而言，只需关注数据业务资产组在不同会计主体之间的交易流通，无须借助会计主体资本交易的形式，使得数据要素型企业的数据资产组交易更加简单高效。

进一步，落实到具体评估方法上，数据业务资产组既包含占据核心地位的数据资产，也包含辅助数据资产价值实现的非数据资产，这两类资产的结合思路只能是收益法评估模型的假设思路，因此主要落实在收益法上。可以先在业务整体层面评估包含数据资产在内的资产组整体价值，再用单项资产评估的思路评估非数据资产的价值，二者的差额可以间接反映数据资产的价值所在。但是，作为整体资产定价模式，通常将数据业务资产组整体转让定价，在某种意义上，这个数据业务资产组才是流通层面的数据资产，可能无须用余值法等评估技巧单独反映整体资产组中的数据资产定价。

3.5.2　数据资产交易市场

数据资产定价是数据资产交易的第一步，对于数据要素流通而言意义非凡。当然，数据要素流通不一定是通过数据资产交易的商业形式，也可以是数据资产共享、数据资产开放等其他数据资产流通方式。在流通层面的数据资产更多是数据资源存货，因为只有存货的主要持有目的是出售。虽然数据资产在出售方的报表上属于存货资产范畴，但对于数据资产购买方而言，如果不再为了倒买倒卖而是将购买的数据资产对自身企业运营进行整体数智化赋能，那么该数据资产就由出售方报表上的存货项目，转移到了购买方报表上的无形资产项目。

目前，全国成立了若干家数据交易所，数量早已超过证券交易所，呈井喷之势。虽然数据资产存在场外交易，但以数据交易所为主导的场内交易模式逐渐成为主流。本小节首先重点介绍成立较早、发展较为成熟的数据交易所，其次展望数据交易市场的发展趋势，最后阐述数据资产交易市场对数据资产会计的影响。

1. 我国数据交易所发展现状

我国最早的数据交易所是 2015 年成立的贵阳大数据交易所。自此之后，具有雄厚资源的一线城市相继成立了自己的数据交易所，例如 2021 年成立的北京国际大数据交易所、上海数据交易所（为了与证券交易的上交所区分，简称上数所），2022年成立的广州数据交易所、深圳数据交易所。目前二三线城市也纷纷响应数据交易所建设潮流，主要分布在京津冀、珠三角、长三角及中西部经济较发达地区，数据交易所数量有突破百家之势，各地上演了一场对数据的争夺之战。数据资本时代开启后，各个城市的竞争不再仅仅关注"抢人才"，在数据成为一项关键生产资料后，"抢数据"逐渐成为城市间更时尚的竞争方式，以数据交易所为代表的"数据超市"会越来越繁荣。

（1）上海数据交易所

上海数据交易所虽然相对于贵阳大数据交易所是后起之秀，但由于上海的城市地位，一旦找准方向，就可以调动各项资源要素弯道超车。上海数据交易所抢先联合各界专家发布数据交易行业规范，为后续其他城市数据交易所的成立打造了一个样板。

上海数据交易所基于"不合规不挂牌，无场景不交易"的基本原则，发布了若干交易相关规范与指引，例如涉及数据确权探索的《上海数据交易所数据产品登记规范》、涉及数据安全的《上海数据交易所数据交易安全规范》及其他涉及交易合规的规范或指引等。

上海数据交易所在打造数商体系、培育数商业态方面走在前列，签约的数商企业跨越合规咨询、质量评估、安全合规评估、分类分级、交付等各种领域，筹建了上海市数商协会，重点培育智能制造、节能降碳、绿色建造、新能源、智慧城市等符合国家产业政策的数商。

上海数据交易所在国际数商交流方面也走在前列，与毕马威等全球头部企业共同签署了《国际数商企业战略备忘》，发布《国际数据流通合作伙伴上海倡议》，助力上海打造国际数据之都。

上海数据交易所在创新数据交易技术方面也有亮点，构建了基于隐私计算的数据流通可信交付框架，充分利用区块链存证技术保障数据交易安全合规。

（2）贵阳大数据交易所

贵阳大数据交易所是全国第一家以大数据命名的交易所，在全国率先探索数据交易模式。随着近年来数据要素重磅文件的密集出台，2022年贵阳大数据交易所进入优化提升阶段，打造数据、算力、算法等多元的数据产品体系，探索数据要素资源化、资产化、资本化改革新路径，大力培育数据要素流通产业生态。

贵阳大数据交易所的先发优势不容小觑，早在 2015 年就尝试每年发布《中国大数据交易白皮书》，在 2016 年取得大数据交易系统等 20 项软件著作权，在 2023 年上线全国首个数据产品交易价格计算器。尤其在数据确权登记实践方面，开展了较为丰富的探索，打造了很多数据产品登记样板证书。

关于数据资产定价，贵阳大数据交易所采取第三方自动定价模式，基于特定的数据质量评价指标和历史成交价格确定价格区间，为数据交易参与者提供定价参考。

（3）北京国际大数据交易所

北京国际大数据交易所，简称北数所，由北京金融控股集团有限公司发起注册成立的北京国际大数据交易有限公司运营，服务内容包括数据信息登记服务、数据产品交易服务、数据运营管理服务、数据资产金融服务、数据资产金融科技服务，较早探索数据所有权和使用权的合理分离，实现"数据可用不可见"，在数据资产质押融资、数据资产保险、数据资产担保、数据资产证券化等数据资产在金融领域的应用有着前沿探索，提出建立国际化的数字经济中介产业体系。

北数所位于国家数据政策发布中心——北京的好处显而易见，它虽然不是成立时间最早的数据交易所，但对国家的最新政策导向有着更及时的响应，比如：2024 年 1 月上线了"数据授权平台"试点项目，通过实名注册让每个主体都能了解自己名下的数据目录，通过微信小程序可实现对个人信息使用的有效管理，探索个人数据信托，让个人主体可获得一定比例的数据流通收益，这对于盘活个人数据资产、推动更多个体参与数字经济具有深远意义。

（4）广州数据交易所

广州数据交易所是 2022 年按照"省市共建、广佛协同"总体思路成立的省级数据交易所，立足广东，面向湾区，服务全国，倡导数字经济与区域实体经济深度融合即"数实融合"，例如利用佛山的陶瓷产业优势，打造全国首个陶瓷行业数据空间，立足区域特色产业持续释放数据价值。

广州数据交易所积极探索粤港澳大湾区数据跨境双向流通机制，研究数据流动的"大湾区方案"，发布《"数字湾区"建设三年行动方案》，尝试汇聚和开发境外数据，依托"数据特区"推动数据要素跨境流动。

广州数据交易所挂牌的数据产品包括但不限于脱敏数据集、数据API、模型算法、加密数据、数据指数、数据分析报告、数据应用程序、系统性解决方案，数据服务包括但不限于数据处理服务、数据可视化服务、数据中介服务、数据安全服务、数据评估服务。

（5）深圳数据交易所

与广州数据交易所同年成立的深圳数据交易所，作为"数字湾区"建设的另一股力量，探索精神更加超前、大胆，力争建设国家级数据交易所。

深圳数据交易所发布由综合指数、行业指数、产品指数构成的深圳数据交易指数（SDE-Index，简称深数指）。其中，综合指数包含在深圳数据交易所进行信息登记的所有数据产品的交易情况，反映数据交易市场的总体情况；行业指数包含在深圳数据交易所进行信息登记的特定行业的数据产品的交易情况，反映特定行业的数据流通情况；产品指数包含在深圳数据交易所进行信息登记的特定产品类型的数据产品的交易情况，反映特定产品类型的数据流通情况。

深圳数据交易所虽成立较晚但发展迅速，将数据交易所的服务由传统的数据业务撮合等环节延伸到数据源头治理、第三方服务产业体系培育、技术基础设施支撑、供需衔接等方面，从合规保障、流通支撑、供需衔接、生态发展四方面，打造覆盖数据交易全链条的服务能力，全面为相关市场主体赋能。

深圳数据交易所首创场景驱动的数据供需匹配图谱，提出了"场景—行业—产品"的解决路径，以便将数据、产品、行业和场景有效关联从而更好地衔接供需双方。目前，深圳数据交易所数据交易商业平台2.0版本正式上线，致力于智能化供需撮合，提供更优质的一站式数据服务方案。

深圳数据交易所提倡"动态合规体系"，牵头成立全国首个致力于构建可信数据要素流通体系的开源社区，已达成制定若干项技术标准和规范。

深圳数据交易所通过设立数据合规工作站，将数据交易从线上延伸到线下，打通数据交易服务的"最后一公里"。

在数据资产定价方面,深圳数据交易所提出由买方自主定价、买卖双方议价。

(6)杭州数据交易所

虽然率先设立首席数据官岗位的阿里巴巴总部位于杭州,但杭州数据交易所起步较晚,于2023年成立。杭州数据交易所的特色是,强化公共属性和公益定位,在公共数据授权运营方面有较为充分的探索。作为"数字经济第一城",杭州急需数据交易所平台来进一步促进数据要素流通,而杭州数据交易所大有可为。

2. 数据资产交易市场发展趋势

(1)"数据资产集中交易"与"数据资产经纪"并驾齐驱

虽然数据交易所的设立可以极大地促进数据要素流通,"前期布局散、后期统一标准"的数据交易所建设之道也与证券交易所的历史发展如出一辙,但数据资产流通的底层逻辑离不开数据资产的特殊属性,与传统金融资产流通的底层逻辑是不同的。

集中交易模式的数据交易所无法满足多元化数据资产的个性化定制需求,即使所有数据产品全部上架在一个数据交易所,也难以集中资金力量活跃所有板块百花齐放的数据资产交易。对于区域竞争力不强的数据交易所,可能逐渐沦为一个普通的数据交易平台,甚至关门。

因此,数据资产交易不能完全依赖场内交易,由数据经纪人推动的场外交易模式不容忽视,要统筹发展场内数据交易与场外数据交易,培育数据资产经纪这一新职业群体。参考国外的数据资产交易市场,专业的数据经纪机构占据主流,极少有数据交易所的概念,多借助数据交易中介平台完成数据交易。我国之所以选择走数据交易所的交易集中化路线,与确立"建设数据要素统一大市场"的目标有关,毕竟我国在全球范围内是第一个将数据拔升到生产要素高度的国家,在新兴行业发展初期借助国家力量加快数据交易市场建设步伐、抢占数据价值链国际赛道先机也是很重要的。

但是，数据资产交易市场的进一步发展还是绕不开数据资产经纪。数据交易所只能促进数据要素流通，甚至不是数据要素流通的必要条件。数据资产经纪目前还是一片蓝海，蕴藏着巨量财富，无论国家政策导向如何演变，数据资产场外交易迟早会与数据资产场内集中交易"并驾齐驱"，而对数据资产经纪行业的规范是建设数据资产场外交易市场的重要抓手，甚至是进一步繁荣数据资产交易市场的关键所在。

（2）从百花齐放到优胜劣汰、统一标准

不同数据交易所的标准、指引、规范各不相同，导致数据产品不互认，而目前尚没有一家权威的数据交易所制定的相关规定可以被视为国家级规定，虽然相当一部分数据交易所号称努力打造国家级数据交易所。

例如，对于数据资产确权的传统难题，各地数据交易所是"八仙过海，各显神通"，各式各样的数据权利证书如同雨后春笋，却没有统一的标准。的确，国家级别的统一标准不是一蹴而就的，即使邀请各界专家智囊团共同研究，也需要经过市场检验。这种对全国具有广泛影响的标准是不可能在办公室拍脑门就确定的，需要发挥各级市场主体的智慧，结合各种探索实践，才能最终确定哪种标准是最有利于数据要素流通的、最适合当下国情的、最契合数据要素统一大市场目标的。

从百花齐放到优胜劣汰，是一个过程，在这个过程中，国家标准也会逐渐明晰。

3. 数据资产交易价格与数据资产会计

（1）数据资产交易价格：基于数据交易市场的数据资产定价

数据交易市场决定了数据交易模式，而数据交易模式对数据资产定价具有决定性影响，数据资产定价显然对数据资产会计计量具有重要影响。因此，数据资产会计师需时刻关注数据交易市场的发展，以及拟核算的数据资产是否通过什么交易形成的、在哪类哪级交易市场上获取或处置的。

在流通层面，数据资产定价聚焦的是"交易价格"，与数据资产的"价值评估"有所差异。虽然数据资产评估可以通过科学、系统的方法尽可能地给出数据资产的估价作为交易主体定价时的重要参考,但评估方法不仅有市场法,还有成本法、收益法,而数据资产交易首先需尊重市场,基于市场导向原则定出相对公允的交易价格才是最契合实践需求的。价值决定价格,但价格只是在一定程度上反映价值,所以不能用数据资产评估代替流通视角的数据资产定价,数据要素的流通问题最终还是落实到数据资产交易价格上。

(2)数据资产会计对数据资产交易价格的修正

需要注意的是,会计师定义的"交易价格"与市场主体通常理解的"交易价格"有所差异。因为会计记录要反映经济实质,合同上的交易价格只是一种形式对价,所以会计师需根据会计准则在交易合同列示的交易价格的基础上进行标准化改造,才能使得全国范围内会计信息可比、统一计量口径。例如,数据服务会员,如果按月支付,支付1年的累计交易价格很可能大于一次性支付一年的数据服务会员费,经济实质同样都是1年的会员期,无论是按年付还是按月付,如果会计主体一开始就与交易对手达成了1年会员服务的购买承诺,会计师入账的交易价格应该是相同的。类似于买房子"全款"与"首付+贷款"的交易总价格差异,会计师初始入账的"交易价格"也应是相同的,无论是全款一次性支付还是承担部分贷款,会计师定义的交易价格口径都是与一次性支付的价格口径保持一致,只要交易具有商业实质,通常情况下这个价格口径是最低的。至于采用"首付+贷款"等分期支付安排,是出售方向购买方提供的一种融资便利,一般会抬高合同上的交易价格,与会计师定义的交易价格之差被《企业会计准则第14号——收入》第十七条定义为"重大融资成分",计入专门的会计账户,从而实现在账面上全面反映业务实质同时体现会计师与市场主体的交易价格口径差异。

(3)识别隐形数据资产交易

甚至,市场主体明面上交易价格为零的商品或服务,比如宣传的免费商品或服务,可能存在隐形的数据资产交易价格。例如,自媒体运营圈经常推出扫描二维码填写问卷后赠送免费商品,但那个商品真的免费吗?业务实质大同小异,都是用免费的商品或服务换取数据,甚至交易双方都认识不到"这是一场关于数据资产的交易",所谓的数据资产交易价格可以参考数据资产获取方正常出售赠品的价格或同类商品市场价格。既然这种隐形交易对于双方都有利，那么交易通常具有商业实质，看似免费实则是"非货币性资产交换"，赠品价值实则是数据资产的交易对价，《企业会计准则第 14 号——收入》将其定性为"非现金对价"。

在数据资产正式纳入会计核算范围之后，相关交易将适用《企业会计准则第 7 号——非货币性资产交换》。通俗来讲，虽然交易双方没有发生货币交换，但相关交易却是具有商业实质的"以物易物"。在数据资本时代，消费者需时刻谨记保护好个人数据资产，防范个人数据资产被无意中"交易"，比如商家赠送的电子产品可能会持续收集消费者个人数据。如果商家严格执行数据资产相关会计规定或审计监管落实到位，则相关商业猫腻就会正大光明地展现在商家的财务报表上。从这个意义上讲，数据资产会计责任重大。只有及时识别出隐形的数据资产交易，才能全面准确地计算反映业务实质的数据资产交易价格，相关内容会在 5.1.3 节详细介绍。

（4）数据资产交易市场活跃性与交易价格公允性

会计师以交易价格为基础确定相关资产入账价值有一个前提，就是交易价格必须公允。无论交易结构是如何进行分期支付设计的，流通层面的交易价格必须为双方认可、与同类同质同交易结构的商品或服务交易价格是相近的。如果双方假借交易之名行利益输送之实，这样不公允的交易价格不可能为会计师入账所参考。

判断交易价格是否公允，是会计职业判断的必修课。对数据资产交易价格公允性判断的一个法宝就是参考数据资产交易市场的活跃性。关于如何定义"活跃市场"，《企业会计准则第 39 号——公允价值计量》第二十四条给出了答案："活跃市场，是指相关资产或负债的交易量和交易频率足以持续提供定价信息的市场。"例如，集中竞价交易模式的股票市场，大量买入方与卖出方进行不间断的报价，使得交易价格的操纵成本大幅提高，最终大多数人的实际成交价格定为实时股价进行反映，这种股票交易价格就是公允的。

同理，数据交易所集中交易的数据产品，如果报价较为活跃，也是对交易价格公允性判断的一个有力支撑。但是，对于场外数据资产交易，交易价格公允性的判断存在较多成分的会计估计，不但有交易价格相关的操纵风险，甚至即使交易价格接近公允价，也存在一定的会计操纵风险，毕竟信息透明度低，操纵机会大，这也是场外交易的一大弊端。

3.6 数据资产核算

数据资产完成交易后，会计师根据交易凭证将其记入会计账簿，最终反映在财务报表上，开始进入数据资产会计核算环节。数据资产核算环节包括数据资产会计确认、数据资产会计计量、数据资产会计记录和数据资产会计报告，即"确认—计量—记录—报告"，本节基于《暂行规定》及相关会计准则分别详细讲解。

关于会计核算的程序、方法、步骤、环节等，叫法太多，虽有沦为概念游戏之嫌，但也有一些比较有意义的提法，比如会计核算环节"确认—计量—记录—报告"，可以通俗地理解为四个步骤：1）定性分析——能否入账、入账为哪个会计科目；2）定量分析——入账的会计科目怎么定数；3）账载分析——选择什么样的记账方法、撮合多个会计科目的会计分录应怎样定、选择怎样的账务处理程序；4）披露分析——相关账簿记录应如何反映在财务会计报告中、财务报表主表列示与表外披露应如何统筹设计。其中，前三个步骤可以概括为"入账"，第四个步骤的重心是"入表"。因此，无论什么提法，在会计实务中归根结底就是"入账＋入表"。

数据资产入表是数据资产入账的终点，也是社会各界人士讨论的热点话题，但对于数据资产会计而言，作为最后一个环节的数据资产入表是结果，会计师发挥主观能动性的地方更多地在于数据资产入账过程，主要是因为财务报表经常是根据计算机上的会计账套一键生成的。综上，数据资产入账与数据资产入表的关系以及与数据资产会计核算环节的对应关系如图3-2所示，数据资产入表是数据资产入账的目的，数据资产入账是数据资产入表的账务筹划切入点，二者都处于"确认—计量—记录—报告"的核算环节链条上。

第 3 章 数据资产会计的应用前提与核算环节

图 3-2 数据资产入账与数据资产入表的关系

3.6.1 数据资产会计确认

对于任何一项资产，会计确认是会计核算的第一个环节，代表着会计师正式赋予其会计学意义上的资产身份，代表着该资产满足了会计学对资产的定义及附加的确认条件，代表着该资产经过后续的计量、记录、报告等环节走完核算流程后必然列示在财务报表上，最终实现业内俗称的"表内确认"，部分学者称之为"再确认"或"第二次确认"。"确认"一词本来容易理解，但被会计专业体系利用后，"会计确认"被赋予了太多专有含义，甚至产生了很多杂乱的衍生概念，引起了一些无谓的学术争议。如果不加情境上的限定，一般意义上的"确认"是指记入会计账簿而不是财务报表，即部分学者所称"第一次确认"。

为了帮助读者厘清相关概念，有必要结合数据资产会计实务需要对目前流行的会计确认相关专业概念进行分析和取舍。"会计确认"本质上就是会计处理的初始环节，虽然在实务中往往运用高度自动化甚至智能化的 SAP、用友、金蝶等 ERP 记账软件，在输入甚至直接生成会计分录的同时，会计入账的科目及该科目下的入账数字几乎是同时定好的，一般在入账环节对于"能否入账""入账哪一个会计科目""该科目的入账数字怎么定""结合其他入账科目写出完整的借贷分录结构"等环环相扣的确认、计量、记录等会计处理步骤边界感受不是很清晰，但对于任何需要从头开始研究的会计账务（比如数据资产会计），无论在实务教学、理论教学还是学术研究中，都需要细分拆解、逐个攻破，不应肆意扩大"会计确认"的概念边界，至少要严格区分确认与计量。

"确认"一词在会计学中应理解为会计账簿中的会计记录是否应该存在、如果存在那么相关数字是否放到了账簿中正确的具体账户下等问题范畴，至于账载数字到底大了还是小了、用货币数字还是实物量数字来表示等问题属于"计量"范畴。至于业内俗称的"表内确认"，是会计主体外部人士能看到的对于"确认"最直观的感受，毕竟他们只能看到公开的财务报表而无法看到会计账簿，因而把确认与计量的逻辑从会计账簿搬到了财务会计报告，为了方便交流创造了一些新词也在情理之中。但记账与披露本身就属于两个命题，因此本书的专业术语口径与主流学派保持一致，在不谈及财务报表的情境下，不将报告环节的问题混淆进"确认"概念范畴中，否则"确认—计量—记录—报告"的提法没有意义。

需要提醒的是，"确认—计量—记录—报告"是一个完整的核算链条，一旦开始就不会停下，不存在资产在核算道路上"半途而废"的情况。例如，在会计确认条件是否满足的职业判断环节，发现资产不满足可计量性，那么该资产就不满足会计确认条件。一旦满足会计确认条件，那么就意味着已经决定将该资产计入会计账簿，而会计账簿上所有会计信息都必须汇聚到财务报表中，因此是否将该资产纳入会计主体核算范围等同于该资产是否满足会计确认条件的判断。至于怎么定计量数字、以什么记账方法怎样记录、怎样反映在财务会计报告中等后续难题能否解决，则需一并落实到会计确认条件上。

因此，关于"会计确认"一词是否等同于入账入表，即是否包含"会计计量""会计记录""会计报告"等后续核算环节，存在一定的学术争辩，但达成共识的是，会计要素的确认条件必须考虑到后续核算环节的需要。考虑到国际会计学术体系至少严格区分确认与计量，国内相关提法在业内圈子中也流行多年，本书所称"会计确认"仅限于"确认—计量—记录—报告"链条中的第一个环节，回答的是数字是否应该存在及存在于正确的位置上，不回答数字是多少的问题。但是，如果后续账务处理需要将相关数字清零，看似是后续计量环节的处理，其性质不仅是计量数字的变化，更是涉及"数字不应该继续存在"的

"终止确认"问题。从会计账户的生命周期来看，相关数字会经历"初始确认—继续确认—终止确认"的账载历程。数据资产会计确认所涉及的职业判断及具体账务处理将在本书中篇中详细阐释，本小节谈及的数据资产会计确认主要是任何一项数据资产初始计入会计账簿的通用法则。

会计确认环节不仅要解决数据资产能否确认的问题，在明晰数据资产满足会计确认条件的前提下，还需要回答数据资产确认为哪个具体资产类型，即确定数据资产计入哪个资产类会计科目。本小节分别回答这两个问题。

1. 数据资产会计确认条件

任何一项具体资产的会计确认条件，都需要满足《企业会计准则——基本准则》中有关规范所有资产确认条件的一般规定，以及对应资产类别的某一具体会计准则中有关规范该类资产确认条件的特殊规定。对于数据资产而言，基于《暂行规定》，具体资产类别要么是存货，要么是无形资产，因此对于数据资产会计确认条件的判断依据要么是"《企业会计准则——基本准则》+《企业会计准则第1号——存货》"组合，要么是"《企业会计准则——基本准则》+《企业会计准则第6号——无形资产》"组合。

无论是资产的一般确认条件，还是具体资产的特殊确认条件，都包括"定义"及"附加确认条件"两大方面。附加确认条件的设定会考虑资产能否走完所有核算环节，也会考虑怎样量化对资产是否满足相应定义的判断，因此不满足确认条件不代表不符合资产定义。很多资产在内容本质上是符合定义的，但在会计技术上无法操作确认，只能用确认条件来将其筛掉，而这些偏技术细节的确认条件不适合合并进反映资产内容本质的定义中，因此资产确认条件必然包含这两大方面，二者各司其职，缺一不可。为了简化、严谨地表述，会计学界所称"凡是满足资产确认条件的都可以确认为资产"的背后逻辑前提是"资产定义必然是资产确认条件之一"，与企业会计准则的表述口径一致。

因此，数据资产确认条件是一个四件套——资产要素定义、资产要素其他确认条件、具体资产定义、具体资产其他确认条件。

（1）资产要素定义及其他确认条件

资产的要素级别定义，属于财务会计概念框架范畴，虽然作为统摄所有具体类型资产的总定义，但由于具体资产类型不断推陈出新、原有类型资产的经济内容含义随着经济发展而不断变化，资产要素定义也不是一成不变的。即使数据资产在中国特色数字经济体系的诞生会挑战原先的资产框架，但财务会计概念框架相比规范新兴资产的具体准则及各类暂行规定而言更宜保持稳定。为了继续保持会计学科框架的内在逻辑，所有新兴资产都需满足资产要素层面规定的认可。

《企业会计准则——基本准则》第二十条定义了资产要素："资产是指企业过去的交易或者事项形成的、由企业拥有或者控制的、预期会给企业带来经济利益的资源。"

资产要素定义强调了资产的历史成因、法律权属、经济属性。未来交易或事项形成的资源不算资产；纳入企业核算范围的资产要么有法定所有权，要么能有权力控制资产、承担资产带来的风险与报酬，单纯占有却存在控制权纷争、产权不明晰的资源不算资产；无法预期是否能给企业带来未来经济利益的经济资源不算资产。

《企业会计准则——基本准则》第二十一条给出了资产的其他确认条件："（一）与该资源有关的经济利益很可能流入企业；（二）该资源的成本或者价值能够可靠地计量。"

资产要素的这两个确认条件强调了未来经济利益流入的可能性，强调了资产的可计量性。会计核算的技术属性主要体现在确认与计量两大环节，至于后续的记录与报告则没有太大的技术落地难度，因此资产确认条件主要补充强调了计量环节能否走通的问题。至于未来经济利益流入的"很可能"怎么界定，业界标准通常是"概率 ≥ 50%"，这种表述看似是一种定性表述，在执行时实则有统一的定量参考。再比如"极大可能"的业界标准通常是"概率 ≥ 90%"，"基本确定"的业界标准通常是"概率 ≥ 95%"。会计准则的表述是非常严谨的，相关用词与概率范围有着较为统一的对应关系。

结合第2章提到的会计学界对资产带来未来经济利益流入的可能性的弱化倾向，资产的其他确认条件重点关注"可计量性"即可，资产的定义重点关注

"权属问题"即可。这两大方面恰好是数据资产确认的难题。数据资产确权虽然有了较为明晰的探索方向，但落地细节还需要一定时间的实践加以统一。数据资产的计量更是一个多年来从未彻底解决的难题。多年来，数据资产的权属问题与计量难题大大阻碍了数据资产在会计账面的登台亮相，《暂行规定》既没有逃避也没有直接回应：在"拥有或控制"前面加上合法两个字即"合法拥有或控制"，暗示数据资产的权属问题由法律机关解决，在数据资产如何计量的问题上给出了索引到《企业会计准则第1号——存货》及《企业会计准则第6号——无形资产》的路径方案，暗示一切数据资产计量难题从这两号具体会计准则中寻找答案。

（2）具体资产定义及其他确认条件

《暂行规定》同样巧妙地回应了"数据资产怎样具体定义"：将数据资产的具体定义交给了《企业会计准则第1号——存货》及《企业会计准则第6号——无形资产》——凡是满足这两号准则定义要求的数据资产，都视为符合数据资产具体定义。

一般而言，对于具体资产的权威界定由具体会计准则完成，《暂行规定》看似级别不够，但在资产评估界属于同样层级的《指导意见》却给出了评估角度的数据资产定义，因此这不该是《暂行规定》不直接给出会计学角度数据资产具体定义的唯一理由。

虽然本书在第2章尝试给出了数据资产的具体定义，但从合规角度来说还是要以已经颁布实施的《暂行规定》为准，即用存货定义与无形资产定义"二选一"来判断数据资产是否满足具体定义，虽然没有从存货定义与无形资产定义中挖掘专属于数据资产的共性定义要素。如果财政部会计司未来给出了数据资产的直接定义，相关判断标准应随之改变。

一项数据资产具体适用存货定义，还是适用无形资产定义，决定了数据资产的具体资产类别——到底是计入存货还是计入无形资产，只能二选一。在选定资产类型后，数据资产需满足相应具体资产类别的所有具体确认条件，即定义类型一旦做出适用选择，需满足的确认条件就已定型。

《企业会计准则第1号——存货》第三条给出了存货定义："存货，是指企业在日常活动中持有以备出售的产成品或商品、处在生产过程中的在产品、在生产过程或提供劳务过程中耗用的材料和物料等。"

存货定义强调了"日常活动"的业务场景频率，对应收入准则中严格界定的"日常活动"，如果数据资产业务发生频率太低，确认为存货存在合规风险。存货定义还强调了"持有以备出售"的资产持有目的，如果持有数据资产的目的不包括出售，那么不能将其确认为存货。

数据资产纳入存货核算范围后，与存货一般具有实物形态的刻板印象有所出入，计入存货的数据资产确实没有实物形态，其实存货定义并没有强调存货一定要有实物形态。

《企业会计准则第1号——存货》第四条给出了存货的其他确认条件："（一）与该存货有关的经济利益很可能流入企业；（二）该存货的成本能够可靠地计量。"

这两个存货确认条件实际上并不特殊，与资产要素确认条件一脉相承并且没有层层加码，执行简便。

《企业会计准则第6号——无形资产》第三条给出了无形资产定义："无形资产，是指企业拥有或者控制的没有实物形态的可辨认非货币性资产。"

无形资产定义中，"拥有或控制"并无新意，"没有实物形态"理所当然，"非货币性资产"是指"回收金额不固定且不可确定的资产"，与银行存款等货币性资产本身就有显著不同，比较关键的是"可辨认"的要求。

《企业会计准则第6号——无形资产》第三条同样给出了可辨认性标准："（一）能够从企业中分离或者划分出来，并能单独或者与相关合同、资产或负债一起，用于出售、转移、授予许可、租赁或者交换。（二）源自合同性权利或其他法定权利，无论这些权利是否可以从企业或其他权利和义务中转移或者分离。"这两个标准任选其一，就可以满足资产可辨认性的界定。简而言之，资产要么可以从技术上分离出来，要么可以从法律上分离出来，否则视为资产不可辨认。在企业的资产负债表中，唯一不可辨认的资产就是通常象征并购溢价的"商誉"，虽然商誉与无形资产都属于"无形的资产"，但需要基于"可辨认性"标准严格区分。

《企业会计准则第 6 号——无形资产》第四条给出了无形资产的其他确认条件："（一）与该无形资产有关的经济利益很可能流入企业；（二）该无形资产的成本能够可靠地计量。"

虽然看起来这两点确认条件并无新意，但《企业会计准则第 6 号——无形资产》第五条进一步给出了说明："企业在判断无形资产产生的经济利益是否很可能流入时，应当对无形资产在预计使用寿命内可能存在的各种经济因素作出合理估计，并且应当有明确证据支持。"毕竟无形资产带来的经济利益不如存货出售那么直接，需要加以证明，可以考虑借鉴收益法评估模型的思路。

（3）数据资产确认条件汇总

为了简化数据资产是否满足会计确认条件的职业判断，需要汇总数据资产相关确认条件，点出职业判断重点考虑方面。

虽然存货定义与无形资产定义差异较大，但二者在其他确认条件方面与资产要素确认条件保持高度一致，没有额外要求。既然会计学界倾向于弱化对经济利益流入可能性标准的把关，资产评估界倾向于放松收益法评估模型应用于数据资产的前提条件，那么数据资产除定义外的确认条件只需重点关注"可计量性"。

定义方面，对于数据资产权属问题，在三权分置框架下，应重点关注会计主体是否合法拥有相关数据权利，入账的数据资产很可能并不是数据资产本身，而是数据资产衍生的相关数据权利，强调"权利观"。

对于存货定义的"日常活动"及"持有以备出售"，不适用于数据资源无形资产，考虑到数据资源存货占比较小、数据资源无形资产占比较大、数据资产的商业模式多种多样，不必以持有目的及发生频率来论数据资产能否实现会计确认。

对于无形资产定义的"可辨认性"，看似是无形资产定义的特殊要求，实则除了商誉外所有资产都是可辨认资产，只不过在确认为无形资产时需尤为关注与商誉资产的可辨认界限，考虑到数据资产多数计入无形资产，作为少数的数据资源存货也应该可辨认，因此数据资产定义应尤为强调"可辨认性"。存货会计准则之所以没有强调可辨认性，与数据资产诞生前存货多为有形资产自然可辨认有关，而数据资源存货与数据资源无形资产都属于无形的资产，因此都需强调"可辨认性"确认条件。数据资产确权之所以非常关键，是因为数据资产权利证书对于会计师判断数据资产是否可辨认的证据收集而言至关重要，已经很大程度上影响到会计确认工作能否正常进行。

综上，数据资产确认条件可以汇总为三个重要方面：可计量性、可辨认性、合法拥有相关数据权利。

2. 数据资产会计确认类型

如果一项数据资产满足了"可计量性""可辨认性""合法拥有相关数据权利"等关键性会计确认条件，那么数据资产基本跨越了入账门槛，肯定地回答了第一个确认问题"数据资产是否可以被会计确认"。

在全面分析判断数据资产会计确认条件四件套后，也就明晰了该数据资产具体适用《企业会计准则第1号——存货》还是《企业会计准则第6号——无形资产》，即回答了第二个确认问题"数据资产被会计确认为哪种资产类型"。一经选定，不得再随意变更。

《暂行规定》对于数据资产确认类型的指导，专门有一个模块——"关于数据资源会计处理适用的准则"，它采用的也是相似的说法："企业使用的数据资源，符合《企业会计准则第6号——无形资产》规定的定义和确认条件的，应当确认为无形资产。企业日常活动中持有、最终目的用于出售的数据资源，符合《企业会计准则第1号——存货》规定的定义和确认条件的，应当确认为存货。"

这种提法绝对没错，但对于数据资产会计实务应有更加细化的指导，毕竟《企业会计准则第1号——存货》和《企业会计准则第6号——无形资产》出台时间距今近二十年，制定背景虽然可能考虑到互联网经济的兴起，但距离以数据为关键生产要素的数字经济背景有很大的差距。如果没有准则应用指南、准则解释、各种暂行规定，仅依赖准则正文，很难满足最新实务需求。例如，不考虑数据资产，单独对比传统意义的存货与无形资产，二者的边界比较清晰，虽然存货准则没有明确存货是否为有形资产，但存货通常是有形的，美国会计准则也曾明确过除了特殊经营模式外存货都是有形的，与无形资产、商誉、研发支出等无形的资产很好区分。如今，经过《暂行规定》的最新解释，数据资源存货就是一种无形的存货,乍一看比较新鲜,细想后也是符合会计准则内在逻辑的,毕竟存货与无形资产的区分不能看资产是否有形的表象,而应看经济内容实质,分析资产的业务模式。

有没有一种思路可以直接判断满足入账条件的数据资产到底应确认为存货还是无形资产,不必拿着陈旧的存货准则及无形资产准则挨个去套?换句话说,数据资产的业务模式应如何分析?除了业务模式,有没有其他的影响因素?《暂行规定》是这样说的:"企业应当按照企业会计准则相关规定,根据数据资源的持有目的、形成方式、业务模式,以及与数据资源有关的经济利益的预期消耗方式等,对数据资源相关交易和事项进行会计确认、计量和报告。"可见,除了业务模式,持有目的、形成方式、相关经济利益预期消耗方式都可能是会计职业判断的依据,但有可能是会计确认相关判断依据,也有可能是计量、报告等其他核算环节的判断依据。如果只分析会计确认环节的资产入账类型,应该重点从哪些要点进行分析?本书中篇会全面、系统地给出答案。

3.6.2 数据资产会计计量

到了数据资产会计计量环节,不再涉及数据资产是否满足"可计量性"确认条件的问题,而要考虑在数据资产满足"可以被确认与计量"的前提下的定数问题,由定性问题过渡到定量分析。

数据资产计量主要回答两个问题。第一个问题是数据资产计量数字是怎么来的。如果计算方式恰当,就可以遵照准则如实反映数据资产账面价值,那么就不存在计量数字偏大或偏小的问题。会计学界将主流计算方式概括为几种"计量属性"。第二个问题是数据资产计量数字的单位是什么。这个问题涉及数字的含义,是用货币单位表示,还是用计算机技术层面的数据量表示?会计学界称之为"计量单位"。"计量属性"与"计量单位"一起构成了"计量模式",如图 3-3 所示。

1. 数据资产计量属性

数据资产确认类型影响数据资产计量属性,数据资源存货的计量属性受到

《企业会计准则第 1 号——存货》的规范，数据资源无形资产的计量属性受到《企业会计准则第 6 号——无形资产》的规范。然而，无论会计上将数据资产对应到已有的会计口径资产类型，还是未来或许将数据资产在记账层面单列为一种资产类型，都离不开资产要素会计计量相关理论，最终还是从五种主要计量属性中挑挑选选。

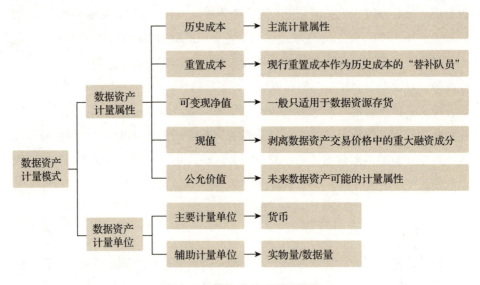

图 3-3　数据资产计量模式拆解

资产的五种主要计量属性分别是历史成本、重置成本、可变现净值、现值、公允价值。其中，历史成本、重置成本、可变现净值都是基于成本导向的计量属性，现值、公允价值都是基于价值导向的计量属性。

某种意义上，资产之所以称为资产，是因为资产的价值实现大于投资成本。只有产出大于投入，企业才能赚取增值额。资产的产出在会计学上属于"收入"这一会计要素，相关金额列报于利润表，而"资产"会计要素更多地表示投入。虽然历史投入属于沉没成本，但只要这种投入可以在未来带来收入，根据收入与费用配比原则，不宜直接将这种投入一次性费用化处理，根据合理划分资本性支出与费用性支出的原则，应该将这种投入进行资本化处理的就计入"资产"会计要素而不是"费用"会计要素。将来需要与收入确认配比时，才考虑是否将资产这种历史投资成本结转到费用中。如果资产真的证明了自己是资产而不是负债，那么未来结转到费用中的数字要小于收入数字。收入减去费用大于 0 才能保证利润为正，为企业带来货真价实的经济利益而不是经济损失。

因此，资产的描述应该用成本、投入、支出等词，相应的计量属性也以历史成本为主，这是第 2 章提到的历史成本计量原则的逻辑支撑，但为什么基于价值导向的计量属性应用越来越普遍？其实，无论计量属性怎么叫，资产的入账数字都来源于历史的交易或事项，即使存在会计估计，也需有相关交易单据或其他凭证为支撑。某种意义上，即使采用了价值导向的计量属性，也是因为：取得资产的历史成本源于活跃市场上交易双方对资产未来产出价值的合理预期，例如"公允价值"；或者个性化的分期付款安排对资产交易价格产生的"重大融资成分"影响可能歪曲资产的合理入账成本，需要通过折现等技术手段还原资产的真实成本，例如"现值"。但是，无论是公允价值还是现值，反映在会计账面上，就与历史成本、重置成本、可变现净值一样都是"账面价值"。受到交易形式及会计估计影响的账面价值，与评估界人士从经济含义出发对资产评估出的价值是完全不同的概念。

站在未来的时点看，原先的账面价值都是历史的成本，只不过可能通过系统性的折旧或折耗、摊销予以更新，或者少数资产根据最新公允价值予以更新，或者现值技术中折现率等会计估计参数有所更新。但是，对于资产计量数字的更新，很多情况并不是进一步合理确定资产的账面价值，比如折旧、摊销更多的是为了满足配比原则的要求。只有基于资产负债表观的账务处理导向，例如资产减值测试等，才有资格参与到资产要素计量数字是否合理的讨论中。因此，资产要素确认条件中关于"可计量性"的表述"资产的成本或者价值能够可靠地计量"中，"成本"与"价值"在此语境中不必明确区分，谈的都是资产账面价值的可确定性，投资成本反映在账面价值中，账面价值由投资成本构成。

而在当前，需要明确回答数据资产主要适用哪几种计量属性。

如果数据资产用历史成本定数，需要有一定证明力的交易凭证。即使是企业内部自行开发的数据资产，也需有明确的研发事项记录来汇总、归集历史成本。无论将数据资产分类为存货还是无形资产，都适用历史成本计量属性。

重置成本可能运用在资产盘盈的场景中，然而对于数据资产而言，如果企业突然声称在数据资产盘点的过程中盘盈了一些数据资产，则不但有调节当期损益的嫌疑，而且多数情况下所谓盘盈的数据资产有相关的历史开发记录，相应的历史支出一般早已费用化处理。对于这种早已在往期利润表中计入费用的数据资产投资成本，无论是否通过盘盈的借口，只要重新以重置成本再次入账为资产，那么就违反了《暂行规定》："企业应当采用未来适用法执行本规定，本规定施行前已经费用化计入损益的数据资源相关支出不再调整。"此外，在历史成本凭证丢失的其他情况下，重置成本确实是对历史成本的替代，也被评估界人士所偏爱，例如成本法资产评估模型，借助资产评估专业人士的力量也可以辅助确定重置成本。

可变现净值一般适用于数据资源存货，而不是数据资源无形资产，因为一般只有存货存在需要通过进一步加工才能达到可销售状态的情形。可变现净值中的"变现"指的是通过出售进行直接变现，而不是通过内部使用数据资源无形资产进行间接变现。例如，在存货预计售价的基础上扣除估算的进一步加工成本，即使没有进一步加工成本，也需要扣除销售时预计发生的相关销售费用，才能得到可变现净值。这两步扣除是可变现净值中"净"的含义，与之相对应的概念是原值。历史成本就是一种原值。即使数据资源存货适用可变现净值，在初始计量环节，数据资源存货通常是以历史成本入账的，只能在后续计量时采用"成本与可变现净值孰低"的衍生计量属性更新账面价值。如果可变现净值低于历史成本，那么需要通过计提存货跌价准备的方式减少存货的账面计量数字。

现值一般用于剥离资产交易价格中的重大融资成分，例如《企业会计准则第21号——租赁》规范的"使用权资产"。租赁期超过1年的租赁资产很常见，无论是经营租赁还是融资租赁，承租人都需用现值来确定使用权资产的账面价值，而不能直接用纸面上的交易价格。如果大型数据资产跨期交易，有可能用到现值技术来修正凭证上的投资成本用以入账。

公允价值在金融资产计量中比较常见，例如为了赚取买卖价差而持有的股票资产，需根据股票市场实时更新的公允价值来定期更新账面价值。需要强调的是，如果数据资产的初始入账价值来源于数据交易所中活跃到可以实时更新价格的交易板块，而数据资产的后续计量不再考虑公允价值的变动，那么初始入账时点的公允价值永久地成了历史成本，这就不属于公允价值计量属性。数据资产公允价值的获取通常需要数据要素流通市场，而在流通层面的数据资产是存货，不是无形资产，因此用公允价值计量数据资产在目前的《暂行规定》下只能寄希望于数据资源存货。然而《企业会计准则第1号——存货》中并没有公允价值计量存在的土壤，部分学者开始探索将数据资产确认为一项金融资产的技术路径。未来到底是对存货准则进行重新解释或修订，还是通过补充数据资产的确认类型来实现公允价值计量，留下了很多探讨的空间。

综合来看，考虑到数据资源无形资产比数据资源存货更加常见，数据资产应以历史成本为主要计量属性。随着数据要素流通基础设施的完善，在满足《企业会计准则第39号——公允价值计量》中相关条件后，可以逐步探索在数据资产会计中应用公允价值计量属性。

2. 数据资产计量单位

相较于计量属性的职业判断，计量单位要简单很多。货币计量作为四大会计假设之一，在会计计量理论中有着举足轻重的地位。只有用货币作为主要计量单位，才便于汇总会计信息。虽然采用实物量、劳动量、数据量等多元化非货币计量单位在相关具体资产上可以提供更有针对性、更多元化的会计信息，但要以财务报表大局为重，采用统一的计量单位。即使有必要采用其他计量单位辅助提供相关会计信息，也只能作为辅助身份在表外披露，而不能影响表内列示的统一数字内涵。

最宜作为计量单位的，当属可以衡量一切价值尺度的货币，这也是货币计量假设的主要考虑，甚至"以货币为主要计量单位"的表述被写入会计的定义。部分业内人士认为数据资产计量可能构成对货币计量假设的挑战，可能是考虑到适用于存货核算的多栏式明细账的设计思路，例如在货币计量单位中，还添加了"千克""吨"等辅助计量单位。这一思路同样适用于数据资源存货，比如增设"比特"作为数据量计量单位，但这并不构成对货币计量假设的挑战，因为货币计量假设强调的是以货币为主要计量单位而非唯一计量单位。

3. 数据资产计量模式

数据资产计量模式包含计量属性与计量单位两大方面。

对于计量属性，需要区分初始计量环节与后续计量环节，因为在不同的计量环节可能适用不同的计量属性，或者在特殊时点的计量情形需将两种及以上计量属性加以结合。此外，数据资产的不同确认类型决定了适用哪一号具体会计准则，不同具体会计准则对计量属性的倾向不同。

对于计量单位，是否用实物量单位作为货币计量单位的补充，是计量模式的重大考量方面，而且不同形式的数据资产可能有不同的实物量单位，不一定都适合用比特来表示。

4. 数据资产评估对数据资产计量的影响

数据资产计量是会计师给数据资产定数，数据资产评估是评估师给数据资产定数，二者的关系是什么？数据资产评估是否可能对数据资产计量产生影响？

这里常见的误区是"先评估、后计量"，很多企业的数据资产计量过度依赖数据资产评估。然而，会计工作与评估工作的目的截然不同。实践中，数据资产评估多为数据资产交易定价服务，评估的数字类似于会计计量属性中的公允价值，而按照目前的《暂行规定》，应采用成本计量数据资产，并未引入公允价值计量。因此，财政部会计司在宣贯《暂行规定》时特意强调"无论是初始计量还是后续计量，企业均不得以评估等方式得出的金额直接作为入账和调账的依据"。理论上，评估条线与会计条线可以并行，不存在谁先谁后的问题。

当然，在数据资产交易中，如果购销双方使用了数据资产评估价值作为交易定价依据，那么购买方基于成本计量导向确定数据资产入账价值实际上也是数据资产评估价值。因此，数据资产评估在"先评估、后交易"模式下对数据资产计量有间接影响，如果交易价格不受评估工作影响，企业是不能单纯依据数据资产评估报告对已入账的数据资产进行账面价值调整的。然而，"上有政策，下有对策"，既然已入账的数据资产难以向上调整账面价值，那么可否先利用评估价值进行交易出账，再来个售后回购重新入账？这就需要本书第 11 章提到的数据资产审计等监督体系了。其实，对"只为账表管理、无商业实质"的交易进行会计处理本身就违背了准则精神，存在严重的会计合规风险。考虑到这种违规操作也会变更数据资产的计税基础，也不一定能实现完美的调账效果。总之，虽然从企业会计准则体系视角看，数据资产评估不应影响数据资产计量，但由于资产评估师的工作可以为数据资产定价提供参考进而间接影响数据资产计量，使数据资产计量相关的违规操作可以有数据资产评估报告这一帮凶。因此，需要有强有力的数据资产会计监督体系，才能厘清数据资产评估与数据资产计量的边界。

3.6.3 数据资产会计记录

会计记录一般指在会计账簿中记载会计事项，而不是在财务报表中记录。数据资产会计确认肯定了数据资产可以入账，且回答了应该记入哪个具体会计账户。数据资产会计计量回答了记入该会计账户的数字应该怎么确定、数字的单位是什么。然而，数据资产会计确认与计量并没有回答怎么记账，即使确定了入账科目与数字，离完成会计账簿的记载仍有一段距离，这段距离可以理解为据以登记账簿的"会计分录"及核算组织程序。在目前统一、流行的借贷记账法下，数据资产入账除了需要有数据资产相关的借方科目外，还需要依照"有借必有贷、借贷必相等"的法则补充贷方科目，以便完整地反映数据资产相关资金运动的来龙去脉，同时保证会计账簿的试算平衡功能，从而构造可以下账的完整分录结构。在数据资产入账后，后续计量也需要各类会计分录予以完成。即使登记完成会计账簿，在将会计账簿加工成可以对外披露的财务会计报告时，选择什么样的记账程序也有一定的学问，比如是科目汇总表账务处理程序还是汇总记账凭证账务处理程序或记账凭证账务处理程序等，这些都是生成财务报表的前端环节。

虽然数据资产会计记录的工作量很大，在实务中绝大多数总账岗位在结账出报表的那几天非常忙，但外界人士无法体会生成会计报告的前端工作量有多大，在财务报表上只能看到数据资产计入了哪个报表项目、计量金额是多少，以及整体报告的形式。因此在"确认—计量—记录—报告"全链条中被忽略的往往是"记录",甚至在会计准则相关术语中也经常采用"确认—计量—报告"的提法。但在实务中最为直观的入账工作是"怎么写会计分录",仅仅完成确认与计量环节的工作是无法直接入账的,因此在实务指南中,需要加强对会计记录环节的指导。虽然会计确认与会计计量对于会计记录结果具有最为重要的影响,需要分别加以研究,但最终需要依据会计记录环节加以汇总协调,实务人士更为便捷的学习方式可能是直接学习会计分录。

当然,企业会计准则也并不是只指导确认与计量问题,也有对于记录问题的指导。例如,在数据资源无形资产的后续摊销中,贷方科目自然是"累计摊销—数据资源",那么借方科目是什么?是计入相关资产成本还是当期损益?根据一贯的会计原则,需要分析摊销支出的受益主体并考虑配比原则,并根据《企业会计准则第6号——无形资产》等相关会计准则来分析这笔摊销支出应该资本化处理还是费用化处理,在《暂行规定》中表述为"企业在持有确认为无形资产的数据资源期间,利用数据资源对客户提供服务的,应当按照无形资产准则、无形资产准则应用指南等规定,将无形资产的摊销金额计入当期损益或相关资产成本"。因此,具体的分录答案需要结合数据资源无形资产的业务模式等因素进行综合职业判断,"原则导向"的准则体系主要给出原则性指导、提示破局方向,数据资产的具体账务处理还需要在不违背准则的前提下参考实务惯例。本书中篇会给出详细的入账指南及账务筹划思路。

3.6.4 数据资产会计报告

数据资产会计报告,是财务会计对数据资产会计信息加工处理的最终产品,是数据资产会计与数据要素产业链后续环节交流的媒介。社会各界广为流传的"数据资产入表",就属于数据资产会计报告体系的一部分,也是"确认—计量—记录—报告"链条中的最后一个核算环节,是数据资产会计核算的最终交付成果。先要有数据资产入账,才能实现数据资产入表。数据资产会计记录与数据资产会计报告,虽然前者工作量更大,且前者在一定程度上对于后者具有决定性意义,但后者更为重要且需要独立于记账思维的智慧。

通常意义上，数据资产会计报告指的是数据资产在财务会计报告上的列报，但在管理会计语境下，数据资产会计报告也可以是仅用于企业决策层内部使用的数据资产管理会计报告。会计学分为对外负责的财务会计与对内负责的管理会计两大分支，核算工作属于财务会计范畴，核算提供的会计信息虽有可能用于支撑管理决策，但主要是外部刚需，所以具有国家统一规定之说。不同的会计信息使用目的必然带来不同的会计信息加工方式，因此财务会计报告与管理会计报告是完全不同的两套体系。但是，对于企业数据资产入表的刚需，财务会计报告的问题更为紧迫，也便于给出统一的指导，因此本书重点论述的数据资产会计报告主要放在财务会计范畴上。

如图3-4所示，数据资产列报通常有两层含义：其一，符合会计确认要求的数据资产可以"列示"在财务报表上；其二，暂时不符合会计确认要求、但有必要在财务会计报告中披露的数据资产，虽然不能直接列示在表内，但可以进行"表外披露"，比如披露在财务报表附注中。

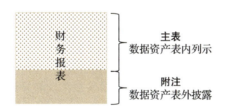

图3-4 数据资产在财务报表中的列报结构

通常，"数据资产入表"指的是表内列示，而非表外披露。对于企业利用数据资本融资等而言，表外披露的意义远不如表内列示，但表外披露对于提高企业会计信息透明度、揭示企业竞争力、加强与会计信息使用者的互动、信息披露合规等方面具有极为重要的意义。因此即使满足了表内列示数据资产要求，企业也通常会在财务报表附注中予以进一步解释，以加强列报的数据资产会计信息影响力。

不光是数据资产会计信息，企业其他方面的会计信息在表外披露环节也具有很大的自由空间。监管方面对于"是否需要统一规定披露内容"问题的态度较为谨慎，毕竟提供死板的披露模板既可能违反"原则导向"的准则精神，也可能永远滞后于实务最新发展需求。目前监管层倾向于通过发布标杆披露案例的形式进行指导。同时，尤其对于上市公司而言，信息披露是否充分关乎资本市场的有效性。对于国有企业而言，需要加强信息披露监管以更好地服务于国有资产保值增值目标、防止国有资产流失。因此，虽然给予了企业一定的信息披露选择权，但对于会计信息使用者重点需要且企业有能力提供的相关信息，监管方规定了强制披露的几大数据资产信息方面以及建议披露的信息内容维度。企业应如何保障会计信息披露合规并选择有利于自身财务目标的数据资产相关信息予以披露，将在本书中篇详细讲解。

3.7 数据资产入表

数据资产入表，是数据资产会计报告体系的核心，很多数据相关研究更多关注的是表内列示的数据资产，因此有必要单独强调。实务中，有耐心阅读财务报表附注的人士有限，多数会计信息使用者重点关注的仍然是财务报表主表。其实，在数据资产入表新规出台前，很多数据要素型企业已经在其财务报表附注中披露了数据资源相关会计信息，在这个意义上，数据资产会计报告早就悄悄开始了。对于数据资产会计之外的数据要素产业链而言，只有数据资产入表才是会计界的重大突破。

本节从"数据资产入表的意义"及"数据资产入表的全链条梳理"两方面梳理相关内容。

3.7.1 数据资产入表的意义

现如今，社会各界围绕"数据资产入表"举办了各种各样的培训班，在持续多年的"首席数据官"岗位能力培训中也纷纷加入了最新最热门的数据资产入表培训内容，这些社会现象是对数据资产入表意义的有力证明。

数据资产入表，不仅对于数据资产会计而言是一个重大里程碑，而且对于数据要素产业链的其他环节有着更为广泛的影响，本小节拟从这两大方面阐述数据资产入表的意义。

1. 数据资产入表对于数据资产会计的意义

数据资产会计核算可以粗略地概括为入账和入表两大环节，俗话称，会计不仅要记账、算账，还要报账。如果将数据资产表外披露视为广义的数据资产入表，那么相较于数据资产入账，数据资产入表的工作量也并不低。财务报表包括四大主表及报表附注，是会计师汇报的学问，甚至占到会计核算的一半。

如果数据资产无法直接入表，那么只能用资产负债表上的无形资产及商誉信息予以推测，就没有必要出台专门规范数据资产核算体系的《暂行规定》，数据资产概念也无法成立，会计师顶多在备查台账中自主登记数据资源信息，那么数据资产会计这一理论专题更无存在的必要，数据资产会计师岗位也无法存在。可以这样说，数据资产会计的主要目的就是顺利实现数据资产入表，不仅要能入、单独列入，还要入深、入实、入好，为企业财务战略及管理战略提供信息支撑，助力企业数智化转型。

数据资产会计需要根据数据资产在财务报表上如何列报的目标，反向进行"账务筹划"。报表都是根据账簿加工而来的，无法跨过记账步骤直接在报表上动刀，即使在准则允许的范围内对财务报表部分项目之间进行重分类列示，也只能简单在财务报表表面进行浅层的"化妆"，无法在报表肌理深层操刀，毕竟数字即使能在报表不同位置上转移，也无法凭空诞生在表内，更无法随意更改。因此，对于财务报表管理，如果涉及数据资产相关会计信息，需要会计师在确认、计量、记录等前端记账环节下功夫。同理，对于财务报表上数据资产列报不合规的猫腻，也只能主要通过加强对数据资产账务处理的指导与监督。

关于数据资产会计对于会计界的意义，在本书前言及第 2 章中已有论述，此处不再赘述，它在一定程度上可以代表数据资产入表对于会计界的意义。

2. 数据资产入表对于数据要素产业链的意义

如果说数据要素产业链离不开数据资产会计，那么就可以说数据要素产业链离不开数据资产入表，在第 1 章中已有相关阐述，此处不再赘述。

数据资产入表对于数据资产会计前端产业链环节，有"果实丰收"之寓意，可以将前端数据工作者的成果进行落地展示，如图 3-5 所示。虽然数据资产合规评估、数据资产确权登记、数据资产管理体系、数据资产定价流通等前端数据工作的达标不代表一定可以实现数据资产入表，毕竟会计师还要加一层专业审核才能记账入表，但一旦实现数据资产入表，在会计师工作合规的前提下，就可以实现对前端数据环节的附加证明效果。这是因为只要前端环节有实质性缺陷，比如没有数据资产会计的工作环境，数据资产不满足可靠计量的会计确认条件，数据资产存在产权争议，会计师拿到的数据资产不一定能给企业带来经济利益等，就不可能实现数据资产入表。

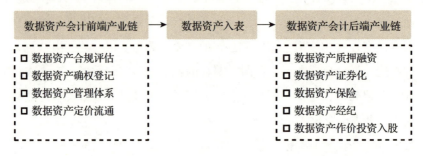

图 3-5　数据资产入表在数据要素产业链上的生态位

数据资产入表对于数据资产会计后端产业链环节，例如数据资产质押融资、数据资产证券化、数据资产保险、数据资产经纪、数据资产作价投资入股等，具有决定性意义，如图 3-5 所示。甚至在某些情况下，数据资产会计需要根据后端产业链环节的需要反推数据资产最好在财务报表中如何列报及最佳金额区间，据此确定包含数据资产在内的财务报表管理目的，再反推到数据资产账务筹划，当然这一切动作都要合法合规。如果具有长远眼光提前筹划，这会有很大的操作空间。数据资产在资产负债表上的表内列示成果有着非常广泛的用途，对于改善企业资产结构、向外界间接披露企业数智化转型的成果、获取相关政府补助、拓宽融资能力、数据资本运作等具有极其重要的工具角色，甚至无法用其他手段替代。

3.7.2　数据资产入表的全链条梳理

本小节从宏观链条与微观链条两个视角梳理数据资产入表的上游环节，宏观视角基于全社会各类会计主体实现数据资产入表的历史进程进行梳理，微观链条基于会计主体自身怎样做才能实现数据资产入表的全流程进行梳理。

1. 数据资产入表的宏观链条

在数据资产入表的宏观链条梳理中，不再根据数据资产入表上游环节所需相关宏观政策的出台时间进行梳理，毕竟数据要素产业发展初期所需的各类政策支持往往有一个密集出台期，那种精确到天的相关政策出台时间轴分析没有必要反而可能引起误导，而是根据数据要素产业链环环相扣的逻辑顺序进行梳理。

数据要素产业链发展的一切逻辑起点，就是国家将数据从一种资源身份拔升到了关键生产要素及基础性战略资源的身份，这为后续相关政策的密集出台奠定了宏观导向基调，也是数据资产入表的催化剂。

自此之后，社会各界逐渐认识到数据是一种极其重要的经济资源，甚至是能开启新时代的下一个财富风口，经济学家开始达成以数据为关键生产要素来统一定义数字经济的共识。然而，数据产业链上各界人士发现作为企业战略资源地位的数据资源，却没有在企业报表及会计账面上得以反映，这加剧了对会计信息价值相关性的质疑。数据要素密集型企业的投融资决策不再以会计信息为依据，对被并购方拥有数据资源的共识集中地体现在并购方支付的远远超过被并购方账面净资产的并购费用溢价中。在社会各界对金额较高的商誉持有暴雷担忧之时只能进一步推高商誉的计量金额，同时业内人士对于可能反映数据资源潜力的"无形资产—非专利技术"明细账予以更多的关注。数据资源由于缺乏准则层面的明确支持而散落在"无形资产""研发支出""合同履约成本""长期待摊费用"等账表各处，数据资源会计问题开始引起会计学界的重视。

在会计学家开始发表相关文章对数据资源相关会计准则制定提出建议、准则制定机构开始联合会计各界力量立项研究的同时，数据要素产业迎来了大发展：数据集团企业在全国遍地开花，专门从事数据合规评估、帮助企业梳理数据资源的数据中介机构开始兴起，数据交易所在大城市开始筹建，各类数据交易平台逐渐出现在人们的视野中，数据要素产业呈现"野蛮生长"态势。财政部出台《企业数据资源相关会计处理暂行规定（征求意见稿）》向社会各界进一步征求意见，为数据资产入表做准备。

为了规范数据要素产业发展，统筹各界数据力量，国家数据局成立，这对于构建中国特色数字经济体系具有里程碑式的意义。随后，各地方政府也纷纷成立了属地数据管理局，在国家级"数据二十条"的基础上纷纷出台地方级"数据二十条"来落地国家数据政策导向、规范本地区的各类数据主体。

在此过程中，"数字化转型""数据中台""数据治理"等概念越来越热门，央国企及各地大型企业纷纷设立"流程与数字化部"等类似部门来牵头各自企业的数字化转型、数据中台建设等数据治理及数据管理类工作，数据类主题成就了一众畅销书，数据要素产业或传统产业的数据类岗位逐渐成为社会各界人士职业转型的考虑之一，首席数据官（CDO）逐渐引起企业界人士的重视。

会计学界、会计政界不负会计业界及数据产业各界众望，发布《暂行规定》，财政部会计司随后组织宣贯，正式拉开了数据资产入表序幕，尽最大可能为有意向实现数据资产入表的主体提供会计技术上的指导。资产评估界人士也积极响应，马上发布了《指导意见》，各个资产评估事务所抓紧抢占数据资产评估业务市场。

然而，数据资产确权是这一切的前提，法律界人士也不甘示弱，绕过数据资产所有权难题，提出"数据资源持有权、数据加工使用权和数据产品经营权"三权分置的破局思路，这对于数据资产会计的意义重大，入表的可能不是数据资产本身，而是数据资产相关权利。随着数据产权实践的不断探索，数据资产入表的经济内涵可能继续发生变化。

数据要素产业链的已有发展成果引起了金融界人士的重视，数据资产证券化等数据资本运作手段开始进行设计、推广，数据资产质押融资通道的打开更是有效缓解了中小企业融资约束，数据资产保险、数据资产经纪、数据资产作价投资入股等数据资产衍生的各类运作需求逐渐坐实了数据的关键生产要素地位，加速了数据要素流通。与此同时，人们发现数据资产后续一切动作都依赖于数据资产入表。结合《暂行规定》，社会各界组织的数据资产入表培训越来越火爆，各地争相爆出第一单实现数据资产入表的企业。

综上，数据资产入表的宏观发展脉络如图 3-6 所示。

图 3-6　数据资产入表的宏观发展脉络

2. 数据资产入表的微观链条

数据资产入表的微观链条有两类逻辑起点：一类是从数据资产是企业战略性资产的高度出发，从零开始打造企业容纳数据资产的环境，以"建立健全数据治理体系"为逻辑起点；另一类是将数据资产视为一种普通资产，比如主要用于流通的数据资源存货，只是在企业内部开拓一个数据业务，这类数据资产入表不再反映企业数智化转型的成果，只需关注会计合规层面，以"数据资产确权"为逻辑起点，如图 3-7 所示。

如果以"建立健全数据治理体系"为逻辑起点，后续步骤包括"确立数据标准""制定数据资产管理办法""数据资源盘点""数据合规评估""数据资产确权""数据资产估值""数据资产核算"等，通过这些步骤拉动数据产业链上各界人士参与其中，才能在战略管理的高度上实现"数据资产入表"，如图 3-8 所示，这也正是本章内容结构的设计思路。

图 3-7 基于数据业务视角的数据资产入表

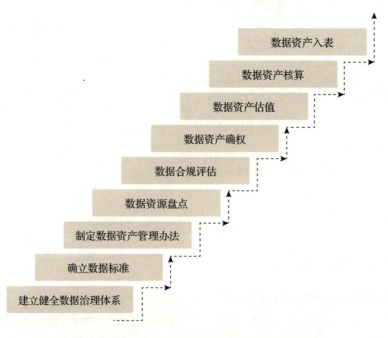

图 3-8 基于战略管理视角的数据资产入表

如果以"数据资产确权"为起点，那么数据资产入表的难度会小很多，只需经过估值定价、交易入账等步骤。实际工作中会计师事务所在辅导企业客户实现数据资产入表时，即使需要前端数据治理等环节的配合，能力范围也往往只能前探到"数据资产确权"环节，企业是否借助"数据资产入表"的契机致力于推动数智化转型，就看企业自己的选择了。工作量很大的数据资产入表，除了可能存在企业数据管理混乱的因素外，还有可能象征着数据资产入表具有打造数智化竞争力的战略价值。借助"数据资产入表"来骗取政府补助的企业，也通常以"数据资产确权"为起点，追求最快速度获取数据资产产权登记证书，甚至联合一些不正规的数据确权机构合伙进行非法牟利，欺骗数据消费商，甚至发展数据传销，相信相关监管部门会根据数据产业最新发展趋势适时出台各类政策，打好制度补丁。翻译成会计语言就是，数据资源存货的入表链条普遍短于数据资源无形资产，更值得监管关注。

| 中篇 |

数据资产会计实务

在上篇中，会计行业人士完成了与数据资产会计相关的数据类知识的补习，数据产业人士完成了深入学习数据资产会计所需基础会计知识的补习，这些都是深入学习数据资产会计的必备知识。在上篇搭建数据资产会计基本框架的基础上，通过本篇的学习，读者将可以全面掌握数据资产会计实务，达到学以致用的效果，完成数字经济时代会计实务界人士的必修课。此外，本篇对于数据产业人士深入了解数据资产入表的机理、明晰自己所处数据生态位的各类动作对于数据资产入账入表的影响、针对性识别数据资产入表的操控痕迹等具有一定启发作用。

本篇基于"职业判断—账务处理—信息披露"的逻辑框架指导数据资产会计实务，是本书的主体部分，通过全面引用《暂行规定》、相关会计准则及各类现行财税规定对数据资产会计实务重难点予以点拨，在企业会计准则体系的指导下论证什么样的账务处理及信息披露是合规的。对于入账环节，以数据资产业务模式与形成方式为切入点，重点分析明文规定较少涉及但最为关键、对账务处理具有决定性意义的"会计职业判断"，在此基础上汇总数据资产所有相关具体账务处理；对于入表环节，重点分析企业在强制性数据资源信息披露的基础上，怎样选择可以补充披露的数据资源会计信息以实现"数据资源信息披露管理"，并引申到数据资产参与的财务报表分析体系。

|第4章| CHAPTER

数据资产业务模式与会计职业判断

根据《暂行规定》,企业对数据资源相关交易和事项进行会计确认、计量和报告,主要依据数据资源的持有目的、形成方式、业务模式以及与数据资源有关的经济利益的预期消耗方式等四大方面来进行准则适用性分析,据此开展决定账务细节处理的职业判断。若将以上四大方面分别展开论述,不仅彼此之间存在交叉,而且容易复杂化相关账务处理。其中,持有目的与业务模式高度相关,二者的概念边界也较为模糊,《暂行规定》将二者并列表述可能考虑到需引用的企业会计准则体系中的相关段落既有用"持有目的"表述的,也有用"业务模式"表述的。为了与相关准则建立更为直接的对应关系,考虑到二者的概念与内涵高度相似,且都涉及会计师对业务实质的关切,本章采用"业务模式"提法,囊括对资产持有目的的考虑。

业务模式的分析,是会计职业判断最重要的方面,直接决定了数据资产应该分类为存货还是无形资产,从而做出对具体会计准则适用的选择,即使将来《暂行规定》迎来更新,业务模式分析仍然是对账务处理具有决定性意义的主要考虑,同时贴合企业会计准则的编制思路。作为不断更新的账务处理中会计智慧的提炼，是"以不变应万变"中的"不变"，作为准则不断更新的底层逻辑，是"万变不离其宗"的"宗"，作为对数据资产具体业务的会计分析视角，是"业财融合"在财务会计范畴的"融合"应用。

本章主要从"内部使用""对外提供服务""出售""租赁"等资产常见业务模式出发，结合数据资产具体业务实质阐述数据资产会计记账底层逻辑，启迪会计职业判断智慧。

4.1 内部使用业务模式下的职业判断

"内部使用"，俗称"自用"，常常与"出售"并列为最常见的两大资产持有目的，财政部会计司对这种业务模式的具体描述为"将数据资源同其他资源相结合使用，从而服务支持其他生产经营或管理活动，实现降本增效等目的"。需要提醒的是，"内部使用"容易与"对外提供服务"混淆，只要资产后续还有使用价值，两种业务模式都不会导致相关资产一次性"终止确认"，从而在资产负债表中突然消失，只不过"内部使用"强调资产的使用主体与服务对象都是会计主体本身，账务处理参考相关资产类具体会计准则即可，而"对外提供服务"强调资产虽然由会计主体本身使用，但是服务对象是外部客户，与资产用途完全不超出会计主体的"内部使用"不同，除了需要适用相关资产类具体会计准则的规范外，还需要借助收入准则加以规范，这与将资产直接转移给客户使用的"出售"模式也不一样。

"内部使用"可以分为两种子模式：

一种子模式是数据资产本身就构成一项具有完整投入产出功能的业务，比如企业成立一个专门的数据业务部门加以运营，甚至在管理层具有拆分意愿时有能力单独将这一部分数据资产业务独立出母公司并新成立一个子公司进行数据资产业务运作。在这种子模式下，数据资产不再是无法单独产生未来现金流量的普通资产，而是符合《企业会计准则第 20 号——企业合并》及应用指南中关于"业务"的定义。

另一种子模式则不构成业务，数据资产只是赋能相关实体业务运营，通过

"数据驱动业务决策"显著提高相关业务收益，无法独立带来经济利益。这两种子模式从经济实质上看没有孰优孰劣，主要取决于企业管理需要，但会带来显著不同的会计职业判断，毕竟决定账务处理的会计职业判断需要如实反映具体业务模式。本节基于内部使用业务模式下的不同子模式分别展开论述。

4.1.1 构成业务的内部使用

如果数据资产在企业内部构成业务，那么该数据资产真的"来对了地方"，因为数据资产之所以能够成为一项可以内部使用的资产，是因为它高度依赖于企业内部是否存在与相应数据资产匹配的应用场景与业务需求。

关于"业务"的定义，在《企业会计准则第 20 号——企业合并》及应用指南、《企业会计准则解释第 13 号》、《财政部关于执行会计准则的上市公司和非上市企业做好 2009 年年报工作的通知》（财会〔2009〕16 号）、《企业会计准则讲解 2010》、《国际财务报告准则第 3 号——企业合并》附录 B 应用指南等文件中均有提及，除了 2006 年颁布的企业合并准则及应用指南严格把关业务三要素"投入、加工处理过程、产出能力"之外，后续文件不再强调"是否有实际产出"是判断其构成业务的必要条件，虽表述有细微差异，但都强调了相关活动或资产负债组合具有"独立的投入和实质性加工处理过程"才能构成业务，因此通俗来讲，企业的数据资产业务暂时没有成果不代表数据资产不构成业务，只要具有能产出成果所必需的资源投入条件及加工处理能力就不能摘掉数据资产的业务头衔。

关于"投入"，《企业会计准则解释第 13 号》解释为"原材料、人工、必要的生产技术等无形资产以及构成产出能力的机器设备等其他长期资产的投入"。数据资产可能以原材料、技术数据、相关数据权利等形态构成一项投入，也可能由其他资产的投入构成以数据资产为核心的业务的一部分。

关于"加工处理过程"，《企业会计准则解释第 13 号》解释为"具有一定的管理能力、运营过程，能够组织投入形成产出能力的系统、标准、协议、惯例或规则"。如果数据资产在业务中的定位是一项投入，那么相应的加工处理过程可以是将数据资产转变成可供企业内部使用的数据产品的相关数字技术。如果数据资产在业务中的定位是加工处理过程中依赖的资产,那么数据资产可以表现为数据分析模型、在业务规则中嵌入的数据标准,可以对业务活动中的资源投入进行数字化处理。

《企业会计准则解释第 13 号》同时强调,这个"加工处理过程"必须是实质性的,必须对投入转化为产出至关重要,必须具备执行该过程所需技能、知识或经验的有组织的员工,且具备必要的材料、权利、其他经济资源等投入。因此,无论数据资产在业务中的投入环节还是加工处理过程环节发挥作用,掌握数据资产使用技能的员工是运营以数据资产为核心的业务的关键,否则可能影响数据资产的业务身份,在企业中的表现就是专设的数据资产业务部门或数据资产业务岗位能否继续存在、正常运转。

经过"投入—加工—产出"的数据资产业务闭环,可以输出数据产品或数据服务,只不过这里的数据产品主要用于内部使用,数据服务也仅对内提供,充斥着具有企业自身特色的个性化信息,但由于不具有普适性或者担忧泄露商业机密,企业不便于对外推广这类数据产品或服务。

正如 LLM 通用大模型技术在全球范围火爆之后,社会各界人士计划在通用大模型的基础上研发更适合自身主体的专用大模型,至少形成行业专用的垂直大模型才能带来经济利益。数据资产的普适性与相关性也有类似的矛盾,无论是从技术角度还是商业机密角度考量,最适合企业自身使用的数据资产很可能无法标准化向外推广,因此这类专注于内部使用的数据资产的打造往往依赖于企业自身开展的数据资产业务。当然,如果企业从数据交易所等数据交易平台或数据经纪人处取得一些可以直接内部使用的数据资产成品,也是一件幸运的事情,或者企业在从外部取得的数据资产的基础上进一步加工改造形成可以内部使用的数据资产,也是一种取得可以内部使用的数据资产的高效方式。关于数据资产形成方式所涉及的会计职业判断,会在第 5 章详细阐述。相较于数据资产的形成环节,数据资产的业务模式更关注数据资产的经济效益产出环节。

内部使用的构成业务的数据资产,产出的经济效益主要通过产出数据产品提供给企业内部各部门来实现。这种数据产品由于不对外提供,更无法在数据交易所上市,然而对于企业而言,可以直接内部使用的数据资产在产生经济效益方面比那些上市流通的数据产品更直接、更有效。财政部会计司在宣贯《暂行规定》时举过一个例子：电子商务企业基于充分告知并取得用户授权，汇总分析用户的App浏览行为和购买历史等数据，还通过外部购买一些地区消费水平、趋势等辅助数据，整合形成"智能推荐算法工具"，用于向企业用户推荐符合其兴趣和喜好的产品，提升了推荐的精细化、个性化水平。这些通过用户授权及外部采购取得的数据与"智能推荐算法工具"组成了构成业务的数据资产。

从会计师视角看，这类数据资产不同于一般躺在资产负债表上的资产成品，可以不断生产新的数据资产，是可以在未来带来数据产品的数据资产，这也是构成业务的数据资产的会计特征，可以称为企业的数据资本。类似于"钱生钱"的金融资本，"数据生数据"可以指代数据资本的特征。

因此，这类数据资产一定是非流动资产，不会分类为流动资产性质的存货，根据《暂行规定》关于列示和披露的相关规定，这类数据资产在非流动资产项目中的目的地是无形资产。其实非流动资产带来的经济利益，也常常是通过产生新的流动资产的方式，例如被分类为固定资产的生产设备，也是内部使用的非流动资产，同时需要原材料、人工、相关制造费用等资源的投入，才能将"料工费"等资源投入进行加工处理从而产出产品，存放在企业库房中，库存商品在出售前列报为存货项目，即固定资产的经济利益实现是通过产出存货完成的。那么，被分类为无形资产的同样构成业务的数据资产，其经济利益实现方式也是产出数据产品，只不过与一般对外出售的存货不同的是，这类数据产品的需求拉动属性更强，除非各业务部门运营或管理决策需要，企业不会埋头一股脑儿地去生产，毕竟只能供企业内部使用，真用不上就彻底滞销浪费了。

这类数据产品只有一种可能被列报为存货，就是对企业集团其他主体出售，提供范围仅限于集团内兄弟企业，这种情形实质上重新定义了"内部使用"的内部边界，可以指单一会计主体内部，也可以指集团会计主体内部。类似于大型集团公司常常下设专门的在金融监管部门备案的财务公司，未来大型集团公司也可能下设专门在数据管理局备案的数据公司，集团内部使用的数据资产如果由集团内专门的数据公司提供,那么数据资产在数据公司个别报表上可能分类为流动资产(例如存货),对集团内其他单位出售时需确定"内部转移定价"作为数据资产内部交易价格,但在集团公司合并报表上就要体现更为纯粹的内部使用的意义,在合并会计主体上彻底不存在对外转移数据资产的可能,因此该数据资产在合并财务报表上一般分类为非流动资产(例如无形资产),使用完毕之时就是无形资产摊销完毕、终止确认之时。

4.1.2 不构成业务的内部使用

不构成业务的数据资产,看似与数据资本不相干,但可能具有帮助企业数智化转型的战略意义。有些企业把数据资产当成一个业务来做,而有些企业则把数据资产当成一个战略来做,实施路径与会计表现完全不同。不构成业务的数据资产,可能是企业数智化战略的载体,对企业所有资产运营进行数智化赋能,这类数据资产看似只在资产负债表中无形资产报表项目上躺着,但实则与其他资产类报表项目高度相关,甚至成为企业其他资产超额价值的体现,虽然不构成与其他业务类型平级的数据类业务,但实则与企业整体资产深度融合在了一起。当然,不构成业务的内部使用的数据资产不一定都是战略资产,也有可能仅仅是一项普通资产而已,这类数据资产的价值不但不如战略性数据资产,也不如可以构成业务的数据资产,甚至不如可以对外出售的数据资源存货,因为它的价值实现既不通过数智化战略,也不通过组成专门的业务来获取长期生命力,仅有内部使用价值且无法通过交换价值进行变现,所以不但在变现过程中需要借助其他资产一同进行,而且往往起到非常辅助的作用,甚至成为一潭死水、存在难以盘活的问题。下面根据上述分类分别论述。

1. 数据资产是一项战略资产

战略资产,是用于实现战略目的、具有战略价值的长期资产,体现企业的核心竞争力。数智化战略,或称数智化转型战略,其实现机制既有赖于有魄力变革的管理层,也有赖于企业独特的数据资产。

在数据资产入表前,一家企业在成功实现数智化转型前后,资产负债表上的主要实体资产可能并未有显著变化。所谓的数智化运营,只是将原有的资产组及资产组组合通过一种新的联结方式,利用数字技术进行整体运作,从而可以在不增加资产总量的前提下将原有资产的内在价值更大地激发出来,让不同资产在协同运作中创造出更大的价值。在会计原理上,由会计主体的资产带来的未来收入显著增加后,资产的价值理应增加实现增值,然而这种资产的增值是通过引入数智化运营手段而非通过刻意添置新资产而实现的,如同一种无形的能量赋予了会计主体的所有资产,使得同样的资产在该会计主体中比在其他会计主体中发挥了更大的价值,因此真正增加的资产体现的经济内涵应该是这种无形的数智化能量,即数据资产。没有数据资产,数智化运营无从谈起,即使引入最好的 IT 技术。而这种数据资产,是在企业原有资产的长期运营中逐步积累的宝贵财富,并没有体现在以往各期的账面上,在以往各期的业务运营中只是以一种几乎被人忽略的"副产品"形式呈现,但这种数据副产品积累到"量变引起质变"的程度,即达到企业内部意义上的大数据量级后,就可以通过数字化分析重新建立资产及资产组之间的隐秘联系,在企业价值创造中体现更多的"数据协同",从而显性化数据副产品的价值,使得相关数据资产获得会计确认的经济基础。因此,《暂行规定》施行后,这类战略级数据资产在企业成功实现数智化转型后可以在资产负债表上的无形资产项目中显现,作为企业是否实现数智化转型的财务报表反映方式,即一家企业成功实现数智化转型前后在资产结构分布上的显著变化。

  战略级数据资产实现企业多元化战略目的的基本方式是助力数智化转型,在企业内部数据分析的基础上助力战略管理,让企业的数据战略价值得以量化体现。只有企业实现数智化转型,战略级数据资产才有价值创造的适用场景,才有得以在财务报表上呈现的会计基础。换句话说,如果一家企业未尝试数智化战略或数智化转型失败,那么这家企业的财务报表上即使反映了作为无形资产列报的(即表明内部使用)数据资产,也不是战略意义上的数据资产,需要核查其数据资产是否构成业务。如果企业列报为无形资产的数据资产既不是战略资产也不是业务资产,那么其含金量值得怀疑,具有虚增数据资产的嫌疑,需进一步结合其他章节内容进行最终定性。

当然，数智化转型也只是一种手段，只是实现战略目的的一种方式，只是战略级数据资产发挥战略价值的前提基础。关于战略级数据资产可以实现什么样的战略价值，需结合企业业务运营实际进行具体分析，常见的有实现战略意义上的降本增效，即战略成本管理，不同于常规成本控制手段，这是一种深刻契合企业战略、可持续、系统化的"战略降成本"。财政部会计司举了一个例子：电网企业在运营当中，积累形成用户企业用电量相关的数据库，并研究形成用电数据分析工具，可通过季节、时间段、地理区域等维度的用电历史分析，形成未来用电趋势的预测结果。该数据库和分析工具可以用于合理设置电力设施、电力的配网调度等提升运营效率的经营管理方面。

再比如，通过客户群体画像实现精准营销，进而通过客户数据分析实现更为高效的市场开发，节约更多广撒网式营销费用，转化更多有潜在成交意向的高价值客户。需要注意的是，在企业积累客户数据不多时，虽仍可以进行这样的数据分析助力业务决策甚至战略决策，但如果企业没有突破"量变引起质变"的过程，形成适合行业特征及自身独特业务模式的数据分析模型，所谓的客户数据顶多是数据资源而不是数据资产。在这个例子中，只有当企业的客户开发及市场开发高度依赖于对多年积累的客户数据的独特、有效的分析，并已成为企业赖以生存的战略基础、对企业整体资源资产配置具有决定性影响时，企业才能将结构化的客户数据称为战略级数据资产。

在战略级数据资产的会计界定中，一是要把握数据资源的战略价值，只有对企业资源配置形成持久、广泛影响的数据资源才具有战略影响力，才有可能推动企业实现数智化转型进而实现战略目的；二是要把握数据资产的会计确认条件，在数字经济时代下战略资产常常表现为数据资产，但不是所有战略资产都能满足会计确认条件，仍要牢记数据资源到数据资产的"惊险一跃"应具备什么样的会计特征。

2. 数据资产是一项辅助资产

对于内部使用的不构成业务的数据资产，要么是一种战略资产的惊喜，要么是一种不起眼的辅助资产的失望。理论上，资产的价值如果不通过外部途径实现，应该有更大的内部使用价值，最理想的就是战略价值，其次是构成一项独立的数据业务的价值，最不希望看到的是数据资产既没有能力构成一项业务或辅助战略实现，企业也不尝试通过外部途径进行变现，而是盯死内部使用渠道，尝试实现那种说不清道不明的价值，可能企业确实为转化战略资产做潜力储备，也可能这种价值注定微乎其微，甚至是一种不敢通过外部途径变现从而不让市场评价自身数据资产价值的逃避手段，借此手段掩饰数据资产的减值迹象，逃避减值测试及减值计提。

这种数据资产彻底沦为了"打辅助"的角色，"具体辅助程度多大"甚至影响着数据资产能否会计确认。随着时间的推移，若没有一定的手段将此类数据资产盘活，由于数据资产的时效性，这类数据资产的价值将越来越难看，甚至在"能否预期带来经济利益流入"方面逐渐跌破会计确认的门槛，需要进行终止确认，否则账面上的数据资产水分将越来越大，从而造成会计信息失真。

企业往往具有一种"会计行为惯性"，一旦在账面上、报表上确认了数据资产，尤其是那种可以不摊销的无形资产数据资源，在终止确认时点的把握上往往表现得很懒惰或者进行刻意操纵，其结果往往是数据资产价值在消失殆尽后仍然趴在账面上不肯下台，无论数据资产在之前的会计期间是属于战略资产还是业务资产，一旦维护不力或者战略失败、业务烂尾，本应计提减值甚至终止确认的数据资产仍然没有进一步的会计动作，使得账面上的数据资产成为一种实实在在的辅助资产，如图 4-1 所示，看似"食之无味、弃之可惜"，实则是一种错报甚至舞弊行为。

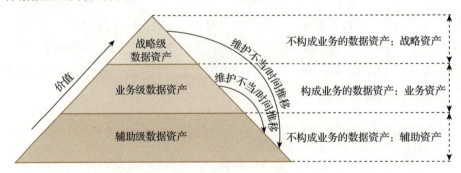

图 4-1 内部使用业务模式下的数据资产级别

4.2 对外提供服务业务模式下的职业判断

对外提供服务，财政部会计司对这种业务模式的描述是"运用数据资源为其他主体提供有关服务"，在会计上的表现是数据资产直接带来外部收入，但并不是"卖断"，只是利用会计主体自身拥有的数据权利为客户提供服务，客户取得的是服务而非数据资产，因此在会计主体层面，数据资产即使被消耗一部分，也不会一次性终止确认，与出售业务模式显著不同，但也不是内部使用业务模式，毕竟数据资产带来的经济利益来源于外部客户。所以，对外提供服务模式下，数据资产的职业判断既要以《企业会计准则第6号——无形资产》为依据，也要以《企业会计准则第14号——收入》为依据，这也是《暂行规定》强调的。

如果再较真一点，对外提供服务模式也不等于"短期内让渡数据权利、到期后收回数据权利"的租赁模式，客户接受服务获得的经济利益并不一定通过租用数据资产来实现，虽然租赁也可以视为一种服务。为了做出更加精确的职业判断，本节谈及的"对外提供服务"，不包括租赁服务，会计主体的数据资产在为客户提供服务的过程中既不转移也不租出，即客户完完全全享受的是直接服务，而非先租来数据资产再个性化加工使用才能满足自身服务需求，基于此严格区分对外提供服务业务模式与租赁业务模式，毕竟租赁业务模式还要受到《企业会计准则第21号——租赁》的规范。

其实，对外提供服务这种业务模式比较容易产生实务争议，尤其是在《暂行规定》正式出台一年前的征求意见稿中，当时《暂行规定（征求意见稿）》对业务模式的措辞是内部使用或对外交易，俗称自用或出售，有点非黑即白的意味，如果内部使用，那么就用《企业会计准则第6号——无形资产》来规范，如果对外交易，那么就用《企业会计准则第1号——存货》来规范。可是，对外提供服务模式到底应套用内部使用模式的会计处理还是对外交易的会计处理？《暂行规定》正式稿回应了这一点，将措辞修改得更严谨，出售就叫出售，而不是用可以包含非出售类交易模式的"对外交易"来指代，并将本节所称的"对外提供服务"表述为"企业在持有确认为无形资产的数据资源期间，利用数据资源对客户提供服务"，增加征求意见稿遗漏的业务模式，这样不会产生歧义，能尽可能地在规则制定环节消除实务争议。

本节将对外提供服务模式分为"以数据服务为主"与"以数据服务为辅"两大子业务模式，与内部使用业务模式的分类以"是否构成业务"有异曲同工之处，不同的是对外提供服务只是单一业务层面，不可能再有战略级数据资产的参与，不会对企业所有业务形成广泛支撑，可能只是构成与客户订立的合同中的某个"以数据服务为主"的单项履约业务，甚至只在部分履约义务中提供辅助履约保障，即"以数据服务为辅"，或称为"辅助合同履约模式"，只不过在《暂行规定》的鼓励下得以在账务处理中单独反映。

在此基础上，本节依据实务中常见的数据服务类型将"以数据服务为主"的对外提供服务业务模式进一步细分为提供信息服务模式与提供技术服务模式，区别是对数据资源的加工使用程度，前者是为客户提供数据反映出来的信息，服务成本通常较低，后者是为客户提供以数据资源为依托整合形成的个性化数据技术服务，服务成本通常较高。

4.2.1 提供信息服务模式

财政部会计司对提供信息服务模式给出了相关描述："利用相关的数据资源，经过汇总、分析等，形成其他主体所需要的新的数据（例如分析结果、信用评级），并通过调用数据接口 API 的方式提供查询或验证服务"。企业借助数据资产，提炼可以辅助客户管理决策的关键信息，是为客户提供数据服务的主要方式之一。"数据驱动决策"，对于内部使用的数据资产而言是为会计主体的决策服务的，对于对外提供服务的数据资产而言是为客户的决策服务的，业务的底层逻辑是相通的。无论数据资产是给企业自身创造价值还是为客户创造价值，在使用时都需根据具体业务目标转化成决策相关性较高的信息，这种信息不一定要包装成标准化的数据产品，甚至非结构化数据仍然可以直接对外提供个性化服务，因此数据资产通过对外提供信息的模式进行获利，本质上是服务性质的收入，而非商品性质的收入。与对内提供信息不同的是，专门用来对外提供信息的数据资产与战略资产相距甚远，甚至不一定构成《企业会计准则第20号——企业合并》及应用指南中定义的"业务"，但至少在带来经济利益方面相较于辅助级数据资产更为直接和真实可信，投资回报周期短、风险低，虽然这种业务模式有点"短平快"似的简单粗暴、门槛较低，不似内部使用业务模式那样"细水长流"。

在这种业务模式下，同样一份数据，可以提供无数次信息，可以满足客户各种五花八门的信息需求，但不会让客户直接获得完整数据，否则数据资产将面临流失，除非管理层考虑出售业务模式。结合资产定义，如果数据资产被公开了，企业不再具有排他性数据权利，无论这种公开是企业心甘情愿的还是正在通过诉讼挽回损失，在当前的经济实质上，企业很可能不再保有对相应数据权利的控制，数据资产需要考虑终止确认，至少要对数据资产计提减值损失。因此，在对外提供信息服务的数据资产业务模式下，不仅要从概念范畴上把握对外提供服务与出售的业务模式区别，而且要在实际执行中做好内部控制，不要让数据资产对外提供信息服务的过程中达成"变相出售"的效果，否则不仅在数据资产运营管理上存在较高的风险，还会影响数据资产的会计确认问题。解决这一问题的基本思路已在 3.2.5 节阐述，如果企业对数据安全管理没有自信，那么要谨慎开展对外提供信息服务的数据资产业务模式，否则可能"赚了利息的钱，丢掉了本金"。

需要额外纠正的是，"对外提供信息"并不一定意味着拥有数据资产或数据资源。有数据，必然可以获取相关信息，但是只有信息，未必有系统化的记录信息或可以持续"举一反三"地产生相关信息的数据。在全社会推崇数据要素之前，"对外提供信息"并不是什么新鲜事，如果企业没有相应数据资产，只是单纯地作为信息搬运工，并没有具有独特竞争力的数据资产，那么企业与数据资产入表是无缘的，会计师要警惕用信息概念偷梁换柱、包装成数据服务的伪数据服务现象。在目前的会计体系下，数据资源在满足一定条件后可以作为资产入表，但信息资源永远没有作为资产入表的特权。例如，一些时政类微信公众号帮助粉丝整合各类新闻，只是依赖人工第一时间进行信息搬运，借助信息接收整理的时间差优势来获得流量收益，可能并没有独特的数字技术可以自动化地实时整合公众号粉丝最愿意看的新闻信息，换言之，它们对外提供的信息既不由自身的数据资产而产生，其信息服务也不依托于自身的数据资产，在没有底层数据或相关数据技术的前提下就可以完成这样的信息服务，不适用于《暂行规定》，甚至都不需要用到资产类会计准则，用《企业会计准则第14号——收入》就可以基本解决其会计核算问题。

在自媒体时代，对外提供信息服务的形式可以多种多样，在数据资产会计的视角下，可以分为依赖数据资源与不依赖数据资源的对外提供信息服务。只有依赖数据资源的对外提供信息服务，才适用《暂行规定》，才有数据资产入表的希望，才有争取数据资产相关政府补助的可能。依赖数据资源，也可以有不同的方式，既可以由会计主体拥有或控制的数据资源直接满足客户的信息服务需求，也可以由会计主体根据客户的个性化信息需求对自身拥有或控制的数据资源进行个性化加工，还可以借助具有数字技术属性的数据资产获取客户需要的信息后对外提供，或者对已经掌握的信息通过技术类数据资产进行独特加工再提供给客户等。总之，在满足客户信息服务需求的过程中，只有依赖自身数据资源是必要的、不可或缺的，才能适用《暂行规定》，如果客户的信息需求可以不依赖数据资源就能轻松满足，那么就不属于数据资产的业务范围。需要提醒的是，数据资源对应会计主体的资产要素，一定是排他的，如果在提供信息服务的过程中仅仅依赖公共数据资源，考虑到公共数据资源不是企业会计主体的数据资源，那么这种对外提供信息的服务模式不属于会计师定义的"依赖数据资源的信息服务"。

在自媒体时代，每个人都有对外提供信息的便利，但多数人不知道的是如何借助自身数据资源对外提供信息，一个典型的例子是知乎平台的付费咨询服务：付费咨询答主通过提供一定的信息来满足咨询者的信息需求，例如题主在描述自身财务工作遇到的个性化困境时，答主可以针对性地答疑解惑，在咨询单结束后可以通过知乎平台结算获得信息咨询服务收入。这种答疑解惑通常需要花费答主一定时间来完成，无法通过复制粘贴来低成本完成，毕竟咨询者的问题通常是个性化的，否则咨询者没必要花钱来专门请教该答主，完全可以从知乎平台的免费问答信息池中淘得那种共性答案。在ChatGPT等生成式AI工具兴起后，这种咨询需求仍然存在，一方面咨询者对大模型生成的答案存在可靠程度方面的信任问题，另一方面咨询者通过答主在知乎平台的历史IP表现拥有了对该答主的专属信任，答主的答案与 ChatGPT 等大模型生成的答案一定是不同的，无论咨询者是否也问询大模型作为自身决策的参考，但要获取咨询者信任的专业答主的答案只能通过付费咨询的方式。

然而，粉丝规模庞大的付费咨询答主可能经常接到同一领域的信息咨询需求，例如答主在知乎平台上无偿发布过成百上千个财务职业转型类问题，在知乎的 IP 培养机制下，可以拥有财务职业转型类话题的优秀答主身份，从而使得潜在咨询者在知乎平台搜索类似问题时更容易关注到该优秀答主并产生专业上的信任，当咨询者通过公共问答池的搜索学习后仍然不能满足自身答疑解惑的需求，就可能私下向该答主发起付费咨询，那么该答主在多次回应相似话题的付费咨询后，脑力劳动会逐步变成体力劳动，甚至每次都是用"以不变应万变"的思维框架进行解答，只不过这个"不变"依赖答主多年的经验积累和独特的财务思维及职业规划思维，依赖这个咨询者没有的"不变"，来破局咨询者的"万变"难题，颇有依赖潜在数据资源对外提供信息服务的异曲同工之妙，可惜的是，从前在没有数字化工具的加持下，这个"不变"很难记录为数据形式。

幸运的是，在数字经济乃至智能经济时代，这样的信息咨询服务可以有逐渐实现"自动化"的可能。部分先知先觉的知乎答主已经开始思考，如果咨询者学完自己在知乎上发布的成百上千篇该类问题的回答，加以思考也可以掌握到自己拥有的"不变"，但显然不太现实，那么如果有一个数字化工具，只吸收自己的历史问答，咨询者再来咨询时，将咨询问题复制粘贴到这个数字化工具中，就可以直接输出类似于答主亲手打出的答案，省时省力，真正实现信息咨询服务数字化，而且答主可以不断积累真正的专属数据资源。

其实，未来每一个人都可以拥有自己专属的大模型，用来投喂自己过去发布的专业回答，当投喂的同类专业回答达到一定规模后，真正意义的专属大模型就完成了，实现了技术上的"涌现"，让大模型拥有举一反三的"顿悟"能力，可以对同类的个性化提问进行符合自己一贯思维的针对性输出，如果遇到的咨询问题突破了以往的回答框架，再亲力亲为进行补充，而且这种补充不再是那种重复性的体力劳动，而是通过进一步训练自己专属的问答数据大模型积累数据资源，以便将来遇到同类问题后增加直接生成有效信息的可能。

提供信息服务模式还可以表现为提供数据知识产权许可。国家知识产权局于 2023 年 12 月 29 日发布了《国家知识产权局办公室关于确定 2024 年数据知识产权试点地方的通知》，数据知识产权，即"权利人对经过一定算法加工、具有实用价值和智力成果属性的数据，依法享有的专有权利"，正式成为与专利、著作权、商标等并列的知识产权类型之一。以往，知识产权一般代表着智力成果，数据似乎与这种智力成果并不搭界，但为了尽快厘清数据要素的产权问题，探索将数据融入现有知识产权保护的客体中未必不是一个伟大的尝试。甚至，数据知识产权登记证书已经成为数据确权登记的一种表现形式，成为会计师确认企业数据资产的一种证据。数据知识产权许可已经成为一种新兴的数据服务业态，即在不改变数据知识产权权属的情况下，通过授权其他主体在一定期限、范围内使用数据知识产权来获利。

例如，在山东省一个数据知识产权许可案例中，许可方是中国电信股份有限公司山东分公司，被许可方是山东建筑大学，运用场景是通过精确定位问题频繁发生地，帮助管理者有针对性地开展安全隐患排查，为校园安全提供有力保障。运营商利用自己的通信大数据为需求方提供符合特定管理需求目的的信息，并用数据知识产权许可的服务形式进行包装，在自身数据资产并未转移到客户主体的情况下实现了为客户提供特定信息服务的目的。与前述的业务情形不同的是，这种提供信息服务的交付并不一定是一次性的，而是可能持续地发生在某一时段，这涉及按时点确认收入还是按时段确认收入的会计职业判断。

对于授予知识产权许可的业务模式，《企业会计准则第 14 号——收入》第三十六条有明确规定，当然也适用于授予数据知识产权许可："企业向客户授予知识产权许可，同时满足下列条件时，应当作为在某一时段内履行的履约义务确认相关收入；否则，应当作为在某一时点履行的履约义务确认相关收入：（一）合同要求或客户能够合理预期企业将从事对该项知识产权有重大影响的活动；（二）该活动对客户将产生有利或不利影响；（三）该活动不会导致向客户转让某项商品。"根据这样的规定，如果案例中数据知识产权许可方根据授权期内不断更新的实时通信大数据来持续性维护相关数据知识产权，即被许可方获取的相关数据信息在授权期内持续得到更新，说明本质上客户需要的就是某一时段的持续信息，那么企业就应该依据收入准则将该数据知识产权许可行为视为某一时段内履行的履约义务，按照时段法分多次确认收入。

4.2.2 提供技术服务模式

财政部会计司对提供技术服务模式是这样描述的："利用数据资源和技术提供数据资源相关的专业服务，例如数据采集、清洗、标注等，或是提供算法模型、搭建平台等数据相关整体解决方案。"数据的使用价值是通过加工成信息来实现的，所谓的数据资产，要么着眼于信息生成的数据来源，要么着眼于从数据到信息的加工技术，要么二者兼有之。企业利用数据资产为客户提供以数据要素为主导的服务，本质上是给客户提供客户需要的相关信息，要么在企业掌握的数据基础上直接提供针对性信息，即授人以鱼，要么在客户提供的数据基础上帮助客户加工成客户需要的信息，即授人以渔。无论是授人以鱼还是授人以渔，企业都是通过数据资产对外提供服务的，前者是对外提供信息服务，后者是对外提供技术服务。当然，从商业的角度来讲，不可能有真正的授人以渔，只是说用于对外提供信息服务的数据资产着眼于"鱼"，其数据资产经济内涵更多的是企业掌握的数据，而用于对外提供技术服务的数据资产着眼于"渔"，其数据资产经济内涵更多的是数据技术。当然，对外提供信息服务的业务模式可能也包含了企业根据客户的个性化需求对自身掌握的数据进行针对性加工的技术过程，只不过侧重点不同，对外提供信息的商业价值关键在于数据，加工技术可以很简单，甚至在"数据≈信息"的简单需求情形中不需要怎么加工，而对外提供技术服务的业务模式的商业价值主要在于有一定技术门槛的数据加工过程，数据原材料通常由客户提供。

在这种业务模式下，首先需要客户持有数据资源，否则"巧妇难为无米之炊"。例如，数据技术公司在客户数据集的基础上进行人物语音转写、行为意图、声纹识别、领域识别、语句泛化、语义分割等数据标注服务，如果客户本身不持有数据资源，那么为其提供数据技术服务也无从谈起。其次，在数据资源的三权分置权利框架中，需要客户暂时让渡数据加工使用权，但可以继续保有数据资源持有权和数据产品经营权。待企业将客户提供的数据资源加工完成后再将成品数据信息交付给客户。这一过程类似于作为存货核算的"委托加工物资"所反映的业务模式：客户作为委托方，向受托方企业提供原料和主要材料，受托方最多代垫部分辅料，按照委托方的要求进行加工并收取加工费，其中的材料当然也可以指代数据。

这里要跟出售的业务模式区分开，企业并不是先从客户手中买来数据原材料、加工后再卖回到客户那里，并没有"买断"及"卖断"的过程，数据资源的主要控制权一直属于客户主体并未发生转移，企业只是介入数据的加工过程，甚至在相关数据资源的数据加工使用权暂时、必要的转移过程中都没能附带获得暂时性的数据资源持有权，例如上门性质的数据加工技术服务，客户与企业各司其职，企业对客户掌握的数据进行加工的过程中即使全程在客户的监控下进行，如果数据安全技术给力，客户无法截获企业运用的数字技术工具，企业也同样无法复制客户的数据资源，这与传统意义上的委托加工有形物资的模式有所区别。

企业暂时性地获得了数据加工使用权，至少这也是客户的数据资源对应的三大数据权利之一，既然入账的数据资源本质上都是数据权利，那么企业在这种业务模式下可以将数据加工使用权入账入表（哪怕是暂时性的）吗？企业对数据资源的控制权评估不应局限于企业拥有全部三大数据权利，"数据二十条"提出三权分置是为了在数据权利更加细分的层面更好地促进数据要素的流通，如果拆解数据资源控制权的三大方面后，数据资产会计仍然以数据资源完整控制权为依据进行反映，显然不符合政策导向。数据资产会计是为数字经济大局服务的，三权分置后，任何一方面的数据权利理论上都有单独入账的可能性。关于在受托加工数据的服务过程中企业拥有的数据加工使用权能否入账，既要考虑企业对数据加工使用权是否具备实质性控制，也要考虑这种业务模式的商业实质。

其一，数据技术服务合同是有一定期限的，因此数据加工使用权只是暂时性的，并非永久让渡，类似于企业租赁了数据加工使用权，属于对数据权利的经营租赁，只是这种租赁是企业为客户履行履约义务的必要条件，并非属于《企业会计准则第21号——租赁》定义的"租赁"，因为租赁准则评估合同是否包含租赁的金标准是"合同中一方让渡了在一定期间内控制一项或多项已识别资产使用的权利以换取对价",显然客户暂时性地让渡数据加工使用权并非为了换取对价,而且暂时性让渡数据加工使用权并非获取经济利益的主要手段,只是合同履行的必要条件而已,因此企业无法根据《企业会计准则第 21 号——租赁》确认使用权资产。

其二,企业暂时性拥有的数据加工使用权是受限的,所谓的加工只能根据客户的需求进行加工,即使有进一步发挥的空间也不能突破为客户服务的目的,更不能为企业自身服务,换言之,企业并不能实质性控制数据加工使用权,数据加工使用权的行使只能局限在为客户提供服务的合同约定中,因此企业无法根据《企业会计准则第 6 号——无形资产》及《暂行规定》确认数据资源无形资产,哪怕是阶段性的会计确认。

其三,企业暂时性拥有的数据加工使用权虽然增加了企业的履约资源,且与合同直接相关,但企业在获取这一履约资源的过程中并未发生增量成本,毕竟在这种业务模式下客户让渡数据加工使用权通常是无偿的,因此企业无法根据《企业会计准则第 14 号——收入》及《暂行规定》确认与数据加工使用权相关的合同履约成本。可能有人争辩:根据《暂行规定》,企业利用数据资源对客户提供服务的,应当按照收入准则等规定确认相关收入,符合有关条件的应当确认合同履约成本。但是,这里所述的合同履约成本并不是指暂时无偿取得的数据加工使用权,而是指企业为了履行数据服务合同而消耗的履约资源,履约资源中可以包含企业为了履行合同而消耗的已有数据资源,例如使用寿命有限的技术类数据资产,企业可以将该数据资源无形资产摊销入合同履约成本。

因此,在提供技术服务模式下,企业只能运用已有的数据资产对外提供数据加工服务,即使用来加工的数据原材料是客户提供的增量数据资源,在现行的数据资产会计相关准则制度下,企业无法将提供服务过程中接触到的增量数据资源纳入表内核算。在会计师的视角下,那些妄图通过对外提供数据加工服务来"抢劫"数据资源的行为是不靠谱的,无法实现新增数据资源入表的目的,否则要么面临会计合规风险,要么面临法律风险。

实务中，数据技术服务过程中收取的"数据加工费"可以表达为"技术服务费"。但是，在数据要素火爆之后，部分数据技术服务商为了迎合"人人都想拥有数据资产"的贪念（当然这个贪念很可能也是数据技术服务商勾起的），号称消费者只要缴纳一笔数万元甚至数千元的技术服务费，就可以将个人零散的数据打造成数据资产，进而获得数字经济时代的生产资料，再套上 SaaS 无界模式的概念，畅想未来数据资产联合上市的利润空间，但操作载体只是借助数据技术服务商的技术服务打造的个人专属 App，简单粗暴，听起来极其诱人，甚至可以通过"拉下线"的方式来丰富自己的数据收益。

这种技术服务对应的客户需求并不是理性的，甚至是被洗脑的，客户都不知道自己想要什么信息，只知道自己有数据但无法掌握数据资产，被哄骗着借助这样的技术服务积累自身的数据资产。因此，这种业务模式并不是本小节提及的数据技术服务，甚至是否为良性的业务模式、是否为"数据传销"庞氏骗局等都值得商榷。虽然打造个人 App 确实是汇聚数据资源的一种技术路径，但为什么积聚数据资源必须通过 App，而且是必须过一道数据技术服务商的 App？显然，数据技术服务商很可能通过独家技术服务帮助无数消费者打造个人 App 来汇聚海量的数据资源，无形中打造了庞大的数据血缘体系，这种技术服务看似是一次性的，实则存在于 App 的全生命周期中，消费者的个人数据安全受到很大挑战。在数据资产会计的智慧中，会计主体必须明晰数据资产业务模式才能具备确认数据资产的会计基础，如果连数据资产变现的路径都不清晰或者被数据商牵着鼻子走，会计主体拥有的借助 App 等各种技术路径打造的所谓数据资产真的是资产吗？数据不等于资产，是否通过 App 整合也不是数据成为数据资产的关键。

当然，个人不是会计主体，但对于企业而言也是同样的道理，需要警惕数据骗局，理性选择数据技术服务。对于企业而言，将自身数据打造为数据资产，是一项数据资产入表辅导的大工程，在第 3 章数据资产会计的应用前提中已详细阐述，很可能需要会计师事务所、数据商等各路专家的通力合作，怎可能是交一笔数据技术服务费就能简单实现的，换言之，那些甚嚣尘上的数据技术服务并不是形成数据资产的精髓。

4.2.3 辅助合同履约模式

无论是依赖数据资产提供信息服务还是提供技术服务，以数据为主的服务性质或多或少被相关数据资产定义。但是，企业利用数据资产对外提供服务并不一定代表相关服务主要依赖数据资产，数据资产在服务过程中即使是不可或缺的，但也可能只是起到辅助作用而已，本书将这样的业务模式称为"辅助合同履约模式"。需要区分的是，数据资产作为合同交易的辅助配套资源，可能发生转让，也可能不发生转让，只有不发生转让（即数据资产权属关系不改变）的情形才是对外提供服务模式，而转让情形应按照出售业务模式对待。在这种模式下，数据资产增加了合同的履约资源，既有可能单独发挥作用，只不过这个作用是辅助级别的，也有可能作为辅助资源的数据资产与主要资源一起发挥作用。用会计师的语言翻译，核心看点是合同中与数据资产相关的服务是否构成单项履约义务，这也是《企业会计准则第14号——收入》的关键职业判断之一。

1. 数据资产相关服务构成单项履约义务

一个合同，可能仅包含一项履约义务，也可能包含多个单项履约义务，收入准则将确认收入的会计动作细分到履约义务层面而不是合同层面，类似于"支部建在连上"，这个"支部"就是收入确认相关职业判断，"连"就是各单项履约义务：会计界熟知的收入确认五步法模型明确了企业在识别合同的基础上要识别各单项履约义务，将合同总体交易价格分摊到各单项履约义务后，在企业履行单项履约义务后确认收入，针对每一个单项履约义务都需明确是按时段法还是按时点法确认收入。因此，即使数据资产相关服务在合同中只是辅助地位，也不排除构成单项履约义务的可能。

关键是，怎么判断数据资产相关服务是否构成单项履约义务？根据收入准则第九条，履约义务是指合同中企业向客户转让可明确区分商品的承诺。关于怎么界定"可明确区分商品"，收入准则第十条给出了需同时满足的两个条件："（一）客户能够从该商品本身或从该商品与其他易于获得资源一起使用中受益；（二）企业向客户转让该商品的承诺与合同中其他承诺可单独区分。"当然，收入准则应用指南指出,企业向客户提供的各种服务也属于企业向客户承诺的商品,因此这里的商品应该理解成"商品或服务"。

如果数据资产相关服务构成单项履约义务,那么在这一单项履约义务层面,可以视为"以数据为主的服务",进而按照"提供信息服务"或"提供技术服务"的不同数据资产服务类型进行分类判断,虽然这项服务在合同整体层面是辅助的。

2. 数据资产相关服务不构成单项履约义务

如果数据资产相关服务不构成单项履约义务,比如合同中数据资产是为了与其他资源一起整合成某种组合产出才能为客户带来经济利益,比如合同中数据资产是为了帮助客户更好地使用合同中的主要商品等,即合同中可能涉及的与数据资产相关的服务只是与合同中各单项履约义务具有高度关联性而不能构成单项履约义务,数据资产服务带来的收入一般不会单独在账务层面反映,即使对企业的数据资产造成了一定程度的消耗,也只能通过"合同履约成本"账户间接反映服务成本,当然如果报表附注不披露合同履约成本的组成结构,那么数据资产消耗作为服务成本之一也不会得到单独反映。

4.3 出售业务模式下的职业判断

"出售"常常与"自用"并列,二者是截然不同的业务模式,财政部会计司给出的描述为"直接交易原始数据或加工后的数据,与数据资源有关的经济利益通过转让数据资源而消耗"。"出售"与"对外提供服务"都是通过直接对外提供价值来获取经济利益。在数据资产会计情境下,"出售"即"出售数据产品",通常是一次性的;"对外提供服务"即"提供数据服务",可以是一次性的,也可以是一段期间的服务。

"出售"只是数据资源的变现途径之一,在数据要素流通体系健全之前,可能大部分数据资源都不具有"可出售性";即使企业数据资源符合被会计师升格为数据资产的条件,如果不能形成可以流通的"数据产品","出售"便无从谈起,这也是数据交易所为什么致力于促使企业将数据资源整合为"数据产品"。

对于一个普通资产,"出售"很好理解。然而,对于象征数据权利的数据资产,"出售"的内涵丰富多样,不再是简简单单的"卖断",很可能是部分数据权利的出售。按照三权分置的分析思路,数据资源持有权、数据加工使用权、数据产品经营权都可以彼此剥离并被不同主体拥有,按照传统会计分析思路也可以大致理解为对数据资产控制权的细化。例如,一种数据产品的开发者为了维系品牌声誉,只允许买家购买后经营该数据产品,但不可进一步加工,而另一种数据产品的开发者为了控制数据产品的使用人群,不允许买家购买后转卖,只允许买家自己加工使用。需要注意的是,对于仅针对数据产品使用权的交易,即使名义上是出售,实质上可能是租赁,要进一步结合数据使用期是否无限、是否涵盖几乎全部的数据产品生命周期进行判断,类似于"经营租赁是纯租赁、融资租赁视同转让"的会计职业判断,这对于恰当把握《企业会计准则第 14 号——收入》与《企业会计准则第 21 号——租赁》的准则适用边界很重要。

一般情况下,"出售"与"租赁"业务模式的核心区别在于是否保留所有权。然而,在数据产权三权分置的思路下,淡化了数据资源所有权,细化了数据资源控制权。因此,本节不再以数据产品所有权是否转移来区分不同的出售子业务模式,而以是否保留对数据产品的继续控制来区分不同的出售子业务模式加以论述。

4.3.1 不保留对数据产品的继续控制

如果企业对出售的数据产品不保留继续控制,比如"卖断",那么会计分析就会简单很多,只需根据数据产品控制权的转移时点确认收入即可,如果数据产品在出售前已经作为一项数据资产列示在资产负债表上,比如数据资源存货或数据资源无形资产,甚至未开发完成的数据产品半成品等,那么还需同步结转数据产品成本。

当然,这种分析与出售常规产品的情形无异,只需额外关注数据产品是否在出售前已被会计师确认为一项资产、确认为什么类型的资产,来决定在确认数据产品销售收入的同时是否结转成本、如何结转成本而已。如果企业没能实现数据资产入表，但实现了对数据产品的出售，那么根据《暂行规定》及《企业会计准则第 14 号——收入》，仍然需要确认数据产品销售收入，只不过无法结转成本而已。

此外，对于数据产品而言，可以通过数据产品交付的技术细节来判定企业是否保留了对数据产品的继续控制，这里可参考财政部会计司宣贯《暂行规定》时给出的一个情形：某技术公司的主要经营活动是对数据进行采集和清洗、标注等加工后，出售给其他企业。某客户基于正在开发的人工智能裁判与教练系统，向该技术公司采购篮球运动图像数据分析产品。双方约定该技术公司需在合规前提下，提供达到客户要求的数据质量等标准的数据分析产品，经验收后交付相关数据产品，并收取合同对价；交付数据产品后，该技术公司应当完全销毁采集和处理过程中的相关原始数据和衍生数据，不得将其转让、授权给其他方使用；除非监管部门管理需要，不得向其他方提供该数据产品的原始数据来源、规模、质量等信息，否则需承担违约责任。显然，在这个例子中，该技术公司没有保留对数据产品的继续控制，保障了该客户对该数据产品的排他性使用，有利于保障该客户规避"同一数据产品被多次售卖"的产权风险，有利于保障该客户基于该数据产品入表数据资产的确认条件。

根据《企业会计准则第 14 号——收入》，"如何确认收入"不仅是收入确认时间的问题，还包含收入确认金额的计量问题。收入确认金额，不仅受"是否保留对数据产品的继续控制"职业判断的影响，还受"出售数据产品前是否拥有数据产品控制权"职业判断的影响，而这一职业判断与数据产品经营模式有关。

1. 出售数据产品前不拥有控制权

如果企业在出售数据产品前不拥有数据产品控制权，比较常见的情形是数据产品经纪，企业的角色只是利用信息中介优势来撮合数据产品供给方与数据产品需求方达成交易，可能采取"以销定采"的商业模式，即以数据产品市场需求为起点，寻找数据产品供给主体，甚至在出售数据产品时还没采购到该数据产品，自然无从谈起对数据产品的控制权。

根据《企业会计准则第 14 号——收入》，企业的这种角色定义为"代理人"，赚取的是数据产品的进销差价，按照业务实质，应将数据产品进销差价部分确认收入，而不应将销售价格全额确认收入，即采用"净额法"而非"总额法"。企业的数据产品经纪人角色决定了收入确认金额是"差额"而不是"总额"，而定义企业数据产品经纪人等代理人角色的金标准就是"出售数据产品前不拥有控制权"。

2. 出售数据产品前拥有控制权

如果企业在出售数据产品前拥有数据产品控制权，可以有两种常见的情形：要么企业在出售数据产品前已经从其他方获取了对数据产品的控制权，比如"买断"；要么企业是数据产品的原始权益人，比如企业从零开始开发了数据产品，自然享有数据产品的一切权利，除非在出售前已经将数据产品的部分关键性权利让渡给第三方。

无论企业通过什么途径在出售前获取了数据产品控制权，《企业会计准则第 14 号——收入》将企业这种角色定义为"主要责任人"，与"代理人"概念相对，采用"总额法"确认收入，即数据产品交易价格全部作数。这种收入确认模式的判断标准就是"出售数据产品前拥有控制权"。

比较麻烦的是，由于数据产品的特殊性，根据三权分置思路还要区分"出售数据产品前拥有完全控制权"与"出售数据产品前拥有部分控制权"。尤其对于数据产品的"部分控制权"而言，是比照"拥有数据产品完全控制权"情形进行会计处理，还是比照"不拥有数据产品控制权"情形进行会计处理？是否还要参照企业拥有的部分控制权是否为数据产品控制权集合中的关键组成部分？

具体应该采用什么样的分析思路，需要回归三权分置制度框架的本意，即促进数据要素的进一步流通，而不是只为厘清数据确权问题一味地提高职业判断落地成本，只为明晰数据权利类型而一味将问题复杂化。既然数据资产流通层面已经细化到了数据产品的不同权利方面，既然会计师视角下的数据资产已经是一种数据权利，那么将针对权利分拆场景的分析层级细化到数据产品的具体数据权利较为妥当，因为"是否拥有对数据产品某一方面数据权利的控制"

更容易判断。

虽然目前的《企业会计准则第 14 号——收入》及应用指南对"是否拥有资产的控制权"的判定有着"是否享有对资产的占有、使用、收益、处分等权利"这样的表述，但仅依赖这样的指引无法解决具有数据特色的权利控制难题。即使对普通资产控制权的分析判断，也可能存在只享有"占有、使用、收益、处分"中的部分权利而难以界定是否控制资产的难题，因此才引起"部分控制权"与"完全控制权"之争。随着数据产品权利的进一步分拆，这种分析思路的意义及效果都大打折扣，为了与三权分置的政策精神保持一致，也为了降低会计职业判断成本，更加科学地反映业务实质，有必要将数据产品的控制权分析细化到具体的数据权利层级。

4.3.2 保留对数据产品的继续控制

相对于"卖断"，保留对数据产品继续控制情形下的会计分析是一种挑战。所幸，目前的数据产品在主流学界未被定义为一种金融资产，否则还要参照《企业会计准则第 23 号——金融资产转移》分析"继续涉入"的会计难题。针对数据产品而言，分析售出方继续控制，实际上等同于售出方保留了与数据产品相关的部分数据权利。

例如，专门从事语料收集与加工的数据要素型企业，基于对某一领域数据市场需求的判断，持续收集相关语料、加工形成数据集，作为企业的底层数据资源，便于继续加工成各类数据产品满足不同类型客户的需求。这种底层数据资源，是该企业的核心竞争力，不可能像 4.3.1 节提到的示例情形那样在出售数据产品后销毁相关数据资源，而是必然保留数据资源的继续控制权。

参照三权分置的框架，比较常见的是保留数据加工使用权或者保留数据产品经营权，需要分别分析。

1. 保留数据加工使用权

如果企业把数据产品出售给数据产品经纪人，很可能在经纪代理协议中约定不可对数据产品进行加工、篡改，只允许转售。这种情形下，数据产品购买方只享有数据资源持有权及数据产品经营权，不享有数据加工使用权，只取得了数据产品的部分数据权利。同样地，数据产品经纪人在购买数据产品后出售给下家，出售数据产品的加工使用权也无从谈起，即使数据产品不断转手，数据产品的加工使用权仍被原始权利人控制。

根据前面的分析，对数据产品控制权的分析应细化到具体权利层面，那么在对与数据产品相关的部分数据权利的买卖中，对相关数据权利的控制也一并转移，不存在"转移部分控制权"的问题，只要发生了控制权转移且出售方在出售前取得了控制权，根据《企业会计准则第14号——收入》就应按照"总额法"全额确认收入。

关于成本的结转，需考虑到资产负债表上数据资产的权利内涵是否与已处置的数据权利类型一致，若一致，则应终止确认相关数据资产、全额结转成本；若不一致，比如处置已拥有的部分数据权利、保留部分数据权利，则应只结转处置部分的数据权利成本，数据资产不应终止确认。

针对保留与数据产品相关的数据加工使用权的出售业务模式，在数据产品不断转手的链条上，数据产品原始权益人永远不会涉及数据资产终止确认，只是随着其他数据权利的让渡而相应减少数据资产的账面价值，而后续数据产品持有方的财务报表上的数据资产权利内涵不再包含数据加工使用权，随着其他数据权利的一并让渡，会涉及数据资产终止确认。

2. 保留数据产品经营权

与保留数据加工使用权的分析思路相似，保留数据产品经营权也只是改变了数据资产入表的权利内涵，在成本结转时仍需考虑处置部分的权利内涵，来区分全额终止确认与调减账面价值。

与保留数据加工使用权不同的是，保留数据产品经营权会大幅缩减数据产品的转手链条，比如出售方限制购买方转售数据产品，数据产品只限购买方自己加工使用。如果把数据产品比作房地产，买方取得这种不可自由买卖的数据产品犹如购置了"共有产权房"，由于没有完全取得数据权利而大幅降低了交易价格，只能自己使用。

这种业务模式需要与租赁区分，毕竟租赁也是让渡资产使用权，区别可以比照"共有产权房"与"长租房"，主要看两方面：使用权的让渡期是否有时间限定（长期让渡以至于几乎涵盖数据产品全生命周期的情形除外）以及是否让渡了数据加工权。如果既让渡了数据加工权，也承诺将来无条件地不收回数据使用权（或者让渡期过长视同"实质承诺"），那么可以做出"出售数据加工使用权"的职业判断，适用《企业会计准则第14号——收入》，否则视同租赁，适用《企业会计准则第21号——租赁》。

4.4 租赁业务模式下的职业判断

"租赁"不仅要与"出售"区分，还要与"对外提供服务"区分。通俗来说，"对外提供服务"要负责保障客户服务的效果，但数据资产不必让客户接触到，而"租赁"是把数据资产交给客户，客户能使用出什么样的效果就是客户自己的事情了。在税务上也有相应的区分：服务通常适用6%的增值税税率，产品租赁通常适用13%的增值税税率，税目完全不一样。在实务中，有一种更加简洁高效的方式进行区分：租赁只提供物、不提供人，服务必然提供人、不单独提供物、可以人带着物一起提供。

当然，在广义上，租赁也是一种服务，这里的租赁业务模式也可以理解为"对外提供租赁服务"，只不过由于租赁服务与一般意义上的对外提供服务有较大区别，因此有必要单独分析，虽然《暂行规定》没有提到租赁业务模式，也没有提到《企业会计准则第21号——租赁》，但实际上《暂行规定》提到的"对外提供服务"必然包含"对外提供租赁服务"。

租赁，可以是按次租赁，也可以是按时段租赁，这是租赁的两种基本模式。在数据产品的租赁模式中，"数据查询授权模式"可以按次租赁，也可以按时段租赁，除此之外，还可以按数据空间租赁，称为"数据空间运营模式"。

4.4.1 数据查询授权模式

关于数据授权查询，比较常见的是数据库的授权查询。需求方可能需要三种不同类型的数据，即使通过同一数据库查询，在按次查询的业务模式下，需要支付三次费用，在按时段查询的业务模式下，具体的查询费用与查询工作的耗时相关。有时，按次查询与按时段查询也并非严格区分，比如有的数据查询协议将一天或者一段时间内的所有查询视为一次查询。

其实，在之前没有明确提及数据租赁业务模式时，以数据库为代表的付费数据查询已是常见业态，但在如今数据要素政策导向下，可以被包装为"以提供数据租赁业务模式为主的数据产品"，甚至很多企业一夜之间造出了描述得云里雾里的数据产品，但细查之下仅为"提供数据查询服务"而已，成本比正儿八经的数据产品低廉很多，而且这里的数据服务没有明确的服务目的，重在向需求方提供数据集，具体数据加工使用的效果就是需求方的事了，因此放在"对外提供服务"的一般语境中不太合适，究其业务本质，称之为租赁业务模式更为贴切。

财政部会计司在宣贯《暂行规定》时举过一个例子：某电网企业对合法采集到的企业用户用电数据进行脱敏和深度分析，形成了一些可以反复使用的评价指标和数据库（不包含涉及企业隐私、商业秘密、敏感信息的原始明细数据）。某银行在信贷反欺诈、辅助授信、贷后预警等业务中，经过申请、企业授权、分析并返回查询结果，获取根据企业用电行为、缴费情况、用电量水平和趋势等特征信息形成的评价结果，为完善"用户画像"提供支撑，并按查询次数付费。该例中，电网企业对银行提供了数据服务，但不负责数据使用效果能否达到银行的使用目的，毕竟企业用电数据分析只是银行信贷业务考虑的一种辅助手段而已，只要银行向电网企业申请查询了用电数据，电网企业就有相关收入，因此站在电网企业的视角，本质上提供的是数据租赁服务，与普通的对外提供服务有一定区别。

根据《企业会计准则第21号——租赁》第二条："租赁，是指一定期间内，出租人将资产的使用权让与承租人以获取对价的合同。"在数据租赁的语境中，承租人获取的是数据的使用权，对应的是数据产权三权分置框架中的数据加工使用权。由于新租赁准则不再区分承租人视角的经营租赁与融资租赁，无论承租人获取的数据使用权的权利状态、限制及在数据资源整体权益中的占比，理论上都可以借助"使用权资产"科目入账资产。这恰好与数据资产的"权利观"相吻合，入账入表的数据资产的本质内涵是某一方面或某几方面的数据权利，数据加工使用权作为三权分置体系中的一员，当然可以独立入表，即使会计主体不拥有数据资源持有权及数据产品经营权。因此，包括《暂行规定》与《企业会计准则第 21 号——租赁》在内的企业会计准则体系在数据使用权入账方面可以做到逻辑自洽、结果一致。

财政部会计司在宣贯《暂行规定》时提起过一个例子：某企业订阅了某宏观经济数据库的普通会员，可以在 2023 年全年内实时登录数据库去查询有关的数据。该数据库拥有 5000 个普通会员，它对所有的普通会员提供的都是相同的查询服务。在此情形下，该企业只是获得了与其他会员相同的查询数据库的权利，而非排他性地直接获取该数据库的全部内容。显然，该企业不能将整个数据库作为资产予以确认，但可以就其获得的查询权利是否属于资产进行判断。在现行准则体系下，可以根据《企业会计准则第 21 号——租赁》中的经营租赁承租方判断是否满足"使用权资产"的确认条件。只不过《暂行规定》没有规定将使用权资产中可能包含的数据资源单独列示，但不代表除了存货、无形资产、开发支出之外的报表项目中不可以蕴含数据资源的经济实质。

数据资产租赁除了要与普通的对外提供数据服务做出区分，还要与数据资产的出售模式区分清楚。毕竟在权利观的视角下，数据资产的本质是数据权利，所谓的数据资产出售只不过是数据权利的让渡，如果让渡的恰好是数据加工使用权，那么称之为出售模式也好，称之为租赁模式也罢，又有什么区别呢？但是，从会计专业角度而言，出售模式与租赁模式适用的具体会计准则不同，前者适用《企业会计准则第 14 号——收入》，后者则适用《企业会计准则第 21 号——租赁》，如果不加以区分，可能导致别有用心的企业以想适用的会计准则为导向反向包装业务合同，进而获得想要的会计处理结果、扭曲会计信息，因而有必要进行区分。

一般而言，出售模式让渡资产所有权、控制权，租赁模式让渡资产使用权，由于控制权需要较为专业的会计职业判断，可能在简化版的会计实务操作中，常参考所有权的转移情况，然而在数据业务语境中，尤其在三权分置框架下，逐渐淡化了数据所有权，这无疑给区分出售模式与租赁模式带来一定的挑战。然而，仅参考资产所有权转移来区分出售与租赁，本身就不是规范的会计操作，违背了"经济实质重于法律形式"的会计原则，最终还是要回归控制权转移的职业判断思路上来。既然三权分置本身就是具有数据业务特色的控制权的细化拆解，那么作为其中一权的数据加工使用权的转移，能否视为数据资产控制权的转移？

其实，在三权分置思路下，这本身就是一个不应提出的问题，因为控制权的分析已经被三权分置的具体数据权利分析替代了，否则就是开数据资产会计的倒车。在实践中，部分业务场景中的承租人通过较为全面深入的数据查询几乎获得了出租人数据集的全貌，实质上已经取得了"数据资源持有权"，而不仅仅是"数据加工使用权"那么单一的数据权利，虽然取得的数据资源持有权的合法性需要根据相关法律法规及双方合同限定来判断，但只要双方认可这一交易实质，其业务底色更像是被数据授权查询形式包装的数据资产出售实质，不宜界定为数据资产租赁。相反，如果数据授权查询业务的初衷只是非常有限的查询使用，数据出租人对承租人可能获取的超额数据权利做出了很多技术上的限制，例如通过加密数据传输、多方安全计算、隐私保护等手段，使得数据对于承租方而言"可用不可见""可算不可见"，无法直接读取出租方提供的数据，只能获得符合数据计算加工需求的最终结果，使得出租方用最小范围的数据传递实现了承租方的数据租赁需求，那么这种业务模式就不应界定为出售，而应界定为租赁。

总之，数据查询授权这种数据租赁模式只是一个壳，是否实为租赁、是否适用《企业会计准则第21号——租赁》，还需要一定的会计职业判断，要具体业务具体分析。当然，新租赁准则的相关规定较为烦琐，会计核算成本较高，这也是企业不愿意优先适用新租赁准则的一个重要原因，构成扰乱会计职业判断的一个潜在动机，需要数据资产审计加以甄别。其实，新租赁准则提供了简化处理方案，只要数据租赁业务能靠上《企业会计准则第21号——租赁》界定的"短期租赁"或"低价值租赁"，即"租赁期不超过12个月的且不包含购买选择权的租赁"或"单项租赁资产为全新资产时价值较低的租赁（实务中判断标准通常为绝对价值应低于 40 000 元)",就可以在租赁期内各个期间按照直线法或其他系统合理的方法计入相关资产成本或者当期损益,不再走包含"使用权资产""租赁负债"等科目在内的较为复杂的租赁账务处理模式,在合规的同时最大限度简化会计核算成本。一般而言,数据查询授权模式,通常租赁期小于 12 个月。

4.4.2 数据空间运营模式

数据承租方不一定需要查询具体的数据,也可以是租赁存储数据的云空间。随着大数据的规模越来越大,"数据上云"逐渐成为企业的必然选择,数据存储空间的租赁业务焕发勃勃生机,提供数据存储空间租赁服务称为"数据空间运营模式",这种租赁服务与传统资产的租赁服务有显著不同,更偏向于一种技术型的租赁服务。

这种模式需要明确资产租赁与服务的边界,核心在于租赁标的是否为"已识别资产"。以数据存储云空间为例,如果出租人不指定专属于承租人的具体的数据空间,或者即使指定了拟出租给承租人的某一块数据空间但其实很难明确划分出来,出租人可以随意替换提供给承租人的数据空间,那么这个数据空间就不属于"已识别资产",相关业务不应界定为租赁模式,而应界定为对外提供服务模式,这源于新租赁准则对于"已识别资产"的合同是否指定、物理是否可区分、出租方是否有实质性替换权等三个职业判断要点。

需要注意的是,数据空间容易与数据资产相关硬件扯上关系,比如服务器等。如果只是租赁服务器,或者租赁算力(如租赁显卡),那么租赁的就是有形的固定资产,而非作为无形数据权利的数据资产,对于数据资产业务模式而言,显然不能划分为租赁,甚至单独来看都不是数据资产的业务。

第 5 章 CHAPTER

数据资产形成方式与会计职业判断

根据《暂行规定》，除了业务模式及持有目的外，数据资产形成方式及相关经济利益预期消耗方式也极大影响着会计职业判断。数据资产形成方式不仅与业务模式共同影响入账科目及适用准则，而且对数据资产入账价值具有一定程度上的决定性意义，这源于历史成本计量原则导向下的《企业会计准则第1号——存货》《企业会计准则第6号——无形资产》，毕竟数据资产入账成本归集主要梳理的就是数据资产形成过程。

数据资产业务模式与形成方式一旦确定，数据资产入账科目及入账价值即已确定，适用的具体会计准则也已确定，与数据资产有关的经济利益预期消耗方式自然没有多少职业判断空间了，例如数据资源存货不存在摊销一说，这些后续计量问题已经被相关会计准则限制了，主要是会计估计层面的职业判断而非会计政策方面的大幅调整。相较于相关经济利益预期消耗方式的职业判断，更为关键的是数据资产形成方式决定的初始计量问题。因此，将《暂行规定》与具体会计准则结合起来分析，数据资产账务处理所涉及的职业判断可以简化处理：一看业务模式定入账科目，二看形成方式定入账价值。

任何一项资产的形成方式，要么是外购，要么是自制。针对数据资产而言，"外购"很好理解，"自制"改称"内部开发"或"内部研发"比较妥当，毕竟数据资产是没有实物形态的。除此之外，还有一种介于外购与自制之间的形成方式，即委托外部单位进行研发，简称"委外研发"，类似于家装行业的"全屋定制"。本章按照外购、内部开发、委外研发分别阐述不同的数据资产形成方式是如何影响会计职业判断的，为第 6 章讲解数据资产会计的账务处理打下基础。

5.1 外购形成方式的职业判断

可以外购的数据资产已经具备了较好的流通性，常见于比较成熟的通用性较强的数据产品。一般情况下，通用性越强的数据产品专用性越差，形成货真价实的数据资源无形资产，尤其是战略性数据资产有一定难度，因此市面上流通的数据产品多数只能作为相关权利主体的数据资源存货进行核算，但少数恰好对买方胃口的数据产品也有可能形成数据资源无形资产，所以在外购形成方式下，可能形成数据资源存货，也可能形成数据资源无形资产，如将数据资产继续向下游数据商转卖，每一个市场主体均有不同用途，进而决定数据资产的流通链条及会计核算形式，如图 5-1 所示。由于二者的成本构成有一定差异，本节分别予以阐述。

5.1.1 外购形成数据资源存货

根据《企业会计准则第 1 号——存货》第五条："存货应当按照成本进行初始计量。存货成本包括采购成本、加工成本和其他成本。"关于"其他成本"，必须是有助于使存货达到目前场所和状态所发生的其他支出，而不能把不太相关的成本吸纳进存货账面价值里，否则会虚增资产水分，这在存货准则第八条中也有阐述。

无论是什么存货，这三项都是基本成本项目，数据资源存货只是在具体成本项目的打开过程中具有一定的数据业务特色而已，而这类特色成本不能放任会计师天马行空，否则什么沾边的成本都往数据资源存货里塞会严重影响会计信息质量，因此《暂行规定》做出了相应规范。

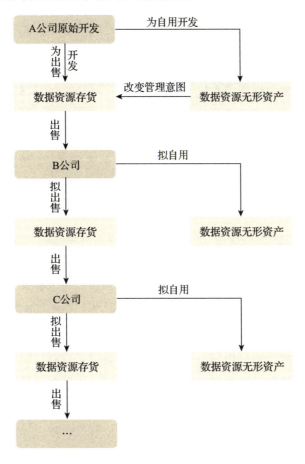

图 5-1　数据资产流通中数据资源存货与数据资源无形资产的形成机理

关于数据资源存货的采购成本，除了"购买价款""相关税费""保险费"外，《暂行规定》还列举了"数据权属鉴证""质量评估""登记结算""安全管理"等其他可明确归属于数据资源存货采购成本的费用。

关于数据资源存货的加工成本，《暂行规定》列举了"数据采集""数据脱敏""数据清洗""数据标注""数据整合""数据分析""数据可视化"等数据加工各个环节的典型成本。

关于数据资源存货的其他成本，更多地作为兜底条款，符合存货成本构成理应包含使存货达到目前场所和状态的一切支出的原则，在分析成本支出与存货的相关性时需要恰当运用职业判断。

5.1.2 外购形成数据资源无形资产

根据《企业会计准则第6号——无形资产》第十二条："无形资产应当按照成本进行初始计量。外购无形资产的成本，包括购买价款、相关税费以及直接归属于使该项资产达到预定用途所发生的其他支出。"

与存货的成本构成对比，无形资产成本强调"达到预定用途"之前发生的一切相关支出，存货成本强调"达到目前场所和状态"之前发生的一切相关支出，有异曲同工之处。

《暂行规定》细化了与无形资产成本相关的"其他支出"，表述为"直接归属于使该项无形资产达到预定用途所发生的数据脱敏、清洗、标注、整合、分析、可视化等加工过程所发生的有关支出，以及数据权属鉴证、质量评估、登记结算、安全管理等费用"。而在存货成本相关的表述中，将"数据权属鉴证、质量评估、登记结算、安全管理等费用"放在了与无形资产购买价款对应的存货采购成本里，将"数据脱敏、清洗、标注、整合、分析、可视化等加工过程所发生的有关支出"放在了加工成本里，这样的成本结构差异安排主要有两方面原因。

一方面，存货有加工一说，对外购的存货进行二次加工比较普遍，因此加工成本是存货的常见成本项目，虽然针对数据资源存货而言，所谓的二次加工类似于无形资产开发，应归于数据资源无形资产内部开发进行梳理，而一般情况下无形资产没有加工一说，外购的无形资产一般直接使用、无须二次开发，因此加工成本没有被《企业会计准则第6号——无形资产》列为成本项目。当然，无论是数据资源存货还是数据资源无形资产，都属于会计师对数据资产的核算科目分类，数据业务本质是相通的，都存在必要的数据脱敏、清洗、标注、整合、分析、可视化等数据加工成本，只是《企业会计准则第1号——存货》本身就留有加工成本的位置，《企业会计准则第6号——无形资产》在制定时考虑不到数据资源无形资产这类特殊的无形资产的成本构成,不过倒是可以放在"直接归属于使该项无形资产达到预定用途所发生的其他成本"中。《暂行规定》的表述必须与已有准则体系一致,因此必然会出现数据资源存货与数据资源无形资产在成本结构上的表述差异,毕竟"旧瓶装新酒"需要照顾不同"旧瓶子"的传统惯例,一些表述差异并不是实质性原因。

另一方面,《暂行规定》有一段表述确实值得关注:"企业通过外购方式取得数据采集、脱敏、清洗、标注、整合、分析、可视化等服务所发生的有关支出,不符合无形资产准则规定的无形资产定义和确认条件的,应当根据用途计入当期损益。"这段表述看似很合理,但在存货成本构成的相关表述中却没有对应语句。回顾《企业会计准则第 1 号——存货》与《企业会计准则第 6 号——无形资产》,二者也存在相关表述差异:无形资产准则第六条强调,不符合本准则规定的确认条件的无形资产成本支出,除企业合并原因构成商誉部分的情形外,均应于发生时计入当期损益;而存货准则第九条对于需要在发生时确认为当期损益、不计入存货成本的情形除了举例"非正常消耗情形""非生产必需的仓储费用"外,只提了一句"不能归属于使存货达到场所和状态的其他支出",并未对不符合存货定义及确认条件的成本支出做出单独强调。

因此,无论是《暂行规定》还是具体会计准则,对无形资产入账成本的职业判断把关倾向于比存货入账成本更严苛一些,其实有一些实质性原因:其一,存货属于流动资产,即使吸纳了一些不应构成存货账面价值的成本支出,通常在一个营业周期之内就已结转干净,而无形资产属于非流动资产,通常情况下不存在出售的持有目的,虚增无形资产成本的后果难以在短期内消化,会长期影响各期损益,因此从出现问题的后果严重性上来看,存货成本在会计信息失真的自我纠正机制上表现得比无形资产成本更为出色。其二,数据资产若在存货项下列报,虚增成本会比在无形资产项下列报更易被发现,毕竟一般情况下无形资产的账面价值会高于存货,虚增的成本更容易浑水摸鱼、滥竽充数。其三,这种原则的强调源于财务会计概念框架强调的"合理划分资本性支出与收益性支出"会计原则,虽然在广义上,凡是构成资产成本的支出都属于资本性支出,需要遵循这条会计原则,但在狭义上,资本性支出对应长期的资产项目,存货这种流动资产项目在一年或一个营业周期内变现后，原先的资本性支出会转化为收益性支出，因此这一会计原则重点适用于无形资产等非流动资产的相关支出性质划分，相关原则更应该在无形资产准则及《暂行规定》中对数据资源无形资产的相关表述加以强调就不难理解了。

5.1.3　外购形成数据资源暂无对价

很多企业在盘点数据资源时发现，部分数据资源的形成可谓是"无心插柳柳成荫"，在不知不觉中神奇地拥有了。细究其形成方式，除了企业内部开发项目无意间积攒的数据资源外，还可能包括企业外购商品或服务时附带获取的数据资源。这种事情会随着数据资产会计的兴起而逐渐减少，毕竟数据资产会计会逐渐增强全民数据财富的意识，但凡可以定价交易的数据资源就不会赠送了，除非有潜在的利益交换。但是，数据资源的全面资产化需要一个发展历程，定价不是一蹴而就的，暂无对价的数据资源情形在未来并不少见。无论是企业单独获赠的数据资源，还是企业外购商品或服务时附带获取的没有被单独定价的数据资源，不少企业试图将这类数据资源入表确认，因此有必要对这类暂无对价的外购数据资源进行会计职业判断。

如果企业与交易对手方明确零对价获取数据资源，且没有捆绑销售等变相附加对价的行为，那么该免费采购行为通常不具有商业实质，采购方一般不做账务处理，根据《企业会计准则第14号——收入》，由于交易合同没有商业实质，因此出售方也不能确认收入。

比交易的商业实质更关键的问题是，免费获取的数据资源的产权合规问题成为入账数据资产的最大阻碍。试想一下，A企业可以免费获取，B企业是不是也可以免费获取？极少有排他性的免费获取情形，那么企业敢保证对免费获取数据权利的拥有或控制吗？相关数据权利只有明确归属于会计主体，会计主体才有可能入账为数据资产。

一个简单情形是，企业免费下载的行业相关法律法规的数据集，难以满足数据资产的会计确认条件。即使情形复杂些，例如是从特定企业免费获取的数据资源，也是一样的分析逻辑。需要思考的是，企业从云上下载到本地服务器的那一刹那，能否视为控制了该数据资源？

根据《企业会计准则第14号——收入》应用指南，控制权评估需考虑三点：

控制权评估三要素 = 能力 + 主导该商品使用 + 能够获得几乎全部经济利益

其中，"能力"强调的是现时权利；"主导该商品使用"强调的是自主决定该商品如何使用、何时使用，并且不受任何其他方的制约与限制；"能够获得几乎全部经济利益"是指通过使用、消耗、出售、处置、交换、抵押或持有等多种方式直接或间接地获得商品的经济利益。以上控制权评估三要素需同时满足，否则就判断为没有取得控制权。因此，对数据资产控制权的评估需强调数据权利的排他性，因此一般情况下，免费获取的数据资源不能被确认为数据资产，即使以名义金额1元计量也不行。

5.2 内部开发形成方式的职业判断

企业如果想拥有对自身经营决策具有广泛、深入影响的数据资产，大多无法从市面上购买到，需要结合自己的业务底层数据进行开发，要么自己开发，要么委外开发，而很多企业的商业机密都有保密的顾虑，因此对于战略性数据资产的形成，内部开发是很常见的一种方式。

即便是内部开发，还有全程内部开发、部分内部开发之分，有的企业是前期借助外力、后期自主开发，而有的企业是前期自主开发、后期借助外力，毕竟开发数据资产不是一朝一夕的事，且有一定技术含量，很多情况下需要借助外力，而这些情况都会影响到内部开发数据资产模式的职业判断及账务处理。

5.2.1 全程内部开发形成数据资产

一般谈及内部开发数据资产，默认是全程由企业自身开发。全程内部开发形成数据资产不一定是形成数据资源无形资产，还有可能形成数据资源存货，需要结合开发目的、业务模式进行判断。内部开发过程也是数据资产成本归集过程，需要重点把关资本化支出与费用化支出的边界，不遗漏数据资产入账价值，也不能虚增数据资产成本水分，这不仅涉及会计信息质量问题，还涉及审计合规风险以及属地数据资产开发激励政策能否充分享受的问题，合规、合理的职业判断至关重要。

1. 内部开发形成的数据资产类型

在会计师视角下，企业形成的数据资产类型要么是数据资源存货，要么是数据资源无形资产。在接触《暂行规定》前，会计师看到"内部开发"一词优先想到的就是无形资产，不会联想到为了形成存货而去搞内部开发。自从有了《暂行规定》，存货也可以通过研发活动获取，比如数据资源存货。

虽然对于一般企业而言，内部开发数据资产主要是为了服务自身生产经营管理，确认为无形资产且符合《暂行规定》及会计准则的要求后，即使将来可能把之前内部开发并内部使用的数据资产变卖掉，也可以走非流动资产处置的账务处理模式，比如根据《企业会计准则第42号——持有待售的非流动资产、处置组和终止经营》将数据资源无形资产划分至持有待售类别等。

但是，自数据要素概念火热后，随着政策扶持的加持，一批专营数据资产的中介机构如雨后春笋般诞生。这些中介机构不一定都是代理性质的数据资产经纪人，也有可能是专门的数据资产研发机构，但这些机构开发成功的数据资产并非为了自身使用，而是符合《企业会计准则第1号——存货》规定的"持有以备出售"的业务模式，会计上应该确认为数据资源存货，但确实是通过研发活动形成的。

其实，通过研发活动形成存货并不是新鲜事，例如《企业会计准则解释第15号》规定，研发过程中产出的产品或副产品在对外销售前，符合《企业会计准则第1号——存货》规定的应当确认为存货，固定资产在试运行期间产生的销售收入也不再冲减固定资产成本，而应当按照《企业会计准则第1号——存货》《企业会计准则第14号——收入》等规定对与试运行销售相关的收入和成本分别进行会计处理，可以看出准则改革的一个细节倾向就是即使是与其他具体会计准则规范范围相关的特殊经济事项，能确认存货的就确认为存货，不能绕过《企业会计准则第1号——存货》，考虑到存货准则与收入准则的联动性，这背后可能也有提高改革后的《企业会计准则第 14 号——收入》地位的考虑。

当然，无论研发活动是否形成存货，都需要照顾到研发活动会计处理的一般原则，即使研发活动是数据资源存货的成本归集过程，也需要通过"研发支出"会计科目予以归集，对于研发活动过程中的相关支出能否资本化仍然需要参考专门规范研发活动会计问题的《企业会计准则第 6 号——无形资产》及应用指南，毕竟无论是形成无形资产还是存货，都具有将相关支出资本化处理的性质。因此，虽然《暂行规定》只指出了研发活动形成数据资源无形资产需要严格遵守《企业会计准则第 6 号——无形资产》的相关规定，《企业会计准则第 1 号——存货》虽没有提及研发事项，但相关会计处理原则是相通的。

2. 合理划分数据资源开发过程中资本化支出与费用化支出

《暂行规定》在强调这一会计原则的同时，借鉴了《企业会计准则第 6 号——无形资产》的表述："企业内部数据资源研究开发项目的支出，应当区分研究阶段支出与开发阶段支出。研究阶段的支出，应当于发生时计入当期损益。开发阶段的支出，满足无形资产准则第九条规定的有关条件的，才能确认为无形资产。"

研发活动，可以理解为"研究活动"与"开发活动"的合集，这是会计师对研发活动不同阶段的划分，主要是为了使得划分资本化支出与费用化支出更加有据可依：研究活动属于探索性的起步阶段，失败率通常很高，准则规定相关支出必须全部费用化计入当期损益；开发活动在研究活动之后，方向上不会出大问题，虽然仍有一定的研发失败风险但距离开发出成果已经指日可待，因此可以资本化处理的研发支出全部集中在开发阶段，但并不是开发阶段所有支出都可以资本化。

关于开发阶段支出的资本化条件，无形资产准则第九条做了明确规定：其一，完成该无形资产以使其能够使用或出售在技术上具有可行性；其二，具有完成该无形资产并使用或出售的意图；其三，无形资产产生经济利益的方式，包括能够证明运用该无形资产生产的产品存在市场或无形资产自身存在市场，无形资产将在内部使用的，应当证明其有用性；其四，有足够的技术、财务资源和其他资源支持，以完成该无形资产的开发，并有能力使用或出售该无形资产；其五，归属于该无形资产开发阶段的支出能够可靠地计量。根据以上五点，可以总结数据资源开发的资本化条件公式：

资本化条件＝技术可行性＋管理层意愿＋有用性＋财务可行性＋支出可靠计量

不同行业在区分研究阶段与开发阶段时都有一定的行业惯例，比如医药研发，药物进入三期临床试验阶段通常可以被视为研究阶段向开发阶段的成功过渡。当然，如果确实无法区分研究阶段的支出和开发阶段的支出，在财政部会计准则委员会发布的会计准则实务问答中明确，这种情况应将其所发生的研发支出全部费用化，计入当期损益。

3. 合理划分研发支出与非研发支出

研发支出即使费用化处理，也不能随便计入，因为研发费用与一般性管理费用不只是费用科目分类问题这么简单，能不能计入研发费用会牵扯很多利益：其一，在税务方面，研发费用可以享受加计扣除所得税税收优惠，开发支出形成的无形资产可以加计摊销；其二，在高新技术企业、专精特新型企业、科技型中小企业等资格认定方面，研发支出的多寡往往具有决定性意义，一旦获得资质就可以享受更多扶持政策；其三，在上市公司监管方面，研发支出与非研发支出的分类口径会影响到科技创新相关指标，受到企业过去签订的与研发相关的合作协议的监督约束，受到证券监管部门对上市公司是否符合诸如科创板等上市板块定位的监管，与上市公司融资约束等切身利益息息相关。

尤其是上市公司诸多利益相关方对研发相关财务指标尤为关注，企业除了要做好研发支出资本化处理或费用化处理的职业判断外，还要做好研发支出与非研发支出合理划分的职业判断。

2023年11月24日，中国证券监督管理委员会发布了《监管规则适用指引——发行类第9号：研发人员及研发投入》，强调要明确研发支出开支范围和标准，研发投入的归集要准确且数据来源可验证，研发支出会计核算要严格遵循企业会计准则，督促保荐机构加强核查以防止企业将与研发无关的支出放在研发支出中核算。

最基本的是研发活动的认定，其次才是研发投入的归集口径。在《暂行规定》出台前，一些数字化程度较高的企业可能本身就拥有一些有潜力计入数据资产的数据资源，不需太多额外的开发，不需要专门的研发活动立项就可以顺利实现数据资产入表。《暂行规定》施行后，企业可以充分享受政策，将与开发数据资源相关的活动认定为研发活动，才能赋予与数据资源相关的支出资本化处理的可能。

与数据资源相关的研发投入通常包括研发人员的职工薪酬、直接投入费用（包括数据采集、脱敏、清洗、标注、整合、分析、可视化等费用）、折旧费用与长期待摊费用、无形资产摊销费用、委外研发费用等，用会计师的语言可翻译为"本期费用化的研发费用与本期资本化的开发支出之和"。其中，比较容易操纵、受监管重点关注的是研发人员的认定，因为企业完全有动力在研发人员上滥竽充数，甚至将与研发活动关联不大的员工统计为研发人员以虚增研发支出，这样可以通过调整研发人员薪酬来操纵研发支出。

关于研发人员认定，应重点关注非全时研发人员的薪酬分摊、针对研发人员股份支付的会计处理、研发人员专业背景与工作经历与企业研发活动是否匹配、研发人员的实际贡献、企业研发人员的数量及占比是否与同行业相比不存在显著差异、研发人员是否与企业签订劳动合同等。需要注意的是，单纯从事受托研发活动的研发人员原则上不应认定为研发人员。企业应按照研发制度准确记录员工工时、核算研发人员薪酬，不得滥用股份支付调节研发投入计算指标。

关于难以单独统计的研发投入，往往需要建立完善的台账制度辅助费用分摊。例如，企业研发活动与其他生产经营活动共用设备、产线、场地等资源的，应当准确记录相关资源使用情况，并将实际发生的相关费用按照工时占比、面积占比等标准进行合理分配，无法合理分配或未分配的不得计入研发支出。

关于企业从政府取得的经济资源，要根据适用准则判断是否可以计入研发支出。如果企业判断从政府取得的经济资源适用《企业会计准则第 14 号——收入》，则相关支出原则上不得计入研发支出。如果判断适用《企业会计准则第16号——政府补助》，则应按总额法统一研发投入的计算口径。

5.2.2 半程内部开发形成数据资产

相较于全程内部开发，半程内部开发数据资产可能更为现实。一方面，全程内部开发数据资产的能力门槛过高，需要雄厚的人才储备、数据积累及成熟的数据治理体系；另一方面，即使企业有能力全程内部开发，为了进一步提高开发数据资产的效率或效果，最终落地为半程内部开发可能更为合适。

为了提高数据资产开发效果，企业可能选择"前期内部开发＋后期委外研发"模式，通过前期对数据资产的不断沉淀，已经形成了独具企业自身特色的数据资产结构，但为了突破开发后期的瓶颈期，进一步提高开发效果，企业可能选择引入外部力量。

为了提高数据资产开发效率，企业可能选择"前期外购半成品＋后期内部开发"模式，通过前期对外部数据产品的采购，可以使企业快速进入开发状态，缩短开发进程，在数据资源半成品的基础上加以打造适合企业自身特色的数据资产。

下面针对不同开发组合模式分别论述重点职业判断。

1. 前期内部开发形成数据资产

对于"前期内部开发＋后期委外研发"模式，往往并不是一开始就这么规划的，大多是在开发后期遇到了瓶颈，需要借助外力帮助突破来圆满收官，一部分情况是开发即使能顺利完成，开发效果也不及预期或者理论上可以达到明显更好的开发效果，那么在开发后期自然要委托外部力量辅助研发，另外一部分情况是为了契合形成数据资源存货对外出售的管理需求。在前期，企业整合自身数据特色优势，后期则委托专业的数据服务机构通过数据脱敏等方式进一步增加企业开发数据产品的流通性。

在开发前期，企业很可能在会计账面上反映为全程内部开发的业务实质，毕竟这很可能是一开始管理层的真实意图，在开发后期遇到新的客观情况从而做出相应的业务决策变更也是合理的，但即便后期的开发模式发生改变也不宜错误运用《企业会计准则第 28 号——会计政策、会计估计变更和差错更正》，不应简单定性为会计政策变更，更不应盲目地追溯调整。

至于后期委外研发，也是在前期企业内部开发成果的基础上委外研发的，与全程委外研发的业务实质及账务处理自然不一样。拿着数据资源半成品委托外部单位进行再开发，如果这个数据资源半成品按照数据资源存货管理，那么可以比照《企业会计准则第 1 号——存货》及应用指南，按照"委托方提供原材料、受托方提供加工劳务"的委托加工物资模式进行会计处理，只不过这个原材料换成了企业开发过的数据资源半成品；如果这个数据资源半成品按照数据资源无形资产管理，那么可以参照 5.3.1 节中委外研发模式的会计处理。

2. 后期内部开发形成数据资产

相较于前期内部开发，"前期外购半成品＋后期内部开发"模式的落脚点在内部开发而非委外开发，外部力量介入只是为了提高前期工作效率，因此会计处理较为简单，按照数据资源无形资产进行管理即可，基本不需要考虑按照数据资源存货管理的情况。

因此，针对后期内部开发形成数据资产的情形，除了前期外购数据资源半成品的阶段需要参照 5.1 节中外购形成方式的职业判断，后期内部开发以此为起点，参照全程内部开发的职业判断及会计处理即可。

比较有意思的是，在多数人的认知中，全程内部开发比后期内部开发更强，因为后期内部开发可能受到"只是对外购数据半成品"做出非实质性的改进，重在包装为自己开发的数据产品，骗取数据产权红利。其实，无论是什么样的内部开发，企业都需要权衡效率与效果，既要考虑市场竞争的残酷性，也要注重打造数据产品的技术内核。但是，不乏一些企业为了迎合人们的认知，不择手段地提高企业技术形象，将后期内部开发伪装成全程内部开发，引起监管部门关注。例如，曾经拟登陆科创板的 XX 数据公司，上交所通过对其采购数据审核发现存在购买 SAS 公司软件、开源软件的情形，怀疑该公司的软件产品可能基于外购软件进行二次开发。如果怀疑属实，则对该数据公司的科创属性造成较大影响，因此监管部门合理推测公司可能将后期内部开发模式包装成全程内部开发模式，虽然该数据公司做出了解释，努力说明公司的主要产品不是基于外购软件的二次开发，但这个案例提醒我们，这两种不同开发模式需要清晰地区分，如果职业判断有误判可能会牵扯较多利益关系。从财务报表使用者的角度，可以通过公司披露的采购数据来分析数据资产开发模式的真实性。

综上，内部开发数据资产的会计职业判断重点环节汇总在图 5-2 中。

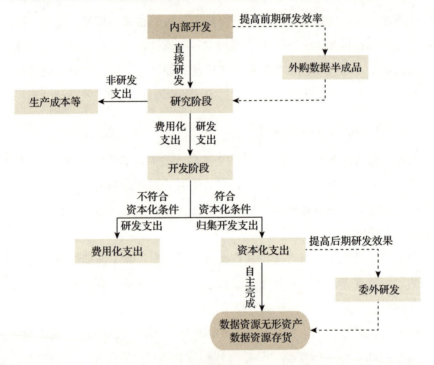

图 5-2　内部开发数据资产的会计职业判断

5.3　委外研发方式的职业判断

委外研发与内部开发的核心区别只是数据资产开发资源来源于企业内部还是外部，而数据资产开发成果都是归属于企业的，委外研发只是需要给予外部单位合理的研发酬劳，成本归集的逻辑不应发生实质性改变。

从程度上看，可以分为全程委外研发与局部委外研发。从时间上看，可以是内部开发与委外研发分属不同的数据资产开发阶段，也可以是内部开发与委外研发同时进行，彼此间协作。

关于局部委外研发，仍然需要清晰划分委外研发部分与内部开发部分，对二者分别进行会计处理及税务处理，否则一旦成本归集不清，不但会造成会计处理难题，还会引起税务风险，增加不必要的合规成本。关于内部开发阶段与委外研发阶段界限分明的情况，已在 5.2.2 节中有详细介绍。关于内部开发与委外研发同时进行的"共同开发"情形，需要关注额外的职业判断问题。因此，本节分别介绍全程委外研发以及共同开发形成数据资产的职业判断。

5.3.1　全程委外研发形成数据资产

全程委外研发，相当于"研发外包"，即向数据服务商申请定制化的数据资产开发服务。一般而言，这类委外研发不存在研发成果归属争议，实践中委外研发模式也趋于成熟，数据资产委外研发参照一般研发项目的委外研发即可，研发成果归属于委托方。但是，委外研发有一些共同难题，即成本归集问题，它不仅是会计难题，还是税务稽查及合规监管的重点，数据资产委外研发当然也不例外。

无论委外研发形成的是数据资源存货还是数据资源无形资产，都有费用化处理的研发支出，涉及研发费用加计扣除的税收优惠。这方面的税务规定较为细致，将委外研发进一步细分为委托境内研发与委托境外研发。针对委托境内研发，只有研发费用实际发生额的占比达到 80% 才允许计算加计扣除，且该研发费用实际发生额需要按照独立交易原则确定。针对委托境外研发，同样是达到 80% 的研发费用比例才算数，而且加了一道限制——不超过境内符合条件的研发费用三分之二的部分才可以在企业所得税前加计扣除。政策初衷显而易见。

如果是上市公司，还适用于证监会发布的《监管规则适用指引——发行类第 9 号：研发人员及研发投入》："发行人存在委外研发的，应签订委外研发合同，相关研发项目应与发行人的研发项目或经营活动直接相关，委外研发具有必要性、合理性和公允性，研发成果归属于发行人，不存在通过委外研发将与研发无关的成本费用计入研发支出或虚构研发支出的情形。"显然，监管机构对于上市公司通过委外研发的形式将一些无关支出塞入研发费用的违规操作较为关注。总之，尤其对于委外研发业务而言，研发费用的水分更容易招致合规风险，需谨慎确认研发费用，做好成本归集工作，如成本归集不规范、不透明，尽量不将无法佐证的支出计入研发费用。

5.3.2 共同开发形成数据资产

同样，共同开发模式下也要做好成本归集工作，甚至共同开发数据资产的成本归集工作更加具有挑战性。《研发费用加计扣除政策执行指引（2.0版）》再次强调："企业共同合作开发的项目，由合作各方就自身实际承担的研发费用分别计算加计扣除。"如果合作各方的研发费用分摊不准确，可能涉嫌跨主体的违规纳税筹划，承担税务风险。

此外，共同开发尤其要注意数据资产开发的成果归属问题，如约定不明，可能产生争议，影响数据资产会计确认前端的数据产权登记、合规评估等环节，进而影响数据资产确认的会计合规风险。虽然"共同开发形成数据资产"的职业判断可参照之前"共同开发形成无形资产"情形，但是由于数据资产产权的结构化分置制度较为特殊，需要打破先判断"共同开发中谁为主、谁为辅"再决定会计处理模式的惯常思维，只要共同开发方取得了数据资源持有权、数据加工使用权或数据产品经营权的某一种权利，就可以确认为数据资产。例如，在传统无形资产的共同开发中，可能约定开发成果所有权归属于A、使用权归属于B，那么一般情况下开发成功后只有A可以确认无形资产。但是，在数据资产的共同开发中，不再是"所有权与使用权分离"的分析套路，而是淡化所有权，基于三权分置的产权框架详细拆解相关数据权利，不再依据所有权确定哪一主体可以确认资产，也不再笼统地谈论资产的控制权。

通常情况下，共同开发模式中各方都取得了一定的数据权利。基于数据资产的权利观，相关各方基于同一开发成果确认各自的数据资产并不奇怪，但会计师需要尤其关注共同开发合同条款是否明确了相关各方取得的受法律保护的数据权利。需要警惕的是，虽然基于数据资产会计的现行规定，相关各方基于同一数据产品同时确认数据资产可以是合规的，但是如果相关各方为了利益输送或相互配合虚增各自财务报表上的资产水分，这种"披着共同开发之皮、行联合会计操纵之实"的行为需要会计师仔细甄别，尤其需要关注共同开发的合同约定，比如通过分析合同约定中风险承担分配机制等来识别哪一方具有"搭便车确认数据资产"的嫌疑，分析其获得的数据权利是否是货真价实的、是否符合基本的商业逻辑。

|第6章| CHAPTER

数据资产会计的账务处理

数据资产会计的落地成果是将数据资产"入账"与"入表",本章聚焦于"数据资产入账"主题,为数据资产入表铺垫会计基础。欲实现数据资产入表的理想效果,需提前进行"账务筹划",这也是数据资产会计的核心技术体现。"账务筹划"虽然大都是细节上的微调,但细节中隐藏有大乾坤,关系着数据资产会计能否成功落地,毕竟账务处理是会计处理的主要方面。

本书强调"职业判断—账务处理—信息披露"这个数据资产会计处理框架,信息披露的数据来源是账务处理,账务处理的依据是职业判断,如图 6-1 所示。因此,虽然账务处理是承上启下的核心步骤,但账务处理背后的会计精髓都在于企业会计准则体系内的职业判断,这样才能保证账务处理既合规又合理,还能服务于企业账务筹划的会计管理。本章在第 4 章、第 5 章的基础上,进行账务处理方面的系统化总结,可以作为数据资产入账的操作手册。在"确认—计量—记录—报告"的全核算环节中,账务处理体现在以会计分录为入账形式的"记录"环节,前端的"确认"环节主要是第 4 章的内容,前端的"计量"环节主要是第 5 章的内容,后端的"报告"环节将在第 7 章集中展开。

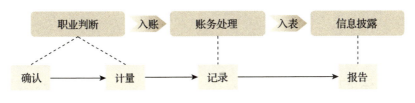

图 6-1 账务处理在数据资产会计工作中的环节

根据第 2 章对数据资产会计核算相关概念与学术惯例的梳理，本章采用"初始确认""后续计量""终止确认"等专业名词作为"初始入账—后续记账—账上核销"全生命周期账务处理的脉络体现，分别就数据资源存货与数据资源无形资产进行账务规范及账务筹划的指导。

6.1 数据资产会计的初始确认

根据《暂行规定》，数据资产会计在初始确认环节需要判断数据资产核算适用的具体会计准则，以业务模式判断为主、以形成方式判断为辅。如果相关证据显示数据资产为数据资源存货，那么需要依据《企业会计准则第 1 号——存货》进行初始确认，如果相关证据显示数据资产为数据资源无形资产，那么需要依据《企业会计准则第 6 号——无形资产》进行初始确认。总之，在初始确认环节，关于数据资产核算适用的具体准则规范需要"二选一"。

从目前的实践来看，数据资源存货不太常见，多数数据资产为数据资源无形资产。财政部会计司也公开强调："受到当前关于数据权属、流通、市场建设、主要业务模式等等相关因素的影响，我们说目前确认为存货类别的数据资源应当是极为少见的。"其实，无论是《暂行规定》还是《指导意见》，相较于存货模式，都倾向于以无形资产模式对数据资产进行账务处理。这不但符合大多数数据资源经济事项的本质特征，而且方便新旧衔接，毕竟新规出台前的数据资产很多已经反映在无形资产中了，只是数据资产比较特殊，它正在形成以数据交易所为代表的数据交易市场，方便出售、采购数据资产，因此可以简单粗暴地将多出来的存货核算模式理解为：在以无形资产核算模式为主的前提下，增加了以出售为业务模式参照存货核算模式的补充规定。这也是《暂行规定》中的一个干货。

6.1.1 数据资源存货的初始确认

根据借贷记账法的复式记账原理，数据资源存货的初始确认体现在相关会计分录的借方上，而会计分录的贷方则体现了数据资源存货的形成方式与成本归集。关于数据资源存货，可以有不同的会计科目予以反映，毕竟存货只是一个报表项目，或者理解为一个会计科目大类，而入账工作比入表工作更为细致，需要落地到具体的会计科目上，比如"原材料—数据资产""库存商品—数据资产"等存货类会计科目的含义都有不同的会计信息差异。此外，数据资源存货的取得方式不同，会计分录就会有差异性的反映，下面根据数据资源存货的形成方式进行分类阐述。

1. 外购取得数据资源存货

针对外购来源渠道的数据资源存货，入账分录的贷方要么是银行存款等货币资金类科目，要么是应付账款等债权债务往来类科目。确定具体会计科目很简单，需要稍微注意的是入账分录的借方科目选择存货大类的哪一细项。

存货类科目虽然数量繁多，但常用的存货类科目可以体现完整的生产加工链条，比如加工前可以是"原材料"，材料到货前可以是"在途物资"（实际成本法）或"材料采购"（计划成本法），体现生产加工前的材料准备；加工中可以是"生产成本"，也可以将"生产成本"细分为"基本生产成本"与"辅助生产成本"，体现生产加工过程中的半成品；加工后可以是"库存商品"或"发出商品"，体现生产加工完毕后的产成品。

针对外购取得的数据资源存货而言，有一个操作起来较为简便的会计科目判断：如果企业把外购的数据资源存货视为成品，那么可以入账到"库存商品"；如果企业把外购的数据资源存货视为半成品，还需企业自身进一步加工或委托加工，那么可以根据企业存货成本的核算方法，入账到"原材料"或"材料采购"，如果企业采用计划成本法核算存货成本，则入账到"原材料"后，还需匹配"材料成本差异"账户信息。如果可以取得增值税专用发票且不属于不可抵扣的情形,则需要同时做增值税进项抵扣。

综上,在初始确认环节,常见的会计分录是:

借:库存商品—数据资产 / 原材料—数据资产 / 材料采购—数据资产等
　　应交税费—应交增值税(进项税额)
　贷:银行存款 / 应付账款等

之所以写为"存货类科目—数据资产"而不是"存货类科目—数据资源",主要基于三点考虑:

其一,外购的数据资产虽然对于出售方来说是数据资产,但对于购入方只是尚待进一步加工的数据资源,这是在购入方通过进一步加工得到目标数据资产的管理前提下的结论。如果购入方放弃进一步加工,该数据资产通常还可以转手流通变现,至少有保底级别的未来经济利益流入,符合资产要素定义及确认条件。

其二,无论是计入不需进一步加工的"库存商品",还是计入需要进一步加工的"原材料",都是将数据资产计入了相应资产类会计科目,在效果上已经实现了数据资产入账,而无法升格为数据资产的数据资源是无法入账的。

其三,通常情况下,数据资源比数据资产范围更广、门槛更低,因此财政部会计司在颁布相关规定时更喜欢用数据资源一词,这可能会对企业设计相关会计科目下的数据类明细科目命名的偏好产生一定影响,但存货类科目已经是资产类科目,即使写为"存货类科目—数据资源"也代表该数据资源是达到会计确认条件的数据资产。既然如此,为了更加突显数据资源入账、入表为资产项的会计目标,本书对达到资产确认条件的数据资源一律称为数据资产,但"数据资源存货""数据资源无形资产"的称谓与财政部会计司的惯用口径保持一致。

2. 内部开发取得数据资源存货

一般而言,"内部开发"是专属无形资产的形成方式之一,难以跟存货联系起来。存货的形成方式可以是外购,也可以是自制,只不过针对数据资产而言,将自制称为内部开发更妥当,这样不仅有利于匹配到数据资产研发的激励政策,而且从数据资产形成方式的实质上看,与自制的普通存货截然不同,与数据资源无形资产的内部开发过程无本质差异,只是出于差异化管理需求的考虑适用了不同的具体会计准则而已。因此,内部开发的存货形成方式,专属于数据资源存货,贷方科目可参照《企业会计准则第6号——无形资产》及应用指南关于研发支出相关会计规定,借方科目关系到数据资产的会计确认类型,必然适用《企业会计准则第1号——存货》。

由内部开发取得的数据资源存货的确认科目应为"库存商品",即数据产品成品,而不是需要后续加工的"原材料"或"生产成本",毕竟纯内部开发完成的一定是达到预定用途的数据资产,如果开发失败则不能进行数据资产初始确认。

综上,初始确认内部开发取得的数据资源存货的会计分录是:

借:库存商品—数据资产

贷:研发支出—资本化支出

至于"研发支出"账户的前期成本归集分录,则与内部开发取得数据资源无形资产一致,参见6.1.2节。

3. 委托加工取得数据资源存货

参考5.2.2节"为了契合形成数据资源存货对外出售的管理需求。在前期,企业整合自身数据特色优势,后期则委托专业的数据服务机构通过数据脱敏等方式进一步增加企业开发数据产品的流通性"这一业务情形,即前期的内部开发基本形成了数据资源存货,只不过为了保障数据产品的流通性及合规性,企业聘请专业的数据产品服务机构辅助处理数据,而这种数据处理是非开发性质的,可以理解为机械的加工步骤。如果是开发性质的处理,则属于委外研发取得数据资产,一般是数据资源无形资产而非数据资源存货,具体账务处理参照6.1.2节,否则仅为出售自身没有能力开发的数据资源存货而委外研发不符合正常企业的商业逻辑。

总之,在企业基本完成了数据资源存货开发的基础上,在达到"持有以备出售"状态前委托专业的数据服务机构协助"化妆"一下，完成后再收回成品，只有这种业务情形才可以套用《企业会计准则第 1 号——存货》及应用指南中关于"委托加工物资"的相关账务处理。"委托加工物资"科目，属于存货类会计科目，设置的二级明细"委托加工物资—数据资产"当然也属于数据资源存货。

前序会计分录参考内部开发取得数据资源存货。将数据资产给到委托加工单位，与一般的委托加工情形中委托方提供原材料不同，这里至少是"生产成本—数据资产"状态，接近"库存商品—数据资产"状态，而且数据资产不涉及消费税等税务问题，相同点是委托加工不是销售，没有增值税纳税义务，会计分录是：

借：委托加工物资—数据资产
　　贷：生产成本—数据资产

支付加工费时，加工费支出应资本化处理，抬高被加工数据资产的账面价值，同时需考虑加工劳务的增值税进项抵扣问题，会计分录是：

借：委托加工物资—数据资产
　　应交税费—应交增值税（进项税额）
　　贷：银行存款/应付账款等

当然，如果不符合"一般纳税人取得增值税专用发票或完税凭证用于应交增值税项目"的抵扣条件，则增值税进项税额不可抵扣，就要计入"委托加工物资—数据资产"中而不可计入"应交税费—应交增值税（进项税额）"中。

加工完成收回成品，代表着委托加工完成数据资源存货的闭环，会计分录是：

借：库存商品—数据资产
　　贷：委托加工物资—数据资产

如果将"数据资产交付受托加工方—结算加工费—收回数据资产加工成品"的三个步骤的会计分录合起来（当然实务工作不应合并），则最终的效果是：

借：库存商品—数据资产
　　应交税费—应交增值税（进项税额）

贷：生产成本—数据资产

银行存款/应付账款等（含税加工费）

因此，委托加工取得数据资源存货在账务上形成闭环后的效果类似于一个"小插曲"，如图6-2所示，只是在小插曲进行时需要将"生产成本—数据资产"的账面价值挂出到"委托加工物资—数据资产"而已，最终的数据资产账面价值只是增加了一个加工费而已。

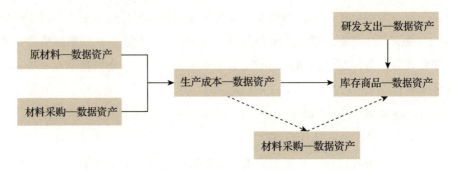

图6-2　数据资源存货成本归集的相关会计科目核算流

6.1.2　数据资源无形资产的初始确认

根据第5章的分析，数据资源无形资产大多通过开发方式获得，无论是内部开发、委外开发还是共同开发，仅有少部分情形是通过外购方式取得，即使有外购环节，一般也有内部开发活动的参与。因此，相对于外购取得数据资源无形资产，内部开发取得数据资源无形资产才是业界重点。

1. 外购取得数据资源无形资产

外购取得数据资源无形资产与外购取得数据资源存货的数据资产形成方式一致，因此初始入账的会计分录的贷方是相同的，区别仅在于借方数据资产入账科目的不同。当然，对于销售方而言，一般卖的是数据资源存货而不是数据资源无形资产，除非改变管理意图对数据资源无形资产进行清理。但此时会计主体是购买方，取得的是数据资源无形资产还是数据资源存货由购买方取得数据资产的业务模式决定，如果外购的数据资产可以直接拿来自用也是一件幸运的事，会计分录是：

借：无形资产—数据资产

　　贷：银行存款 / 应付账款等

2. 投资者投入取得数据资源无形资产

根据《中华人民共和国公司法》，数据资产可以作为股东投入公司的资本，股东可以用数据资产代替货币资金出资，企业接受数据资产投资的会计分录与普通无形资产无异：

借：无形资产—数据资产

　　贷：股本 / 实收资本

　　　　资本公积—资本溢价 / 股本溢价

上述分录中，有限责任公司用"实收资本"及"资本公积—资本溢价"账户，股份有限公司用"股本"及"资本公积—股本溢价"账户。

3. 内部开发取得数据资源无形资产

在会计师视角下，无论技术上怎样划分研发阶段，内部开发都需要经历以计划性、探索性为主的"研究阶段"与以针对性为主的具有较大可能形成成果的"开发阶段"，不同研发阶段与会计处理息息相关。

在研究阶段，需要注意区分研发支出与非研发支出。虽然二者在研究阶段都需要费用化处理，然而只有与研发相关的支出（即研发支出），才能通过"研发支出—费用化支出"科目再费用化计入"管理费用—研发费用"，非研发支出的费用化只能计入一般性管理费用，不可通过"研发支出"科目过渡。研究阶段的研发支出相关会计分录为：

借：研发支出—费用化支出

　　贷：银行存款 / 应付账款等

　　　　原材料

　　　　应付职工薪酬

在会计期末，需要将"研发支出—费用化支出"这个资产科目做费用化处理，会计分录为：

借：管理费用—研发费用

贷：研发支出—费用化支出

可以看出，之所以通过"研发支出—费用化支出"科目过渡，是因为要完整地体现研发相关的成本归集过程，该科目重在使用发生额而不是余额来体现完整研发周期的成本信息，否则随着损益类账户"管理费用—研发费用"的定期结转清零，不设过渡性的会计科目留下发生额信息，研发支出的归集整理就会很困难。

之所以写为"管理费用—研发费用"而不是"研发费用"，是因为一级会计科目基本由财政部统一规定，暂无"研发费用"，所以一般将研发费用放入"管理费用"下设的二级明细中。虽然在利润表项目列示中，《财政部关于修订印发2019年度一般企业财务报表格式的通知》已经将研发费用从管理费用项目中剥离出来单独列示，将"销售费用、管理费用、财务费用"等三大期间费用变为"销售费用、管理费用、财务费用、研发费用"等四大期间费用，但报表项目的规定与会计科目的规定不可混淆，这里只是研发费用的报表项目在取数时，无法从一级会计科目中取数，而要从"管理费用—研发费用"二级明细会计科目中取数。在平常书写会计分录时，借贷后面表示的都为会计科目而非报表项目，此为惯例，除非是合并抵消工作底稿中的会计分录，因此写为"管理费用—研发费用"。

第5章提到，如果内部开发数据资产为了提高前期开发效率，可能在外购数据资源半成品的基础上进行开发，即在汇集研发支出的会计分录中，贷方"原材料"可能是企业自身的原材料，也可能是外购的"原材料—数据资产"。

进入开发阶段，企业需要做好"合理划分资本化研发支出与费用化研发支出"的职业判断，这既考验会计的专业水准，也考验企业平衡利益最大化与合规风险的能力，还考验企业研发管理制度的成熟程度。需要注意的是，并不是说刚进入开发阶段就需要区分资本化支出与费用化支出，这时候往往与研究阶段的会计处理原则一致，即将研发支出全部费用化。俯瞰整个开发阶段，中途会经历一个资本化时点，只有在资本化时点之后的开发阶段，才需要做资本化与费用化的职业判断，才有可能资本化处理。实务中，很多企业并没有在研发阶段上划分得如此细腻，可能将资本化时点与开发阶段起点重合，但只要对相关研发支出的会计处理原则把控合理，而不是一进入开发阶段就全部资本化处理相关支出，那就问题不大。相关会计分录是：

借：研发支出—费用化支出
　　　—资本化支出
　贷：银行存款/应付账款等
　　　原材料
　　　应付职工薪酬

在会计期末，需要将"研发支出—费用化支出"这个资产科目做费用化处理：

借：管理费用—研发费用
　贷：研发支出—费用化支出

在数据资源无形资产的开发达到预定用途后，可以正式进行数据资源无形资产的会计确认：

借：无形资产—数据资产
　贷：研发支出—资本化支出
　　　银行存款/应付账款等

其中，"银行存款/应付账款等"是指数据资产的确权登记手续等支出，毕竟能否将"研发支出—资本化支出"转为"无形资产—数据资产"不仅仅是会计师根据业务实质及准则约束进行的账务筹划，还需要完成相关法律手续，这必然会产生一些注册登记费用。

6.2 数据资产会计的后续计量

相比于初始确认，后续计量环节的账务筹划细节较多，会计分录的类别更为丰富。但是，后续计量的筹划空间是有限的，因为初始确认环节已经选择了后续账务处理适用的具体会计准则，会计确认为数据资源存货的，后续计量会受到《企业会计准则第 1 号——存货》的约束，会计确认为数据资源无形资产的，后续计量会受到《企业会计准则第6号——无形资产》的约束。因此，本节仍然按照数据资源存货与数据资源无形资产分别讲解。

6.2.1 数据资源存货的后续计量

相较于数据资源无形资产，数据资源存货的后续计量环节较为简单，重点在于存货跌价测试。与无形资产减值测试不同的是，存货跌价准备可以转回，虽然在数据资产确认与计量中，发挥重要作用的是《企业会计准则第6号——无形资产》，但《企业会计准则第1号——存货》也赋予了灵活调整数据资产账面价值的权利。除了存货跌价测试，后续计量还包括盘盈盘亏等实务情形。至于发出存货各种计价方法的分析，属于终止确认环节，将在6.3节讲解。

1. 数据资源存货的跌价测试

存货跌价测试的核心是"成本与可变现净值"孰低，这也是存货期末计量属性的概括描述，数据资源存货也不例外。虽然计提存货跌价准备的金额受到很大程度的主观判断的影响，但会计分录很简单：

借：资产减值损失—存货减值损失

  贷：存货跌价准备—数据资产跌价准备

如果以前导致存货减值的影响因素已经消失，存货跌价准备可以在原先入账成本的限度内转回，转回分录与计提分录只是方向相反：

借：存货跌价准备—数据资产跌价准备

  贷：资产减值损失—存货减值损失

存货跌价准备的金额内有乾坤，尤其是计提分录，对数据资源存货可变现净值的会计估计，决定了是否计提数据资源存货跌价准备以及计提多少。一旦计提，后续转回需着重考虑谨慎性的会计原则，需要有充足的证据说明以前导致存货减值的影响因素全部消失或部分消失，并经得起审计，否则会有会计操纵的嫌疑，引发合规风险。如果企业重视账务合规风险控制，那在一开始计提数据资源存货跌价准备时就不能抱有将来择机转回的侥幸心理，计提前需要仔细斟酌。

在估计数据资源存货的可变现净值时，不同存货类科目的数据资源对应的难度有很大差异。比如需要进一步加工的"原材料—数据资产"及"生产成本—数据资产"，估计可变现净值时还需要考虑未来的加工成本，难度较大，毕竟数据资源的加工产业并未发展成熟，加工成本的不确定性很高，而不需要进一步加工的数据资源存货成品"库存商品—数据资产"的可变现净值估计可以参考数据产品流通市场，比如具有一定交易规模的大型数据交易所等，更加有据可依。

2. 数据资源存货的盘盈与盘亏

虽然数据资源存货与数据资源无形资产的差异不像普通存货与普通无形资产的差异那么大，但由于二者的资产定性不同——数据资源存货为流动资产，数据资源无形资产为非流动资产，数据资源存货在存货清查环节发现盘盈或盘亏，一般不会实施《企业会计准则第 28 号——会计政策、会计估计变更和差错更正》定义的前期差错更正，而是通过"待处理财产损溢—待处理流动资产损溢"科目过渡，调整当期管理费用。

数据资源存货的盘盈较为少见，毕竟数据资产入账对于绝大多数企业而言还是一个大工程，对于这种无形的存货，怎么能突然盘盈呢？不但不符合第 3 章梳理的数据资产入账的常规程序，而且有会计操纵的嫌疑。

相较于数据资源存货的盘盈，数据资源存货的盘亏倒是可以理解。如果企业在数据安全方面的工作有疏漏，IT 系统遭受黑客入侵，且相关数据无法恢复，确认数据资源存货盘亏的会计分录是：

借：待处理财产损溢—待处理流动资产损溢

　　贷：存货类会计科目

如果企业没有其他的风险补偿机制，只能自行承担数据资源存货盘亏的损失，需按照不同性质原因进行费用化入账，且需经内部管理层批准。如果是"人祸"导致，比如管理不善，那么会计分录是：

借：管理费用

　　贷：待处理财产损溢—待处理流动资产损溢

如果是"天灾"导致，比如自然灾害导致一片区域的服务器瘫痪而非企业自身原因，那么会计分录是：

借：营业外支出

  贷：待处理财产损溢—待处理流动资产损溢

针对自然灾害等企业不可控制的数据资源存货盘亏情形，如果企业购买了数据安全相关保险，且符合相关保险赔款，那么可以获得部分保险赔款冲抵损失：

借：其他应收款—保险赔款

  营业外支出

  贷：待处理财产损溢—待处理流动资产损溢

6.2.2 数据资源无形资产的后续计量

在后续计量中，数据资源无形资产除了减值测试外，还包括摊销环节、研发支出的后续处理、利用数据资源无形资产对外提供服务等，相较于数据资源存货而言，其会计处理手法更为丰富多彩。

1. 数据资源无形资产的减值测试

根据《企业会计准则第6号——无形资产》第二十条，数据资源无形资产的减值测试由《企业会计准则第8号——资产减值》规范。不同于《企业会计准则第1号——存货》规范的数据资源存货跌价测试，凡是由《企业会计准则第8号——资产减值》规范的，一般都不允许在减值计提后转回。关于这一点，财政部会计司在宣贯《暂行规定》时尤其强调"企业不得滥用准则规定，掩饰相关减值损失"。比如，企业利用数据资产的会计分类试图规避减值转回的限制就是让监管部门头疼的事情，虽然数据资产减值测试容易被利用为会计操纵工具，但非常有必要。当然，无论是数据资源存货还是数据资源无形资产，计提减值损失的会计分录都是相通的：

借：资产减值损失—无形资产减值损失

  贷：无形资产减值准备—数据资产减值准备

不同于存货跌价测试的"成本与可变现净值孰低",无形资产减值测试遵循"目标账面价值与可收回金额孰低",在计量可收回金额时遵循"公允价值减去处置费用的净额与未来现金流量现值孰高",即只要"公允价值减去处置费用的净额"或"未来现金流量现值"有一个高于账面价值,就不必计提数据资源无形资产减值准备。无论数据资源无形资产是否摊销,都需要在资产负债表日进行减值测试。综合考虑数据资源存货与数据资源无形资产的减值会计规定,下面将数据资产减值的会计处理流程集中展现在图 6-3 中。

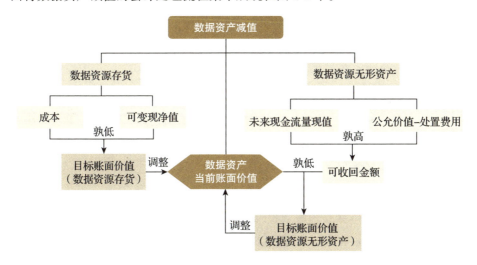

图 6-3　数据资产减值的会计处理流程

如果是内部开发形成数据资源无形资产,在开发阶段如有资本化处理的研发支出,仍然需要进行减值测试。例如,在开发过程中,如果发现预期开发成果很可能达不到理想预期,或者开发成功率显著降低,即出现了各种减值迹象,就需要进行研发支出减值测试。如发生减值,则相关分录为:

借:资产减值损失—研发支出减值损失

　贷:研发支出减值准备

当然,"研发支出—费用化支出"不需要进行减值测试,因为它只是计入当期损益的中间过渡性科目,即使计入"资产减值损失"也只是换了损益类入账科目而已,测试没有意义。而"研发支出—资本化支出"之所以需要进行减值测试，是因为它是将来要计入"无形资产"的中间过渡性科目，虽然在资产负债表日只强调"无形资产"科目的减值测试，且无论是否发生显著的减值迹象，而"研发支出—资本化支出"只强调在发生减值迹象时再进行减值测试，可以理解为在转化为"无形资产"之前的前序减值测试，更加体现会计谨慎性原则，也可以纳入账务筹划的考量之中。当然，在报表层面，"研发支出—资本化支出"会列示为"开发支出"报表项目，"研发支出减值准备"在报表上的效果将演化为用"开发支出减值准备"来抵减开发支出列报金额。

还有一种会计操作可以变相实现"研发支出—资本化支出"的减值计提，且见分录：

借：研发支出—费用化支出

贷：研发支出—资本化支出

由于在会计期末，"研发支出—费用化支出"会转入当期损益"管理费用—研发费用"中，因此与计提研发支出减值准备的效果类似，同样是计入当期费用增加并减少未来转为无形资产的资本化金额。这种会计操作要有充分的理由，比如在划分资本化支出与费用化支出的职业判断日后发生了超预期的事实，且该事实提供了当时的职业判断日相关状况的新证据，需要纠正前期计量的会计估计偏差，根据《企业会计准则第 28 号——会计政策、会计估计变更与差错更正》，只需按照"未来适用法"处理而不必进行追溯调整，由此才可以有这样的分录，否则就会有会计操纵的嫌疑。账务筹划必须有理有据，至少应是合理的，比如这样的分录增加了费用、减少了资产，也符合会计谨慎性原则，毕竟资本化条件是比较苛刻的，但如果将借贷翻转过来，即增加资产并减少费用，则很难证明这样的分录是合规合理操作。甚至，《暂行规定》附则部分还特别强调："企业应当采用未来适用法执行本规定，本规定施行前已经费用化计入损益的数据资源相关支出不再调整。"虽然"研发支出—费用化支出"只是费用化计入损益的资产类过渡性科目，但若重分类计入"研发支出—资本化支出"也不符合政策精神。

虽然减少已确认的"研发支出—资本化支出"的两种方法效果相近，但如果第二种方法可行、经得起审计，企业一般还是会倾向于采取第二种方法，毕竟无论计入"资产减值损失"还是"管理费用—研发费用",除了要考虑对当期损益结构的影响外,企业还要顾虑研发费用的归集口径缩减是否会对企业研发相关税收优惠政策的享受及高新技术企业等资质认定产生不利影响。

2. 数据资源无形资产的摊销

与固定资产折旧相对,无形资产摊销也很常见,但并不是所有数据资源无形资产都需要摊销。根据《企业会计准则第6号——无形资产》第十七条:"使用寿命有限的无形资产,其应摊销金额应当在使用寿命内系统合理摊销。"而使用寿命不确定的无形资产,因为没有合理的摊销年限,无法计算每年合理的摊销额,所以不摊销。

根据本书上篇对数据资产的认知,数据资产具有很强的时效性特征,过期之日即对相关决策无益,但何时"过期"具有很大的不确定性,理论上绝大多数数据资产都是使用寿命不确定的,如果分类为数据资源无形资产,也不应摊销,与分类为数据资源存货必然不摊销的结果似有冥冥之中的统一。

但是,《企业会计准则第6号——无形资产》及应用指南为了规避会计师在无形资产使用寿命是否确定方面的操纵,有更为细致的指引:如果有合同或法律规定,需要按规定来确定无形资产使用寿命,如果不同规定之间有所出入,那么无形资产使用寿命按照孰低原则来确定。如果合同中规定支付少量成本即可续约,那么续约期也构成使用寿命。如果数据资源无形资产的使用寿命暂无明确法律规定且合同中也未体现,那么需要综合各方面因素来判断使用寿命,《企业会计准则第6号——无形资产》应用指南列出了七点考虑因素:①运用该资产生产的产品通常的寿命周期、可获得的类似资产使用寿命的信息;②技术、工艺等方面的现阶段情况及对未来发展趋势的估计;③以该资产生产的产品或提供服务的市场需求情况;④现在或潜在的竞争者预期采取的行动;⑤为维持该资产带来经济利益能力的预期维护支出,以及企业预计支付有关支出的能力;⑥对该资产控制期限的相关法律规定或类似限制,如特许使用期、租赁期等;⑦与企业持有的其他资产使用寿命的关联性。如果综合各方面因素无法判断,则需要作为使用寿命不确定的无形资产,不做摊销。除此七点外,还可以通过与同行业比较、参考历史经验、聘请专家论证等方式辅助使用寿命的确定。综上，数据资源无形资产使用寿命的确定如图 6-4 所示。

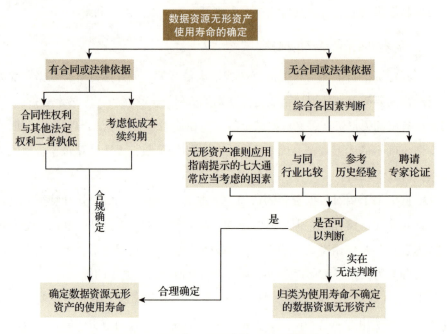

图 6-4　数据资源无形资产使用寿命的确定

如果使用寿命可以确定，那么数据资源无形资产摊销计算的参数估计就剩下"残值"了，如图 6-5 所示。一般情况下，无形资产的残值确定为 0，毕竟随着使用寿命的临近，无形资产的使用价值逐渐趋近于无，除非可以找到下家转手，或者依据无形资产评估的方法进行合理推定。但是，数据资源无形资产的残值估计不应简单地定为 0，尤其要注重分析使用寿命到期后是否可以转手再次变现，毕竟数据资产的使用场景是多元的，一家企业用不上不代表另一家企业用不上，而且随着我国数据要素流通基础设施的完善，更多的数据产品可以在数据交易所进行流通，因此对于通用性较强的数据资源无形资产，残值估计需要有凭有据，而不能随意设定为 0。

在确定数据资源无形资产年摊销额之前，需要先确定数据资源无形资产应摊销总额，除了要考虑残值外，还要考虑已计提的减值准备：

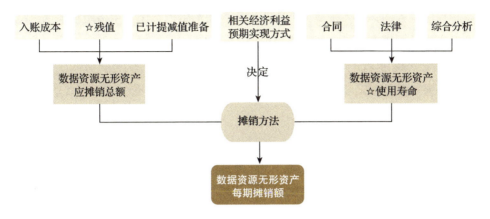

图 6-5 数据资源无形资产计提摊销的会计处理流程

数据资源无形资产应摊销总额 = 入账成本 - 残值 - 已计提减值准备

数据资源无形资产年摊销额及月摊销额，依据数据资源无形资产应摊销总额结合摊销方法计算而来。摊销方法应当反映与该项无形资产有关的经济利益的预期实现方式，比如直线法、递减余额法、生产总量法等，一般采用直线法，如果无法可靠确定预期实现方式，也应当采用直线法摊销。可见，《暂行规定》强调的"数据资源会计的确认、计量和报告应当考虑与数据资源有关的经济利益的预期消耗方式"在数据资源无形资产的摊销方法上应当有所体现。

根据《企业会计准则第 6 号——无形资产》及应用指南，当月增加的无形资产，应在当月开始摊销，摊销期自可供使用时起至终止确认时止。这意味着如果企业月末进行数据资源无形资产的初始确认，那么该月就需要开始摊销一个完整月度应摊销的金额，因此企业若想下月再开始摊销，可以稍微推迟一下数据资源无形资产的确权登记手续，这也是个账务筹划的细节技术。

3. 利用数据资源无形资产对外提供服务

《暂行规定》结合了《企业会计准则第 6 号——无形资产》及《企业会计准则第 14 号——收入》，对企业利用数据资源无形资产对外提供服务的相关会计处理进行规范：企业在持有确认为无形资产的数据资源期间，利用数据资源对客户提供服务的，应当按照无形资产准则、无形资产准则应用指南等规定，将无形资产的摊销金额计入当期损益或相关资产成本；同时，企业应当按照《企业会计准则第 14 号——收入》等规定确认相关收入。

如果数据资源无形资产的摊销金额计入当期损益，一般是"管理费用"：

借：管理费用

  贷：累计摊销——数据资产

除了"管理费用"外，企业利用数据资源无形资产对外提供服务可能构成日常经营业务，甚至构成主营业务，那么还可以是这样的分录：

借：主营业务成本／其他业务成本

  贷：累计摊销——数据资产

《暂行规定》同时指出：除上述情形外，企业利用数据资源对客户提供服务的，应当按照收入准则等规定确认相关收入，符合有关条件的应当确认合同履约成本。那么，所谓的"数据资源无形资产的摊销金额计入相关资产成本"，还可以是"合同履约成本"这个资产类会计科目，但要"符合有关条件"。

根据《企业会计准则第 14 号——收入》第二十六条，这个"有关条件"即"合同履约成本"的确认条件如下。"企业为履行合同发生的成本，不属于其他企业会计准则规范范围且同时满足下列条件的，应当作为合同履约成本确认为一项资产：①该成本与一份当前或预期取得的合同直接相关，包括直接人工、直接材料、制造费用（或类似费用）、明确由客户承担的成本以及仅因该合同而发生的其他成本；②该成本增加了企业未来用于履行履约义务的资源；③该成本预期能够收回。"

在满足"合同履约成本"的确认条件后，如果企业对外提供服务耗用了数据资源无形资产的经济利益，那么可以有这样的分录：

借：合同履约成本

  贷：累计摊销——数据资产

在确认服务收入的同时需要结转服务成本，相应的分录如下：

借：主营业务成本／其他业务成本

  贷：合同履约成本

显然，这两笔分录合起来与"将数据资源无形资产摊销直接计入当期损益"的效果是一样的，只是通过"合同履约成本"科目过渡了一下，与"研发支出"过渡的感觉类似，起到了成本归集的作用。虽然"合同履约成本"是一个资产类科目，构成存货报表项目的组成部分，但它的"母亲"却是收入准则。这种过渡性科目对于损益影响的效果而言就是打了个时间差，虽然核算麻烦了些，还需要进行"是否满足'合同履约成本'确认条件"的职业判断，如图6-6所示，但可以让收入与费用更好地配比，是对配比原则的支持。当然，在企业会计实务中，即使满足了"合同履约成本"的确认条件，也不想通过其过渡，可能出于权衡核算成本与核算收益的考虑，也可能出于账务筹划的考虑，但这种账务筹划是有风险的，如果这个时间差在理论上应该跨越资产负债表日，那么就违背了收入准则。

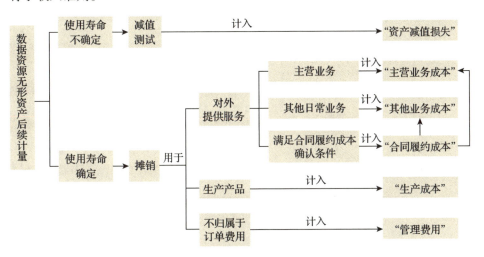

图 6-6　数据资源无形资产后续计量的会计科目使用逻辑

所谓的"数据资源无形资产的摊销金额计入相关资产成本"，除了计入"合同履约成本"外，还可以计入"生产成本"，比如用数据资源无形资产协助生产客户订单的产品，那么可以有这样的分录：

借：生产成本
　　贷：累计摊销——数据资产

这个分录中数据资源相关支出之所以没用"合同履约成本"过渡，是因为只要满足了《企业会计准则第 1 号——存货》的适用范围，就不再满足《企业会计准则第 14 号——收入》中关于合同履约成本确认条件的规定。

谈到这里，数据资产已经成为一个崭新登场的成本项目。如图 6-7 所示，传统产品成本项目是老生常谈的"料工费"，即直接材料、直接人工、包含间接材料及间接人工的间接制造费用。后来，燃料与动力项目从直接材料项目中分离出来单独列示，成为"能源""料""工""费"四大成本项目之一，如果燃料与动力占比不大，可能还是并入直接材料项目中。数据资产登场后，产品成本项目构成再度发生变化，即

$$产品成本 = 料工费 + 燃料动力 + 数据资产成本$$

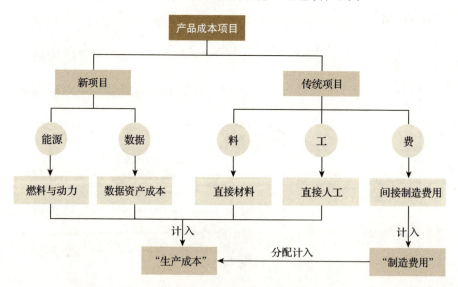

图 6-7 数据成本构成新的产品成本项目

当数据资产普遍入账入表之时，各类企业披露的产品成本组成会随之更新。更新后，最特殊的产品成本项目非数据资产成本莫属，毕竟数据资产与技术属性最为接近，是更加无形的，可能是"技术降本"的关键所在，但也要加强数据资产入账入表的合规监管，打压数据资产会计操纵产品成本的空间。

6.3 数据资产会计的终止确认

数据资产的处置环节在会计账面上体现为"终止确认",即注销数据资产账面价值,完成数据资产入账、出账闭环,如图 6-8 所示,同时,基于会计账簿生成的财务报表也完成了数据资产入表、出表闭环。其实在广义上,终止确认环节的账务处理也是后续计量环节的一部分。

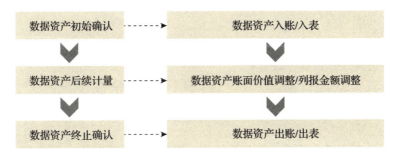

图 6-8 数据资产确认的会计闭环

本节的论述层次与本章前两节保持一致,仍然分为数据资源存货与数据资源无形资产两类情况。

6.3.1 数据资源存货的终止确认

数据资源存货的终止确认情形比较单一,主要是以出售的方式正常处置。毕竟数据资源存货是无形的,没有损毁、丢失一说,如果发生盘亏,账务处理可参考 6.2.1 节。如果数据资源存货滞销,可能并不是暂时性的,因为数据资产的"过期"风险很大,可以类比有形存货的"报废",在账面上也需要清理。

1. 出售数据资源存货

出售数据资源存货,响应了存货定义中"持有以备出售"的持有目的,产生的相关损益是经常性损益,而且属于日常经营活动。即使出售数据资源存货不是企业的主营业务,也会将销售收入计入"其他业务收入"中,根据配比原则,此时结转数据资源存货成本也会结转到"其他业务成本"中。这里不再赘述确认收入的会计分录,在确认收入的同时需要结转资产成本,即构成数据资源存货的终止确认，相关分录是：

借：主营业务成本 / 其他业务成本

　　贷：库存商品—数据资产

在此分录中，之所以存货类会计科目选用"库存商品—数据资产"，是因为出售的数据资源存货一般是数据产品成品，而非半成品或未加工的数据资源。

如果在出售前，数据资源存货曾经计提过存货跌价准备，那么在结转销售成本时，需要同步结转存货跌价准备：

借：主营业务成本 / 其他业务成本

　　存货跌价准备—数据资产

　　贷：库存商品—数据资产

2. 核销数据资源存货

如果数据资源存货滞销且非暂时性，那么数据资源存货已不再满足资产要素定义及确认条件，此时就要考虑强制让数据资源存货出账出表，注销数据资源存货的账面余额。在强制操作之前，数据资源存货应做过若干次跌价测试，应已全额计提存货跌价准备，即在注销数据资源存货账面余额之前，数据资源存货的账面价值已然为 0。最后一步只是核销数据资源存货，并不产生损益影响，类似于核销已全额计提坏账准备的应收账款：

借：存货跌价准备—数据资产

　　贷：库存商品—数据资产

6.3.2　数据资源无形资产的终止确认

数据资源无形资产的终止确认情形，除了类似于数据资源存货的出售或核销外，还有出租一说。

1. 出售数据资源无形资产

既然将数据资产分类为数据资源无形资产，表明该数据资产的用途为内部使用，而非持有以备出售。但无论是无形资产还是固定资产，也有出售处置一说，出售前一般不用重分类为存货，多数是因为自用一段时间后，企业改变了管理用途或经营策略，这种情况的出售也不少见，但相关处置损益应划分为非经常性损益，计入"资产处置损益"，相关分录为：

借：银行存款/应收账款等
　　累计摊销——数据资产
　　无形资产减值准备——数据资产
　贷：无形资产
　　　应交税费——应交增值税（销项税额）
　　　资产处置损益

显然，无形资产的出售分录类似于存货出售相关的收入确认与成本结转两笔分录的合并，因为无形资产的出售是偶发的，相关损益直接由"资产处置损益"体现，与营业外收支的道理一样，其实"资产处置损益"科目就是从营业外收支中分离出来的。而存货出售是日常经营活动，损益计算由"主营业务收入/其他业务收入"与"主营业务成本/其他业务成本"共同体现，而非直接由一个会计科目体现，这样更能反映存货销售毛利信息、展现收入与费用的配比过程，只是"资产处置损益"可以理解成配比后的损益影响净额。

2. 报废数据资源无形资产

之所以数据资源无形资产用"报废"一词，数据资源存货用"核销"一词，是因为数据资源存货经历较长的滞销期后，回款无望且已提全额跌价准备后，只是将其账面价值由0变为不存在而已，所以用核销一词。而数据资源无形资产拟注销时可能仍然存在不为0的账面价值，毕竟企业在自用数据资源无形资产的中途可能放弃使用，而这种放弃可能是突然的决策导向转变，前期在另一个决策逻辑下不必提足减值准备也在情理之中，包括使用寿命有限的数据资源无形资产出现未摊销完毕的情形也是合理的，因此用报废一词更为恰当，相关分录为：

借：累计摊销——数据资产
　　无形资产减值准备——数据资产
　　营业外支出——非流动资产处置损益
　贷：无形资产——数据资产

在此分录中，之所以损益科目用"营业外支出"而不用"资产处置损益"，是因为报废并不是正常处置，这也是两个科目使用的主要区别，不可混淆。

当然，如果是使用寿命不确定的数据资源无形资产，则没有摊销一说，相关会计分录调整为：

借：无形资产减值准备——数据资产

　　营业外支出——非流动资产处置损益

贷：无形资产——数据资产

如果连无形资产减值准备都没有计提过，那么借方科目只保留"营业外支出"即可。如果数据资源无形资产在报废前已提足摊销或全额计提了减值准备，那么借方科目只保留"累计摊销——数据资产"及"无形资产减值准备——数据资产"，类似于数据资源存货的核销分录。

3. 出租数据资源无形资产

第4章在《暂行规定》给出的三种主要业务情形的基础上单独补充了租赁业务情形，主要针对的是数据资源无形资产而非数据资源存货。出租属于日常活动，因此相关损益不能放到营业外收支，但出租一般也不属于主营业务（除非是租赁公司），因此相关损益科目用"其他业务收入"及"其他业务成本"。如果租赁期涵盖了数据资源无形资产主要的经济寿命，那么租赁实质上是一种慢性处置，每逢会计期末都在减少账面价值，相关分录是：

借：其他业务成本

贷：累计摊销——数据资产

第 7 章 CHAPTER

数据资产入表与信息披露

在企业会计准则体系的指导下,基于会计职业判断完成账务处理后,就完成了数据资产入表的前期会计基础,来到了数据资产入表与信息披露环节。所谓的数据资产入表与信息披露,包含数据资产表内确认与表外披露两大模块,如图7-1所示。虽然数据资产表内列示是《暂行规定》出台的政策目标,是真正意义上的数据资产入表,但是,数据资产表外披露可以提供更丰富的会计信息,技术含量实则更高,可以进一步提升数据资产表内列示的会计信息含量。尤其对于暂无法实现数据资产入账的企业而言,数据资产表内列示自然也暂时无法实现,但可以在《暂行规定》的指导下,抓住数据资产表外披露的机会,某种意义上可以弥补数据资产表内列示的缺陷与不足。具体而言,表外披露可进一步区分为表外自愿性披露与表外强制性披露两个层次,表内确认可进一步区分为利润表表内列示与资产负债表表内列示两个层次,入表成色逐渐加深。

本章分两节分别阐述数据资产表内确认与数据资产表外披露。数据资产表内确认,以表内列示的形式展现,相关规定很明确,不需要过多笔墨。数据资产表外披露,有强制性披露部分,也有自愿性披露部分,披露的个性化较强,需重点讲解。

图 7-1 数据资产入表与信息披露的不同层次

7.1 数据资产表内确认

会计确认既体现在账面上确认数据资产,也体现在报表上确认数据资产。数据资产表内确认,即数据资产表内列示,代表着企业成功实现了数据资产入表。

根据《暂行规定》,数据资产在财务报表上存在于三个地方:存货、无形资产、开发支出,且需在此三个报表项目下单独列示。存货、无形资产各有繁杂细项,却只单独列报数据资产,足以见得数据资产在资产负债表上的地位,虽然没有整合为单独的一个列报项目,但这主要是为了避免对已有准则体系造成太大冲击。

虽然数据资产在账务层面的会计确认上只有数据资源存货与数据资源无形资产两个分类,并无数据资源开发支出或数据资源研发支出的说法,但是在内部开发形成数据资源无形资产之前,数据资源的账面价值体现在"研发支出—资本化支出"账户中,与"无形资产"账户合并列报在无形资产报表项目中显然不合适,只能单独列报在开发支出报表项目中,因此报表上开发支出项下的数据资产可以视为数据资源无形资产的前奏。

按照图 7-1 列示的入表层次,表内列示除了存货、无形资产、开发支出等资产负债表项目可供选择外,利润表的表内列示项目也应纳入数据资产表内确认考虑。然而,根据目前的《暂行规定》,暂无利润表表内列示项目。但是,部分学者将利润表中的研发费用项目与数据资产联系起来,结合研发费用报表项目附注中披露的数据资源研发支出进行认定。的确，企业对数据资源相关研发支出的费用化处理大多是归入研发费用报表项目中，但若对标资产负债表上的数据资产入表效果，只有在研发费用项目中下设"其中：数据资源研发费用"才算严格意义上数据资源相关支出在利润表上的表内列示。虽然目前的现行准则体系无须考虑利润表范畴的数据资产入表，但不排除将来准则体系的变动，因此图 7-1 保留了这一层次。其实，如果细究真正意义上的数据资产入表，入表要素应该是资产要素而非费用要素，因此资产负债表上的数据资产入表才是狭义的数据资产入表。如果不特殊提及入表细节，"数据资产表内确认"专指"数据资产入资产负债表"。

7.1.1 存货项下单列数据资产

存货项下单列计入存货的数据资产，是《暂行规定》的要求。在报表上体现为存货报表项目的下一行"其中：数据资源"，来单独列示数据资源存货的账面价值。

"其中"二字表明，财务报表上并非将存货一分为二，并非比较非数据资源存货与数据资源存货的金额大小，而是在不冲击存货原有统计口径的前提下，再补充列示存货中包含的数据资源存货金额，这与《暂行规定》不冲击已有准则体系的精神是一致的。

这里唯一的问题是如何确定在报表上列示的数据资源存货的金额大小。报表取数都是从账面上来，"从账到表"本就是会计循环的一部分。关于存货列报金额，比较麻烦的一点是企业使用的存货类账户可以有很多个，甚至超过 10 个一级会计账户，需要汇总填列。而数据资源存货就更麻烦了，因为统计口径不再是"原材料""库存商品"等一级会计账户，而是"原材料—数据资产""库存商品—数据资产"等二级明细会计账户，如果企业采用的会计信息系统不够先进或者核算颗粒度不够细腻，统计起来就会比较麻烦。当然，如果企业来到了这一步，说明前面的一系列步骤都走通了，就差临门一脚，再麻烦也能解决，并不是什么技术难题，只是多点核算成本。

根据第 6 章的数据资源存货相关账务处理分析，数据资源存货一般存在的会计账户有"原材料—数据资产""生产成本—数据资产""库存商品—数据资产""委托加工物资—数据资产""存货跌价准备—数据资产",可能还会有"材料采购—数据资产""材料成本差异—数据资产""在途物资—数据资产""发出商品—数据资产"等。

需要注意的是,"存货跌价准备—数据资产"不能遗漏,因为报表上列示的不应是账面余额,也不应是账面净值,而应是账面净额,即账面价值。如果遗漏了"存货跌价准备—数据资产",考虑到数据资源存货一般不摊销,即使数据资源存货统计了其他所有存货类数据资产的明细账户,也只能是账面余额或账面净值,只有抵减了相关备抵账户"存货跌价准备—数据资产"的金额,才能是报表上应该列示的账面价值。因此,在日常账务核算"存货跌价准备"时,也应核算到明细科目,这也是《暂行规定》的内在要求,否则如果只能保证"存货跌价准备"的总额,那么只能保证存货报表项目金额的可靠性,如无法将与数据资源存货相关的存货跌价准备拆分出来,就无法保证存货项下单独列报数据资源存货项目金额的可靠性,无法满足《暂行规定》及《企业会计准则第30号——财务报表列报》的相关要求。

除以上存货类账户外,其他没有提到的存货类账户也可以检查是否有吸纳数据资源存货的核算情形,毕竟每家企业的核算特点在不违背企业会计准则体系的前提下仍会有所差异。比如"合同履约成本",如果初始确认时摊销期限不超过1年或一个正常营业周期,则在编制资产负债表时也会纳入存货报表项目中合并列示,第6章对数据资源存货的相关账务处理中也用到了此科目。之所以没有纳入数据资源存货单独列报的金额口径中,是因为"合同履约成本"一级会计科目下设置的二级明细科目一般对应具体的合同,毕竟该科目本身就为归集合同成本而存在,并不是为了拆分合同成本中蕴含的包含数据资产成本在内的各个费用要素明细。与"原材料"等二级明细会计科目的设置风格不同,它不但从技术上可能很难拆分出包含的数据资源存货金额,而且从该科目的设立目的考虑也无必要,不光是数据资产成本,其他计入"合同履约成本"的费用要素也没有拆分出来的惯例。

7.1.2 无形资产项下单列数据资产

无形资产项下单列计入无形资产的数据资产，是《暂行规定》的要求。在报表上体现为无形资产报表项目的下一行"其中：数据资源"，来单独列示数据资源无形资产的账面价值。与数据资源存货的列报口径一致，只是将无形资产列报金额中包含的数据资源无形资产再单列出来加以补充而已。

由于使用寿命确定的无形资产必然会计提摊销，因此对于无形资产而言，账面余额、账面净值、账面净额各不相等，三者间的关系为：

无形资产账面净值 = 无形资产账面余额 − 无形资产累计摊销

无形资产账面净额 = 无形资产账面净值 − 无形资产减值准备

因此对于无形资产账面价值而言，需要在"无形资产"账户余额的基础上减去"累计摊销"账户余额，再减去"无形资产减值准备"账户余额计算得来。

与计算数据资源存货列报金额的逻辑一致，同样需要将"累计摊销"及"无形资产减值准备"中与数据资产相关的部分金额抽离出来，用于抵减"无形资产—数据资产"二级明细会计科目的余额来计算数据资源无形资产列报金额。因此，在第 6 章涉及数据资源无形资产的相关账务处理中，相关科目核算的颗粒度都细化到了数据资产二级明细，如"累计摊销—数据资产""无形资产减值准备—数据资产"等，方便后续列报环节的账表取数。

总体来看，数据资源无形资产的金额统计相较数据资源存货而言颇为简单，毕竟涉及的会计科目较少，不像数据资源存货那样涉及存货类会计科目大家族，但相关原则是相通的。

7.1.3 开发支出项下单列数据资产

除了数据资源存货及数据资源无形资产外，数据资产还可能计入"研发支出—资本化支出"账户中，从而列报在"开发支出"报表项目下。一般没有数据资源开发支出的说法，因为开发支出只是无形资产的前奏，但"开发支出"确实是资产类报表项目，因此从会计意义上看，开发支出中包含的数据资源仍然定性为数据资产，就如同没有达到可出售状态的"原材料—数据资产"存货一样，只要计入资产类会计账户，就是会计师确认的数据资产。

在账务层面，"研发支出—资本化支出"账面余额最终会转入"无形资产"账面余额。在报表层面，"开发支出"报表项目金额最终会转入"无形资产"报表项目金额。因此在广义上，开发支出项下列示的数据资源金额可以在一定程度上视同数据资源无形资产，即如果说数据资产在会计上可以分类为数据资源存货与数据资源无形资产，那么此处的数据资源无形资产也应包含在开发支出项下列示的数据资源中。

开发支出项下单列计入开发支出的数据资产，也是《暂行规定》的要求。在报表上体现为开发支出报表项目的下一行"其中：数据资源"，来单独列示计入开发支出的数据资产账面价值，反映资产负债表日正在进行的数据资源研究开发项目中满足资本化条件的支出金额。

需要注意的是，"开发支出"报表项目对应的会计账户为二级明细会计账户"研发支出—资本化支出"，而不能直接从"研发支出"一级会计账户中取数，因为只有"研发支出—资本化支出"的账户金额才能在未来转入"无形资产"账户。容易忽略的是，如果计提了研发支出减值准备，那么在计算开发支出报表列示金额时，需要减去"研发支出减值准备"这一备抵账户的账面余额，才能得到开发支出账面价值，即在报表层面，"研发支出减值准备"视同"开发支出减值准备"，因为只有研发进入开发阶段才有对资本化处理的研发支出金额计提减值准备一说。

与数据资源存货、数据资源无形资产单独列示的处理原则一致，"研发支出减值准备"账户也需要核算到数据资产二级明细，否则难以保证开发支出项下单独列示数据资源金额的可靠性。

7.2 数据资产表外披露

在狭义上，数据资产入表指的是在资产负债表中的相关资产类报表项目列报数据资产。在广义上，数据资产入表即使没能入资产类报表项目，但与数据资源相关的研发支出列报到了利润表上的研发费用中，即无论与数据资源相关的研发支出是做资本化处理还是费用化处理,只要在相关报表项目中得到单独体现,而不是像以前的企业会计准则体系一样只能杂糅到期间费用中,就是向前迈进了一大步,即使没能在资产类报表项目上实现数据资产的表内确认,也为享受数据资产开发的相关激励政策打下基础、做好铺垫。再退一步,即使资产负债表或利润表的相关项目都没能吸纳与数据资产相关的支出,如果在报表附注部分实现了对尚未确认为数据资产的数据资源信息的披露,也是在数据资产入表之路上前进了一步,毕竟财务报表不仅包含主表,还包含附注,主表之外的附注披露不仅是对主表数字信息的进一步解释,还可以有很多额外的有价值的信息。

不同于有强制规范的表内列示,表外披露除了有强制性披露的部分外,也有很多自主空间可以进行自愿性披露,本节分别阐述数据资产表外披露的强制披露信息及自愿性披露信息。

7.2.1　数据资产强制披露信息

与表内列示数字相关的附注披露信息是按报表项目划分的,因此下面根据《暂行规定》,按照数据资源存货与数据资源无形资产分别阐述强制披露信息。

1. 数据资源存货相关强制披露信息

1)按照形成方式、本期处置方式等细化数据资源存货相关信息。

《暂行规定》要求,企业应当按照外购存货、自行加工存货等类别,对数据资源存货相关会计信息进行披露,并可以在此基础上根据实际情况对类别进行拆分。《暂行规定》要求的数据资源存货具体披露格式见表7-1。

表7-1　《暂行规定》要求的数据资源存货具体披露格式

项目	外购的数据资源存货	自行加工的数据资源存货	其他方式取得的数据资源存货	合计
一、账面原值				
1. 期初余额				
2. 本期增加金额				
其中:购入				

(续)

项目	外购的数据资源存货	自行加工的数据资源存货	其他方式取得的数据资源存货	合计
采集加工				
其他增加				
3. 本期减少金额				
其中：出售				
失效且终止确认				
其他减少				
4. 期末余额				
二、存货跌价准备				
1. 期初余额				
2. 本期增加金额				
3. 本期减少金额				
其中：转回				
转销				
4. 期末余额				
三、账面价值				
1. 期末账面价值				
2. 期初账面价值				

表 7-1 集中体现了数据资源存货的形成方式、处置方式以及存货跌价准备的变动信息，以"期初余额 + 本期增加金额 − 本期减少金额 = 期末余额"恒等式为脉络详细展开数据资源存货金额的变动过程。

关于数据资源存货的形成方式，表中按照"外购""自行加工"（"采集加工"）、"其他方式"三类情形进行分类，其中的"自行加工"（"采集加工"）方式就是第 5 章讲的内部开发形成方式。如果数据资源存货的形成方式是多元的，比如第 5 章讲的半程内部开发形成方式，可以分类到"其他方式"，但如果有主要的形成方式，比如以内部开发（即自行加工）为主，但最后在数据资源存货在数据交易所流通上市前的包装阶段委托外单位进行加工，且委托加工费占数据资源存货账面价值的比例不大，那么可将该数据资源存货金额填写到表中的"自行加工"列。

关于数据资源存货的处置方式，表中按照"出售""失效且终止确认""其他减少"三类情形进行分类，其中的"失效且终止确认"，对应第 6 章核销数据资源存货的账务情形。

关于存货跌价准备的变动，本期增加是指计提跌价准备，本期减少分为转回和转销两种情形，转回可以理解为计提的反方向，转销则是指随着已计提跌价准备的数据资源存货在出售时，需要同步结转相应的存货跌价准备。

2）企业应当披露确定发出数据资源存货成本所采用的方法。

根据《企业会计准则第 1 号——存货》，存货发出成本的计价方法有先进先出法、加权平均法、个别认定法，不允许采用后进先出法。其中，加权平均法又分为月末一次加权平均法与移动加权平均法。但这些存货发出的计价方法是针对普通存货而言的，这类存货往往具有数量大、种类有限的特点，如果不明确存货发出计价方法，则难以保证结转销售成本的可靠性。而数据资源存货往往种类多样，开发前期的数量有限，个别认定法较容易实现且能提供更高质量的会计信息，使得收入与费用能更恰当地配比，显然更合适。如果企业拥有的数据资源存货形成一定规模，可以考虑运用先进先出法、加权平均法等其他存货发出计价方法。存货发出计价方法的选择，是企业必须披露的信息，因为这关系到表中数据资源存货减少的数字口径。

3）企业应当披露数据资源存货可变现净值的确定依据、存货跌价准备的计提方法、当期计提的存货跌价准备的金额、当期转回的存货跌价准备的金额，以及计提和转回的有关情况。

关于这一条，存货跌价准备的计提方法已被《企业会计准则第 1 号——存货》明确限制，为"成本与可变现净值孰低"，因此此条的重点在于披露数据资源存货可变现净值的确定依据。确定数据资源存货的可变现净值，主要有两方面：估计的未来售价是否有交易活跃的数据资产流通市场，以及尚待进一步加工的数据资源存货的预估加工成本。例如，如果企业拥有的数据资源存货类别恰好是大型数据交易所的流通品类，那么数据交易所的交易价格可以作为估计未来售价的参考。又如，如果企业有长期合作的数据商帮助加工数据资源存货，那么加工成本的估计也有据可依。

4）企业应当单独披露对企业财务报表具有重要影响的单项数据资源存货的内容、账面价值和可变现净值。

这一条很好理解，毕竟财务信息披露要突显"重要性"原则，无论是金额占比较大的数据资源存货，还是其他大金额的单项资产，都应单独披露相关情况，以便财务报表使用者了解重要资产对财务报表的影响。

5）企业应当披露所有权或使用权受到限制的数据资源存货，以及用于担保的数据资源存货的账面价值等情况。

这一条其实是回应数据资产的产权复杂性，无论是国家层面对数据资产产权制度的"三权分置"，还是各地政府的创新制度实践、各企业的商业创新实践，数据资源存货的各项相关权利可能被不同会计主体拥有，例如暂时让渡使用权给其他企业，类似的权利受限情况都需要披露。当然，这一条的站位仍停留在传统会计框架中，如果不单独披露受限的资产权利，就默认企业拥有该资产的所有权或控制权，但对于数据资产的权利内涵而言，可能纳入表内的数据资产的大部分权利都不被会计主体拥有，会计主体可能只是拥有某一方面的数据权利，反而企业的思路应是披露拥有的数据权利，而不是用排除法的思维只披露受限或本来就不拥有的数据权利。

2. 数据资源无形资产相关强制披露信息

1）按照形成方式、本期处置方式等细化数据资源无形资产相关信息。

《暂行规定》要求，企业应当按照外购无形资产、自行开发无形资产等类别，对数据资源无形资产相关会计信息进行披露，并可以在此基础上根据实际情况对类别进行拆分。《暂行规定》同时给出了具体披露格式，见表7-2。

表7-2 《暂行规定》要求的数据资源无形资产具体披露格式

项目	外购的数据资源无形资产	自行开发的数据资源无形资产	其他方式取得的数据资源无形资产	合计
一、账面原值				
1. 期初余额				
2. 本期增加金额				
其中：购入				

(续)

项目	外购的数据资源无形资产	自行开发的数据资源无形资产	其他方式取得的数据资源无形资产	合计
内部研发				
其他增加				
3.本期减少金额				
其中：处置				
失效且终止确认				
其他减少				
4.期末余额				
二、累计摊销				
1.期初余额				
2.本期增加金额				
3.本期减少金额				
其中：处置				
失效且终止确认				
其他减少				
4.期末余额				
三、减值准备				
1.期初余额				
2.本期增加金额				
3.本期减少金额				
四、账面价值				
1.期末账面价值				
2.期初账面价值				

从表格上看，虽然用词有细微差别，比如"内部研发""自行开发"等，但与第 5 章的"内部开发"是一个意思。表格上将数据资源无形资产形成方式分为"外购""自行开发""其他方式"三类情形，第 5 章所述的"委外研发"可归于表格中的"其他方式"。

关于表格中数据资源无形资产的减少方式，表格中分为"处置""失效且终止确认""其他减少"等三类情形，其实这些都是处置方式，其中的"处置"主要是出售，之所以换词是因为出售本就不是无形资产的通常处置方式，"失效且终止确认"则对应第6章数据资源无形资产终止确认情形中的"报废"及"核销"。

关于表格中的"减值准备"，由于受到《企业会计准则第8号——资产减值》的约束，不可转回，因此减少情形仅为"转销"。

2）对于使用寿命有限的数据资源无形资产，企业应当披露其使用寿命的估计情况及摊销方法；对于使用寿命不确定的数据资源无形资产，企业应当披露其账面价值及使用寿命不确定的判断依据。

关于这一条，主要是需披露与"使用寿命"及"摊销方法"相关的职业判断过程。在披露"摊销方法"时，披露对摊销方法具有决定性意义的与数据资源无形资产相关的经济利益的预期消耗方式也在情理之中。

3）企业应当按照《企业会计准则第28号——会计政策、会计估计变更和差错更正》的规定，披露对数据资源无形资产的摊销期、摊销方法或残值的变更内容、原因以及对当期和未来期间的影响数。

由于数据资源无形资产在处置前可能通过摊销的方式对未来各期损益造成系统性影响，且这种影响在很长一段时间内是持续性的，而改变摊销期、摊销方法或残值等任意一个摊销模型中的参数估计都可以使得受影响的金额被人为操纵，因此如果相关参数的会计估计确有改变，需详细披露以说明改变的合理性。

4）企业应当单独披露对企业财务报表具有重要影响的单项数据资源无形资产的内容、账面价值和剩余摊销期限。

这一条与数据资源存货的披露要求类似，仍属于重要性原则在报表披露中的体现。

5）企业应当披露所有权或使用权受到限制的数据资源无形资产，以及用于担保的数据资源无形资产的账面价值、当期摊销额等情况。

这一条与数据资源存货的披露要求类似，不再赘述。

6）企业应当披露计入当期损益和确认为无形资产的数据资源研究开发支出金额。

在数据资源无形资产的形成方式中，内部开发是主流，然而，开发完毕时"研发支出—资本化支出"转为"无形资产—数据资产"的金额大小，不仅与相关数据资源研发支出的总体金额有关，而且与研发支出中资本化支出与费用化支出的比例划分有关，因此对数据资源研究开发支出金额中两类会计处理比例结构的披露有所要求，从而需要提供"自行开发的数据资源无形资产"本期增加金额合理性的进一步佐证。

7）企业应当按照《企业会计准则第8号——资产减值》等规定，披露与数据资源无形资产减值有关的信息。

披露数据资源无形资产减值相关信息的要求，类似于披露数据资源存货跌价准备相关信息的要求，既然是构成数据资产账面价值的一部分，那么详细披露必不可少。

8）企业应当按照《企业会计准则第42号——持有待售的非流动资产、处置组和终止经营》等规定，披露划分为持有待售类别的数据资源无形资产的有关信息。

由于无形资产的出售并非常见处置方式，所以如果企业拟出售数据资源无形资产，需要考虑《企业会计准则第42号——持有待售的非流动资产、处置组和终止经营》的相关要求，在满足相关条件时把拟出售的数据资源无形资产划分至持有待售类别，而数据资源存货的出售则为常见处置方式，因此只有数据资源无形资产需要有这样的特殊处理及披露考虑。

7.2.2 数据资源自愿披露信息

表外披露并不完全是企业为了迎合监管要求而不得已披露的，尤其对于体现企业数智化竞争力的高价值信息（比如数据资源相关信息），企业完全可以发挥主观意愿，对有利于财务报表使用者及企业市值管理的非强制披露的数据资源相关信息进行选择性披露。针对这一点，《暂行规定》也贴心地给出了相应指导。

1）数据资源的应用场景或业务模式、对企业创造价值的影响方式，与数据资源应用场景相关的宏观经济和行业领域前景等。

可以参考本书给出的数据资产应用场景与业务模式的披露参考模板，见表 7-3。

表 7-3　数据资产应用场景与业务模式的披露参考模板

数据资产种类	典型应用场景	业务模式	本年数			上年数		
			数据资源存货	数据资源无形资产	数据资源开发支出	数据资源存货	数据资源无形资产	数据资源开发支出
数据产品 A								
数据产品 B								
数据产品 C								
拟登记的数据产品								
不属于数据产品的数据资产								
未确认为数据资产的数据资源			/	/	/	/	/	/

针对同一数据资源，即使有较为统一的公允价值，但对于不同行业、不同企业、不同业务场景，数据资源发挥的价值可谓大相径庭。因此，企业财务报表上列报的数据资产，即使金额很大，但如果管理不当或数据资产暂无用武之地，对企业的帮助也不大，或者金额虽然不大，但体现了企业独特商业模式的核心竞争力，那么数据资产对企业创造价值的影响是深远的，在表内列示的同时在表外予以辅助说明性的披露，效果会更加理想。

2）用于形成相关数据资源的原始数据的类型、规模、来源、权属、质量等信息。

这一条如同从技术上穿透数据资源，揭开企业报表上列示或披露的数据资源的神秘面纱，也方便了外部人士对企业列报的数据资源进行初步质量评估，降低信息不对称。可以参考本书给出的数据资产原始数据信息的披露参考模板，见表 7-4。

表 7-4　数据资产原始数据信息的披露参考模板

数据资产原始数据信息	数据类型	数据规模	数据来源	数据权属	数据质量
一、数据资源存货					

(续)

数据资产原始数据信息	数据类型	数据规模	数据来源	数据权属	数据质量
数据资源存货 A					
数据资源存货 B					
二、数据资源无形资产					
数据资源无形资产 A					
数据资源无形资产 B					
数据资源无形资产 C					
三、数据资源开发支出					
数据资源开发支出 A					
数据资源开发支出 B					

这些信息与数据资产成本来源高度相关，可以关联披露，本书基于这一理念及第 5 章的研究结论开发了数据资产成本来源的披露参考模板，见表 7-5。

表 7-5　数据资产成本来源的披露参考模板

数据资产成本构成	形成方式	会计类别	采购成本	内部开发支出	委外加工成本
数据资产 A					
数据资产 B					
数据资产 C					

3）企业对数据资源的加工维护和安全保护情况，以及相关人才、关键技术等的持有和投入情况。

这一条是在强调，企业财务报表上列报的数据资产价值几何，与企业成熟的数据管理制度密不可分，同样的数据资产列报金额、不同的数据管理制度支撑，发挥的价值是完全不同的。关于相关人才、关键技术等的持有和投入情况，与数据资产是否构成业务的判断高度相关，对于财务报表使用者区分战略级数据资产、业务级数据资产及辅助级数据资产至关重要，因此下面给出了数据资产构成业务的披露参考模板，在明确数据资产会计分类（数据资源存货或数据资源无形资产或数据资源开发支出）的基础上，通过数据资产相关资源投入及预计后续投入来详细说明各类数据资产是否构成业务，见表 7-6。

表 7-6 数据资产构成业务的披露参考模板

数据资产类别	会计分类	是否构成业务	数据密级	负责人及团队配置	数据技术投入	配套资产投入	预计后续投入
数据资产 A							
数据资产 B							
数据资产 C							

4）数据资源的应用情况，包括数据资源相关产品或服务等的运营应用、作价出资、流通交易、服务计费方式等情况。

如果说前三条是引导企业披露证明数据资源价值的依据，那么这一条是引导企业披露体现数据资源价值的事实。数据资产是否有已被市场验证的成熟应用场景，或者即使应用场景虽未实际应用但刚通过验证，或者干脆暂未确定应用场景，都对数据资产价值构成直接影响，而且与数据资产减值计提的比例高度相关，例如有的企业在打造完数据资产后，对相关应用场景满怀信心，然而过了很久也没有找到可以落地的应用场景，就可以通过本书设计的基于数据资产应用场景导向的披露参考模板进行分析发现，见表 7-7。

表 7-7 基于数据资产应用场景导向的披露参考模板

数据资产应用场景	数据资产减值计提比例	数据资源存货	数据资源无形资产	数据资源开发支出
已有成熟应用场景				
已明确应用场景				
暂未明确应用场景				

关于应用场景的披露是非常重要的，毕竟数据资产能否在资产负债表上站稳脚跟，需要应用场景支持，对于打消报表使用者对于数据资产是否为资产泡沫的质疑也至关重要。财政部会计司在宣贯《暂行规定》时举过一个例子：某企业在从事智能财务共享业务的过程中会涉及客户、企业的费用报销、合同台账等相关数据，该企业认为如果取得了客户的授权，对这些原始数据进行脱敏，并且加工处理以后再形成的数据是可能存在挖掘潜力的。但是，由于目前尚未构建起清晰的应用场景，无法确认预期能否带来经济利益，因此上述加工处理

后的数据并不满足资产的定义，无法入表为资产进行确认。即使企业花费高昂的成本购买了数据集，如果购置的数据资源难以与企业的其他资源相结合来支持其经营活动，也无法从中挖掘形成有价值的数据产品或是对外出售来实现经济利益，那么自然不符合数据资产的会计确认条件，如果该企业将这种数据资源强行入表，那在附注中披露应用场景时就会露馅。

虽然这是一个自愿披露信息，但如果企业有已落地的成熟应用场景或者较为明确的应用场景，却不在附注中披露，那么就难以与那些不顾数据资源经济效益、一味囤积数据的企业区分开。一方面，充分的信息披露有利于货真价实的数据资产在披露中扩大积极作用，另一方面则是提醒企业需要关注这些自愿披露的指南，即使选择不披露，这些内容也都是判断数据资产质量效益乃至合规风险的关键要点。

5）重大交易事项中涉及的数据资源对该交易事项的影响及风险分析，重大交易事项包括但不限于企业的经营活动、投融资活动、质押融资、关联方及关联交易、承诺事项、或有事项、债务重组、资产置换等。

数据资源作为隐性的交易对价，如果不满足会计确认条件入账入表，就只能通过披露来间接说明对相关交易金额的影响，随着数据资源的广泛流通，相关交易事项对数据资源的考虑会越来越多，披露的必要性也越来越大。

6）数据资源相关权利的失效情况及失效事由、对企业的影响及风险分析等，如数据资源已确认为资产的，还包括相关资产的账面原值及累计摊销、减值准备或跌价准备、失效部分的会计处理。

这一条涉及数据资源存货与数据资源无形资产的核销账务情形，或称为失效的业务情形，导致相关账面价值需终止确认，如这类情形发生，需详细披露缘由及影响。更为关键的是，权利维度的数据资产披露可以更加直观地展示数据资产的权利内涵，响应资产的"权利观"，将财务报表主表列示的数据资产减值情况与相关数据权利受限及失效情况关联起来，见表 7-8 所示的"三权分置"框架下数据资产权利内涵的披露参考模板，有助于基于数据权利视角的深度数据资产财务分析。

表 7-8 "三权分置"框架下数据资产权利内涵的披露参考模板

数据资产相关权利受限或失效情况	会计类别	数据资源持有权	数据加工使用权	数据产品经营权	其他权利限制	剩余权利年限	是否存在减值迹象	已计提减值准备或跌价准备
数据资产 A								
数据资产 B								
数据资产 C								

7）数据资源转让、许可或应用所涉及的地域限制、领域限制及法律法规限制等权利限制，表 7-8 中的"其他权利限制"列中有体现。

这一条是对企业拥有的数据资源相关权利限制的补充披露，在涉及数据资源主要权利限制的强制性披露要求基础上，企业可额外披露地域限制、领域限制等所有与法律法规相关的限制情形。

第 8 章 CHAPTER

数据资产入表的财务分析

在完成数据资产入账、数据资产入表等合规工作后,需要考虑对财务报表分析的影响。数据资产会计对财务报表分析结果的影响,关系到会计师的报表管理工作。如果会计师只是机械地完成数据资产入账入表的动作,那么会使得财务报表管理陷入被动。

本章在分析数据资产会计对财务分析的影响的基础上,进一步分析如何根据报表管理目的反推账务筹划,从而打造"数据资产入账—数据资产入表—数据资产财务分析—数据资产入账"的迭代优化循环。

8.1 数据资产会计对财务报表价值的重塑

在分析数据资产会计对各项具体财务分析方面的影响之前,需要从整体层面阐述数据资产会计对财务报表的价值重塑机理。本节拟分别介绍数据资产会计对资产负债表、利润表、现金流量表价值的重塑。至于所有者权益变动表,虽然属于四大报表之一,但不会直观体现数据资产会计的影响。

8.1.1 数据资产会计对资产负债表价值的重塑

数据资产会计倾向于在符合《暂行规定》及企业会计准则要求的前提下将数据资产投资成本予以资本化处理，而不像在《暂行规定》施行前为了一味地规避资本化可能带来的合规风险从而直接进行费用化处理，应当将"合理划分资本化支出与收益性支出"的职业判断原则落到实处。因此，数据资产优先入资产负债表，而不是利润表。当然，数据资产入资产负债表后，随着摊销或处置，也会逐步入利润表，而一旦数据资产符合入资产负债表的条件，就会重塑资产负债表的价值。

根据第 7 章，数据资产可以在资产负债表中的存货、无形资产、开发支出等资产项目中体现。其中，数据资源存货会增加流动资产，数据资源无形资产或数据资源开发支出会增加非流动资产，无论数据资产列报到哪一个资产项目中，都会改变资产的流动性结构。在实务中，数据资源存货的占比很少，多数都是数据资源无形资产或者待开发完成的数据资源开发支出。因此，数据资产入资产负债表，多数是增加非流动资产的比重。其实，数据资产之所以有研究价值，能做成数据资产会计专题，主要是出自数据资源无形资产对于企业经营的意义，如果企业仅有数据资源存货，那么数据资产只是像其他用来买卖的普通资产一样，单独分析的意义不大。

根据第 4 章，数据资源无形资产可以是战略性数据资产，也可以是业务性数据资产，或者是辅助性数据资产。如果是战略性数据资产，资产负债表会更加体现战略价值。如果是业务性数据资产，资产负债表会额外体现数据类业务的资产积累。如果是辅助性数据资产，资产负债表不但不会体现战略价值，也不会体现多少业务价值，甚至会体现出账务合规风险，对辅助性数据资产能否入资产负债表的职业判断要慎之又慎。

根据上述数据资产的种类，将不同类别数据资产入表的价值与难度对比见表 8-1。

表 8-1 不同类别数据资产入表的价值与难度对比

数据资产类别	入表价值	入表难度
战略性数据资产	高	大
业务性数据资产	较高	小
辅助性数据资产	低	较大

战略性数据资产与辅助性数据资产虽然在对资产负债表的价值重塑方面有着天壤之别，但有一点是相通的，即难以计量。战略性数据资产本身就难以计量，辅助性数据资产计量难在对合同价格的分摊上。业务性数据资产入资产负债表的价值介于战略性数据资产与辅助性数据资产之间，但在计量难度方面要友好很多。然而，实务中的一种常见误区是将最容易入表的数据资产予以入表，而非将更有价值入表的数据资产予以入表，因此，除了业务性数据资产外，企业应尽可能将战略性数据资产予以入表。当然，如果企业没有适合入表的数据资产，也不要强行将辅助性数据资产予以入表。

根据上述分析，如果企业的数据资产成功入表，财务分析师应尤为关注资产负债表中的无形资产项目及开发支出项目是否包含数据资产，如果包含，可以通过相关报表附注项目的详细披露来评估数据资产的价值。如果是战略性数据资产，要结合企业披露的发展战略尤其是数智化转型战略加以分析。

8.1.2 数据资产会计对利润表价值的重塑

根据《财政部关于修订印发2019年度一般企业财务报表格式的通知》，研发费用成为利润表单独列示的一项期间损益项目，原先的三大期间费用"销售费用、管理费用、财务费用"演化为四大期间费用。利润表上的研发费用项目与资产负债表上的无形资产项目有着比较明晰的勾稽关系，除了由"研发支出—费用化支出"会计科目直接过渡到利润表上的研发费用项目外，无形资产的摊销费用成为研发费用的一大主要来源。如果无形资产中包含使用寿命有限的数据资产，那么利润表上的研发费用项目也体现了数据资产的摊销费用。当然，由数据资源无形资产的摊销事项引起的"数据资产入利润表"的效果，已经被"数据资产入资产负债表"的效果替代了，这是数据资产会计对利润表价值的间接重塑。

如果谈及数据资产会计对利润表的直接重塑，那么只有"数据资产入利润表"且没有"数据资产入资产负债表"的事项，最为典型的就是将研发支出直接费用化处理计入"管理费用—研发费用"二级明细会计账户，从而列报到利润表上的研发费用项目中。

因此，利润表的报表附注中关于研发费用项目的明细打开，对于分析数据资产会计对利润表的影响是十分重要的。企业在数智化转型的阵痛期，往往有很多与数据资源相关的研发支出，其中必然有很大一部分的研发支出通过费用化处理计入利润表中的研发费用项目，在很大程度上会对当期损益造成较大冲击，且这种冲击根据非经常性损益的判断原则只能算作对经常性损益的冲击，甚至在企业投入大量资源进行数据资产开发后遭遇阶段性失败时，利润表上与数据资源相关的研发费用大量增加可能使得当期利润由正转负，然而这并不意味着企业正常的经营业绩，反而预示着企业为了长远竞争力敢于牺牲短期利益的魄力。

8.1.3　数据资产会计对现金流量表价值的重塑

根据《暂行规定》，数据资产对企业当期现金流量的影响不需在现金流量表上单独列示。但是，数据资产相关现金流出会间接影响现金流量表项目，例如"购建固定资产、无形资产和其他长期资产支付的现金"这一投资活动现金流出项目，购建数据资源无形资产支付的现金就会合并列报其中。如果是购买数据资源存货，则会列报在经营活动现金流出项目的"购买商品、接受劳务支付的现金"中，当然，分析重点应该聚焦于数据资源无形资产对现金流量表的影响。如果尚未形成数据资源无形资产但正在研发过程中，相关现金流出也会列报进"购建固定资产、无形资产和其他长期资产支付的现金"报表项目中。

因此，对"购建固定资产、无形资产和其他长期资产支付的现金"项目的分析是数据资产会计对现金流量表价值重塑的切入点，为了找到该项目中与数据资源相关的现金流出，还需要依赖报表附注中对该项目的明细打开。

需要强调的是，对该项目的分析，需要结合利润表中"研发费用"项目以及资产负债表中"无形资产""开发支出"等报表项目进行勾稽分析，这也是数据资源无形资产对三大报表联动的影响方式。如果利润表中"研发费用"项目列报了很多与数据资源无形资产开发相关的费用化支出，而现金流量表中"购建固定资产、无形资产和其他长期资产支付的现金"却没有列报相应的现金流出，那么从侧面说明数据资产会计对该企业利润表价值的重塑只是一个会计游戏，并非真金白银的资源投入（至少从当期来看）。如果反过来，现金流量表中"购建固定资产、无形资产和其他长期资产支付的现金"列报了很多与数据资源无形资产开发相关的现金流出，然而利润表中研发费用却没有相应体现，那么根据会计原理，相关支出必定经过资本化处理，即必定在资产负债表上有所体现，无论是无形资产项目还是开发支出项目，否则涉嫌财务造假。如果是这种情况且排除了会计操纵嫌疑，往往意味着企业成功开发了数据资源无形资产，相关研发支出的质量很高所以满足资本化处理的会计条件。

8.2 数据资产入表质量分析

数据资产入表后的财务分析质量，不仅取决于会计的财务分析能力及对企业会计准则体系的熟悉程度，还取决于用于财务分析的报表项目数字是否真实准确、披露翔实。如果数据资产入表存在会计操纵行径，那么用于财务分析的原材料就是假的，直接计算相关财务分析指标会失真并存在误导。如果数据资产入表只有主表列示的数字、附注披露近乎干枯，那么很多分析路径也只能纸上谈兵、有劲没处使。正所谓，只有合规的数据资产入表，才有展开相关财务分析的必要性。虽然合规与否并不是非黑即白的关系，毕竟企业可能很难做到完全合规，不合规不代表一定存在会计操纵，但也影响着财务报表的会计信息质量，增大了财务分析的局限性，甚至使得财务分析意义渺茫。因此，开展数据资产入表质量分析是深入展开数据资产入表财务分析的逻辑前提。

8.2.1 数据资产入表质量分析对后续财务分析的影响与局限性

数据资产入表的质量，决定着财务分析的质量及可行性，是最先需要分析的。与传统的财务报表质量分析不同,数据资产入表质量分析并不属于核心财务分析,重在分析数据资产入表是否真实准确或者是否存在可疑的会计操纵,类似于审计师的工作,然而作为外部分析师却无法像审计师一样具有获取被审计单位没有对外披露的内部资料的便利,因此需要利用企业有限的对外披露资料进行深入挖掘,如果对外披露的信息较为完善且分析利用较为充分、深入,即使不能证明数据资产入表是否真实,也可以发现可疑的会计操纵倾向甚至合规的盈余管理倾向,为后续的财务分析做出必要提示。

可能有人疑惑,企业出具的财务报表通常是经过审计的,即使财务报表的数字有问题,对外披露的审计报告也会指明,更进一步,即使部分会计师事务所存在诚信问题,但大型会计师事务所出具的标准审计报告也不值得信赖吗?有必要自行开展一个"数据资产专项审计"才能放心地展开财务分析吗?抛开部分没能达到审计要求的案例不谈,正常情况下,审计师完全合规地开展审计工作、出具了干干净净的审计报告,也只是对财务报表整体发表审计意见,并不对财务报表的局部项目单独发表审计意见,即使在审计报告中的关键审计事项段谈及了局部报表项目的审计工作,也不影响发表的审计意见类型。然而,本章聚焦的数据资产会计相关财务分析的重点是对与数据资产相关的报表项目展开分析,聚焦于财务报表整体质量的审计报告无法满足聚焦于数据资产入表的财务分析师的使用需求,例如数据资产列报项目存在的错报金额如果低于审计重要性水平且相关认定层次的错报性质并未被审计师特别关注,即使被审计单位不进行审计调整、不更正错报,只要财务报表整体未更正错报的汇总数不超过整体重要性水平,也不会对审计意见类型产生影响,审计报告使用者也无从知晓,但这类错报金额很可能对数据资产相关财务分析指标的计算结果构成重要影响,或者说可能超过了数据资产入表财务分析的重要性水平。因此,作为专注于数据资产入表的外部分析师而言,即使审计报告完全可以信赖,也不能替代数据资产入表质量分析。虽然审计报告的意见类型及关键审计事项段可能对数据资产入表质量分析做出一定提示,但开展数据资产入表质量分析是非常有必要的,尤其是考虑到《暂行规定》刚实施不久,很多企业即使没有舞弊的心,也可能有错报之实。

当然，如果企业不但没能达到《暂行规定》对数据资产的强制披露信息要求，且对外披露的数据资产相关信息过少，那么开展数据资产入表质量分析都将成为一个难题，虽然这种没达到信息披露要求的情况不合规，但也不能证明数据资产入表不真实，这也是数据资产入表质量分析的局限性。

数据资产入表质量分析结论，例如基本不存在会计操纵、可疑的会计操纵对某个报表项目具有局部影响、可疑的会计操纵对多个报表项目具有广泛影响、即使不存在会计操纵但存在可疑的盈余管理偏向、无法判断数据资产入表真实性等，类似于审计意见中的标准无保留意见、保留意见、否定意见、带强调事项段的无保留意见、无法表示意见等，决定着后续财务分析是否可行以及分析的范围，具体见表8-2。

表 8-2 数据资产入表质量分析结论对后续财务分析的影响

数据资产入表质量分析结论	类比审计意见	对后续财务分析的影响
基本真实	标准无保留意见	无不利影响
存在可疑的会计操纵，可能对与数据资产相关的单个报表项目列报金额的准确性产生局部重大影响	保留意见	不能信赖与金额可能不准确的报表项目相关的分析指标，影响财务分析的范围
存在可疑的会计操纵，可能对与数据资产相关的多个报表项目列报金额的准确性产生广泛重大影响	否定意见	后续财务分析不可行
可能存在盈余管理倾向但还未达到会计操纵程度	带强调事项段的无保留意见	不影响财务分析的范围，但影响对相关财务分析指标的解读
无法判断真实性	无法表示意见	后续财务分析不可行

数据资产入表质量分析是主要基于企业财务报告开展的，因此在广义上也属于财务分析的一部分，只是分析的目的与核心财务分析不同。由于对外披露的资料相比于审计师获取的内部资料是极其有限的，因此如果没有较为深厚的财务分析功底，很难得出对后续财务分析有意义的质量分析结论，否则只能得到表 8-2 列示的"无法判断真实性"的数据资产入表质量分析结论。当然，即使是资深财务分析师，在绞尽脑汁后仍然难以相信数据资产入表的真实性，也找不到佐证会计操纵存在的有效证据，最后只能得出"无法判断真实性"的质量结论，多数情况下是由于企业对外披露的信息过少，毕竟"巧

妇难为无米之炊"。

因此，如果分析师经验不足或者可获取的资料过少，基于数据资产入表质量分析对后续财务分析的范围及指标解读进行"微操"，可能就沦为一种理想了，但分析工作贵在经验积累，应结合本书的思路大胆尝试，努力提高后续财务分析的质量。

综上，数据资产入表质量分析工作与后续财务分析工作的流程关系如图 8-1 所示。

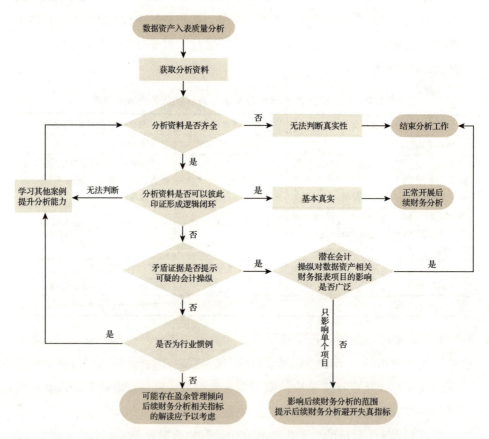

图 8-1　数据资产入表质量分析工作与后续财务分析工作的流程关系

首先，全面收集数据资产入表质量分析资料的能力是最基本的，收集的相关资料越多，越有可能满足开展数据资产入表质量分析的条件，否则既不能肯定企业数据资产入表的质量，也不能否定，只能给出"无法判断真实性"的结论，白忙活一场。分析师如同数字侦探一般，需要尽可能收集与企业数据资产相关联的所有信息，不能放过任何线索。有时，暂时无法发现个别零散信息的分析价值，但本着"拉郎配"精神，在后续分析其他线索时可能用得上，因此需要留意所有与企业数据管理沾边的线索，分级、分类地整理备用。财务数据可以造假，业务数据也可以造假，但财务数据与业务数据协同造假的难度就大幅增加，再加上外部媒体报道的印证、政府官方网站的公开披露，不真实的分析资料难以形成逻辑闭环。由此可见，包括财务报表附注在内的财务资料只是质量分析资料的一个组成部分而已，数据资产分析师应从多方收集资料，只有跳出财务逻辑圈，才能破开财务迷局。类似地，注册会计师执行审计工作也有《中国注册会计师审计准则第 1521 号——注册会计师对其他信息的责任》《中国注册会计师审计准则第 1142 号——财务报表审计中对法律法规的考虑》等非财务相关信息的审查考虑，数据资产分析师的破局方法也是同样的逻辑，包括数据交易所中企业数据产品的上架情况、企业高管的公开讲话、下游数据商披露的数据产品采购信息等在内的相关信息都可以作为佐证企业财务报表上数据资产信息披露的蛛丝马迹。

其次，对收集来的资料进行深入勾稽分析的能力是数据资产入表质量分析的核心能力，逻辑分析思维甚至比局限在财务报表范畴内的专业能力更加关键。一般而言，只有经历大量的案例分析练习才能拥有较好的数据资产入表质量分析的感觉，如果对每一家数据资产入表企业都难以开展质量分析，那么表明分析师不但缺乏数据资产入表质量分析的经验，而且相关逻辑思维能力亟待提高，除非收集的资料极其有限，这就需要见识更多的案例来训练"数据分析感"。正常来讲，只要企业公开披露的信息较为充分，分析资料能否形成逻辑闭环只有"是"与"否"两种结论，不应有"无法判断"一说。如果结论为"是"，皆大欢喜，已经顺利完成了数据资产入表质量分析工作，企业数据资产入表通过了分析师的质量验收，后续财务分析指标可以放心解读了。如果结论为"否"，也不能"一棒子打死"，而是需要对矛盾事项进行更细致地分析。

最后，数据资产入表质量分析中对于矛盾证据的分析处理是重中之重，处理结果直接影响后续财务分析的适用范围、指标解读。一旦遇到矛盾证据情形，首先需要排除资料收集的瑕疵，对于效力明显高出一大截的证据，不需要纠结应该信赖哪个证据，只需分析效力低的证据是否来源于企业内部。如果矛盾证据情形表明企业对外公开的披露信息有误，则需要结合企业披露错误信息的额外好处来辅助区分"无心的小错误"与"有意的虚假陈述"；如果效力明显低出一截的矛盾证据来源于企业外部，只要信息来源主体与企业没有关联关系，那么披露错误自然无关企业的事，不会对企业数据资产入表质量分析造成影响；如果矛盾证据情形难以判断哪个是真、哪个是假，不建议陷入鉴别证据真伪的僵局，而要努力从更高的维度上进行替代资料收集，使得这个问题不再是问题，或者至少拥有收集更多证据来展开分析的手段，直到有充分的证据对"矛盾证据是否提示可疑的会计操纵"一锤定音。只要信息披露矛盾事项与会计事项（包括数据资产入表相关业务情形支撑）无关，那么一般不会对数据资产入表质量分析结论的类型产生实质性影响，顶多对部分财务分析指标的解读有所影响。在分析矛盾证据对会计操纵可能性的提示时，尤其需要较强的专业能力，结合企业数据资产入表战略意图，换位思考其账务筹划的大致方向及潜在的会计操纵路径，从会计专业逻辑框架出发，在诸多财务报表项目附注中有针对性地探寻可疑的迹象，完成"跳出财务找证据—回到财务去证实"的分析闭环，回到财务会计主场，具体可见 8.2.3 节。

  需要提醒的是，出于对分析工作的谨慎考虑，在给出不利结论时要慎之又慎，毕竟这影响着后续能否开展数据资产入表分析工作。即使基本证实了数据资产入表存在会计操纵，也不能草草结束质量分析工作、给出不宜开展后续财务分析的结论，参考审计思维，应该进一步分析会计操纵的影响范围，如果广泛影响多个财务报表项目，那么可以结束质量分析工作、给出"不通过质量分析"的结论。至于这个广泛性如何把握，不应照搬财务报表审计的处理方案，毕竟列报数据资产的报表项目本身较为有限，因此建议按照是否影响超过单个的数据资产列报项目为标准来界定数据资产会计操纵是否影响广泛，如果只影响单个数据资产列报项目，那么只需在后续财务分析时避开数字失真的报表项目，其他数据资产列报项目的分析可以正常开展。

同样出于分析的谨慎性考虑，即使矛盾证据与会计操纵无关，也要考虑是否对后续财务分析指标的解读产生偏向性影响，对这一影响的判断受到"矛盾证据是否为行业惯例"的调节。如果最终发现这是行业的普遍做法而非真正意义上的矛盾证据，那么自然不对后续财务分析产生不利影响，在积累经验的同时还需要反思一开始的资料收集是否全面，如果收集全面了，行业惯例早应被纳入考虑中，因此可能存在由于资料收集不全面遗漏掉的其他重要线索。

显然，数据资产入表质量分析依赖经验积累、专业能力及强大的逻辑思维能力，与侦探的能力要求较为相近，即使有 8.2.3 节数据资产入表质量的细节分析指引，也需要大量的案例分析练习。除此之外，还有另一个较为宏观、更好上手的思路来辅助数据资产入表质量分析，即从数据资产入表能力画像出发，全面评估企业数据资产入表的能力要素，虽然拥有数据资产入表能力不代表可以做到高质量的数据资产入表，但如果企业的数据资产入表能力受到严重质疑，何谈数据资产入表的质量呢？具体可见 8.2.2 节。

8.2.2　数据资产入表能力画像

高质量完成数据资产入表的企业有一些共同特质，大量阅读数据资产入表企业的年报可以挖掘出这些共同特质，整合后可以形成数据资产入表能力画像，或者称之为数据资产会计能力画像，从而作为分析新企业数据资产入表质量的重要抓手。

数据资产入表能力画像并不是对数据资产入表数字的细节分析，而是从较为宏观的视角发现支撑企业完成数据资产入表的能力因素，如果能力因素较多，可以认为企业具有较强的数据资产入表能力，那么完成数据资产入表并不突兀，即使暂未实现数据资产入表，也是有深厚的数据资产会计底蕴及数据资产入表潜力，在一定程度上可以减轻数据资产入表质量分析的压力。如果能力因素较少，企业的数据资产入表可能显得较为突兀，需要更加细致地分析数据资产入表质量。

当然，无论企业的数据资产入表能力画像几何，都只是数据资产入表质量分析的一部分，不能代替后续的基于财务报表列报的质量分析，这类似于审计程序中分析程序与细节测试的关系。即使财务报表附注的披露信息过少，也可以通过数据资产入表能力画像获取一些佐证。

数据资产入表能力画像包括行业属性、企业高层、数据治理及内控质量、财务报表附注信息披露完善程度、企业战略、区位优势及政策扶持等六大方面。如图 8-2 所示，最具战略力量的数据资产入表能力画像维度是"行业属性"与"企业高层"，最接地气的数据资产入表能力画像维度是"财务报表附注信息披露完善程度"与"数据治理及内控质量"，较为灵活的数据资产入表能力画像维度是"企业战略"与"区位优势及政策扶持"。

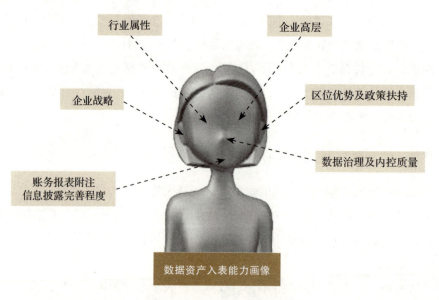

图 8-2　数据资产入表能力画像

1. 行业属性分析

排在首位的是行业属性，通俗来说就是企业从事的是什么行业、平常干的是什么活儿，平常干的活儿是不是经常与数据打交道？虽然与数据打交道不代表企业有意识打造数据资产，但如果企业的日常业务不怎么经手数据，又何谈沉淀数据资源、确认数据资产呢？

例如很多数据要素型企业，主营业务就是"玩数据"，要的就是与数据相关的各种"花活儿"，目标就是要出围绕数据的核心竞争力，无论是要数据技术，还是要 AI 相关的语料数据，抑或要数据服务等，只要是能要出实实在在的数据权利，就有潜力实施数据资产入表，在《暂行规定》实施前可谓是"万事俱备，只欠东风"的入表状态。这类企业也正是响应《暂行规定》最为积极的企业群体，与某些数据积累极其有限却热衷于实施数据资产入表的企业不同，这类数据要素型企业的数据资产入表行为在《暂行规定》发布后可谓是如鱼得水。

当然，数智化是各行各业的数智化，数字经济是全民的数字经济，各行各业只要有积累数据资源的心，也可以要出不一样的数据"花活儿"，数据要素的关键性生产要素身份不是仅局限于数据要素型企业，只是数据要素型企业离数据更近，具有"近水楼台先得月"的优势罢了。这种行业属性的数据优势，可以从企业对外披露的主营业务中去分析发现，也可以从企业对外披露的所属行业（例如软件与信息技术服务业等）中去发现。

对于上市公司而言，甚至有股民据此汇总"数据资产入表概念股"名单。但是，这种名单并没有去伪存真，不排除少数数据要素型企业对数据资产入表的响应并不积极，一个有效的鉴别方法是观察这类企业有没有在数据交易所等数据交易平台上架数据产品，以及上架的数据产品交易是否活跃，因为数据要素型企业的数据资产通常便于包装成数据产品，而包装成数据产品有利于数据资产的确权登记及合规评估甚至媒体宣传，有利于流程化推动数据资产入表。得益于数据场内交易基础设施的发展，大多数数据产品都能通过公开信息予以查询，因此通过公开信息查询可以适度推断出某数据要素型企业对打造数据产品是否积极，间接反映企业对数据资产入表的态度。

2. 企业高层分析

排在第二位的是企业高层，即与人相关的因素，往往是能力画像的重中之重。毕竟，制度不行可以重建，行业不行可以切换赛道，数据人才不足可以高薪招聘，关键是掌舵企业的灵魂人物及一众高层是否重视数据资源、是否有广阔的会计能力视野。这里的"会计能力视野"并不是企业高层具体的会计能力，而是知晓数据资产入表所需的各类资源、调动企业资源高质量完成数据资产入表的视野。会计人才不够可以招揽，但这种意识是企业高层所需的能力素养，否则企业白白丧失数据资产先发入表带来的融资便利及各类政策扶持，"第一个吃螃蟹的人"更容易获得优势。

很多企业高层甚至不知道数据资产入表的政策东风与行业微妙的数智化转型动向，使得本身有数据资源先发优势的企业浪费了发展机遇，在数智化战略竞赛中后知后觉，甚为可惜。虽然数据资产入表能力画像中人的因素至关重要，但只是最重要的长期能力因素，在数据资产入表的竞赛中，不同行业的先发优势有明显差距也不可否认，因此将企业高层排在行业属性后面。

在企业年报中通常披露董、监、高的人物履历，如履历中有会计行家且在高管中排序靠前，甚至履历中介绍有"数据要素50人论坛"等信息，都是有利的能力因素。反过来看，偶尔发现质量非常高的数据资产入表，再回看企业的高层履历，其中很可能有助推数据资产入表的灵魂人物。

3. 数据治理及内控质量分析

排在第三位的是数据治理及内控质量。数据资产入表需要数据资源管理机制的建立健全，而数据资源管理需要健全有效的内部控制，而内部控制往往与公司治理密不可分，在数据资源相关内控流程的建设方面，主要依赖公司治理范畴中的数据治理能力，因此数据治理是高质量数据资产入表的必要条件，这在第3章中详细论证过。

即使企业高层有强烈意愿完成数据资产入表且行业属性离数据很近，即使企业高层找到了有能力辅导数据资产入表的会计师事务所想以最快速度完成数据资产入表，但如果企业数据治理体系有重大缺陷，也会被告知需要先启动数据治理相关工作，确保数据合规、数据产权清晰，完成数据资产入表的前期准备工作。如果企业往期内控质量很差，企业完成数据资产入表前必要的数据治理相关工作也会耗时较长、困难重重。因此，数据治理及内控质量关系到数据资产入表的前期准备工作，对数据资产入表能力产生决定性的影响。

企业启动数据治理工作，可以在企业官网及财经媒体中找到线索，或者可以在企业年报中找到相关线索，例如企业取得数据资产登记证书或数据知识产权登记证书等，都可以认定为企业为数据资产入表所做的前期准备。

关于内控质量，外部分析师可获取的线索非常有限，可以参考企业的内控审计报告及内控自我评价相关披露，尤其关注与研发投入相关的内控制度是否健全合理，否则与数据资源无形资产相关的研发支出成本归集的准确性会成为难题。

4. 财务报表附注信息披露完善程度分析

排在第四位的是财务报表附注信息披露完善程度，这里不仅指的是与数据资产报表项目相关的附注披露详尽程度，而且包括企业一贯的财务报表附注披露风格，在数据资产入表能力画像这里主要体现的是财务报表附注编制相关内控及企业一贯的附注信息披露风格。

总体来看，企业财务报表的附注披露质量参差不齐、差异极大，即便是上市公司，证监会在《公开发行证券的公司信息披露编报规则第15号——财务报告的一般规定（2023年修订）》的修订说明中也提及部分上市公司附注披露过于模板化，对于公司间差异大、个性化较强的会计政策并未结合自身情况充分披露相关确认原则、计量方法及依据，存在照搬企业会计准则的行为。在证券分析师的分析实践中，也感受到除了IPO公司财务报表的信息披露较为完善外，其他企业财务报表附注的信息披露质量或多或少都有提升的空间。

从过往发布的企业历史财务报表附注可以看出企业信息披露的完善程度，由于附注披露一般保持一贯的风格，可以想象企业在未来实施数据资产入表后的披露质量：如果企业历史财务报表附注披露的干货信息较少，那么数据资产入表后，企业能做到《暂行规定》要求的强制信息披露要求就已经是较为理想的情形了，更别提《暂行规定》及本书第7章鼓励的自愿信息披露参考了。无论是数据资产入表质量分析，还是后续的数据资产财务分析，都依赖财务报表附注的数字及文字信息，如果报表附注不对主表列示的数字进行明细打开，很多分析工作都无法进行。如果只是财务报表主表干巴巴地列示数据资产，那么数据资产入表质量分析很可能得出"无法判断真实性"的结论，后续的数据资产财务分析工作也没有必要继续开展，因此财务报表附注信息披露的完善程度是数据资产入表能力画像的重要组成部分。

证监会在《公开发行证券的公司信息披露编报规则第 15 号——财务报告的一般规定（2023 年修订）》的修订说明中提到，要细化重要报表项目附注披露要求，并增设专节明确研发支出附注信息披露要求，要求公司全面披露研发支出的归集范围、金额增减变动、资本化费用化判断标准及依据、减值测试情况等重要信息，引导市场各方恰当评价公司科技创新能力，这些要求与证监会于 2023 年 11 月发布的《监管规则适用指引——发行类第 9 号：研发人员及研发投入》中相关信息的披露要求一脉相承、相互补充。由此可见，针对数据资源无形资产及数据资源开发支出的附注披露要求越来越严，尤其是内部开发数据资产的相关信息需要更加详尽地披露，用于观察目标企业的历史财务报表附注中与研发支出相关的信息披露是否达到监管要求，进而推测数据资产入表后相关附注的信息披露情况。

5. 企业战略分析

排在第五位的是企业战略，主要指的是企业的数智化发展战略。数据资源存货入表只是数据类流动资产入表，在一年或一个营业周期内变现后，表内可能再无数据资产，而数据资源无形资产入表是较为稳定且可持续的数据资产入表，可能体现企业的战略意图。高质量的数据资产入表体现的是战略级数据资产，中质量的数据资产入表体现的是业务级数据资产，低质量的数据资产入表体现的是辅助级数据资产，甚至存有入表争议。

如果企业战略没有数智化的方向，那么企业入表的数据资产不可能是战略级数据资产，自然与高质量数据资产入表无缘。即使是业务级数据资产入表，如果背后体现的是企业数智化战略安排，这样的数据资产入表也是稳定可持续、入表规模不断发展的，数据资产入表质量也会稳中有升。退一步讲，如果企业没有披露数智化战略，或者针对数智化战略的相关披露模板化、诚意不足，会显著弱化入表数据资产的质量潜质，牺牲了很多数据资产入表的特殊意义，也不利于数据资产入表后的融资能力提升及优惠政策享受，如果是上市公司，还不利于市值管理工作，数据资产入表可能饱受质疑及监管关注。

通过实务案例观察，那些喜欢追求"短平快"成效的数据资产入表企业，通常也是数据资产入表真实性"翻车"的重灾区，这类企业的数据资产入表是借着《暂行规定》的东风一时兴起，哪里谈得上与数据资产入表、数据治理等匹配的战略安排，在企业年报中很少能找到实际的数智化发展战略的相关描述。相关描述一般在年报中的"管理层讨论与分析"模块，需要结合企业发展实际来论述数智化转型战略，而不能一味地说空话、套话。

6. 区位优势及政策扶持分析

排在第六位的是区位优势及政策扶持。数据资源已经由各地方设立的数据管理机构统筹管理，地方政府在企业数据资源开发方面予以各式各样的政策支持，为敢于"第一批吃螃蟹"的企业用真金白银加油鼓劲。但是，不同地域的数据要素产业政策有所差异，政策扶持力度差异较大，例如部分企业拥有"数据资产入表试点企业"等行政部门授予的头衔，在整合数据资产入表的准备资源方面就具有一定优势。再比如，部分省市对数据资产授信融资的支持力度较大，当地金融机构在数据资产质押融资方面更加具有探索精神，敢于为相关企业批量放贷，这些区位优势及差异化政策优势都是不容忽视的数据资产入表能力画像的组成部分。企业可享受的数据资源政策的扶持越多，越有能力实施数据资产入表，越有可能实施数据资产入表，实施数据资产入表的质量可能更高。

上述六大方面综合后可以合成企业数据资产入表能力画像，最重要的是行业属性与企业高层，次重要的是数据治理及内控质量与财务报表附注信息披露完善程度，需要补充考虑的还有企业战略与区位优势及政策扶持。影响企业数据资产入表能力最重要的是前五项。理论上，即使没有行业属性或区位优势及政策扶持两大能力画像，企业也可以高质量地完成数据资产入表。

8.2.3 数据资产入表质量的细节分析

虽然数据资产入表能力画像可以辅助数据资产入表质量分析，但数据资产入表质量最终还是要落脚到细节分析，很多证据只有在各类信息披露细节的勾稽分析中予以发现，也是数据资产入表质量分析最精彩、最考验财务分析功底的地方。经过不同财务分析训练的业内人士可能各怀独门绝技，但分析维度起码要包含图 8-3 所示的五大要点。

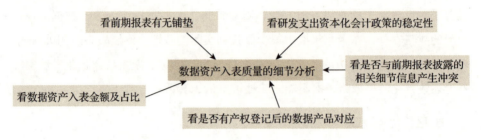

图 8-3　数据资产入表质量的细节分析要点

1. 看前期报表有无铺垫

当发现企业本期报表按照《暂行规定》的指引实现了数据资产入表时，视野不能仅局限于本期报表，即使本期报表对数据资产相关报表附注披露得非常充分，也不乏"临时抱佛脚"的企业。正常来讲，企业的数据资产不是突然从天而降的，而是在经过岁月的积累不断沉淀数据资源的基础上升华而来，如果本期报表实现了数据资产入表，那么前期报表必定有相关线索，数据资产入表应该是"顺滑"的，而不应该是"突兀"的。即使企业在本期突然变革商业模式，在自身无数据资源积累的情况下迅速从数据交易所购买了一些数据资源，也不一定能购买到可以给自身带来经济利益的数据资源，即满足数据资产确认条件的数据资源，那么大概率购买的数据资源需要结合企业业务实际进行进一步加工，因此一般也不能据此列报数据资源存货或数据资源无形资产，列报到数据资源开发支出倒是可以理解，但也要分析企业是否满足研发支出资本化的条件。倘若企业的前期报表没有任何数智化或数据相关的征兆，一看到《暂行规定》发布了，突然在本期列报数据资产，尤其是列报数据资源存货与数据资源无形资产，就会显得格外突兀、生硬，好似临时起意。

总之，数据资产入表的机会是留给有准备的企业的，《暂行规定》只是数据资产会计核算与报表列报的依据，不是企业临时抱佛脚的好工具。"先有业务、后有账务"，基于账务导向的急功近利尤其不适合需要业务深度配合的数据资产，否则数据资产入表会显得很不自然，这种突兀的数据资产入表做到附注信息披露完善也是很难的，容易在数据资产入表的合规风险上栽跟头，也容易引发投资者疑惑、审计关注甚至监管关注，毕竟突兀的数据资产列报很可能与财务造假画等号，很难通过数据资产入表质量分析。

因此，分析前期报表有无铺垫、有什么铺垫，成为数据资产入表质量分析的关键，核心思想是"从本期回看前期""透过前期看本期"，挖掘企业数据资产入表"一脉相承"的全景。

如果前期报表无铺垫，也不能直接否定，而是要努力寻找本期临时铺垫的各种证据，类似于审计师定义的除财务报表数据之外的"其他信息"。例如企业在 12 月 31 日的资产负债表中列报了数据资产，即使前期报表没有任何铺垫，也要分析企业是否在报告期有了充分的临时铺垫，即与数据资产列报的相关业务信息，而非可以临时"编一编"的财务报表附注。分析业务信息性质的铺垫，也要寻找那些不是口头上"说一说"的证据，而是实际的、不采取相关行动就无法对外披露的业务信息，重在从企业外部寻找开展相关数据资产业务的佐证。

例如，企业临时开发的数据产品顺利实现了在数据交易所的挂牌上市，企业本期财务报表特意说明了这一情况，那么可以从数据交易所的官网上或权威财经媒体的报道上佐证企业数据产品上市的业务信息，这种数据资产入表即使存在临时抱佛脚、没有前期报表铺垫，也不会那么突兀。

再比如，企业所属行业本身就易于积累数据资源，只是企业前期从未上心，因此前期报表无任何铺垫，直到《暂行规定》及各种数字经济鼓励政策唤醒了企业的数智化意识，在本报告期内积极进行数智化转型，开展数据治理，快速、扎实地推行了数据资产入表，作为当地可以重点宣传的标杆案例。通常，这种情况的相关佐证很容易从媒体的报道或政府宣传的公开信息中找到，那么企业在本期的数据资产入表不但不突兀，反而反映了企业发展战略具有"快速掉头"的能力。

相反，企业如果既没有前期报表铺垫，也没有本期外部信息对数据资产业务的佐证，那么企业的数据资产入表就会非常突兀，很可能是"为了入表而入表"，连一点铺垫工作都不做一下，投资者阅读这样的企业报表会非常疑惑，从上到下找不到支持数据资产入表的业务佐证，对数据资产入表的真实性产生怀疑。根据舞弊三角理论，在囊括数据资产审计的舞弊审计中，需要重点分析企业数据资产舞弊的动机，例如企业面临严重的融资约束，看到当地银行在当地政府的鼓励下大范围开展数据资产质押融资业务，想到数据资产不像传统的抵押物那样难搞，可能会急于实施数据资产入表骗取融资授信或者享受数据资产入表的其他政策鼓励，如图 8-4 所示。

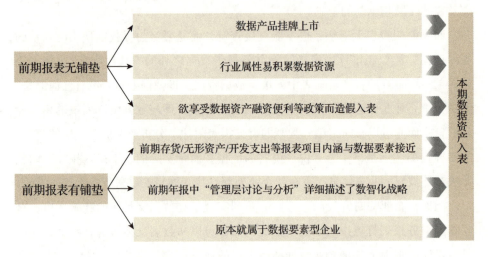

图 8-4　数据资产入表的前期铺垫分析

如果前期报表有铺垫，自然在数据资产入表质量分析中加分，但也要看是什么性质的铺垫、与本期数据资产入表的相关程度。最为直接的铺垫就是企业前期列报的存货或无形资产或开发支出等报表项目的内涵与数据要素较为接近，企业本期在相关报表项目中列报数据资产时如同相关报表项目子项的重分类，甚至有着"只不过从前期相关报表项目中汇总列示的金额中剥离出数据资源细项来单独列报"的感觉，前期报表相关项目的内涵与数据要素越接近，这种感觉越自然。反之，如果企业前期列报的开发支出及无形资产与数据要素毫无关系，报表附注披露的研发项目也与数据要素毫不相干，突然在本期报表的开发支出或无形资产项目下单独列示了数据资源，很难不引起分析师的怀疑，除非企业在本期有企业战略或研发战略重大转型的线索。因此，前期报表除了报表附注之外，"管理层讨论与分析"模块对企业战略的描述也至关重要，财务报表主表、财务报表附注、管理层讨论与分析的铺垫应遥相呼应，至少不能出现矛盾证据。当然，在前期报表的每个细节之处都苛求铺垫未免有些完美主义，可以统筹考虑在企业前期报表中能够找到的各类铺垫线索，可能看起来缺失的部分铺垫可以被另一部分证据予以弥补，毕竟企业报表披露是一回事，实际怎么做又是另一回事，例如有的数据要素型企业在数智化战略的表述上并没有因为行业属性优势而表现得非常亮眼，但其行业属性优势可以弥补这一点，其主营业务不需要过多的文字证明。

2. 看研发支出资本化会计政策的稳定性

对于数据资产而言，研发支出的目标不一定是数据资源无形资产，也可能是数据资源存货，即存货也可能由数据资产开发活动得来，这在本书第 5 章已有详细说明。因此，研发支出资本化的会计政策，除了影响开发支出报表项目及无形资产报表项目的传统认知外，还可能影响存货报表项目，即无论是数据资源无形资产，还是数据资源存货，抑或数据资源开发支出，只要形成方式是内部开发，列报金额都受到研发支出资本化会计政策的重要影响，尤其考虑到企业会计准则给予了企业相对自由的研发支出资本化职业判断空间。

基于本书第 5 章的分析，《暂行规定》对企业数据资产入表的鼓励，主要体现在对于数据资源相关支出的资本化方面，外购数据资产是资本化数据资源采购支出，并在资产负债表中列报数据资产的一个途径，而内部开发数据资产同样是一个途径，而且比外购途径在一定程度上更有左右数据资源资本化支出的自由裁量权。从正面效应看，两个主要途径都为企业提供了数据资产入表的会计鼓励，但从负面效应看，由于数据资产的可辨认性比传统无形资产还要低，允许数据资产作为无形资产的一个子项列报后，企业更有操纵研发支出资本化的借口。凡是不满足数据资产入表的常规条件，又想在数据资产入表上做文章的，只要盯上无形资产这一列报项目，都几乎不约而同地选择了在研发支出资本化的会计政策上做文章，看似合规地调节数据资产入表金额，但同时也留下了拙劣的会计操纵痕迹，倒是为数据资产入表质量分析提供了重要线索。

例如，企业一贯保持了较为保守的研发支出资本化的会计政策，通常将大比例研发支出进行费用化处理，然而从2024年1月1日实施数据资产入表的《暂行规定》后，报表附注披露的研发支出资本化率像脱缰的野马般飙升，这就要打个问号了，因为《暂行规定》对数据资源研发支出资本化的鼓励主要体现在对于数据资源这种新型支出可以资本化的明确认可，可以理解为将数据资源相关支出与传统支出项目在是否可以资本化处理的方面同等对待，毕竟多数企业在《暂行规定》实施前出于合规风险及会计谨慎性考虑通常将数据资源相关支出全部费用化，即这种鼓励并不体现在对数据资源研发支出是否达到资本化条件的职业判断的优待上，也不是资本化条件的放松，总之强调的是会计上如何看待数据资源这种新型支出，而不是强调在研发支出资本化与费用化的选择上给数据资源"开小灶"。

显然，企业若在《暂行规定》实施前后报告期的研发支出资本化的会计处理原则上发生重大变化，尤其是出现了研发支出资本化率大幅增加的情形，那么企业错误解读了《暂行规定》，要么企业想利用《暂行规定》刚执行的契机钻一些会计估计变更的空子。

至于会计政策变更，虽然《暂行规定》明确限制了企业将2024年1月1日之前的已经费用化处理的数据资源相关支出重新资本化的途径，但如果企业本期研发支出资本化的绝对金额显著超出前期研发支出资本化的金额，若"本期研发支出资本化率有显著提升"经过测算不能全部解释这一异象，那很可能企业违规将前期费用化处理的研发支出重新在本期资本化了，即违反了《暂行规定》不准追溯调整的限制，这需要在企业前期及本期报表附注完整披露研发支出资本化情况的基础上，结合利润表列报的研发费用及资产负债表列报的开发支出等报表项目的两期比较数据进行勾稽测算来证实。如果企业会计操纵的手法"更上一层楼"，经过测算也可能发现企业特意进行了"研发支出规模的跨期筹划"，尽量将《暂行规定》实施前的研发支出拖延到《暂行规定》实施后再确认，再配以"本期研发支出资本化率有显著提升"，就可以做到对"本期研发支出资本化绝对金额显著提高"的近乎全部解释，但这些小心思都可以通过数据资产入表质量分析测算予以发现。即使企业报表附注不披露研发支出资本化率等关键信息，也可以通过无形资产、开发支出、研发费用等报表项目的变动情况予以测算，包括管理费用细项中是否没有将研发费用剥离干净，从而歪曲研发支出资本化率的测算等，都可能在主表及报表附注中找到线索。得益于"研发支出"会计账户的金额与"开发支出"报表项目及"研发费用"报表项目有明确的勾稽关系，对于企业报表附注披露的研发支出资本化率，分析师也可以自行测算核实。

需要提醒的是，假如企业研发支出资本化会计政策在《暂行规定》实施前后一贯稳定，但却是"稳定的激进型政策"，即研发支出资本化率相较于同行业企业过高，也不能盲目认为企业通过了这一维度的数据资产入表质量分析，可能企业前期研发支出资本化的会计判断就是一贯有问题的，这需要视域更为广阔的综合财务分析，对研发支出资本化率进行敏感性分析来测算企业的这一会计估计偏向对于企业财务状况、经营成果的影响，从而挖掘企业研发支出资本化的会计处理原则背后的考虑，来评估企业的会计合规风险。

出于谨慎性的会计信息质量要求及《企业会计准则第 6 号——无形资产》第九条的要求，企业研发支出资本化的条件不但一贯苛刻，而且在资本化处理时一般有充足的把握。在目前的会计处理生态下，研发支出资本化率保持"一贯的低"显得更为真实，考虑到可以资本化处理的研发支出范围新增了数据资源，因此研发支出资本化率在《暂行规定》实施后有小幅提高也可以理解，但大幅提高难免有合规风险，在数据资产入表质量分析时需重点测算其合理性。

3. 看数据资产入表金额及占比

一般来说，数据资产入表金额越小，占比越低，尤其是数据资源存货金额占存货总金额、数据资源无形资产金额占无形资产总金额、数据资源开发支出金额占开发支出总金额等比例低到几乎可以忽略不计时，通常都是非常真实的，占比越低，数据资产入表质量分析越加分。这主要考虑到《暂行规定》刚开始实施不久且不允许追溯调整，只能未来适用，数据资产占比不高在情理之中。更重要的考虑是，数据资产绝对金额越低，相对比例越低时，企业几乎没有任何通过这"杯水车薪"的数据资产来粉饰财务报表的动机，可以合理推测企业的数据资产入表动机较为纯正，除了合规之外没有太多歪心思，除非企业所在区域有特别吸引人的入表政策鼓励。

多数情况下，企业数据资产入表金额小且占比低时，企业的会计政策及会计估计较为谨慎，不会贸然虚增资产水分，很可能是出于积极探索践行数据资产入表，为日后更大规模的数据资产入表铺平道路的心态，即使数据资产入表确实在合规上有瑕疵，也可以在合规风险代价小的前提下予以纠正，所以数据资产入表的"小金额试水"也很有益处。

实务中，数据资产入表金额占相关报表项目的比重通常在10%以内，占总资产的比重通常在2%以内，占比万分之几也是家常便饭。当然，也不能对数据资产入表金额占比高的企业进行"一刀切"，譬如数据资源开发支出更容易在开发支出中占比高一些，因为拥有大量无形资产的企业不一定经常有在研的研发项目，或者在研的研发项目还未进入开发阶段，还未开始资本化，那么企业少有的正处于开发阶段的研发项目但凡有一个是数据类的，数据资源开发支出占资产负债表列示的开发支出总额的比例可能就达到百分之几十了，这也是正常现象，但要结合企业报表附注对研发项目的披露来实现分析闭环。

如果是数据资源存货占比高，可以分析企业数据资源存货的形成方式，很可能来源于采购，那么本期对数据资源存货的采购只要是真实的，数据资源存货入表的质量风险就是可控的。如果是数据资源无形资产占比高，那么还需要结合研发支出资本化会计政策进行综合研判。

当然，占比高是一方面，如果绝对金额过小，例如企业本身的无形资产总金额就很小，即使数据资源无形资产在无形资产总额中的占比达到100%，数据资源无形资产在总资产中的占比也是非常低的，显然属于"小金额试水"的数据资产入表，数据资产入表的质量问题并不严重。

如果数据资产入表金额及占比"双高"，也不能武断地判定企业数据资产入表有质量问题。实践中发现，有的企业认为前期列报的部分无形资产本身就是数据类的，只不过《暂行规定》实施后单独列报了而已，因此表面上看这类企业一夜之间实现了数据资产入表，实际上只是将原先已经资本化处理的无形资产中包含的数据资源类无形资产剥离出来单独列示而已，类似于无形资产细项之间的重分类调整。再比如，一些数据要素型企业的存货本身就是数据资源，那么《暂行规定》实施后将存货金额全部抄到存货项下的数据资源子项，即数据资源存货占存货总金额的 100%，也是有可能的，只不过比例有些过于激进，100% 的比例未免显得会计工作过于粗糙。这种数据资产入表不是普遍认为的数据资产入表，而是将以前入表的资产重分类到数据资产，《暂行规定》没有明确禁止这种会计操作，《暂行规定》禁止的追溯调整强调的是不允许将前期费用化处理的相关支出重分类到资本化的报表项目中，而没有明确禁止将前期资本化处理的相关支出重分类到另一个资本化的报表项目中。理论上，只要是真实的数据资产，单独列报为数据资产不违反企业会计准则体系，虽然未来可能发布一些补充规定来规范这一颇有些大胆的会计行径。

4. 看是否有产权登记后的数据产品对应

数据资产，给人的感觉通常较虚，比虚拟经济的主流资产还要抽象，理论上这不是影响资产入账的关键，但在会计实务细节上容易碰钉子、屡屡受阻，所幸"数据产品"可以具象化为数据资产，具有减轻会计入账入表顾虑、通过产品流通的便利性来提高数据资产带来经济利益的可能性、通过活跃市场的数据产品交易定价提高数据资产的可计量性等神奇的会计效果。更重要的是，更具象化的数据产品提高了数据资产的真实性，为数据资产入表质量分析加分，虽然数据资产不一定是数据产品，本书前文多次强调不要陷入"先有数据产品，才能有数据资产"的误区。

因此，在数据资产入表质量分析中，数据产品有了更好，没有也不会过于减分。这里所说的数据产品不是企业自行包装的数据产品，而是经过数据交易所等数据流通平台认证后的数据产品，即经过了合规评估、产权登记的数据产品，具有数据资产登记证书或者数据产品质量评估相关凭证。

这里的核心思想是企业报表列报的数据资产要尽可能地有载体对应，载体是较为具象化的、可验证的，进而可以佐证数据资产的真实性。因此，即使这一载体不是经过相关机构认证的数据产品登记证书，企业自行包装的数据产品且已在市场上形成稳固的商业模式，也比一点载体没有、纯抽象的数据资产更容易在真实性上加分。

5. 看是否与前期报表披露的相关细节信息产生冲突

包括数据资产入表质量分析在内的所有财务分析，都有赖于充分的信息披露，尤其是财务报表附注信息。很多细节方面的矛盾证据都是从财务报表附注的勾稽分析中发现的，看似是"言多必失"，但无论是企业实现高质量的数据资产入表，还是企业实现高质量的信息披露，都必须充分披露相关信息，尤其是以财务报表附注为载体实现的与投资者等报表使用者的交流互动。

这一维度的数据资产入表质量分析的关键在于发现本期数据资产入表披露信息与前期财务报表披露信息的"矛盾之处"，无论是本期披露有问题，还是前期披露有问题，都大大降低了数据资产入表的质量，会计操纵的可能性大增，数据资产入表金额的准确性甚至数据资产入表的真实性均值得推敲。

例如，企业在本期财务报表附注披露了入表数据资产对应的数据产品是内部开发形成的，那么理论上该数据产品在资产负债表上列示的金额为2024年1月1日之后开发阶段相关支出的资本化金额，那么该数据产品停止资本化的时点应该在2024年1月1日之后，否则不应入表，除非企业在《暂行规定》实施前就有对该数据产品相关研发支出进行资本化处理的会计惯例。实务中发现，某企业在本期报表列报了数据资产并披露了入表数据资产对应的数据产品，顺着数据产品的披露线索可追溯到前期报表的相应披露，发现前期报表附注中对该数据产品的预计停止资本化时点在2023年12月31日之前，那么就形成了矛盾证据，很可能在2023年下半年企业知晓《暂行规定》将要实施的消息后，擅自操纵了数据产品研发的资本化过程，甚至在前期资产负债表上已将数据产品相关开发支出转为无形资产，无论是哪种行径，都是不合规的，甚至有违反《暂行规定》中不准将2023年12月31日之前的费用化支出重新资本化的追溯调整限制之嫌。

还有一些企业，本期入表的数据资产也经历了跨年的研发周期，在回溯前期财务报表寻找本期入表的内部开发数据资产线索时，发现对应的研发项目名称有所变更，在《暂行规定》发布后，企业就逐渐酝酿将研发项目尽量与数据要素挂钩，在命名上尽量靠近"数据"二字，力求通过"改名"提高相关研发项目资本化处理便利的"改命"效果，这种操作要具体项目具体分析。

除了"数据资产该不该入表"的质量分析，还涉及"数据资产入表项目是否恰当"的质量分析。例如，企业前期披露的数据类业务模式是自用，然而企业在本期财务报表中列报的却是数据资源存货而非数据资源无形资产，反之亦然，即数据资产入表的业务模式与前期报表披露的业务模式存在矛盾。无论是哪种情形，只要有真实的矛盾证据，企业数据资产入表的质量就一定是有问题的，根据矛盾证据的性质及影响财务报表列报项目的范围，可以合理推定企业数据资产入表质量问题的严重程度，从而综合确定对后续财务分析的影响。当然，企业财务报表信息披露越简陋，越不容易发现矛盾证据，但也同样难以通过数据资产入表质量分析。

8.3 数据资产入表相关会计分析指标

在财务分析中，除了报表项目分析外，财务比率分析也很重要。对于财务比率计算结果的解释，不仅要结合企业所处行业，而且要结合分析目的，还要尤其考虑财务比率计算结果是否失真，即用于计算的财务数据是否真实。因此，只有通过了数据资产入表质量分析，再进行正统的财务分析才有意义。

对于数据资产会计而言，与数据资产入表相关的会计分析指标需要针对性地设计。本节拟以财务报表分析子目标为导向，包括盈利能力分析、营运能力分析、垂直结构分析等，结合数据资产相关合规的账务处理，针对性地设计相关指标，为读者应对数据资产入表后的财务分析提供富有报表项目勾稽逻辑的分析思路。

8.3.1 数据资产盈利能力分析

一般而言，盈利能力分析指标的计算取数主要侧重于利润表，从利润表上方的收入数据到利润表下方的利润数据的过程，集中地体现了资产负债表左方的资产数据的盈利能力。从收入到利润，展现的是企业控制成本的能力，这是企业高盈利水平的关键所在。

如果是业务级数据资产，那么数据资产对企业整体盈利能力的影响仅仅是添加了一条崭新的业务线，对数据资产盈利能力的分析演变为数据业务线的利润率分析，需要在收入数据中拆解出数智服务收入数据，很多企业的附注信息披露可以做到这一点，但很难做到的是在利润数据中拆解出数据服务利润。一个间接有效的思路是借助"收入－费用＝利润"的会计等式，在费用数据中拆解出数智服务费用，包含数据类业务的合同履约成本结转到营业成本的部分，以及业务级数据资源无形资产的摊销费用等，来间接测算数智服务利润，但这也依赖于企业成本费用相关报表附注披露的完善程度。

如果是战略级数据资产，数据资产的盈利能力很可能在利润表上表现为"数智化降本"的成效，大幅提升收入数据向利润数据的转化效率，即利润率较数智化转型前大幅提升。如果企业资产负债表上列示的是战略级数据资产，那么应该在近期利润表上展现数据战略成效，毕竟战略级数据资产带来的经济利益应当在企业未来经营成果中予以体现，若企业的利润率没有显著改善，则需要反思战略级数据资产是否真的是资产。

企业的战略级数据资产也可能只是作用于某一方面的战略，例如企业通过多年的经营积累得来的客户画像数据资产，可以助力企业更高效地发现销售线索、精准投放广告，减少资源配置"大水漫灌"般的浪费，使得企业在提升销售收入的同时，显著降低销售费用，即该数据资产主要作用于销售战略这一单方面的职能战略，数智化降本也主要局限在降低销售费用上，这样的数据资产盈利能力分析不宜用销售净利率那种从销售收入到净利润的综合指标来体现，而适合用销售费用占销售收入的比重来体现针对性数智化降本的成效。选择好分析指标后，从数据资产形成的前一期起，到数据资产形成当期，再到数据资产形成后期，需跨期比较分析指标计算结果，在尽可能排除其他干扰因素的前提下，以数据资产是否逐渐起效为分析目的来观察分析指标的变化情况，如果数据资产确有提升企业盈利能力的效果，那么可以进一步分析数据资产起效的快慢、数据资产账面价值的水分及减值计提是否充分；如果数据资产带来的盈利能力增量很不稳定，时而正向、时而负向，那么需要思考企业是否遇到了特殊的经营困难或者企业所处行业是否处于一个特殊时期；若不是，那么可能要怀疑企业入表的数据资产是不是伪数据资产，是不是满足"很可能带来未来经济利益"的资产确认条件。

总之，对于数据资产盈利能力分析而言，需要区分业务级数据资产与战略级数据资产的分析思路。对于业务级数据资产，其盈利能力分析指标更为直接，需要取数口径的针对性细化，例如从数智服务收入到数智服务利润的数智化业务利润率，从数据资产到数智服务利润的数据资产利润率等，但它们都有赖于企业更为细致充分的财务报表附注信息披露。对于战略级数据资产，其盈利能力分析指标比较间接，需要以数据资产为企业哪一方面的战略做出具体贡献为切入点，匹配利润表上具体的报表项目来设计分析指标，如果只是对企业整体的管理决策效率有所贡献，无法细化到某一具体领域战略，则会陡然增加分析难度，毕竟在从销售收入到销售利润的财务数据演化过程中掺杂了除数据资产之外的"噪声"对分析造成干扰，即使有成效也不能立即归因于数据资产，无成效也不能立即否定数据资产，这需要分析师对利润表进行建模，不限于回归分析、敏感性分析等技术手段，且不一定敢于得出分析结论。因此，数据资产越"务虚"，分析指标设计就越"综合"，分析难度就越高。即使数据资产不务虚，例如非常易于理解、有清晰应用场景的业务级数据资产，倘若企业利润表的附注披露不完善，无法取得分析指标的数据口径，同样难以开展盈利能力分析。

如果将数据资产盈利能力分析与数据资产的会计类型匹配，数据资源存货通常上升不到战略层面，盈利能力的分析思路偏向业务级数据资产，而数据资源无形资产可能是业务级也可能是战略级，需首先分析其性质再决定盈利能力的分析思路。除此之外，数据资源存货的盈利能力分析可以多一个"数据资源存货毛利率"指标，即"数据资产业务毛利 / 数据资源存货结转的营业成本"，其中数据资产业务毛利用数据资产业务收入减去数据资源存货结转的营业成本计算而来，相应的毛利率更为直接地体现了数据资源存货的盈利能力。

8.3.2 数据资产营运能力分析

不同于侧重从收入数据到利润数据，或者从资产数据到利润数据的盈利能力分析，营运能力分析侧重从资产数据到收入数据的资产运营直接环节的分析。资产的定义及确认条件中就包含了可以带来未来收入的含义，这也是资产的核心要义，资产对于收入数据的拉动能力也是判断资产营运效益的关键和判断资产质量的重要依据。

针对数据资源无形资产而言，如果是业务级数据资产，其产生的收入增量较为直接，容易区分，在企业收入报表项目附注对数据资产业务收入准确拆分的前提下，可以计算数据资源无形资产的周转率，即数据资产业务收入/数据资产账面价值，来体现企业数据资产业务是否已打开局面，反映数据资源无形资产的运营效率。如果企业喜欢尽可能地做大数据资源无形资产的账面价值，在业务口径数据披露清晰的基础上，会对数据资产周转率指标造成不利影响，换言之，业务级数据资源无形资产的账面价值水分越大，数据资产的营运能力越低。

如果是战略级的数据资源无形资产，只会综合提高全收入口径，而不是形成单独的业务收入，因此其营运能力分析不适合计算数据资源无形资产周转率。这种情况下，可以通过数据资源无形资产诞生前后的总资产周转率来间接反映战略级数据资源无形资产给企业带来的增量资产营运能力，但需要一定的技术功底，毕竟收入确认会计政策风格的微妙改变、其他资产项目水分的增减、数据资源无形资产不同摊销参数对其账面价值的改变与收入改变的不匹配性等影响分析结果的噪声需剔除。

针对数据资源存货而言，通常不构成战略级，一般都是业务级数据资产，由于账务处理模式决定了存货的周转更为直接地体现在"主营业务成本"中，因此存货项目的周转率计算公式的分子一般用"主营业务成本"代替"主营业务收入"，数据资源存货也不例外。相较于数据资源无形资产，数据资源存货的定价如同产品售价一般，销售量也可定量分析，因此数据资源存货周转率（数据资源存货结转的营业成本/年均数据资源存货账面价值）直观地体现了数据资源存货的年均周转次数。周转次数越多，说明企业的数据资源存货得到数据交易市场的充分认可，自然其营运能力指标的计算结果越好。

8.3.3 数据资产垂直结构分析

总体来看，数据资产在资产负债表中的列报较为分散，数据资产入表规模多数较小且不稳定，原因复杂多样，因此数据资产水平变动分析的必要性不大，除非企业数据资产入表规模较大且多年入表情况较为稳定。对于这种列报特点的资产，垂直结构分析更为适宜，剖析数据资产在资产结构中的垂直占比，来洞悉资产结构中的数据含量以及企业资产组是否具备数智化赋能特征。

数据资产垂直结构分析通常有三个层次，分别是占相关列报项目的比重、占列报项目大类的比重、占总资产的比重。

1）第一个层次：数据资产占相关列报项目比重。

例如，数据资源存货/存货、数据资源无形资产/无形资产、数据资源开发支出/开发支出等，均体现了相关数据资产列报项目中数据成色有多深。第一层次的结构分析可以进一步比较期初占比与期末占比，这种相对数比较通常比绝对数比较更为科学合理，同时考虑了相关列报项目总体规模的发展变动。

但是，在计算第一层次结构比率时，需考虑数据资产相关列报项目在企业总资产中的总体地位，如存货/总资产、无形资产/总资产、开发支出/总资产，对于具有重要资产地位的列报项目，第一层次结构占比的计算结果更值得分析。反之，对于不具有重要资产地位的列报项目，即数据资产相关列报项目占企业总资产的比例过低，第一层次的结构分析指标可能失真，例如企业只有一个开发支出相关研发项目，还是数据类研发项目，但金额很小，这种情况下数据资源开发支出占开发支出的比重达到了100%，好像企业研发部门专攻数据资产，实际上可能其他开发完毕的项目资产已经转到了无形资产，因此这种显著异常的结构比率只是在资产负债表日的一个特殊时点上的一个视角罢了，不能盲目解读。但是，如果企业开发支出的占比本身就不小，对于100%计算结果的解读就是另一个故事了。

2）第二个层次：数据资产占列报项目大类的比重。

这里的列报项目大类指的是流动资产大类或非流动资产大类，例如数据资源存货/流动资产、数据资源无形资产/非流动资产、数据资源开发支出/非流动资产等，可以校正第一层次结构分析可能受到数据资产相关列报项目在企业总资产中并不重要的影响，不会出现那种接近100%的"有点过分"的计算结果。

考虑到无形资产与开发支出同属于非流动资产大类，可以进一步剔除企业将开发支出转为无形资产时点的账务筹划影响，计算方法为（数据资源无形资产＋数据资源开发支出）/非流动资产。但是，这种分析操作也要考虑副作用，即数据资源开发支出转化为数据资源无形资产的失败概率，毕竟开发支出的研发进度没有达到100%，在到达终点前都有失败的可能，这要结合企业所处行业的研发项目失败率、企业过往的进入开发阶段的研发项目失败率来统筹分析，例如企业历史的若干开发项目均遭遇"流产"，那么就不适合有这种将数据资源无形资产与数据资源开发支出合并计算的分析指标设计。

3）第三个层次：数据资产占总资产的比重。

这个比重侧重将数据资源存货、数据资源无形资产、数据资源开发支出等数据资产总计数进行合并分析，来综合衡量企业总资产的数据要素成色。当然，如果有依据怀疑企业的数据资源开发支出届时不一定能成功转化落地，可以在计算指标中剔除数据资源开发支出，如果数据资源开发支出占总资产的比重最高，也可以同时计算剔除前后的数据资产口径来进行敏感性分析。

8.3.4 数据资产影响相关财务比率分析

除了数据资产直接参与计算的分析指标外，突然加入财务报表的数据资产也会对部分财务比率计算造成间接影响，比较关键的有以下几个指标。

1. 数据资源存货对流动比率的影响

数据资源存货的加入，壮大了流动资产阵营，提高了反映企业短期偿债能力、银行给企业放贷重点考虑的流动比率。数据资源存货对流动比率的提振是合理的吗？如果不合理，需要在计算流动比率时予以剔除。分析数据资源存货壮大流动资产的合理性，在于分析数据资源存货的流动性及变现能力。在数据要素流通的基础设施完善之前，数据资源存货的流动性及变现能力是受影响的，如果数据交易所始终不温不火，数据资源存货的流动性只能寄希望于场外交易，变现能力也不稳定。显然，数据资源存货的流动性不如传统存货，甚至可能不如排在存货下方的其他流动资产项目。但是，随着国家各类鼓励数据要素流通的政策出台，数据资源存货的流动性日益提高，因此理论上不应盲目将数据资源存货排除在流动比率计算之外。

流动比率计算的直接目的无非是反映企业的短期偿债能力，含义也较为直观，即反映流动资产偿还流动负债的能力，计算结果越高，企业短期偿债能力越能得到认可，但也不能过高，否则有浪费流动资金、不善于借助债务外力加速发展之嫌。由于流动资产项目大类中各个资产子项的流动性各不相同，在资产负债表上由上到下依次递减，越靠近下方的资产（如存货），对流动负债的保障能力越弱。

为了进一步分层次反映企业的短期偿债能力，将流动资产中流动性较强的资产类别单独放一起成立"速动资产"，来代替流动资产参与计算，由此得到速动比率。一般认为，速动比率的计算至少要剔除总体流动性较差的存货项目金额，当然包含数据资源存货。因此，如果对数据资源存货的流动性产生较大怀疑，那么在对企业短期偿债能力进行分析时，不宜再用流动比率，使用速动比率的理由又多了一个。

考虑到数据资源存货的流动性比传统存货可能还差一个量级，如果将全部存货项目排除在流动比率计算之外略显粗暴，或者数据资源存货没能通过数据资产入表质量分析，那么不妨在流动比率与速动比率之间寻得一个平衡，例如在计算速动资产时只在流动资产中剔除数据资源存货，而不剔除全部存货，从而得到"修正的流动比率"。

2. 内部开发数据资产对研发费用相关比率的影响

在《暂行规定》实施前，企业倾向于将数据类研发项目的相关支出费用化处理计入研发费用，而在《暂行规定》实施后，这一倾向被"力争资本化"适度纠偏，在数据资产账面价值增加的同时可能导致研发费用减少，这种在会计新规实施前后会计政策及会计估计偏向的变化会对研发费用相关比率的纵向分析产生无意义的干扰，例如研发费用在营业收入中的占比。在数据资产研发费用化倾向占优时，研发费用占营业收入的比重较高，反映了企业高度重视研发投入，甚至是高新技术企业、科技型企业或专精特新企业的象征，在合规的前提下还能享受相关税务优惠政策。

然而，在数据资产研发资本化倾向占优时，尤其是这一会计处理倾向突然转变时，持续运行在前期和报告期的研发费用可能陡然下降，如果在做研发费用相关财务分析时不考虑数据资产入表新规的影响，跨期比较研发费用占比后贸然得出的结论是不可靠的。为了避免这一影响，需要在研发费用比较分析中统一会计口径及会计处理倾向，有效的办法是将数据类研发费用剔除出来再进行比较分析。理论上，当企业的资产负债表上新增数据资产且来源为内部开发时，就需要考虑对研发费用的相关财务指标进行修正。

3. 数据资源无形资产对管理费用相关比率的影响

除了研发费用，管理费用中包含的无形资产摊销费用也是类似的修正逻辑。考虑到数据资源无形资产可能摊销，也可能不摊销，且摊销与否取决于会计师对数据资源无形资产使用寿命是否有确定的职业判断，管理费用中的无形资产摊销费用可能容易受到会计操纵，会计师可能在无形资产摊销上做文章进而操纵管理费用。无论是研发费用还是管理费用，都属于利润表列示的期间费用，都影响期间费用率等相关分析指标。

理论上，如果企业资产负债表上列示了数据资源无形资产，就需要在其账面价值的基础上，分别测算摊销与不摊销两种情形以及不同摊销参数对摊销费用的影响，进行敏感性分析，在对管理费用相关比率计算结果的解读上多加考虑。当然，无形资产摊销费用不一定计入管理费用，还可能根据无形资产受益对象计入相关资产成本，那么也是一样的修正逻辑。

| 下篇 |

数据资产会计专题研究

经过上篇与中篇的学习,读者基本掌握了数据资产会计的必备理论知识及实务应用。但是,若想深入了解数据资产会计的发展动态,还需进行专题拓展学习。随着数字经济的发展对数据资产会计地位的不断抬升,数据资产课税问题、数据资产审计问题、数据资产监管问题等接连提上日程。考虑到相关研究尚处于起步阶段、相关政策尚未完善,没有统一权威的操作流程,不适宜放在中篇梳理,但这些与数据资产会计高度相关的专业领域不断影响着数据资产会计的历史进程,需要尽可能地开展前沿探索,因此下篇进行研究式专题学习。

本篇专题拓展的数据资产会计相关领域包括以下几方面:

- 数据资产会计的税务问题
- 数据资产入表现状与困境——基于最新入表实战案例分析
- 数据资产会计的监督体系(包括数据资产审计)
- 数据资产会计准则研究热点
- 数据资产会计如何推动企业数智化转型

第 9 章 CHAPTER

数据资产会计的税务问题

涉税问题应对是会计师的必修课，税务问题同样在数据资产会计的账务处理中"无孔不入"。本书第 6 章介绍的数据资产会计的账务处理中，只涉及较少的税务核算账户，主要是考虑到当前针对数据资产的税务政策研究尚未成熟稳定，不宜在介绍通用账务处理的章节中过多涉及此问题。但是，在数据资产会计普及之后，数据资产税务处理逐渐趋于稳定，毕竟在财务会计范畴，会计处理与税务处理本身就不分家，不能忽略数据资产税务方面的学习。因此，关于数据资产会计的税务问题，本章进行单独阐述。

本章在内容安排上，既突出资产的一般税务处理原则在数据资产会计上的应用，也强调数据资产会计在利用税收优惠等税务方面的特殊性。

9.1 数据资产课税的政策趋势

谈起数据资产课税政策，先要明确数据资产是否具有可税性，纳税主体是谁。这些都是数据资产课税的基本前提，然后才是数据资产的税种、税基、课税环节及征管难题、与已有税收体系的衔接等。

9.1.1 数据资产的可税性

关于数据资产课税的政策问题研究，一个前置性问题是：数据资产是否具有可税性？只有数据资产具有可税性，才有研究数据资产税收政策的必要性，否则数据资产无须进行税务处理。

可税性，是某一类客体能够成为课税对象应当具备的性质。关于可税性的论断，主要是在学界进行探讨，但也是税法及各类税收暂行条例出台的理论依据。如果某一类资产的可税性存在较大争议，那么相关税收政策就很难出台。

对于可税性的分析，一般从财务、经济、法律、税收征管等四个方面开展。

在财务上，数据资产只有为权利主体带来切实的经济利益，才能成为课税对象。既然会计师有了《暂行规定》的加持后，可以将符合"很可能带来经济利益"等资产确认条件的数据资源转换为数据资产身份，那么只要是会计学意义上的数据资产，必然在财务上具有可税性。值得一提的是，可税性也是分历史阶段而论的，在传统的工业时代沉淀的零星数据资源，无法带来显著的经济利益，不但在会计界无法确认为数据资产，更没有资格谈及数据资产的可税性，即使谈及数据资源在经济上的可税性，也是在数字化力量兴起后才逐渐由"不可税"变为"可税"。

在经济上，对数据资产课税有助于抑制数据要素企业对数据的垄断式定价，优化数据要素分配体系，扩大税收对数字经济的调节作用。虽然在数据要素的初级发展阶段，政策上应以鼓励、引导为主，不能因为过度课税而抑制数据要素产业的发展，但这完全可以用完善的税收优惠政策体系予以保障，并不宜用"不征税"的一刀切处理方式，毕竟税收优惠政策可以有"暂免征收"，可以根据财政需求与产业发展实际灵活调节，前提是先有相应的税法才能有相应的税收优惠政策。

在法律上，虽然目前没有出台专门的税收法律法规来规范数据资产的税务问题，但只是时间问题，毕竟会计界板上钉钉承认的数据资产已经是一个新的潜在税源。其实，税务系统早就盯上了"数据"这块税收蛋糕，只是碍于之前会计界没能给予数据资源向数据资产的"明确晋升渠道"，因此相关表述都是数据口径，比如《营业税改征增值税试点实施办法》中明确对数据交易征税，即对数据的生产、收集、处理、加工、存储、运输、检索和利用，按照信息技术服务税目征收增值税，还有很多相关表述不再一一列举，它们可能会成为未来对数据资产课税相关法条的先导。

在税收征管上，只是征税操作在技术上是否可行的问题。数字化力量不仅将各行各业的经济活动沉淀为数据资产，而且在税收征管上也引发了技术革命，即"数字税务"。其实，目前流行的"金税四期"已经借助了大数据的力量，税收征管向数字化方向大步迈进，理论上不会存在征收技术上的难题。

数据资产具备可税性，已经基本达成了共识，无论在财务、经济、法律还是税收征管方面，出台相关税收政策只是时间问题。虽然对于目前是否适宜对数据资产课税存在一定的争议，但与数据资产可税性分析是两个范畴，毕竟在"土地财政"向"数据财政"转变的历史进程中，税收政策导向是相机而变的，要考虑经济社会的发展进程以及政策环境的演变进程。

9.1.2 数据资产的课税环节

明晰了数据资产的可税性，政策上就要考虑在哪个环节征收以及怎么征。

一方面，可以参考国内已有的成熟税种。有在交易环节征收的，如增值税；有在生产环节征收的，如消费税；有在使用环节征收的，如车船税；有在持有环节征收的，如房产税；有在分配环节征收的，如所得税；有在开采环节征收的，如资源税等。理论上可以在多个环节对数据资产进行征税，例如在采集环节征收数据资源税，在使用环节征收数据持有税，在交易环节征收数据增值税，在分配环节征收数据所得税等，如图9-1所示。但如果同时在多个环节开征，还会涉及不同征税环节的税制协调问题。需要强调的是，无论数据相关税种如何命名，数据资产会计的税务处理只聚焦于与数据资产相关的涉税问题，而不是将范围扩大到与数字经济相关的税种，例如欧盟推出的"数字服务税"就不在本书讨论的范畴。

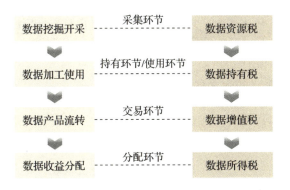

图 9-1 数据资产课税环节的理论分析

另一方面,可以参考税制类别,比如货物与劳务税、流转税、所得税、行为税、财产税等。与数据资产相关的税种最接近哪个税种类别?如果归为流转税,那么重点在交易环节征收;如果归为行为税,那么重点在使用环节征收;如果归为财产税,那么重点在持有环节征收。考虑到数据产权的三权分置,产权政策上会重点区分数据资源持有权、数据加工使用权与数据产品经营权,那么对应的环节即为持有环节、使用环节、交易环节,对应的税种类别即为财产税、行为税、流转税。

因此,从税收理论上,对数据资产征税环节的选择是多样的。但是,考虑到以查账征收为主的征管方式,税收要与会计配合,以《暂行规定》为核心的会计处理必然对数据资产税收政策导向起到重要作用。既然会计界将数据资产分为按数据资源存货与数据资源无形资产两类资产核算,那么税收方面也会参照存货及无形资产的税务处理。当然,不同类别的存货会有不同的税种对应,比如房地产企业作为存货核算的待售毛坯房要额外征收土地增值税,一些特殊存货还要征收消费税,但存货销售有一个共性税种——增值税,那么数据资源存货在交易环节至少要征收增值税。如果数据资源无形资产改变用途用于交易,也同样需要征收增值税,但多数数据资源无形资产只是内部使用,在目前的税收法律法规下,使用环节不交税,但税法意义上的无形资产摊销可以在计算应纳税所得额时予以扣除。

综上,如果没有专门针对数据资产的税收政策,那么数据资产的课税环节会受到会计处理的极大影响，即按照数据资源存货与数据资源无形资产的会计师口径，并入存货与无形资产的税务处理，主要在交易环节课税。

9.1.3　数据资产的税收政策难题

虽然会计师可以暂时参考存货与无形资产的一般税务处理模式进行数据资产的税务处理，但由于数据资产税收政策的不确定性，可能在某些税务处理细节方面产生较多的税会差异。其实这些方面也是税收政策制定在财税技术上的难点，会计师在测算数据资产税务成本时需要重点关注。

纳税主体的确定，是税收政策最基本的方面，然而对于数据资产税收政策而言却是几乎最难的方面。三权分置的数据资产产权框架不仅树立了数据资产会计的"权利观"，削弱了"拥有或控制"资产概念界定传统术语的权威性，而且深刻地影响着税收政策：谁是数据资产的权利主体，谁就要为数据资产纳税。从另一角度来说，既然同一个数据资产可以被不同会计主体同时入表，那么受到会计处理影响的财税体系也必将进行适应性调整。然而，数据资产的产权问题虽然有了一个明晰的解决框架，但距离发展为稳定的制度体系还有一段路要走，这不仅会影响数据资产入表的权利内涵、数据资产核算的主体范围，而且会影响数据资产纳税主体的确定。

增值税进项税额的确定，是数据资产税收政策的一大难点。2016年兴起的"营改增"政策的初衷是降低部分行业的税负，然而后续统计研究发现部分行业的税负在"营改增"之后不降反增，主要原因就是部分行业难以取得足额的可以抵扣进项税额的增值税专用发票，而对数据资产课征增值税也会面临同样的难题。若想增值税的实际税负率达到政策设计的初衷，需要企业有合规的增值税专用发票用于抵扣进项税额来匹配当期的销项税额，然而实务中由内部开发形成数据资源无形资产的情况要比外购形成数据资源存货更加普遍，这样一来在数据资产的成本归集中确实较难取得增值税专用发票，然而销售数据资源无形资产时又要足额缴纳增值税销项税额，使得数据资产的增值税税负猛增，不利于实现税收政策的初衷。

数据资产税基的确定，更是制定企业所得税税收政策的难题。尤其是内部开发形成的数据资源无形资产的计税基础与会计师操作的入账成本高度相关，依赖于纳税主体健全有效的研发成本归集制度，即使纳税主体没有偷漏税的主观意愿，也需要较大的税收征管成本加以监督。此外，销售数据资产带来的销售收入，在计入应纳税所得额时可能受到公允价值难以核实的困扰。《企业所得税法实施条例》第十三条规定，企业以非货币形式取得的收入应按照市场价格确定的公允价值确定收入额。在数据资产的交易普及程度并不高的阶段，数据资产交易大多依赖于关联关系，而关联交易会对数据资产定价的公允性带来至关重要的影响，无论是数据资源存货还是数据资源无形资产，在以数据资产销售收入作为税基时，税基的合理确定又是一大难题。

9.2 数据资产的税务处理及税会差异

对于税法明确规定的税务处理方式，若与会计处理有所出入，就会产生税会差异，主要税会差异汇总如图 9-2 所示。会计师还需要依据《企业会计准则第 18 号——所得税》对税会差异进行会计处理。

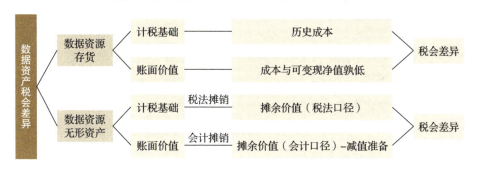

图 9-2　数据资产的主要税会差异

考虑到税务处理影响企业税负成本，税会差异影响企业账表，企业在进行数据资产会计的相关账务筹划时需考虑纳税筹划因素，充分研究涉税规定，统筹纳税筹划与账务筹划。

9.2.1 数据资源存货的税务处理及税会差异

关于存货的计税基础,税法在总体上还是参照"历史成本"会计计量属性进行确定的,表述为"企业存货应按取得时的实际支出作为计税基础"。那么,存货在期末计量时采用的"成本与可变现净值孰低"的会计政策,与以历史成本为准绳的计税基础可能会有差异,典型的有计提存货跌价准备,这种准备金不属于实际损失,只是权责发生制的游戏,虽然响应了"谨慎性"的会计信息质量要求,但与尊崇收付实现制的税务要求不一致,因此存货计税基础很可能高于账面价值,从而产生税会差异。对数据资源存货而言,虽然初始计量基本不会产生税会差异,但后续计量期间一旦计提了存货跌价准备,还需要单独为此产生的税会差异做出会计处理。

根据《企业会计准则第 18 号——所得税》中"资产负债表债务法"的要求,产生税会差异时,首先需要判断该税会差异是永久性的还是暂时性的。比如存货账面价值低于计税基础的例子,虽然二者不一致,但在将来存货出售时会抹平二者差异即全部降为 0,因此该税会差异是暂时性的而非永久性的,需要进行会计处理,抹平暂时性税会差异对会计利润的影响:计提的存货跌价准备计入资产减值损失抵减了净利润,会计师以抵减后的净利润及所得税税率计算出的"所得税费用"当然不被税法承认,否则想当期少交税的都可以效仿了。因此在所得税纳税申报时需要在净利润的基础上进行"纳税调增",即存货的计税基础并不会因为会计师的存货跌价测试"魔法"而发生任何变化。因此,当期税务口径的净利润即"应纳税所得额"就不考虑会计师计提的存货跌价准备,在会计师视角下造成"当期多交税"的效果,而当期缴纳的所得税税费都需要冲减当期利润,会计分录如下:

借:所得税费用—当期所得税费用
  贷:应交税费—应交所得税

这笔分录中,贷方数字被税法确定了,借方数字与贷方数字相等,同时定死了当期应交所得税对当期损益的影响。所得税该交多少交多少,用"应交税费—应交所得税"体现,至于损益类科目"所得税费用",如果是暂时性事项引起的税会差异，可以用额外分录还原成没有暂时性税会差异影响的数字，但如何还原？

对于还原分录的贷方，既然会计师认为"当期多交税"了，那么就需要用降低的方式予以还原，即贷记"所得税费用—递延所得税费用"。

对于还原分录的借方，需要考虑税会差异在未来消除时对未来经济利益的影响：在未来存货出售的会计期间，会计师按照存货账面价值结转销售成本用于计算净利润时扣除，税务上按照存货计税基础结转销售成本用于计算应纳税所得额时扣除，那么此税会差异会导致未来期间净利润大于应纳税所得额，导致会计视角下的"未来少交税"，好似"抵扣"了未来的税费，或者理解为将当期的税费"递延"到未来缴纳，因此这种税会差异也称为"可抵扣暂时性差异"。回到当期时点来看，未来少交税代表着未来经济利益流出减少，在效果上视同未来经济利益流入增加，形成"由过去的可抵扣暂时性差异事项形成的、由企业拥有或控制的、预期会给企业带来经济利益的资源"，恰好符合资产定义，自然就借记"递延所得税资产"，形成这样的分录：

借：递延所得税资产

　　贷：所得税费用—递延所得税费用

这样一来，通过分析递延事项的影响，将计提存货跌价准备引起的税会差异定性为"可抵扣暂时性差异"，会计处理后就可以用"所得税费用—递延所得税费用"二级明细账户来平衡"所得税费用—当期所得税费用"二级明细账户引起的损益信息失真，从而实现在"所得税费用"一级会计账户层面还原出会计师认为正确的数字。

同样，在未来该税会差异消除时，税法会对会计利润造成二次影响，只是这次影响是反方向的，会计师要将计提递延所得税资产的分录翻转过来：

借：所得税费用—递延所得税费用

　　贷：递延所得税资产

综合来看，在暂时性税会差异产生、消失的两次会计处理中，"递延所得税资产"账户也是暂时的，具有关键影响的是跨期调节了"所得税费用"，将税法在当期征收所得税产生的所得税费用递延到未来期间予以确认，实现了"所得税费用"跟以《企业会计准则第18号——所得税》为核心的企业会计准则体系走的会计初衷,毕竟当期损益是会计师关注的重点。

对于存货而言,计提的资产减值损失不受《企业会计准则第8号——资产减值》的制约,而受《企业会计准则第1号——存货》的"照顾",前期计提的存货跌价准备可以转回。那么,除了存货出售,存货跌价准备的转回也可以消除税会差异。简而言之,一旦会计师操作存货跌价准备,无论是计提还是转回,都需要考虑对所得税的影响,及时处理税会差异,来平衡税法对损益信息的影响。那么,计提存货跌价准备的完整分录应为:

借:资产减值损失—数据资产减值损失

  递延所得税资产

贷:存货跌价准备—数据资产

  所得税费用—递延所得税费用

转回存货跌价准备的完整分录同理。假如企业所得税税率为25%,存货跌价准备计提100%,那么对损益的影响不是100%,而是75%,这里就体现了企业所得税对当期损益"缓冲垫"的影响。

当然,如果税会差异是永久性的,比如企业被行政罚款计入"营业外支出",同样会冲减当期损益,但不会冲减应纳税所得额,这种税会差异就只能做"纳税调整",无须额外对税会差异进行会计处理。此外,即使是可抵扣暂时性税会差异,一些特殊事项也不必确认递延所得税资产,例如企业连年亏损,由于连年没有缴纳企业所得税,未来就不会有少交税的效果,那么就不符合递延所得税资产的资产确认条件。

以上是存货的一般税务处理,但数据资源存货还有其特殊性:数据资源存货的形成方式可能并不是外购,也不是制造业那种逐步加工形成的传统流动资产,可能是类似于数据资源无形资产那种冗长的大型资产开发过程,只是考虑到"持有以备销售"的业务模式分类到数据资源存货核算而已。因此,数据资源存货的账面价值构成可能更加复杂多元,与计税基础在细节上形成差异。

例如,根据《企业会计准则第17号——借款费用》,借款利息符合资本化条件的可以计入内部开发的数据资源存货成本,尤其是开发过程漫长的数据资源存货。《企业所得税法实施条例》第三十七条规定，企业为购置、建造固定资产、无形资产和经过 12 个月以上的建造才能达到预定可销售状态的存货发生借款的，在有关资产购置、建造期间发生的合理的借款费用，应当作为资本性支出计入有关资产的成本，并依照本条例的规定扣除。乍一看，内部开发的数据资源存货看似没有税会差异，但税法针对借款利息支出的扣除是有限额标准的。《企业所得税法实施条例》第三十八条规定，企业在生产经营活动中发生的下列利息支出，准予扣除：非金融企业向金融企业借款的利息支出、金融企业的各项存款利息支出和同业拆借利息支出、企业经批准发行债券的利息支出；非金融企业向非金融企业借款的利息支出，不超过按照金融企业同期同类贷款利率计算的数额的部分。因此，在借款费用资本化标准限额方面，计税基础是比账面价值更严格的，可能导致数据资源存货的账面价值大于计税基础，形成应纳税暂时性差异，计提递延所得税负债。

其实，税法没有明确规定内部开发存货或自制存货的计税基础，那么按照一贯的税务处理原则，应以企业会计准则体系规范的会计处理为准，但也要考虑税法上的额外限制，比如借款费用资本化。

9.2.2 数据资源无形资产的税务处理及税会差异

数据资源无形资产最主要的税会差异，主要在于后续计量中的摊销环节。

首先，在摊销范围上，根据《企业会计准则第 6 号——无形资产》，使用寿命不确定的无形资产不摊销，是否需要摊销完全看无形资产使用寿命是否确定。但是，《企业所得税法》第十二条规定，有四类无形资产不得计算摊销费用扣除：自行开发的支出已在计算应纳税所得额时扣除的无形资产；自创商誉；与经营活动无关的无形资产；其他不得计算摊销费用的无形资产。

显然，税法并没有提及无形资产使用寿命对无形资产摊销费用扣除的影响，因此企业会计准则规定的不得计提摊销的使用寿命不确定的无形资产，税法可以按照不低于 10 年摊销期在税前扣除，因此形成无形资产账面价值高于计税基础的应纳税暂时性差异，待处置无形资产时转回差异，又是类似于数据资源存货跌价准备的所得税会计处理"魔法"。

另一个值得注意的方面是税法额外强调了无形资产是否与经营活动相关，如果企业单纯为了数据资产入表而外购的数据资源无形资产与企业实际生产经营不相关，那么该项数据资源无形资产在税法意义上无法计提摊销，如果会计上计提了摊销，那么又会产生账面价值低于计税基础的可抵扣暂时性差异。

其次，在摊销年限方面，税会差异较大。会计上照顾谨慎性的会计信息质量要求，倾向于考虑无形资产的经济寿命而非法定寿命，尽可能缩短摊销期限，考虑到数据资源无形资产的经济寿命一般较短，摊销期理论上不宜超过10年。然而，税法上要照顾到对企业避税的限制，规定除了通过投资或受让方式获取的无形资产外，无形资产的摊销年限不得低于10年。然而，数据的时效性决定了数据资产的使用寿命一般较短，如果按10年来说显然过长，至少不宜作为所有类别数据资产的通用规定。只有以投资或受让方式获取的数据资源无形资产，才可以通过协议约定的方式适用低于10年的摊销期。其实，在税法上并非所有无形资产都必须适用10年以上的摊销期，有一些需要政策扶持的重点发展产业会有临时颁布的部门规章，比如《财政部 国家税务总局关于进一步鼓励软件产业和集成电路产业发展企业所得税政策的通知》（财税〔2012〕27号）规定"企业外购的软件，凡符合固定资产或无形资产确认条件的，可以按照固定资产或无形资产进行核算，其折旧或摊销年限可以适当缩短，最短可为2年（含）"，虽然数据资产不是软件，但将来可能出台类似的政策，因此数据资源无形资产在税务上的摊销期可能会有变数。

再次，在摊销参数之一的残值确定方面，也有一定的税会差异。一般情况下，无形资产都是企业自己使用，到期后无使用价值，残值自然为0，因此无论是税法还是会计，原则上残值都设定为0，但能否突破这个"原则上"，存在税会差异。根据《企业会计准则第6号——无形资产》第十八条，特殊情况下残值可以不为0，而且给出了明确的特殊情形列举。但根据《企业所得税法实施条例》第六十七条，无形资产只能按照直线法摊销，不需要考虑残值，即默认残值为0。之所以有这样的差异，其实受到税法与会计对摊销年限倾向不同的影响：残值一旦不设定为0，那么实际上就变相延长了无形资产的摊销年限，与税法的一贯倾向截然相反。实务中，无形资产残值一般设定为0，不仅是考虑到了残值为 0 的一般原则，而且也考虑到由残值不为 0 带来的税会差异引起的额外会计处理成本。

最后，在摊销方法方面，税法的限制比会计更为严苛。根据《企业会计准则第 6 号——无形资产》第十七条，企业选择的无形资产摊销方法，应当反映与该无形资产有关的经济利益的预期实现方式。无法可靠确定预期实现方式的，应当采用直线法摊销。虽然在会计实务中，原则上无形资产的摊销方法默认为直线法，除非无形资产相关经济利益的预期实现方式较为特殊需要额外考虑，但是在税法上，无形资产摊销必须用直线法。因此，非必要不选用直线法之外的方法进行摊销，否则会产生税会差异，定期比较账面价值与计税基础的大小，需要计提递延所得税资产或递延所得税负债。

当然，不排除未来企业所得税法根据数据资源无形资产的特点为"加速摊销法"敞开大门，例如允许取得相关部门颁发的数据资产确权登记证书的数据资源无形资产采用双倍余额递减法或年数总和法等加速摊销方法，毕竟早期税法青睐直线摊销法的税务处理主要考虑到传统无形资产（如商标权、专利权、著作权等）都有法律明确的保护期限，传统无形资产的相关权利随时间均匀流逝，符合直线法的假设，而数据资产具有价值易变性及普遍较强的时效性，数据资源无形资产的相关权利价值随时间可呈指数级下降，采用加速摊销法的会计处理及税务处理方式可能更符合资产价值的变化趋势。其实，无论是无形资产摊销还是固定资产折旧，抑或油气资产折耗，该类会计处理的主要目的也并非精确调整相关资产的账面价值，而是为了迎合配比原则使得当期费用与当期收入恰当配比来合理确定当期损益。至于这三类资产账面价值的调整，一方面主要依赖资产减值测试，二是需要考虑会计谨慎性原则无法向上精确调整。对于无形资产摊销的税务处理，其目的更不是精确调整无形资产账面价值，除了简单高效地确定应纳税所得额、平衡税收征管成本外，即使考虑到数据资产在诸多无形资产之间过于特殊，如不加速摊销可能使得数据资源无形资产的后期计税基础逐渐离谱，也会出于尽量缩小不必要的资产账面价值与计税基础法定差异的考虑，大概率与数据资源无形资产的会计处理保持一致，因此可能需要以一个有企业会计准则体系加持的加速摊销会计处理为前提，而目前《暂行规定》及《企业会计准则第 6 号——无形资产》也不鼓励加速摊销的会计处理。综上考虑，在未来一定时期内，关于数据资源无形资产的直线法摊销的税务处理方式大概率是比较稳定的。

除了摊销外，数据资源无形资产还需在每年年末终了进行减值测试，可能需要根据《企业会计准则第 8 号——资产减值》的要求计提无形资产减值准备。与数据资源存货同理，税法上不承认资产减值准备这个权责发生制的产物，但与数据资源存货跌价准备不同的是，无形资产减值准备一经计提则不准转回，因此如果摊销方面没有税会差异，那么计提无形资产减值准备后，数据资源无形资产的账面价值一般低于计税基础，形成可抵扣暂时性差异，需计提递延所得税资产。

第 10 章 | CHAPTER

数据资产入表实战案例

　　数据资产入表作为数据资产会计的成果展示,是数据资产会计能否落地的金标准。很多数据资产会计实务的不足,可以通过财务报表发现,因此,分析数据资产入表实战案例是学习数据资产会计必不可少的一步。本书前 9 章详细介绍了数据资产会计的理论基础及实务指南,在完成前 9 章的学习后,本章进入实战案例的学习阶段。

　　由于《暂行规定》自 2024 年 1 月 1 日才开始执行,并且强调了不可追溯调整,因此从合规层面而言,数据资产入表不可能单独体现在 2023 年及以前年度的年报中,预计在 2024 年年度财务报表及中期财务报表中予以体现,尤其是 2025 年 4 月底之前发布的经审计的 2024 年年报更值得关注,毕竟年报的信息披露是最为充分的。遗憾的是,由于《暂行规定》刚刚施行,还未经历一个完整的会计年度,导致目前的数据资产入表实战案例分析取材有限,只能尽可能地依据 2024 年一季报的数据资产入表情况展开分析。截止到 2024 年 5 月底,已经有 18 家上市公司在 2024 年一季报的无形资产、存货或开发支出等报表项目中单独列报了数据资产(不考虑列报后更正撤销的上市公司),虽然披露的一季报大多数未经审计，但可以直观展现目前上市公司对《暂行规定》的理解及数据资产入表实务的不足之处。

本章按照数据资源无形资产入表、数据资源存货入表、数据资源开发支出入表、数据资源无形资产与数据资源开发支出同时入表的顺序，选取2024年一季度完成数据资产入表的典型上市公司进行分析[⊖]，最后进行综合分析。

10.1 上市公司数据资源无形资产入表实战案例分析

2024年一季报完成数据资源无形资产入表的上市公司有卓创资讯、中远海科、恒信东方、每日互动、平安电工、航天宏图、博敏电子、中文在线、中交设计、山东高速、青岛港等11家，入表金额两极分化，入表金额占无形资产的比重、占总资产的比重也呈两极分化，但无论入表金额及占比是大是小，都需要较为详尽的报表附注及数智化业务战略的相关信息披露才能开展分析，否则仅有干巴巴的主表列示没有分析价值，在不能解释数据资产表内确认金额的情况下甚至可能导致对数据资产入表的真实性存疑。

在11家完成数据资源无形资产入表的上市公司中，无论是从数据资源无形资产的账面价值来看，还是从数据资源无形资产占总资产的比重来看，恒信东方都拔得头筹，实现了2460万元数据资源无形资产入表，占总资产的1.29%。然而，恒信东方只是在一季报的主表中列示了无形资产账面价值中包含的数据资源账面价值，并没有具有参考价值的文字性补充信息披露，难以进行更进一步的分析。

在实务中，数据资源无形资产存在于两类企业：数字产业化企业与产业数字化企业。

顾名思义，数字产业化企业本身就是"玩数据"的，自成立之日起就注重

⊖ 本章选取的上市公司案例仅供"数据资产入表"专题分析，陈述的客观事实全部依据上市公司的对外公开信息，主要为相关上市公司2024年一季报及2023年年报，分析结论仅为笔者个人观点，不代表对相关信息披露真实性的保证，也不是全面财务分析，更不能作为投资者的决策参考。

数据资源的积累，不局限于倒买倒卖数据资源存货的"小本买卖"，而是通过打造独特的数据业务优势逐渐"产业化"，在《暂行规定》等数据资产管理思想的指导下沉淀符合会计师标准的数据资源无形资产，因此理论上这类企业是最愿意开展数据资产入表的，信息披露可以做到最详尽，毕竟对数据资源无形资产的信息披露就是对自家数据产品的大力宣传。

产业数字化企业，则是数据要素流通的理想成果，是国家大力倡导的。如果只有数字产业化企业，那么数据资源无法上升到生产要素层面，无法脱离数据行业去带动各行各业完成宏观经济转型的大任。各行各业的企业都可以沉淀数据资源、探索数智化转型，部分企业结合自身竞争优势及数智化战略，成功开发出确实可以产生经济效益的数据资源无形资产，恰恰希望通过更多的文字性信息披露展现自身独特的数据资源无形资产，但部分企业开发的数据资源无形资产却只在主表列示，怎么让财务报表使用者鉴别数据资源无形资产的质量呢？

下面分别选择披露较为详细的数字产业化企业与产业数字化企业各一家进行分析。

10.1.1　数字产业化企业数据资源无形资产入表的典型范例

在案例企业选取上，按照同时满足"数字产业化企业""数据资源无形资产入表 2024 年一季报""信息披露充分"等三方面的原则进行选取，卓创资讯就是其中之一。顾名思义，卓创资讯的主营业务围绕资讯服务展开，而资讯服务的底层数据是企业多年来积累的数据资源，理论上在《暂行规定》出台后能以最快的速度实现"数据资源向数据资产的惊险一跃"，2024 年一季报也证明了这一点：无形资产项下单独列报数据资源 940.51 万元，带动无形资产账面价值由 2023 年末的 2590.59 万元猛增至 2024 年一季度末的 3517.70 万元，收获 35.79% 的增幅，并注明变动原因主要是企业自 2024 年 1 月 1 日起执行《暂行规定》新形成的数据资产，且强调《暂行规定》施行前已经费用化计入损益的数据资源相关支出不再调整，即遵循《暂行规定》附则强调的未来适用法。

翻阅 2023 年年报发现，卓创资讯的无形资产账面价值在 2023 年度是减少的，反而在 2024 年一季度猛增 35.79%，秘密在于《暂行规定》给数据类项目的无形资产研发支出资本化"开了绿灯"，恰好企业的研发项目很多都是围绕数据展开，由此搭上了"研发支出资本化"的便车。根据 2023 年年度报告，近三年企业研发投入占营业收入的比例为 6%~8%，不是小数目，但研发支出资本化的金额始终为 0，这也解释了为什么在《暂行规定》施行前企业虽大力研发，即使研发成果带来了显著经济利益也并没有大幅增加无形资产账面价值，这不仅直观地反映了卓创资讯积极践行《暂行规定》带来的显著资产改观，而且从侧面反映出《暂行规定》的施行对于数字产业化企业沉淀无形资产是一个重量级武器。

进一步地，资本化的研发支出多了，意味着费用化的研发支出少了，因此在利好 2024 年一季报的无形资产的同时，也利好净利润：净利润同比增长 46.2%，增加 783.99 万元，企业仍然解释为《暂行规定》的影响。经测算，如果没有《暂行规定》，按照卓创资讯往年的会计政策，本期单独列报的 940.51 万元数据资产只会全部费用化，考虑到企业所得税的影响，这部分研发费用对净利润造成的税后冲击金额与 783.99 万元大差不差，似乎净利润的猛增确实与《暂行规定》有关。但若进行更为严谨的分析，这样解释的逻辑前提是利润表列报的研发费用相应大幅减少，但一季报利润表列报的研发费用是同比增加的，即使考虑到近几年企业年报披露的研发投入逐年增加的事实也不能解释本期净利润的猛增。回看本期利润表披露的利润结构，净利润的猛增主要由毛利率的增加解释，在本期营业收入同比增加的同时，营业成本竟然同比减少，使得毛利率由去年同期的 66.41% 增加到本期的 72.36%，毛利率增加大约 6% 究竟是正常波动还是另有原因？是否与数据资产相关？这需要更为全面的财务分析，考虑到一季报的数字未经审计，暂且不表，但这给报表使用者一个提示，即报表中凡是用《暂行规定》解释的变动原因，都要打一个问号，通过不同报表项目及附注披露的各项数据的勾稽分析来验证企业所述变动原因是否大概率可靠。

如果卓创资讯的一季报经审计无须大幅调整，根据上述分析，大概率利润表数字背后的图景为：若无《暂行规定》，企业的研发费用会多出 940.51 万元冲减利润总额，使得本期税后利润与去年同期相比基本持平；虽然执行了《暂行规定》，也只是对部分研发投入资本化，考虑到本期研发总投入继续增长，本期费用化处理的研发投入即"研发费用"与去年同期相比反而略微增加，所幸本期毛利率的较大幅度增长抵消了研发投入大幅增加对损益的影响，或者说《暂行规定》带来的研发支出资本化可以抵消本期研发投入大幅增加对损益的影响，《暂行规定》与毛利率的较大幅度增长二者"合力"，最终抬高了企业当期净利润。

当然，不能因为卓创资讯是数据要素型企业，就天然地认为大量数据资产入表是合规的，需警惕数字产业化企业因《暂行规定》的到来而产生的"暴发户"心理，《暂行规定》不是为某一行业量身定制的，需时刻谨防"假借《暂行规定》之名，行过度资本化之实"的别有用心的企业。特别是数字产业化企业，财务报表使用者对入表的数据资产信息披露期望普遍更高，企业应当更加详细地披露数据资产的核算依据、业务模式、成本构成、形成方式、持有目的、预期经济利益实现方式等。虽然卓创资讯的信息披露质量不是最完美的，但对于第一波吃螃蟹的企业群体而言，卓创资讯的数据资源无形资产相关信息披露仍有几个值得肯定的地方。

其一，卓创资讯给出了将数据资产列报入无形资产项下的充分理由，即业务模式虽然既有内部使用又有对外出售，但以内部使用为主：作为资讯服务、数智服务相关产品的直接或间接调用的底层数据。

其二，卓创资讯通过给出数据资产的成本构成来间接说明数据资产的形成方式为内部开发：数据资产的成本包括分析师为生产数据所发生的职工薪酬及相应的设备折旧、水电费等。

看到"职工薪酬"作为一种研发投入计入数据资产成本中，要提高警惕：这不仅需要公司具有完善的研发人员管理制度及工时统计制度，还需要公司恪守会计职业道德，不借此模糊地带虚增开发支出及无形资产水分。关于这种类似的职业道德是否得到践行，不仅需要信用良好的会计师事务所出具无保留意见的审计报告予以背书，而且需要有震慑力的监管，如证监会发布的《监管规则适用指引——发行类第9号：研发人员及研发投入》《公开发行证券的公司信息披露编报规则第15号——财务报告的一般规定（2023年修订）》等文件的监管执行，还需要财务报表使用者细致分析数字及信息披露中潜藏的细节线索。卓创资讯的一季报虽未经审计、不如年报信息披露完善，但也特意说明了企业建设了分析师一体化平台系统用于记录统计分析师的数据生产工时及占其月度总工时的比重，以便对分析师发生的总成本进行分拆计入数据资产成本。

其三，卓创资讯给出了数据资源无形资产是否摊销、摊销年限的确定依据。卓创资讯认为其拥有的数据资源无形资产的使用寿命可以确定，根据相关数据服务产品对底层数据的调用年限大致确定为1～5年，但如果按5年进行直线法摊销未免不太谨慎，因此卓创资讯虽将摊销年限设定为5年，但采取年数总和法这一加速摊销方法对数据资产进行摊销，截止到一季度末已摊销51.87万元，对应的数据资源无形资产原值为5.23%。

其四，卓创资讯通过收入明细分解来直观展示与数据资源无形资产高度相关的收入部分，从而从侧面进一步说明数据资产带来的经济效益。卓创资讯在2023年年报中主营业务分析部分的一个细节值得注意，较往年年报而言，特意增加了"数智服务"业务收入这一明细分类，包含数据中心、数据终端、数据定制、数智应用业务，主要由原先的"资讯服务"收入中的数据服务、大宗商品数据客户端业务收入划入。这一细微的变化，为2024年数据资产入表打下了良好的基础，使得资产负债表上的数据资产与利润表上的数智服务收入可以对应起来分析。

其五，卓创资讯虽未在一季报中披露与无形资产对应的具体研发项目，但在2023年年报的研发投入栏目中披露了"卓创资讯大宗商品现货市场价格标杆系统研发项目""卓创资讯数据湖存储平台""卓创资讯信息辅助生成系统""大宗商品信息行业大模型""新一代大数据运营平台""卓创资讯行业网站2.0""卓创资讯大宗商品价格预测模型系统"等研发项目，从具体描述来看多数研发项目与数据资产对应的底层数据高度相关，尤其是"大宗商品信息行业大模型"这种研发项目高度依赖于底层数据的训练语料，一旦企业借助自身数据优势及研发力量建立垂直领域大模型，竞争力将不可同日而语，预计未来会有更多数据资产入表。这些披露在2023年年报上的研发项目信息，印证了企业在2024年报表上施行数据资产入表并不是急功近利、空穴来风，而是有所储备、水到渠成。稍显不足的一点是，一季报披露的数据资产在具体说明时只是泛泛地给出"底层数据"的模糊表述，并未与具体的研发项目进行对应，而 2023 年年报披露的上述研发项目相关费用化研发支出都有明细拆解，但无法与 2024 年一季报的数据资产账面价值直接对应起来。

其六，卓创资讯在数据资产入表的报告期之前的年报，例如 2023 年年度报告的"管理层讨论与分析"部分就强调了企业是如何响应数据要素、数字产业化相关的国家政策的，使得后续报告期数据资产入表不至于那么突兀，使得入表的数据资产可以有清晰的来龙去脉，为数据资产的真实性进一步加分。

综上，卓创资讯基本遵循了《暂行规定》对数据资产入表企业信息披露的强制性要求，虽然突然列报的数据资源无形资产占无形资产的比重达到了 26.74%、占净利润的比重达到了 37.91%，对财务报表整体产生了重要影响，但结合企业对数据资源无形资产信息的详尽披露及报告前期相关业务战略的表述，数据资源无形资产的账面价值即使经后续年报会计师的审计调整，即数据资产即使"定数"不准，但也基本可以保证真实存在且"分类"无误。

10.1.2 产业数字化企业数据资源无形资产入表的典型范例

参考 10.1.1 节案例企业的选取原则，这里选择了中远海科。中远海科主要从事数字航运与供应链、数字城市与交通等领域的业务，及时响应"数据要素 × 交通运输"的国家战略，用数据要素为企业主营业务赋能，2024 年一季报入表了 902.06 万元的数据资源无形资产，不同于卓创资讯，中远海科对入表的数据资产明确了其对应的数据产品——船视宝。抓住"船视宝"这一关键字眼，可以在往年企业披露的年报中寻找到数据资产形成的脉络，不仅实现了数据资产的具象化，而且突显了数据资产的真实性。

2024 年一季报介绍，"船视宝"系列产品是以船舶航行全生命周期行为的智能识别技术为基础推出的数字化产品，在全球船舶位置数据的基础上，对船舶、港口、船期、气象及相关业务系统信息进行数据集成，建立高质量的航运大数据集作为关键生产要素。因此，"船视宝"主要利用数据资源对客户提供服务，其业务模式界定为"对外提供服务"。

无论是 2024 年一季报还是 2023 年年报，均显示中远海科的"船视宝"数据产品在 2023 年年底开发完毕并完成研发验收流程，符合资本化确认条件，在 2023 年年报中由以前列报的"开发支出"转入"无形资产"，自 2024 年 1 月 1 日起将"船视宝"由无形资产的传统类别重分类到"无形资产——数据资源"。这无疑提供了一种快速列报数据资源无形资产的方式，即在企业已开发完毕的无形资产中挑选与数据要素高度相关的研发成果重分类到无形资产项下的数据资源子类。这种数据资产快速入表的"重分类捷径"有利有弊，利在于更快享受数据资产入表后的相关政策激励及引发投资者关注，弊在于没有享受《暂行规定》对数据产品研发的资本化鼓励，例如中远海科的数据资产账面价值完全来源于 2023 年 12 月 31 日之前（即《暂行规定》施行前）对"船视宝"研发支出的资本化积累，受制于往年中远海科对研发投入费用化处理的会计政策倾向（2023 年中远海科研发支出的资本化率仅为 4.04%），那么可能导致数据产品账面价值的低估。

当然，数据资产的"神速入表"也离不开中远海科对数据资产会计的重视：2023 年年报在"报告期内的内部控制制度建设及实施情况"段披露，企业组织学习《暂行规定》并举办数据资源合规与财税事项专题培训，将数据合规管理工作纳入《合规管理办法》，任命总法律顾问兼任首席合规官。如果不在内控层面统筹数据合规事宜，是无法推行到数据资产入表这一步的。

10.1.3　上市公司数据资源无形资产入表的总结分析

分析一家公司财务报表中列报的数据资源无形资产的真实性，可以从图 10-1 所示的四个方面入手。

其一，看数据资源无形资产是否有详细的文字描述。是否仅有主表列示，却没有在报表附注或公司业务信息披露部分中找到任何与数据资产相关的文字性描述，也没有在公司公开的各项发展战略中找到与数智化相关的战略方向表述。

其二，看研发支出资本化相关的会计政策及会计估计。形成数据资源无形资产相关的研发支出的资本化率是否存在大幅波动，数据资源无形资产的账面价值是否表明企业对研发支出资本化率的会计估计偏向发生明显改变，甚至对研发支出资本化或费用化处理的会计政策发生变更。

图 10-1　数据资源无形资产的真实性分析要点

其三，看前期报表是否列报过数据资源开发支出。数据资源无形资产多数由内部开发形成，如果在列报数据资源无形资产的前期财务报表中列报过数据资源开发支出，那么真实性更佳。

其四，看企业的数据资源无形资产是否存在对应的数据产品形态。企业内部研发数据资源无形资产往往有交付成果，即使成果是提供数据类服务也很可能依托某种产品形态的数据资源载体，虽然不具有数据产品形态不代表没有开发出数据资源无形资产，但如果企业对外宣传了与数据资源无形资产相关的数据产品，那么可信度将大幅增加，毕竟企业但凡开发出数据产品，只要不是一些涉密单位，在各类数据产业政策的鼓励环境下一定会公开宣传。

10.2　上市公司数据资源存货入表实战案例分析

数据资源存货的入表相较于数据资源无形资产而言颇为曲折。最开始，2024年一季报完成数据资源存货入表的上市公司有××重工、××汽车、××能源、××钢铁、××安全、××门、海天瑞声等7家，入表金额、入表金额占存货的比重及占总资产的比重更加两极分化。然而，2024年5月，××重工、××汽车、××能源、××钢铁、××安全、××门等大部分数据资源存货入表上市公司发布了一季报更正公告，"撤销"了数据资源存货入表的操作，最后只有海天瑞声一家上市公司坚守住了数据资源存货入表的成果。

那么，上述6家撤销数据资源存货入表的上市公司，究竟出于什么考虑？有意思的是，这些上市公司的一季报更正公告的"微操"各不相同，本节会从更正公告的"蛛丝马迹"出发，探寻"数据资源存货先入表后撤销"这一操作的背后故事。此外，本节会将坚守数据资源存货入表成果的海天瑞声作为范例进行分析。

10.2.1　上市公司数据资源存货入表的典型范例

海天瑞声成为2024年一季报实现数据资源存货入表的唯一一家案例企业，虽然在数据资源存货入表的绝对金额及相对账面价值占比方面并不突出，但信息披露非常充分，具有很高的分析价值。海天瑞声一季报披露数据资源存货为689.68万元，占总资产的0.84%。虽然海天瑞声的数据资源存货账面价值比重不高，但对于新兴的数据资产入表浪潮，数据资产的质量远比数据资产账面价值更值得关注，数据资产账面价值高可能是由于企业激进的会计政策风格，数据资产账面价值低也可能出于企业过于谨慎的会计政策风格。虽然海天瑞声的数据资源存货在总资产的价值构成中九牛一毛，但占存货100%的账面价值，即海天瑞声将其全部存货披露为数据资源存货。这种将存货全部列报为数据资源存货的企业，要么是报表工作过于随意、不加细化拆分，要么是有充足的自信，认为企业的存货全部与数据要素有关，这种企业具体归属于哪类，就要看文字版的信息披露了，一般情况下，将存货全部划分为数据资源存货如果属实，都会有详尽的信息披露。

虽然海天瑞声的一季报没有披露与数据资源存货有关的文字信息，但是在2023年年报中，有着非常详尽的与企业数据要素发展战略及数据资源业务模式相关的大篇幅表述。甚至，2023年年报中几乎一半的篇幅都与"数据"有关，数据资源业务已经广泛渗透到财务报表项目的附注信息披露中，读下来的感觉是企业确实在踏踏实实地"玩数据"。海天瑞声在2023年年报中明确表示，企业为多个知名互联网大厂提供AI大模型训练语料，很多语料是一次开发、多次销售，也有语料是专为某一客户开发并专供该客户使用的，因此，海天瑞声的多数存货确实是持有以备出售的数据资源,在《暂行规定》施行后,企业可以单独强调这些存货的数据资源类别,企业拥有将存货全部划分为数据资源存货的自信。

"语料入表",听起来很有新意,是数字技术与数据资源有机结合的典范,是数字经济向智能经济发展的一个重要标识,甚至可以说高质量的 AI 训练语料构成了 AI 大模型的核心竞争力,确实是极为重要的数据资源。当然,这并非海天瑞声的创举,号称"全国首单语料入表"花落深圳龙华区,深圳市华傲数据技术有限公司在龙华区政务服务数据管理局和深圳数据交易所等单位的联合指导下,开发形成的"特色大模型训练数据集"成功入表并在深圳数据交易所上市。

考虑到海天瑞声数据资源存货入表的金额,海天瑞声即使确有多元化大模型训练语料,在确认数据资源存货上也颇为谨慎,相较于那些非常突兀地入表大金额数据资源存货的企业,这样的数据资源存货显然更令人放心。当然,海天瑞声还可以有更为谨慎的做法,即干脆暂不实现数据资源存货入表,毕竟 689.98 万元的数据资源存货占总资产的比重微乎其微,但这可以体现企业对于响应国家数据政策,积极落实《暂行规定》,推动数据资产入表的态度,甚至可以作为市值管理的辅助手段:海天瑞声早在 2023 年 8 月 24 日就在投资者关系平台上答复了投资者对于企业是否积极践行《暂行规定》的问题,并公开了企业"积极跟进国家财政部门发布的相关实施指导意见,加强对相应条款的理解和解读,同时,积极响应国家数据资源资产化的指导方针,结合公司实际运营情况,适时调整数据资源相关会计处理方式"这样一个积极的态度。因此,即使拟入表的数据资产账面价值较低,也是有重大意义的,至少可以作为对投资者关切的回应,以及企业履行承诺的证据。

10.2.2 上市公司数据资源存货入表的失败案例分析

"先入表,再更正撤销",显然是数据资源存货入表的失败。失败原因,企业自然不会多说,但企业一季报的更正情形却是"八仙过海、各显神通",如图 10-2 所示。

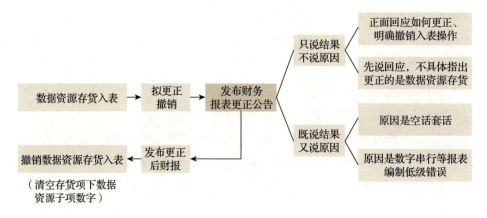

图 10-2 2024 年一季报上市公司数据资源存货入表的更正情形

有一家企业在撤销入表操作时，发布的更正公告没有正面说明，但只要对比更正后的一季报与最先发布的一季报，就会发现企业默默地清空了存货项下的数据资源金额，撤销了先前数据资源存货入表的操作。翻阅该企业的财报，与海天瑞声的一个共通之处在于该企业一开始将存货全部划分为数据资源存货类别，然而却没有如海天瑞声一般在往年的财报中详尽披露企业数据资源业务发展的情况。

大多数企业在撤销入表操作时，发布的一季报更正公告都明确说明了撤销动作，即将存货项下的数据资源子项目清空，不再将某些存货划分为数据资源存货类别。这些企业都有一个共同的特点，就是无论在 2024 年一季报还是 2023 年年报中，对数据资源相关业务信息的披露都不充分，站在财务报表外部使用者的视角无法取得企业列报数据资源存货的充分依据，企业的撤销入表动作也暗示了列报数据资产的"心虚"及对合规风险的考量。

比较有意思的是，有三家上市公司在一季报更正公告时说明了为什么撤销存货项下数据资源子类的列示，竟然是由于报表编制时误将其他报表项目列示的金额错误列示到数据资源子类中，比如本应列报在"合同资产"项下的金额误填入存货项下的数据资源子项中，在略感荒谬的同时，从报表编制的系统操作上也可以想到些许缘由，毕竟按照《暂行规定》更新后的资产负债表结构，存货报表项目下方分别是"其中：数据资源""合同资产"，而《暂行规定》施行前的资产负债表的结构是存货下方即为"合同资产",在报表自动生成的系统操作下,如果报表模板更新后没有及时更新取数位置,就会犯这样的低级错误,这从侧面反映了部分上市公司报表编制工作及相应内部控制的不足。

其实,对这类低级错误,报表使用者可提前发现端倪。以某重型装备制造上市公司为例,如不撤销入表操作,无论是入表金额还是数据资产账面价值占比,该上市公司均拔得头筹,实现了7.16亿元的数据资源存货入表,占存货的16.21%,占总资产的3.95%。然而,该上市公司的一季报只是生硬地列报了7.16亿元的数据资源存货,没有披露任何与数据资源存货相关的信息,即使在2023年年报中找寻相关线索,也仅在"管理层讨论与分析"段中找到与"数字重工"相关的宏观战略表述,从"构建企业级大数据平台,提升数据分析辅助决策能力"的相关表述来看,即使不是夸大其词,也很难理解企业为何突然入表了大额的象征着业务模式为出售的数据资源存货,相关信息披露严重匮乏。此外,通过比较该上市公司2024年一季报期初数与2023年年报期末数,发现2023年年报列示的合同资产期末数与2024年一季报列示的数据资源存货期初数完全一样,说明该上市公司极有可能是把数字抄错了位置,从而导致了数据资源存货入表的乌龙。果然,该上市公司在发布一季报的半个月之后,发布了一季报的更正公告,撤销了入表操作并进行了解释说明。

10.3 上市公司数据资源开发支出入表实战案例分析

数据资源开发支出,往往被视为数据资源无形资产的先导,只要企业内部开发数据资产的期间跨越资产负债表日,即使资产负债表日尚未形成数据资源无形资产,也会在资产负债表上留痕为数据资源开发支出。

虽然财政部会计司的口径是数据资产只包含数据资源存货与数据资源无形资产两类,但同时规定了开发支出项目下设数据资源子项目,数据资源开发支出与数据资源存货、数据资源无形资产一样,都属于资产类报表项目。因此,从会计意义上,数据资源开发支出入表也属于数据资产入表的一类。但是在经济意义上,或者在宣传意义(如市值管理意义)上,上市公司的数据资产入表一定是指数据资源存货入表或数据资源无形资产入表,而数据资源开发支出入表更像是数据资源无形资产入表的"进行时"而非"入表成果",在会计上也是界定为相关研发费用的暂时资本化归集,毕竟内部开发数据资产直到最后阶段都有失败的风险,就连很多宣传数据资产入表的媒体也较少提及在财务报表上仅列报数据资源开发支出的企业。

从另一个角度看,数据资源开发支出入表更依赖货真价实的信息披露,至少公司对数据资源开发支出的列报有充足的底气,经得起审计、经得起监管机构问询、经得起股东质疑,基本排除了为了尽快获取数据资产入表的好处而凭空创造数据资源存货或数据资源无形资产入表的造假企业,因此理论上数据资源开发支出入表会入得更真实、更可靠,从实战案例分析看也是如此,至今没有发现一家数据资源开发支出入表企业在年报中无法找寻数据要素的文字痕迹,一般对企业的数智化战略及阶段性成果都展示得非常详细且有事实根据,即使对企业取得的相关数智化建设成果披露得简明扼要也非常实际,不是空话套话。

随着时间的推移,数据资源研发项目若推行顺利,前期入表的数据资源开发支出会转化为数据资源无形资产,而经营数据资源的企业通常同步研发若干类数据资源项目,因此很可能出现"数据资源无形资产与数据资源开发支出同时入表"的现象。对于数据资源开发支出入表的实战案例分析,本节分为"数据资源开发支出单独入表"与"数据资源无形资产与数据资源开发支出同时入表"两类。

10.3.1 上市公司数据资源开发支出单独入表

2024年上市公司一季报显示,共有四家上市公司单独列报了数据资源开发支出,分别是拓尔思、美年健康、佳华科技、浙江交科,入表金额分别是628万元、546万元、171万元、24万元。但是这几家企业大都未在一季报中详细披露数据资产的相关文字信息,只有美年健康在一季报中披露了与数据资产有所关联的AI发展战略,并在研发支出的变动原因一栏解释为数据资源研发投入增大,但相关信息披露仍有进一步详尽说明的空间。

虽然2024年一季报没有披露与入表数据资产相关的文字性信息,但除了浙江交科外，相关信息都大篇幅体现在 2023 年年报中，尤其是拓尔思、美年健康、佳华科技，它们的 2023 年年报兼具信息披露与数据科学科普双功能，年报近半数篇幅都在讲述数据的故事，具有较为深厚的数据资源开发底蕴，扎扎实实地推进数据类研发项目，为数据资源开发支出的入表铺垫了较为翔实的数据，极大地提高了数据资源开发支出入表的可信性。

拓尔思，作为人工智能、大数据和数据安全产品及服务提供商，为各行各业的数智化赋能，在自然语言处理技术、AI 工程化能力、优质客群资源以及高质量经营性数据资产方面具有显著优势，例如企业开发的拓天媒体大模型赋能应用已在人民日报等多家单位进入深度测试阶段，拓天金融大模型等智能风控产品的用户已经覆盖了大部分股份制商业银行及证监会、金监局、上交所、深交所等金融监管机构，开创了"软件产品＋大数据服务＋订阅 SaaS 服务"融合模式为客户提供金融科技服务。虽然入表的数据资源开发支出 628 万元仅占开发支出总额的 3.10%，占开发支出与无形资产之和的 1.12%，但通过年报可窥知，拓尔思入表的这 628 万元数据资源开发支出更像是数据资产入表的"试水"，无论是拓尔思的人工智能训练高质量数据资源的成品，还是与日俱增的巨额研发费用，企业还有大量有潜力确认为数据资产的数据资源。

美年健康在健康体检数据方面积累了大量数据资源。一季报列示的数据资源开发支出为 546 万元，占开发支出的比重为 19.28%，虽然占比不低，但只能说明美年健康在 2024 年 1 月 1 日之后的研发支出会计处理中可能倾向于将数据资源研发支出进行资本化，还需要考虑这 546 万元占无形资产与开发支出之和的比重为 1.28%，说明在研发完成与尚处于开发阶段的研发项目中，数据资源支出资本化的比例仍然不高。

毕竟 2023 年 12 月 31 日之前积累的无形资产及开发支出都没有列报数据资源，如果企业不对前期无形资产及开发支出进行重分类，筛选出可分类为数据资源的账面价值部分予以单独列报，只靠 2024 年 1 月 1 日之后的研发支出资本化处理来新增数据资源开发支出，必然占比不高。虽然入表的数据资产占比不高，但美年健康无论是在 2023 年年报还是在 2024 年一季报中，都描绘了数智化运营的蓝图，提出"ALL in AI"运营策略，在一季报中明确提及了对《暂行规定》的遵循，明确已顺利完成数据资源的清查、数据管理架构的梳理以及数据相关成本的归集等数据资产入表的前置工作，积极响应国家数据局下发的《"数据要素×"三年行动计划（2024—2026年）》中的"有序释放健康医疗数据价值完善个人健康数据档案，融合体检、就诊、疾控等数据"，发布了《美年健康年度健康体检大数据蓝皮书》。这些信息披露不仅为当前已入表的数据资源开发支出提供了充分支撑，还为后续即将入表的数据资产"大部队"打下很好的基础。

佳华科技提出"带着数据做产品，带着算法做服务"的核心战略，聚焦物联网大数据行业，经营智慧环保及智慧城市业务，在若干政务类垂直领域开发了很多信息化产品，包括内部开发的"佳华生态环境双碳大模型"等，逐渐实现产业链生态合作，因此佳华科技一季报入表的数据资产虽然没有披露具体对应的数据产品，但基本是各类内部开发的信息化模型。从2023年年报可窥知，佳华科技的多数信息化模型都以数据资源为核心要义，都可能披上"数据产品"的外衣。因此，佳华科技在2024年一季报中将全部开发支出171万元列报为数据资源开发支出，有一定的数据产品基础，虽然占无形资产与开发支出之和的比重2.57%仍然不高，但后续数据资产入表的潜力巨大。

10.3.2　上市公司数据资源无形资产与数据资源开发支出同时入表

2024年一季报显示，有两家上市公司同时实现了数据资源无形资产入表与数据资源开发支出入表，分别是开普云及南钢股份。

开普云同时入表了141.77万元的数据资源无形资产和296.20万元的数据资源开发支出，分别占无形资产的10.68%与开发支出的18.45%，二者合计入表437.97万元的数据资产，占总资产的0.23%。纵览开普云资产结构，虽然无形资产及开发支出占总资产的比重较低，但数据资产占无形资产及开发支出的比重较高，说明数据资产入表虽然对开普云整体资产结构的影响不大，但极大地丰富了无形资产及开发支出的内涵，有潜力成为未来无形资产及开发支出的新增长点，数据资产入表在开普云一季报中落到了实处。

虽然一季报并未披露数据资产相关文字信息，但开普云在2023年年报中用了几十页的篇幅讲述公司对数据资源的开发利用，业务模式既包括提供数据产品，也包括依托数据产品对外提供服务，以直销方式为政府平台及企业客户提供大模型应用、AI内容安全应用、数智能源和数智政务软件产品、服务及解决方案，例如帮助客户快速搭建和部署人工智能智算中心。从年报可以看出，开普云的业务模式表述口径从"数智+"逐渐转向更为本源的"数据要素"，如再向前追溯，"数智+"的表述是2020年开普云在科创板上市后切换的，在上市前开普云的营业收入来源的表述为"运营、大数据、平台搭建"等，年报表述口径的变化，不仅仅是"换马甲"的表象，背后是业务模式的变革以及向国家政策的靠拢，也是为数据资产入表做铺垫，成为一只数据要素概念股，促进公司数智化转型。

南钢股份同时入表了15.18万元的数据资源无形资产和102.29万元的数据资源开发支出，分别占无形资产的0.0036%与开发支出的100%，二者合计入表117.47万元的数据资产，占总资产的0.0016%。纵览南钢股份资产结构，数据资产在总资产中的占比微乎其微，占无形资产的比重也可以忽略不计，但公司贵在尝试数据资产入表并且同时入表了两类数据资产，从入表金额及以数据资产开发支出为主的入表数据资产结构来看，是一次很有益的数据资产入表尝试。

与开普云情况相同的是，南钢股份也没有在2024年一季报中披露数据资产相关文字信息，只是在2023年年报中披露相关情况。而与开普云情况不同的是，南钢股份在2023年年报中披露的与数据资产相关的信息较少，且相关信息未体现在与2023年年报同时发布的2023年年报摘要中。这也符合常理，毕竟南钢股份入表的数据资产金额过低，而且不像开普云等属于靠近数据要素的软件和信息技术产业，相关信息披露偏少也在情理之中。开普云的数据资产主要是通过对外出售数据产品及提供配套服务来获取经济利益，而南钢股份的数据资产主要是通过辅助企业数智化转型来获取增量运营效益，业务模式显著不同，考虑到内部使用的数据资产存在定价难题，出于谨慎性的会计信息质量要求，南钢股份的数据资产初始入账价值也不宜过高。

虽然南钢股份对数据资产相关信息的披露不多，但也颇具质量：明确了南钢股份"一切业务数字化，一切数字业务化"的数字化转型战略，建设了数据资产中心，实现了 8 个重点领域数据标准化盘点与入湖，形成了 5000 余张数据资源表、800 余个业务指标，深入研究数据资产的价值量化过程，探索公司数据资产入表的路径。

10.4　上市公司数据资产入表实战案例综合分析

从年报的签字会计师来看，在为数据资产入表的上市公司提供审计服务的会计师事务所中，信永中和与天健占据优势，均为本土大型会计师事务所。企业数据资产入表可能是数据资源存货，可能是数据资源无形资产，可能是数据资源开发支出，也可能是数据资源开发支出与数据资源无形资产同时入表，如图 10-3 所示。

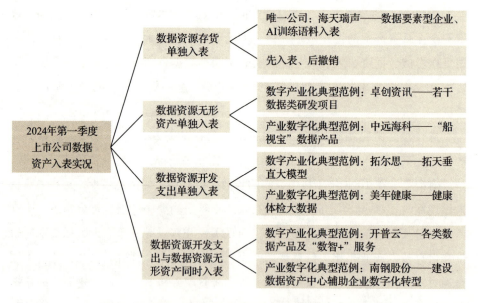

图 10-3　2024 年第一季度上市公司数据资产入表实况

总体来看，上市公司实现数据资产入表的动力普遍不强，这可能是因为上市公司有多元化的融资渠道，可以依赖股市实现融资，间接弱化了对数据资产抵押融资的需求。反之，对于非上市公司而言，融资渠道有限，尤其对于可抵押资产有限的轻资产运营公司而言，利用数据资本融资是一个重要的潜在融资来源，因此对数据资产入表的响应较为积极。比如那些具有数据资源优势的中小企业，在当地数据局、数据交易所、第三方数商、会计师事务所等数据管理部门或数据中介机构的指导下，顺利实现数据资产入表并取得了银行的进一步授信，有效缓解了融资约束。毕竟，数据资产入表增加了核算成本，如果数据资产入表不能解决企业的燃眉之急，即使有利于企业数智化转型，企业也不会急于实现数据资产入表。因此，如果想全面了解国内数据资产入表的现状，还需要重点关注融资渠道受限的非上市公司。

对于上市公司将其他报表项目（如合同资产等）错列示到存货项下的情况，即使上市公司不发或迟发更正公告，报表使用者也可通过比较当期资产负债表期初数与上期资产负债表期末数来发现，比如一些上市公司将2023年年报中的合同资产期末数抄到了2024年一季报中的存货项下数据资源子项的期初数，显然，这种数据资源存货的"先入表、后撤销"操作与财务报表编制中的低级错误具有因果关系。即使上市公司发布了更正公告进行"先入表、后撤销"，报表使用者也需要比较当期报表的期初数与上期报表的期末数，来验证上市公司的更正解释是否可信。

这种数据资产入表的乌龙都发生在数据资源存货入表的事项中，没发生在数据资源无形资产或数据资源开发支出入表的事项中，可能是因为"抄错数"一般发生在相邻的报表项目中，而《暂行规定》施行后改变了上市公司的报表模板，在存货与合同资产报表项目之间增加了数据资源存货一行，倘若数据资源无形资产或数据资源开发支出的数字抄错位置，由于无形资产、数据资源无形资产、开发支出、数据资源开发支出四个报表项目相邻，影响面更大，可能更容易被发现。

这种低级错误反映了上市公司报表编制工作把关不严，一般而言在一季报发布之后几天内就应被发现、被更正，然而也有例外：某重型装备制造上市公司在2024年4月26日发布一季报后直到2024年5月14日才进行更正。财务报表数据极大地影响着各财务报表使用者的决策，如发现低级错误甚至连更正都不及时，只会让广大报表使用者怀疑公司不重视财务数据的准确性。

10.5 非上市企业数据资产入表现状

由于非上市企业的财务报表不强制公开，即使非上市企业成功实施了数据资产入表，如果既不公开披露财务报表，也不借助媒体宣传，那么很难知晓其数据资产入表的情况。即使公开披露了财务报表，由于非上市的企业性质，企业也可能难以被业内人士关注到。

然而，上市公司是企业界的优等群体，只是一小部分企业，其数据资产入表特征不能代表企业界的整体样貌，不能忽视对非上市企业数据资产入表现状的分析。

10.5.1 非上市企业数据资产入表分析

虽然数据资产入表与企业上市与否、企业规模大小没有直接关联，但根据数据洞察，企业的规模及层级与积累数据资源的难易程度密切相关，对数据资产入表能力造成间接影响，这对中小企业的数据资产入表带来一定挑战。然而，数据资产入表对于缓解中小企业融资约束具有重要意义，甚至可以给现金流吃紧的中小企业"雪中送炭"，因此部分中小企业对数据资产入表充满热忱，这就不难理解为什么媒体报道的部分数据资产入表企业为中小企业。

从上市公司公开披露的 2024 年一季报来看，实施数据资产入表的上市公司还不及上市公司总数的 1%，远不及政策初衷，这里面既有《暂行规定》仅实施几个月的缘由，也有企业急需入表落地指引的缘由，还有数据资产入表链条前端产权合规问题解决不彻底的缘由，但除了这些，还有一个重要的缘由：企业数据资产入表的动力。市场化竞争的企业大多比较务实，如果数据资产入表只是一种"自嗨"，企业界自然没有动力去做这样的工作，毕竟数据资产入表会带来很多额外的合规评估成本乃至会计咨询成本。

虽然本书第 3 章提及了数据资产入表各级各类的好处，但数据资产入表带来的融资便利，对于上市公司而言吸引力差很多，因为上市公司基本不缺融资渠道，多一个数据资本融资渠道可能无关紧要。在这方面，非上市企业的动力就大不一样，大多数非上市企业尤其是民营非上市企业普遍缺少融资能力，即使暂时不缺融资，也缺少由融资自信带来的安全感，数据资产入表后多一份融资便利可以未雨绸缪。因此，上市公司数据资产入表的比重不能代表企业界对于数据资产入表的总体态度。

其实，不仅是民营非上市企业，很多城投公司的数据资产入表也热情高涨，甚至表现得更加积极。城投公司数据资产入表是实现"数据财政"的一种高效手段，背后往往有当地政府支持，可以进一步盘活国有资产，化解地方债务危机，它们收集的多为供水、供电、供气、供热、交通等公共数据，是公共数据授权运营的重要一环，是企业数据资产入表生态的重要组成部分，在2024年上半年至少有20家城投平台实施了数据资产入表。

10.5.2 非上市企业数据资产入表案例荟萃

非上市企业数据资产入表案例的收集多源于媒体报道，比如获取数据资产登记证书、数据产品挂牌上市、发布垂直行业大模型、完成数据资产入表等。虽然很多案例无法直接观察财务报表上的数据资产列报，但只要这些案例被媒体坐实了数据资产入表的数据业务支持，都值得收集记录，表10-1展示了其中较为典型的案例。

表 10-1 非上市企业数据资产入表典型案例

企业名称	数据类型	数据要素领域	入表相关描述	应用场景
华为	垂直大模型	数据要素 × 医疗健康	"数智本草"中医药大模型，由天士力与华为云在华为盘古大语言模型的基础上联合开发	中医问诊
武汉城市数字科技有限公司	燃气数据	数据要素 × 城市治理	"燃气智评宝"用气评分数据产品在深圳数据交易所挂牌上市	通过分析燃气用户数据，构建企业运营健康度评估模型，输出企业运营情况评分和等级

（续）

企业名称	数据类型	数据要素领域	入表相关描述	应用场景
重庆轨道集团	交通数据	数据要素×城市治理	与中国信息通信研究院西部分院合作，取得了西部数据交易中心颁发的重庆市首个数据资产登记证书"重庆轨道交通乘车二维码基础数据资产登记证书"	相关分析
海新域城市更新集团	停车数据	数据要素×绿色低碳	在北京国际大数据交易所完成"智慧园区能源能耗数据集"和"智慧园区停车统筹数据集"两项数据集登记，入表101万元，估值2288万元，成为北京市首个"绿色数据资产"入表案例	碳中和相关分析、为区域交通规划及拥堵治理提供参考
广电运通集团股份有限公司	离岸贸易综合服务数据	数据要素×商贸流通	跨境数据产品"离岸易"计入数据资源存货，成为全国首个"跨境数据资产"入表案例	为贸易企业提供一站式的数字化服务，提升跨境贸易在供应链上的信息透明度
牛背山旅游开发有限公司	牛背山景区酒店、门票运营数据	数据要素×文化旅游	在德阳市数据资产登记平台完成景区交易数据登记备案，成功将数据产品计入"无形资产—数据资源"，成为全国首个旅游景区数据资产入表案例	文旅领域商业分析
南京扬子国资投资集团有限责任公司	供水数据	数据要素×城市治理	至少3000户的企业用水脱敏数据，成为水务行业首个数据资产入表案例	提升公用事业效能
先导（苏州）数字产业投资有限公司	车联网数据	数据要素×交通运输	超30亿条智慧交通路侧感知数据，成为车联网首个数据资产入表案例	优化交通路线
浙江五疆科技发展有限公司	工业领域信息化应用中产生的数据	数据要素×工业制造	完成化纤制造质量分析数据资产入表	提升工业企业智能制造能力
温州市国有金融资本管理有限公司下属子公司	金融服务数据	数据要素×金融服务	数据产品"信贷数据宝"完成了数据资产确认登记	提升金融机构反欺诈、反洗钱能力，提高风控水平
宁波鸿蒙检测有限公司	生态环境数据	数据要素×气象服务	成功交易三门湾海洋生态环境数据	为海洋运输、港口作业、海岸活动等提供气象保障

第 11 章 CHAPTER

数据资产会计的研究热点与未来展望

本章作为全书的收尾章节,一方面力争进一步拓展数据资产会计的研究范畴,启迪更深层次的学术灵感,另一方面基于企业数智化转型的目标导向来展望数据资产会计的未来。

从第 1~9 章的数据资产会计相关学习研究,到第 10 章的综合实战案例分析,本书已经全面论述了数据资产会计从缘起到现状的发展内因。但是,包括数据资产审计等数据资产会计的外部监管体系也是左右数据资产会计发展的外因,是跳出数据资产会计看数据资产会计的视角,是一系列数据资产政策的系统逻辑,是另一维度的数据资产会计的学习及研究热点。同样作为研究热点的数据资产会计准则,更是左右数据资产会计发展的重要力量,需要单独开设一章进行系统性的梳理与探索。最后,本章基于企业数智化转型的目标导向,在更符合企业切身发展利益的财务战略高度引导数据资产入表的良性循环,探索数据资产会计推动企业数智化转型的落地技术方案,指明数据资产会计的未来发展目标。

11.1 数据资产会计的监督体系研究

数据资产会计的监督体系，包括内部监督体系与外部监督体系。例如数据资产审计，如果是数据资产内部审计，就属于数据资产内部监督体系，而通常情况下数据资产审计默认的是数据资产外部审计，属于数据资产外部监督体系。除了数据资产内部审计外，数据资产内部监督体系还包括相关内部控制体系。除了数据资产外部审计外，数据资产外部监督体系还包括国家数据局及地方数据管理机构、"一行一局一会"等金融监督管理机构、财政部及地方财政部门等政府部门对于数据资产的监管。综上，数据资产会计的监督体系涉及数据资产会计相关内部控制、数据资产审计、数据资产政府监管。

11.1.1 数据资产会计的内部控制

1. 内部控制五要素模型在数据资产会计的应用

根据《财政部 证监会 审计署 银监会 保监会关于印发〈企业内部控制基本规范〉的通知》(财会〔2008〕7号)，内部控制五要素包括内部环境、风险评估、控制活动、信息与沟通、内部监督，企业应围绕这五个要素建立全面的内部控制体系。在数字经济时代，企业内部控制还要重点考虑对数据资产会计的支持与保障。监督是会计两大职能之一，而数据资产会计的企业内部监督职能的发挥更离不开企业完善的内部控制体系，在内部控制五要素中均得到体现，如图11-1所示。

（1）数据资产会计对内部环境要素的考虑

内部环境要素，在国际COSO内部控制框架中又称为"控制环境"要素，是五要素中最为基础且最为重要的一个要素，包含治理结构、组织结构、企业文化等要义。从战略管理到文化管理，数据资产会计离不开数智化转型战略的顺利实施。华为CFO孟晚舟曾说："数智化转型是'一把手'工程，成功的数智化转型都是由战略驱动，而非技术驱动。没有愿景的牵引，没有文化的匹配，数智化转型所带来的解决方案是不可能产生价值的。"因此，数据资产会计离不开高层的支持，需要全面建立崇尚数据的企业文化导向。

图 11-1　内部控制五要素模型在数据资产会计中的应用

（2）数据资产会计对风险评估要素的考虑

风险评估要素，是企业及时识别、系统分析经营活动中与实现内部控制目标相关的风险，合理确定风险应对策略。对于数据资产会计而言，企业需要着重识别、评估、应对的风险包括财税合规风险、数据确权风险、数据安全风险等。

关于财税合规风险，由于数据资产会计很可能涉及较为复杂的会计职业判断及税务处理，企业需要配备懂财务、懂税务、懂业务、懂数据的高级复合型人才，或者聘请外部财税专家协助控制财税合规风险，否则数据资产的入表可能受到虚增资产水分的指控，用于享受加计扣除等税收优惠政策的数据资产相关费用化支出可能受到税务稽查的纠正。

关于数据确权风险，由于数据资产产权制度尚待进一步明晰，企业需尤其关注自身主张的相关数据权利的实现是否存在不确定性，这关系到数据资产是否需要紧急终止确认。即使企业通过某一数据资产登记平台获取了数据资产登记证书，也需实时关注登记平台的后续资质变化是否对已确权的数据资产造成不利影响，毕竟不是所有的数据资产登记平台都是合规的且能获得国家承认。

关于数据安全风险，涉及数据资产的财产保护问题。不同于传统的无形资产及有形资产，数据资产如保护不当，极易发生泄露。

（3）数据资产会计对控制活动要素的考虑

典型的控制活动包括职责分离、授权审批、信息处理、实物控制、业绩评价。虽然在企业整体层面可能拥有数据资源持有权、数据加工使用权或数据产品经营权，但权利的行使需要控制范围，否则不仅难以保护数据资产，而且不利于数据资产在企业层面发挥更大的作用。比如，挖掘原始数据资源的部门不能擅自加工，加工数据资源的部门不能随意改动原始数据等，这不仅涉及信息系统层面的应用控制，而且涉及不相容职务的职责分离控制，还可能涉及数据资源载体的实物控制。

（4）数据资产会计对信息与沟通要素的考虑

信息与沟通要素，是企业及时、准确地收集、传递与内部控制相关的信息，确保信息在企业内部、企业与外部之间进行有效沟通。企业在进行数据底座建设时，经常遇到破除数据孤岛的难题，各部门为了部门利益之争很可能私藏本部门掌握的数据资源，使得信息与数据的传递受阻。数据的收集与传递，不能武断地为了数据安全而一味地缩小知情范围，还需要考虑到数据资产很可能在部门间"数据合力"之处诞生。企业应在分析数据密级的基础上，做到"该传递的数据及时传递，不该传递的数据得到控制"。

（5）数据资产会计对内部监督要素的考虑

内部监督要素，是企业对内部控制的建立与实施情况进行监督检查，评价内部控制的有效性，包括内控审计等要义。内部监督分为日常监督和专项监督，企业应定期对数据资产相关内控制度进行专项监督，监督频率应考虑风险评估结果及监督有效性，对数据资产相关内控制度的薄弱环节进行针对性监督强化。

2. 数据资产会计的内部控制重点环节

（1）数据资产取得环节的内部控制

本书第 5 章提到，数据资产形成方式主要是外购与内部开发两种方式。对于外购途径取得数据资产，相关内部控制要点可以参考《企业内部控制应用指引第 7 号——采购业务》，虽然该应用指引并未针对数据资产采购给出针对性的意见，但资产采购的相关控制流程都是相通的。针对数据资产的特殊性，需要重点关注通过内部开发方式取得数据资产的内控要点，可以参考《企业内部控制应用指引第 10 号——研究与开发》《监管规则适用指引——发行类第 9 号：研发人员及研发投入》等。

参考《企业内部控制应用指引第 10 号——研究与开发》，数据资产内部开发环节可能面临的风险有开发价值风险及开发成本风险。

关于开发价值风险，数据资产内部开发项目未经科学论证或论证不充分，可能导致创新不足或资源浪费。在目前的数据资产大开发的浪潮下，很多企业盲目跟风或者为了抢占开发先机，可能未能充分论证待开发的数据资产是否与同行业企业开发的数据资产雷同、是否具有独特的市场价值。无论是企业层面还是社会层面，数据资产只有带来效益，才有主体买单，否则开发完成的数据资产可能面临大幅减值的风险，甚至在数据交易所中无人问津，造成企业研发资源的极大浪费。

关于开发成本风险，数据资产开发人员配备不合理或开发过程管理不善，可能导致开发成本过高、舞弊或开发失败。数据资产开发需要配备懂数据、懂业务、懂财务的开发团队，在数据技术、业务模式、财务合规等任何一方面出现明显短板都可能导致开发失败，或者走弯路使得开发成本不可控，数据资产开发成本远远超过开发价值，得不偿失。

对于数据资产委外研发的情形，应当采用招标、协议等适当方式确定受托单位，签订外包合同，约定研究成果的产权归属、研究进度和质量标准等相关内容。对于数据资产合作开发情形，企业应当对合作单位进行尽职调查，签订书面合作研究合同，明确双方投资、分工、权利义务和研究成果的产权归属等。对于数据资产受托研发的情形，企业需要明确能否控制相关研发成果以及能否准确归集核算相关支出，进而明确相关支出的入账科目。

总之，数据资产内部开发有赖于研发相关的内控制度是否健全且被有效执行，例如明确研发支出开发范围和标准，建立研发支出审批程序并得到有效执行；按照研发制度准确记录员工工时、核算研发人员薪酬、归集研发领料用料，使得研发支出核算符合企业会计准则的规定；建立研发项目的跟踪管理系统以及与研发项目相对应的人财物管理机制，有效监控、记录各研发项目的进展情况；研发活动及研发人员的认定是否符合同行业惯例等，如图11-2所示。

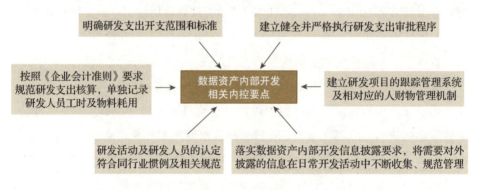

图 11-2 数据资产内部开发相关内控要点

（2）数据资产合规验收环节的内部控制

无论数据资产是外购取得还是内部开发取得，在数据资产入账入表前，都需要进行合规方面的验收，包括数据资产质量验收及数据资产权属关系验收。

目前，数据资产中介机构主要分为两大阵营，一块做数据资产纯合规，比如质量评估、确权登记等，不包括财税方面，另一块做数据资产管理，包括数据资产入表、价值发挥等。当然，合规是前提，没有合规，一切数据资产的运营效益都无从谈起，包括在谈及数据资产的会计确认标准时，也需要满足"数据资产确实是合规的数据资产"这一合规前提。数据资产的验收重在合规，只有通过合规验收的数据资产才有机会呈递到会计师面前,如图 11-3 所示。

图 11-3　数据资产合规验收前后的服务环节

无论是在合规验收前,还是合规验收后,企业都需关注数据资产的产权保护风险,如果数据资产开发成果的转化应用不足、保护措施不力,可能导致企业利益受损。如果战略导向、业务导向的开发原则在数据资产开发过程中没有落实到位,那么开发完成的数据资产多数是抱有战略级数据资产或业务级数据资产的憧憬,却最终沦落为辅助级数据资产的成果转化级别。即使数据资产开发效果非常棒,但如果没有及时进行确权登记且做好数据资产保护的技术工作,那么可能使得数据资产的开发成果付诸东流。企业应当建立研究成果保护制度,加强对数据资产研发过程中形成的元数据等各类涉密资料的管理,严格按照制度规定进行数据读取及复制,严格管理核心研发人员,禁止无关人员接触数据资产相关数据资料。

此外,在数据资产开发过程中可能获取外部数据,例如客户信息。在获取用户数据时,企业可能忽略对用户个人隐私数据的保护,也可能由于权属关系的模糊和用户隐私数据的泄露而承担相应的法律责任。企业要在提供技术平台服务的过程中与用户协商取得数据的使用许可证明,提前沟通相关权利的权属,签订相应的权属合同,设立数据保密机制,尽力从源头上规避数据资产的潜在产权纠纷,在数据资产合规验收时要着重验收数据资产的权属关系。

11.1.2　数据资产会计的审计应对

1. 数据导向审计的兴起

随着新模式、新业态层出不穷,商业模式越来越多元,企业的会计处理日益复杂,实现审计目标的难度也日益增大。为了满足日益增长的执业要求,审计界不得不创新审计模型、改进审计方法，于20世纪20年代将"账表导向审计"发展到"系统导向审计"，再于20世纪70年代发展到"风险导向审计"并沿用至今，如图11-4所示。

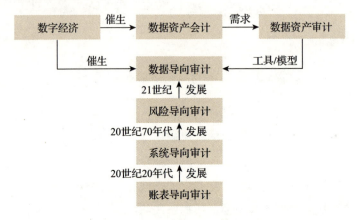

图11-4　数据导向审计的演化背景

随着数字经济的到来，会计师、审计师处理的数据量呈指数级增长。尤其对于数据密集型企业而言，风险导向审计模型愈发力不从心，国际四大会计师事务所为了应对这一现象，纷纷成立了"数字化审计"部门，探索更高效的审计方法，学界将审计模型的最新发展方向命名为"数据导向审计"。不但"数字经济越发展，数据资产会计越重要"，而且"数字经济越发展，数据导向审计越重要"。那么，数据资产会计与数据导向审计有没有联系呢？

在总体联系上，数据资产会计与数据导向审计都在数字经济大背景下应运而生，正是因为有了以数据资产会计为代表的复杂会计处理，才突显了数据导向审计的必要性。虽然数据导向审计的根源是数字经济而不是数据资产会计，但数据资产会计作为数据要素时代的一个典型代表，可以对审计模型的这一发展趋势起到加速催化的作用。

在具体联系上，数据资产会计虽然只是企业会计工作的一小部分而已，但集中体现了大规模业务数据与财务数据的关联，如果不了解底层业务数据，抱着会计准则与审计准则是无法完成会计审计工作的，无论是会计师还是审计师，即使不必然处理大规模的数据，但也需要开展很多围绕数据的工作。对于审计师而言，可能还需要依赖行业大数据的分析、业务数据与财务数据的勾稽分析、具体数据资产相关市场数据的分析等才能对某一具体数据资产是否满足会计确认标准、数据资产关联交易定价是否公允、数据资产减值测试是否到位、数据资产相关信息披露是否恰当等做出恰当的职业判断。即使数据资产在企业总资产中占比很低，在风险导向审计下可能也要消耗大量审计资源，大幅抬高审计成本，甚至对审计项目的盈利产生不利影响。虽然数据导向审计的兴起不是专门为了应对数据资产会计带来的审计难题，但审计模型的根本性变革会使得审计师从"小范围运用大数据技术辅助审计工作"到"所有审计程序全部纳入数据导向审计框架中"，从"小范围提高审计效率"到"全面提升审计效率及审计效果"，从而使得审计师更加从容地应对数据资产会计的审计难题。

2. 数据导向审计下的数据资产审计

数据导向审计需要贯穿到数据资产审计工作的方方面面，包括控制测试及实质性程序等环节。但是，任何一个审计模型从兴起到全面普及都有一个过程，都要经历"实务困境—从业人员共识—学界凝练为理论模型—实务界推广反馈—修正落地细节"，目前数据导向审计模型还处于"实务界推广反馈"的阶段，且落地细节还处于探索阶段，甚至对于众多中小型会计师事务所而言，能保障风险导向审计的全面落地就已不易，更别提数据导向审计，即使对于大型会计师事务所而言，数据导向审计往往也不在主流审计团队中大范围试水，因此对于大多数审计从业人员，数据导向审计还是一个概念而已。同样地，对于大多数会计从业人员，数据资产会计也停留在概念阶段，但只有先知先觉者才能更好地在未来的职业竞争中站稳脚跟，需要思考对于突显数据要素属性的数据资产会计而言，怎样结合数据导向审计的思想筹划具体审计工作，实现数据导向审计下的数据资产审计。

在传统的风险导向审计下，在计划控制测试及实质性程序等具体风险应对措施前，都需要先进行风险评估，再根据风险评估的结果来确定具体审计程序的性质、时间安排、范围，进而在控制审计成本与保障审计目标之间进行更好的权衡。但是，数据导向审计引入大数据技术，可以对海量数据进行全量分析处理，可能会显著改变风险评估及抽样审计的底层逻辑。

至于控制测试，是系统导向审计的伟大发明，通过测试被审计单位的内部控制来间接实现审计目标，可以理解为审查影响被审计单位会计处理的"流程"设计及执行情况，通过保障被审计单位做账做表的"过程"可靠来间接保障财务报表的"结果"可靠，这也是为了突破账表导向审计无力应对越来越多的待审计的会计工作的执业困境。随着企业的内控流程越来越复杂、财务报表的结果越来越不可控，费大力气全部审查内部控制的系统导向审计就被注重依据风险评估结果差异化分配不同会计科目的审计资源、统筹考虑审查"过程"与"结果"的风险导向审计替代了。风险导向审计仍然沿用了"控制测试"这一方法，认为"过程"可靠可以大幅降低审查"结果"的工作量，使得控制测试演变为"主要为了提高审计效率而存在"。这个"过程"，不一定是财务流程，也有很多业务流程，即使是财务流程也可能有业务环节，考虑到数据导向审计不仅要分析财务数据，还要分析业务数据，那么对"过程"的数据审查自然无法避免，"控制测试"仍然会存在于风险导向审计模型中，但主要目的不一定只有"提高审计效率"这么单一，尤其对于数据资产的审计工作而言，针对业务数据的审计分析是"保障审计效果"必不可少的环节。

至于实质性程序，其实就是扎扎实实地对账表进行详细审计，在账表导向审计阶段就已存在，在风险导向审计阶段之前都叫作"实质性测试"，工作内涵基本是一样的。在目前流行的风险导向审计模型下，实质性程序分为细节测试与实质性分析程序，其中的实质性分析程序，即对账表细节数据进行分析，也是收集审计证据的一种方式，但只是简单的数据比较分析而已，分析工具也以EXCEL为主。在数据导向审计思想下，实质性分析程序即使换一个叫法也当然要有，但数据分析的工具、范式都会革新，通过大数据技术的加持可以显著提高分析效果。但是，数据导向审计需要获取大量数据才能开展比风险导向审计更高层次的数据分析，除了需要被审计单位的业务部门做好配合外，还需要对接行业数据、政府部门的公共数据等，这有赖于数据要素流通基础设施的完善。

3. 数据资产审计执业风险与应对

如果审计模型落后，不但没有发展数据导向审计，而且就连风险导向审计都流于形式，无法真正地评估与应对数据资产可能带来的特别审计风险，那么会计师事务所在承接需要应用数据资产会计的审计项目时要慎重考虑自身的执业能力是否满足项目需求，否则一旦盲目承接，要么在审计过程中需要额外承担大量审计成本来外聘专家辅助数据资产审计，从而使得实际审计成本可能超过审计项目预算，或者在审计数据资产所涉报表项目的相关认定时草草了事，进而导致无法将检查风险降低至可接受的低水平，致使审计风险无法得到有效控制。

如果审计工具落后，不但没有数字化审计团队，而且就连 IT 审计对财审团队的支持都极为有限，那么审计师在穿透数据资产到底层业务大数据时，可能无法执行审计程序获取充分适当的审计证据，同样会面临执业成本高昂与执业风险承担的尴尬选择。

在当前数据资产信息披露生态下，在财务报表表内列示数据资产的企业毕竟是少数，可能会引起更多的投资者及分析师关注。对于受到市场更多关注的审计标的，审计师无形中承担更大的执业压力，在进行与数据资产相关报表项目的审计工作时，审计师计划获取的保证水平通常更高，需要设计及执行更多的审计程序来应对认定层次的重大错报风险。如果列报的数据资产占总资产的比重不低，当期数据资产相关支出的资本化或费用化处理可能影响到当期损益的正负，那么数据资产还会对报表层次的重大错报风险评估产生影响，需要审计师采取更为广泛的应对措施。

即使会计师事务所有能力对数据要素型企业开展审计工作，也要着重考虑数据资产对审计工作的影响，例如数据资产审计是否构成关键审计事项，从而需要单独在审计报告中予以强调，在审计业务承接阶段，应该怎样考虑数据资产审计对审计收费的影响？

财务报表中数据资产相关信息的披露，在提供增量信息的同时，也增加了审计业务复杂度，由此带来的增量重大错报风险需要更多的审计程序予以应对，尤其对于首次执行数据资产入表企业的审计项目团队而言，可能难以预估准确的审计工作量，需要更多的审计收费来弥补执业风险及额外的执业成本。

值得注意的是，数据资产审计不能当作一项新兴的普通资产审计来看待，不仅要考虑到数据资产相关信息的披露可能代表企业未来的数智化竞争力，影响财务报表使用者对企业经营前景的判断，进而影响投资决策，而且要考虑到数据资产相关信息披露为企业的投资者关系管理等市值管理工作带来很大的操纵空间，可能成为企业管理层转移利益相关者注意力的工具。因此，数据资产审计要站在全局审计高度上，不能局限于存货、无形资产、开发支出等相关报表项目的具体审计工作中，需要综合把握，在审计后期的分析性复核阶段予以整体考虑。

站在企业的角度，实施数据资产入表不仅需要增加数据资产会计核算成本，还可能带来潜在的增量审计收费。当然，如果企业内控质量高，具有完善的信息披露机制，披露的数据资产相关信息较为充分，那么自然有利于降低审计收费。

11.1.3 数据资产会计的监管动态

1. 国家数据局、发改委及地方数据管理机构的监管动态

本书第 3 章提到，明确数据标准是企业数据治理体系必不可少的一环，如果各地的数据标准不一致，不利于数据资产跨区域流通，不利于数据要素行业的规范发展，因此在一定范围内适度统一数据标准是国家数据局的一项重点监管工作。

在 2024 年 4 月初召开的全国数据工作会议上，国家数据局局长表示要建立健全数据标准化体制机制，研究成立全国数据标准化技术委员会统筹指导我国数据标准化工作，加快研究制定一批数据领域国家和行业标准，加强标准引领，印发国家数据标准体系建设指南，指导发布数据要素流通标准化白皮书。一个月后，全国数据标准化技术委员会正式批复筹建，国家数据局为筹建单位和业务指导单位。

除了媒体公开报道的相关数据类会议外，还可以参考国家数据局的"KPI"，即 2024 年 3 月底公开的《国家数据局 2024 年度部门预算》文件分析

国家数据局的近期监管动态。国家数据局下设的各个司局的绩效目标均不一样。政策规划司着眼于"立法规划与政策研究",推进数据领域技术攻关论证,强化数据基础设施布局研究,推动数字经济人才培养和学科建设。数据资源司着眼于"数据资源管理和开发利用",推动信息资源跨行业、跨部门互联互通,制定数据资源分类分级管理相关制度。数字经济司着眼于"推动数字经济发展",梳理分析重大问题,形成对数字经济领域的决策支持。数字科技和基础设施建设司着眼于"数字科技和基础设施建设",通过开展试点示范来培育相关产业生态。综合司没有2024年度项目目标绩效。综合来看,国家数据局目前的工作重点在于"统筹数据资源开发利用,在政策制定、人才培养、学科建设、技术攻关、产业生态培育等方面上多管齐下来推动数字经济建设"。

在数据要素行业发展初期,"鼓励"比"约束"更为重要,因此国家数据局目前的监管工作重在"管"而不在"监",很多数据要素的跨区域、跨部门流通需要国家数据局统筹运作,作为副部级的国家数据局归口发改委管理,因此很多需要强力推行的数据要素市场改革都是由发改委与国家数据局联合发布。

地方上的数据管理机构取名较为多元,比如"××数据局""××数据发展中心""××数据管理局"等,有些地方在当地政务服务中心的基础上内部加设数据局,可见各地的数据管理政策基调有一定差异,但多数地方数据局的工作都有共通之处,比如联合当地其他政府部门,打破数据壁垒、推进政务数据共享,但由于数据要素利益分配机制尚待建立健全,工作推进难免有一些阻力。

关于发改委,除了给数据局赋能之外,还对数据交易市场的定价进行监督,建设数据要素全国价格监测定点单位。例如,2024年5月18日,上海数据集团与国家发改委价格监测中心、价格成本和认证中心举行战略合作协议签约仪式,深化数据要素价格机制创新中心和全国价格监测定点单位建设。

2. 金融监管部门的监管动态

在国家数据局发布的《"数据要素×"三年行动计划(2024—2026年)》列明的12大数据要素应用重点领域和场景中,"数据要素×金融服务"是较为特殊的存在。金融数据涉及海量的公民个人信息，复杂且具有高价值，对数据安全性及保密性要求极高，是各行各业数据分析的一个重要数据来源。随着数据要素流通的进一步促进，金融数据流通中的数据安全引起相关监管部门的特别关注。

国家金融监督管理总局于2024年3月22日对《银行保险机构数据安全管理办法》公开征求意见，强调依据"谁管业务、谁管业务数据、谁管数据安全"的原则建立数据安全管理组织架构，依据数据重要性及敏感程度分为"核心数据、重要数据、敏感数据、其他一般数据"，对分类分级数据建立差异化保护措施及动态调整机制，强调了使用AI技术处理数据时要遵守的原则，强调了对个人信息的保护，强调了数据安全风险监测及应急管理机制。

不仅金监局关注数据安全问题，央行也同样关注。2023年7月24日，中国人民银行关于《中国人民银行业务领域数据安全管理办法》发布了征求意见稿，与金监局的《银行保险机构数据安全管理办法》有共通之处，比如强调数据的分级分类管理，但也有创新之处，比如允许对敏感性数据进行脱敏加工后可以视情况降低敏感性层级，促进数据的合法合规流通。此外，中国证监会同样有《证券期货业网络和信息安全管理办法》。

未来，不仅是数据安全方面需要金融监管部门干涉，由于金融行业对数据资源的使用范围较广，数据资源对于金融体系运转会产生重要影响，关于金融监管部门如何引导商业银行利用数据资源优化金融服务，也是一个长期课题，同时对金融业企业的数据资产入表影响深远。例如，某银行采集制造业企业的电力消耗数据，开发出一套以此数据为核心的贷款判别数据模型，辅助决策相关制造业企业的贷款规模和贷款方式。不仅是辅助微观企业决策，耗电量数据也常被学者用来分析当地宏观经济状况。因此，各行各业产生的数据看似与金融行业相距甚远，但通过大数据分析，很多金融领域的问题与实体经济数据都有极为隐秘但又非常确定的关联，导致几乎各行各业的数据都为金融部门所用。尤其在数字经济时代，以往不注重采集积累的各行各业数据资源都会沉淀下来，甚至对各种金融决策产生决定性影响，对于金融监管部门而言，需要从源头上加强监管，而各种决策的源头都将是金融行业采集的数据资源。从另一个角度来看，金融行业对于实体经济数据的采集使用，在一定程度上侧面反映了相关实体经济行业的数据质量，甚至影响相关实体经济企业的数据资源存货账面价值，毕竟金融行业是相关企业数据资源存货的批量采集商，数据产品的质量影响着供需双方的博弈，进而影响数据资源存货的交易价格及交易量、交易活跃程度，如因数据产品质量受到质疑而对数据产品的需求产生不利影响，那么相关企业数据资源存货的可变现净值都将受到不利影响，存货跌价测试会减少数据资源存货账面价值。一份来自实体经济领域的数据产品，既是相关实体经济行业的数据资源，也可以成为金融行业的数据资源，因此除受到具体实体经济行业的主管部门监管之外，还可能受到金融监管政策的间接影响。

除此之外，在上市公司信息披露方面，监管尤其严格，即使只是做记账工作的基层会计人员，只要其工作行为与上市公司信息披露违法行为具有直接因果关系，也可以纳入行政处罚对象范围。例如，2024年5月，深圳证监局给深圳市某信息股份有限公司出具了《行政处罚及市场禁入事先告知书》，对该公司财务造假行为进行惩处，不仅对董事长、总经理、董秘、副总、财务总监等一众高管每人开具数百万元罚单，而且对财务经理甚至成本会计也给予了警告并处以100万元罚款。在此案例中，对财务经理及成本会计的处罚属于《中华人民共和国证券法》第一百九十七条第二款所述的"对直接负责的主管人员和其他直接责任人员给予警告，并处以五十万元以上五百万元以下的罚款"情形，说明至少针对上市公司财务工作而言，广大财务人员都要有职业风险意识，积极学习最新会计规定，基层会计员工对于高管做假账的暗示要勇于拒绝。在数据资产会计的账务处理工作中，也可能涉及采集加工数据资源存货的成本会计工作，以及内部研发数据资源无形资产的成本归集过程，或者在其他资产成本核算中可能需要分摊数据资产成本，都可能是财务造假的高发地带及监管资源的重点配置领域。学习会计新规、把好合规关口，既是提高企业信息披露质量的基本功，也是广大财会人员保护自己的必要素养。

3. 财政部门的监管动态

财政部是与数据资产会计关系最为密切的部门，毕竟是出台《暂行规定》

的部门，不但有财政部会计司对《暂行规定》的落实情况进行持续监管、辅导，还有财政部资产管理司对数据资产管理进行持续监管，包括数据资产评估工作在内的数据资产相关财务范畴都属于财政部管辖范围。对于上市公司而言，会计工作不仅要遵循财政部的统一会计规定，还要受到证监会出台的各类监管规则适用指引等更加细化的规则约束，因此上市公司的数据资产会计工作会经历更加严格的"检阅"。

一些地方财政部门对数据资产会计的支持值得推广学习，例如深圳市财政局在 2024 年 6 月印发的《深圳市财政局关于加强企业数据资源相关会计处理的通知》中提到联合市注册会计师协会和市资产评估协会组建数据资源会计处理及资产评估"云咨询"专家志愿服务团队，通过线上方式提供咨询服务，助力企业数据资源入表。

除直接对数据资产会计进行直接辅导监督外，财政部及其主管的中国注册会计师协会也会对数据资产审计相关底稿进行检查，进而通过监督会计师事务所的审计工作来间接监督数据资产会计。对于国有企业，国务院国资委及地方国资委也会加入数据资产会计的监管体系，考虑到数据资产作为新兴的国有资产组成部分，有潜力化解地方城投公司的债务问题，国有企业数据资产入表可能牵扯到众多利益相关者，若数据资产会计处理不当可能引发国有资产流失的严重问题，因此未来国资委与财政部可能联合对国有企业数据资产入表在审计监督体系外单独设立更为严格的监督体系。对于国有企业中的国有上市公司，除国资监督体系及审计监督体系外，证监会也会参与其中。理论上，国有上市公司的数据资产入表监管保障是最全面、最严格的，数据资产会计的很多细节动作可能"牵一发而动全身"，在众多利益相关者的博弈中取得平衡，会更加有利于保障数据资产入表的质量。

类似于金融监管部门，财政部也重视数据安全管理，例如财政部联合网信办在 2024 年 4 月发布的《会计师事务所数据安全管理暂行办法》对会计师事务所掌握的审计工作底稿等企业核心商业数据加强包括数据出境、安全监测等方面的数据安全管理。

11.2 数据资产会计准则研究

数据资产会计准则研究，是推动数据资产会计学术研究的核心力量，也是学界左右数据资产会计发展的最关键的研究范畴，还是会计学界尤其是财务会计学术界突破会计研究瓶颈、打造会计研究新增长点的重要手段。其中，讨论最为激烈、最亮眼的学术领域为"第四张表"，即将数据资产表纳入财务报表体系，多数学者认为数据资产表的设立非常有必要，但在具体设计上没能达成共识，本书基于最新实施的《暂行规定》及构建的数据资产会计理论体系来论证"第四张表"的合理设计思路。无论是数据资产表相关研究还是其他数据资产会计研究领域，背后的力量基座都离不开数据资产会计底层逻辑及对会计信息质量的冲击与权衡，下面将予以梳理、探索。

11.2.1 关于"第四张表"的探讨：数据资产表

虽然《暂行规定》明确数据资产在资产负债表上分散列示，但学界对数据资产应如何列报的研究从未停歇。考虑到目前将数据资产分散列示在不同资产项目中的做法难以集中体现企业数据资产的构成及详细信息，因此学界对"企业在编制资产负债表、利润表、现金流量表之后再编制'第四张表'数据资产表"的呼声较高。

其实，按照《企业会计准则第30号——财务报表列报》的口径，企业财务报表本身就包含四大主表及报表附注，简称"四表一注"，但第四张表说的是"所有者权益变动表（股东权益变动表）"，而且资产负债表、利润表、现金流量表、所有者权益变动表的编号分别为会企01表、会企02表、会企03表、会企04表，因此如果再加数据资产表也应该是"第五张表"，只不过所有者权益变动表的存在感太低，重要性不如前三大报表，甚至"三大报表"比"四大报表"的说法更加普遍，所以将讨论新增的数据资产表习惯称为"第四张表"。考虑到数据资产表一旦变为现实，确实比所有者权益变动表可以提供更具价值相关性或者更"时髦"的会计信息，"老四"的位置给到数据资产表并不过分，因此本书也采用"第四张表"的提法。

1. 数据资产表的总体设计思路

数据资产表的创设思路，完全可以参照现金流量表与所有者权益变动表的创设思路，都是对资产负债表上某类项目的明细打开。例如，现金流量表可以简要理解为资产负债表上货币资金项目的明细打开，从而将货币资金的增减变动过程详细展示；所有者权益变动表就是资产负债表上所有者权益项目变动原因的详细展示。因此，并不是说有了数据资产表，就不需要在资产负债表上列报数据资产，对于重要的报表项目，"综合列报于资产负债表"与"详细列报于单独报表"兼备，而且数据资产作为会计学意义上的资产，无论是否单设一张报表集中展示，都需列报在资产负债表上，毕竟资产负债表必须体现所有资产类会计信息。

虽然数据资产表的必要性得到了大多数学者的认可，但关于数据资产表能否上升到主表层级，仍存在不少争议。考虑到数据资产只是企业资产的一部分，如果仅因为数据资产重要，就将数据资产表拔升到主表位置，那么其他重要的资产是否也要单独编一张表放到主表位置上呢？因此，本书虽然不倾向于将数据资产表设定为主表意义上的"第四张表"，但仍然认为数据资产表是有必要单独编制的，至少可以放在报表附注中。其实，考虑到业务信息对于数据资产表会计信息的可理解性至关重要，只有将数据资产表放在报表附注中，才有可能让更多业务信息灵活地融入数据资产表中，否则一旦主表上出现了没有统一量化标准的业务数字，将为财务报表的审计工作带来很大麻烦。

综上，数据资产表的设计思路有以下几点考虑：

其一，数据资产表的具体列报项目体现了企业会计准则对数据资产相关信息的强制性披露考虑，因此可以参照《暂行规定》对企业数据资产相关信息的强制性披露规定，分析这些强制性披露的信息哪些只能定性披露、哪些可以转化为定量披露列示在数据资产表中。如果一些关键的数据资产业务信息只能定性披露，那就不适合列示在数据资产表中，凡是列示在财务报表中的信息只能是定量信息，数据资产表也不应突破这个惯例，而且要考虑对财务报表审计工作的影响。

其二，高质量的数据资产会计信息一定体现"业财融合"，对数据资产业务信息的补充披露可以更好地让财务报表使用者理解数据资产财务信息，这恰恰是单设数据资产表的重大意义。理想情况下，数据资产表的具体列报项目不仅要包含数据资产所有的会计信息，而且要包含理解数据资产必要的业务信息，这也是不少学者主张的设计思路。如果这种设计思路可行，数据资产表会成为区别于目前的会企 01 表～04 表的特色，是唯一一张融合业务数据与财务数据的专题式财务报表，足以成为会计史上的里程碑事件。然而，理想归理想，现实归现实，应然的目标往往存在非常大的落地难度，财务数据可以统一口径，使得会计信息具有横向可比性，但五花八门的业务数据很难达成定性数据向定量数据转化的共识，即使用较为先进的学术方法如 QCA（定性比较分析）也很难在量化业务信息的口径上达成统一，甚至学界在应该量化什么类型的业务信息上都没有达成共识，基于此思路设计出来的数据资产表也是五花八门、没有统一权威的设计模板。总之，财务数据口径较易统一，但业务数据口径很难统一。因此，本书对数据资产表的设计，与会企 01 表～04 表的惯例一致，全部为财务数据项目，与《暂行规定》对数据资产业务信息的强制性披露要求组成完整的数据资产披露体系。至于很难统一的业务数据口径，可以由部分企业自由发挥、先行先试，在数据资产表统一模板的基础上增项列示。对于数据资产表补充业务信息披露质量达到标杆水平的案例，可以尝试在其所在行业推广。

其三，数据资产表不一定必须有专属的会计等式。虽然资产负债表的"龙骨"是基本会计等式"资产＝负债＋所有者权益"，利润表也有动态会计等式"收入－费用＝利润"加持，但现金流量表与所有者权益变动表均没有对应的会计等式，毕竟六大会计要素已经被两大会计等式包揽完毕，无须再创造新的会计等式强行匹配。数据资产表的创设思路既然与现金流量表、所有者权益变动表类似，自然也不需要什么类似于"数据资产＝数据负债＋数据权益"的会计等式，否则会对现行会计体系造成较大的冲击，也不符合《暂行规定》的精神。虽然没有专属的会计等式，但任何一张主表的报表项目也要满足总体上的逻辑关系，如同现金流量表与所有者权益变动表，数据资产表也应有"期初余额＋本期增加额－本期减少额＝期末余额"的内在逻辑框架。

2. 数据资产表的具体设计方案

关于数据资产表的具体设计方案，可以参考所有者权益变动表的具体设计思路，将数据资产从上期末到本期末的变动过程详细地展示出来。因此，将本书设计的数据资产表称为"数据资产变动表"更合适。不同于所有者权益变动表是在资产负债表上已经汇总好的所有者权益项目上做文章，数据资产变动表需要将散落在流动资产项目及非流动资产项目各处的数据资产汇总起来再做文章，这也更加突显了数据资产变动表编制的意义，即能够以数据资产为核心汇总财务报表数据，弥补资产负债表对数据资产分散列报的不足。

借鉴所有者权益变动表，数据资产的上期期末金额与本期期初金额可能也有些许差异，主要差异来源有会计政策变更与前期差错更正，即更正前期列报金额的追溯调整事项，如图 11-5 所示。

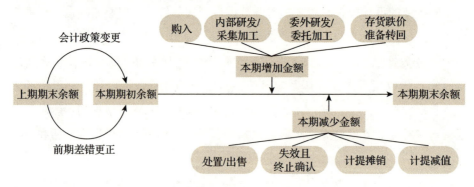

图 11-5　数据资产变动表的逻辑结构

数据资产变动表虽然没有会计等式加持，但仍保有"期初余额＋本期增加额－本期减少额＝期末余额"的内在逻辑框架。需要提醒的是，这里的追溯调整不包括将《暂行规定》实施前已经费用化处理的研发支出重新资本化，毕竟《暂行规定》在附则中特别强调了"企业应当采用未来适用法执行本规定，本规定施行前已经费用化计入损益的数据资源相关支出不再调整"。通过展示需要追溯调整的相关事项引起数据资产期初金额的变动，可以提供更多的信息以供多期财务报表的比较分析，详细说明上期报表的数字是如何加以调整后抄入本期报表中的，从而校正相邻两期数据资产列报金额的比较分析口径。

除此之外,数据资产变动表自然要重点展示期初金额到期末金额的增减变动原因,进行归类分析。不同于所有者权益变动表对增减变动原因的混合展开,数据资产变动表在描述增减变动方面拆分为增加部分与减少部分,这主要考虑到数据资产的增加事项与减少事项多数不重合、泾渭分明,而所有者权益变动表中描述增减变动的原因如"利润分配""股东权益内部结转"等,很多情况下会引起所有者权益项目的一增一减,不适合强行拆分增项与减项。《暂行规定》中对于数据资源存货与数据资源无形资产的强制披露信息表中也是类似的设计思路,将增项与减项分开。数据资产变动表同时借鉴了《暂行规定》的数据资源存货与数据资源无形资产的增减变动原因描述,将数据资源存货与数据资源无形资产的同类增减变动原因进行归类整合,个性化的增减变动原因仍然分开排列,并补充较为常见的增减变动原因以及数据资源开发支出的相关会计口径,汇总得到数据资产变动表,见表 11-1。

表 11-1 数据资产变动表的设计样例

项目	本年数				上年数			
	数据资源存货	数据资源无形资产	数据资源开发支出	数据资产合计	数据资源存货	数据资源无形资产	数据资源开发支出	数据资产合计
一、上年期末余额								
加:会计政策变更								
前期差错更正								
其他								
二、本年期初余额								
三、本期增加金额								
(一)购入								
(二)内部研发/采集加工								
(三)委外研发/委托加工								
(四)存货跌价准备转回								
(五)其他增加								
四、本期减少金额								
(一)处置/出售								
(二)失效且终止确认								
(三)计提摊销								

(续)

项目	本年数				上年数			
	数据资源存货	数据资源无形资产	数据资源开发支出	数据资产合计	数据资源存货	数据资源无形资产	数据资源开发支出	数据资产合计
（四）计提存货跌价准备/无形资产减值准备/开发支出减值准备								
（五）其他减少								
五、本期期末余额								

11.2.2 数据资产入表对会计信息质量的冲击与权衡

根据《企业会计准则——基本准则》，会计信息质量要求分为可靠性、相关性、可理解性、可比性、实质重于形式、重要性、谨慎性、及时性等八大方面，其中前四个方面为第一层次会计信息质量要求，是重中之重，后四个方面是第二层次会计信息质量要求。数据资产会计对会计信息质量的冲击与权衡，主要体现在第一层次的四个会计信息质量要求方面，如图 11-6 所示。

1. 数据资产入表的会计信息可靠性

"可靠性"，是八大会计信息质量要求之首，是财务数据客观性、真实性的体现，是账房先生传统形象的精神继承象征，是会计师饭碗的底线。

本书第 2 章提到，坚持历史成本原则是对会计信息可靠性质量要求的尊重，然而，数据资产在未来很可能参照金融资产的会计管理模式引入公允价值计量，从而对固守会计信息可靠性的历史成本原则构成挑战。

其实，会计界在《暂行规定》出台前就多次设想过将数据资产引入会计核算体系，但出于会计信息质量要求的考虑，难以保证入账入表的数据资产符合"可靠性"的质量要求，比如内部开发数据资产的成本归集难题、数据资产减值测试难以开展等，使得会计界对数据资产的"表外编制"转正为"表内编制"一直心存疑虑，但随着数字经济时代的到来，越来越多的企业拥有实质意义上的数据资产，如果还在表外游离，同样会使得资产负债表列示的总资产价值严重失真，这不仅对企业估值造成扭曲，而且同样对资产会计信息的可靠性产生不利影响。因此，对于可靠性的权衡，数据资产会计应辩证看待，虽然更忌讳虚增资产水分，但如果盲目排斥数据资产的确认，也是违背了会计信息质量要求的初衷。

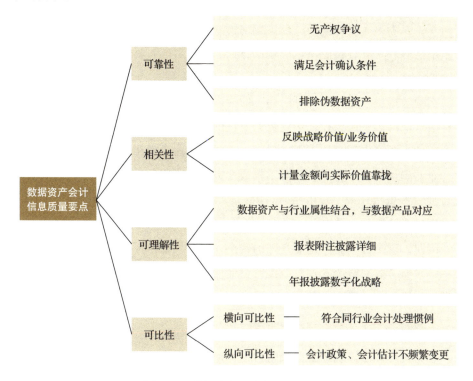

图 11-6 数据资产会计信息质量要点

此外，"可靠性"的内涵还包括资产负债表内列示的各项资产不掺杂水分，是货真价实的资产，是能在未来带来经济利益的资产。然而，数据资产会计确实面临着"数据资产可能在未来难以带来账面价值以上的经济利益"风险，毕竟数据的时效性决定了数据资产的经济寿命很可能比预期要短，甚至突然报废掉，不排除一些别有用心的企业为了虚增资产水分打着数据资产的名义包装一些本该费用化处理的无效研发支出，甚至打着数据资产的名义包装一些研发项目、将一些杂七杂八的费用纳入研发支出账簿中以求骗取政策优惠，这些会计合规风险使得数据资产入表对会计信息可靠性构成一定挑战，需要审计师及监管部门重点关注。

2. 数据资产入表的会计信息相关性

会计信息质量要求往往在"可靠性"与"相关性"之间权衡，在很多会计情形下，二者是矛盾对立的，过度偏向哪一方都不合适，只能在平衡中找到统一，虽然二者是会计信息质量的不同方面，但二者的目标都是为了提供高质量的会计信息。

虽然数据资产会计对"可靠性"的冲击较大，但一定增强了会计信息的价值相关性吗？第一印象是，毕竟数据资产的显性反映会使得会计信息更能体现企业价值，资产内涵更加丰富。但是，考虑到企业盲目跟风开发数据资产的风险，企业确认的数据资产可能既不构成业务，也不能反映企业战略价值，甚至比普通有形资产还要"垃圾"，这样的资产信息不但不能增强会计信息的相关性，还对会计信息的整体质量造成一定的干扰。

因此，对于数据资产这类特殊的资产，考虑到数据资产会计不成熟的实践现状，对于"数据资产入表可以提升会计信息相关性"政策初衷的兑现，仍然要把好监管关口、辩证治理。

3. 数据资产入表的会计信息可理解性

数据资产即使体现了企业战略价值，提高了会计信息相关性，但同时也对会计信息的可理解性构成挑战。不同于资产负债表列示的有形资产账面价值信息，存货、无形资产、开发支出等资产项目下设的数据资源子项目的账面价值信息会更难理解，甚至感觉虚无缥缈、非常抽象，如果附注披露再不详细，会大大降低财务报表的可阅读性，即使是资深专业人士也难以在不了解企业业务信息的基础上理解财务报表上列报的数据资产到底是什么东西。

当然，对于会计信息可理解性的坚持，并不构成逃避数据资产会计工作的理由，因为对于"可理解性"的补偿是简便易行的：其一，对于列报数据资产的报表项目，在报表附注中要详细披露相关情况，除了强制性的披露要求外，如果自愿披露的财务信息有助于报表使用者理解数据资产相关会计信息，那么也要尽可能披露；其二，除了财务报表主表及附注，在企业披露的年度报告中尽可能地在企业战略、商业模式、业务情况说明等部分突出与数据资产的联系，只有在业务数据解读的加持下才能更容易理解数据资产账面价值的业务内涵。

除了信息披露是否充分外，附注文字信息的水平也是决定会计信息可理解性的关键。部分数据资产的业务场景描述过于复杂、晦涩难懂，好似用"简单的事情复杂化"的手段来过度包装数据资产、突显高大上的感觉，实则华而不实、容易引起投资者误解，与数据资产信息披露的初衷渐行渐远，一切降低会计信息可理解性的信息披露都是徒劳的，最高明的业务模式往往可以用简单的语言表述清晰，否则还会有掩饰数据资产业务场景虚无化的嫌疑，不是"蠢"就是"坏"，甚至可能受到证券交易所的监管问询，例如专注于电力行业的专业化大数据分析的××数据公司，其IPO招股书被上交所质疑"业务与技术部分信息披露可读性不强，对核心技术、业务场景的披露较为晦涩难懂、部分内容较为冗余"，最后其IPO终止。

4. 数据资产入表的会计信息可比性

"可比性"包括"横向可比性"与"纵向可比性"，分别指的是不同会计主体反映同一经济事项的会计信息是否可比、会计主体对于同一经济事项是否遵循一贯的会计处理原则，从而保证同一会计主体在不同会计期间的会计信息可相互比较。

对于横向可比性而言，理论上只要所有企业严格遵循《暂行规定》及配套会计准则即可保证，但实际上企业会计准则体系留下了很多需要会计师职业判断的灵活处理空间，尤其对于与业务强相关的数据资产而言，如果会计师对数据资产的业务内涵理解有所偏误，或者压根不了解业务、不愿费很大力气进行职业判断，采用一刀切的粗犷会计处理方式，那么在比较分析同行业企业的数据资产会计信息时，难免产生失真的分析结论。因此，会计师既需要了解数据资产涉及的业务，也需要积极了解行业信息，从而对数据资产的会计处理更加有凭有据，如有条件还可以参照同行业企业的同类型数据资产的会计处理方式，进而保障数据资产入表信息的横向可比性。

对于纵向可比性而言，企业需要在数据资产会计处理的关键职业判断环节保持一贯的会计政策，例如内部开发数据资产相关支出的资本化标准、同类型数据资产使用寿命的判断、数据资源无形资产的摊销方式等，不能利用数据资产会计处理的灵活空间而达到跨期调节利润等非法目的，这同样需要审计师及监管部门的监督。

11.2.3 现行准则体系与数据资产会计底层逻辑

数据资产会计的重点是与数据资产相关的会计职业判断、账务处理与信息披露，重点环节是数据资产入账与数据资产入表，涉及数据资产会计确认、会计计量、会计记录及会计报告等核算环节。其中，会计确认主要是"分类"的学问，会涉及与若干具体资产类别会计确认条件相关的职业判断，决定将具体数据资产分类到数据资源存货还是数据资源无形资产；会计计量主要是"定数"的学问，会涉及与计量属性选择相关的职业判断，尤其是数据资产不打算遵循历史成本计量原则的相关考虑是否合规、合理；会计记录看似是记账的学问，但实则是分类与定数学问的综合体现，只要数据资产的分类问题与定数问题敲定，那么会计分录基本也已敲定，类似于入账程序式操作，因此很多学者时常不提此环节；会计报告是"披露"的学问，报表上的分类列报很大程度上参考了账务上的分类核算，即使是主表外的报表附注也要在主表项目的分类框架下进行补充披露，可能对主表数字进一步展示明细分类，本质上是对会计师"分类"与"定数"工作的集中汇报。因此，任何一个报表项目的关键在于账务环节的确认与计量，数据资产会计底层逻辑主要指数据资产会计确认与计量，通俗而言是指数据资产的会计分类与定数问题。

关于数据资产的"分类"，多数分为无形资产，少数分为存货，而数据资产又与传统无形资产有显著区别。一般情况下，将数据资产分类为无形资产是最普遍、最没有争议的，甚至业界确认的部分数据资源无形资产就是由先前确认的传统无形资产类别重分类而来，但传统无形资产与数据资产的边界应如何把握、关系应如何处理，还需进一步明确。此外，数据资产在可辨认性上介于传统无形资产与商誉之间，考虑到数据资产与商誉都可以用来解释"并购溢价"，数据资产与商誉在会计确认上是否存在"此消彼长"的关系？在数据资产单独确认之前，传统无形资产与商誉的边界本就在《企业会计准则第6号——无形资产》中加以明确,在数据资产尝试以独立的身份加入会计体系后,传统无形资产、数据资产与商誉三者间的关系又会存在怎样的"动态平衡"?三者的关系研究,涉及数据资产的"分类"边界问题,已然成为现行准则体系下数据资产会计底层逻辑的研究热点。

关于数据资产的"定数",是数据资产计量环节的关键所在,重点在于历史成本与公允价值的比较分析,虽然目前普遍不满足公允价值会计在数据资产上的应用条件,但即使满足了公允价值计量条件,在这两个计量属性的选择上仍存在分歧,至少要综合权衡会计信息质量的不同方面,在给予职业判断空间的同时尽量压缩会计操纵空间,同时考虑对准则体系的影响。因此,关于数据资产计量到底应采用成本模式还是公允价值模式,这一决定数据资产"定数"的核心问题已然成为数据资产会计底层逻辑的研究热点。

1. 分类逻辑:传统无形资产、数据资产与商誉的关系研究

数据资产,按照现行的《暂行规定》,要么分类到存货项下,成为数据资源存货;要么分类到无形资产项下,成为数据资源无形资产;至于分类到开发支出项下,可以视为无形资产的"预备队",虽然不一定"100%转正",但与无形资产项目相比无非是"进行时"与"完成时"的区别,即使数据资源存货可能也由企业内部研发而来,但多数情况下数据资源开发支出的成长目标是数据资源无形资产,因此这里不再单独论述,可以暂按数据资源无形资产的类别界定逻辑来看待。

综上,会计师主要按照存货与无形资产的分类将数据资产一分为二,而这种分类伴随很强的主观管理意愿,严谨来说是对外披露的管理意愿,不一定是管理层内心的真实所想,即使是管理层真实管理意愿的披露,对于数据资产这种陌生事物,"拍脑门决策"并不罕见,管理意愿常常"计划赶不上变化"。恰好,《暂行规定》给了会计师充分的职业判断权力,即主要根据数据资产的业务模式来区分数据资源存货与数据资源无形资产,然而数据资产的业务模式是由管理层说了算,因此实际上《暂行规定》赋予了企业管理层影响财务报表分类列报的实际权力。那么,管理层会运用这种隐性权力来实施分类列报的会计操纵吗?

如果会，这是一种管理层舞弊行为，而非会计能力不足导致的错报。根据舞弊三角理论，财务舞弊结果的发生，主要取决于三个影响因素：动机、机会、借口，这三个因素越齐全，财务舞弊越有可能发生。在《暂行规定》下，管理层找到了舞弊的机会，但这不一定代表制度漏洞，毕竟高质量的会计信息需要运用职业判断，需要赋予会计师职业判断的操作空间。由于《暂行规定》指明的业务模式等职业判断参考依据可以是"计划赶不上变化"，也可以是"出售与自用兼有，在一段时期以自用为主，而在另一段时期以出售为主"，因此财务舞弊有了借口，可以使得别有用心的管理层在实施舞弊时即使被怀疑也可以找到看似合理的理由，从而在一定程度上打消管理层对实施舞弊被发现的担忧，毕竟这种借口大幅增加了舞弊定性的成本。关于舞弊动机，则是分析管理层舞弊发生概率的关键，毕竟机会和借口在现行《暂行规定》下是一直存在的，唯一区别就是不同企业管理层的舞弊动机大小，而这一区别也是配置数据资产会计监管资源的关键。将本想出售的数据资产列报为数据资源无形资产，或者将本想自用的数据资产列报为数据资源存货，都是财务舞弊的体现，相关动机要从存货与无形资产的会计管理差异去分析。虽然同样一个数据资产，无论是列报为存货还是无形资产，企业总资产规模都不受影响，但企业资产的流动性结构会发生改变，尤其是无形资产指标，可能与企业高新技术企业资格认定、科技型中小企业资格认定、专精特新资格认定相关，因此企业为了骗取相关研发政策优惠，可能利用分类操纵的方式将本该列报为存货的数据资产列报为无形资产，虚增无形资产规模。当然，企业也可能没有无形资产列报规模的考量，但却有融资约束的压力，比如前期申请的银行贷款对企业流动比率的保持有一定要求，那么将本该列报为无形资产的数据资产列报为存货就可以虚增流动资产、虚增流动比率，从而虚增企业偿债能力评分，骗取信贷资源。报表列报的项目分类看似是小事，实则不仅歪曲财务分析师对相关分析指标的计算，而且背后有很多管理层利益的考量，甚至结构性操纵可能比总量操纵的危害更大。

虽然数据资产在会计上有存货与无形资产之分，但在经济上、在业务上，业内人士通常认为数据资产的身份是无形资产。

其一，数据资产的内涵是数据权利，没有实物形态，这与传统无形资产是一样的,而绝大多数存货都是有形资产。

其二,即使站在会计师视角,数据资源存货相较于数据资源无形资产也更为少见,这可能与我国数据交易所设立不久、数据资产交易市场不成熟有关,但这也符合数据资产的本源定位,主要是服务于企业数智化转型,而倒买倒卖数据的生意不会成为主流,数据要素的流通是为了数字经济、智能经济的转型升级。

其三,数据资产的变现周期通常较长,需要深度融入业务中、为业务数智化转型赋能,即使用来出售,找到下家也不像普通大类资产那么容易,毕竟数据形态千差万别,数据产权极易引发争议,因此数据资产更加契合非流动资产的定义,而存货的流动资产形象已经刻在了业内人士的心中,所以业内人士将数据资产天然与无形资产挂钩也在情理之中,甚至业内人士看到数据资产列报在存货项下的情形,也倾向于认为这是一种极为特殊的存货类别,本质上还是一种无形资源。

此外,根据管理层舞弊的分析,数据资产的分类列报可能违背《暂行规定》的初衷,难以把列报为存货的数据资产真的看作一种存货,即使在一定时期内列报为存货,也是存货大类中极为不稳定的细类,毕竟改变管理用途可以是很容易的事,而传统的有形存货就没有这种分类列报的灵活性。

综上,数据资产列报的资产类别重在无形资产,重在区分数据资源无形资产与传统无形资产的关系,而数据资源存货的列报并不是重点,与传统存货区分起来也极为容易。此外,与传统无形资产接近的一个资产类别是商誉,二者主要依赖"可辨认性"进行区分。数据资产的可辨认性不如传统无形资产,但又可以列报为无形资产而不能列报为商誉,因此数据资产的可辨认性比商誉要强,介于传统无形资产与商誉之间,那么对数据资产的分类逻辑重点要从传统无形资产、数据资产、商誉三者之间的关系入手,如图11-7所示。

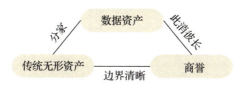

图 11-7 传统无形资产、数据资产、商誉的关系

传统无形资产（例如专利权、商标权、著作权等）与商誉之间一般不易混淆，毕竟传统无形资产通常具有权属证明等法律保护，与虚无缥缈的商誉边界清晰。然而，数据资产就是空降兵吗？的确有相当一部分之前免费使用的数据可能随着政策东风被包装成了数据资产从而入表、交易，是无形资产阵营实实在在的增量子项，如同空降一个无形资产子类一般，但传统无形资产中还有一个资产子类与数据资产接近，就是"非专利技术"。

非专利技术，顾名思义，不像专利技术那样受到更加完善的法律保护，但确确实实是一种技术资产，在数据资产入表之前，非专利技术资产入表其实也是一个隐藏的铺垫，由于不太普遍，可能很多业内人士并没有注意到。实践中，非专利技术可能以数据的形式体现，那么在数据资产确权登记制度或数据知识产权制度完善之后，多数企业会更加倾向于将没有受到专利权保护的核心技术数据包装成数据资产予以确权登记，一方面可以使得企业的无形资产受到更加完善的产权制度保护，另一方面还能享受数据资产入表的种种好处。

因此，企业入表的数据资产很可能在前期已经入表过，只不过以非专利技术的无形资产子项形式存在，没有单独列示罢了。从另一个角度看，即使在《暂行规定》诞生之前，企业看不到数据资产大摇大摆入表的机缘，如果想让数据资产不择手段地尽可能完成入表、壮大企业资产规模，也很可能包装成"无形资产—非专利技术"或者其他与资产形式接近的无形资产子项。这样的行径并不少见，因此在《暂行规定》实施后，个别企业仿佛一夜之间就造出了数据资产，需要细致分析是不是增量资产，可能只是传统无形资产的分家而已，这些操作如果不踩到合规红线，都是会计师"分类"的学问。

数据资产与商誉的关系也颇有意思。基于2.3.2节的分析，在《暂行规定》实施之前，数据资产在个别报表除了可能隐藏在"无形资产—非专利技术"中外，在合并报表时还可能隐藏在"商誉"中。商誉通常产生于并购活动，表现为"并购溢价"，需要思考的是，为什么有的并购溢价少甚至折价并购，而有的并购溢价巨大，比如互联网巨头之间的并购？例如，微软为什么要以超过领英市值50%的溢价实施并购？答案是并购企业意在被并购企业的数据资产，只不过当时数据资产并无渠道入表，较高的并购溢价只能用并购后在合并报表上列示的"商誉"来解释。数据资产入表后,那种具有数据优势的企业在财务报表中可以合法合理地扩张资产规模,使得并购金额更加接近被并购企业的资产账面价值,降低了并购溢价,进而降低了通常来源于并购溢价的商誉金额,如图 11-7 所示,数据资产与商誉的关系可以是一增一减、此消彼长,可以理解为对并购费用解释权的争夺,增强了会计师对并购费用的解读深度,将商誉中没有明说的数据故事以一套数据资产的说辞讲述了出来,用资产更加细化分类的学问完善了会计师的话语权体系。

2. 定数逻辑:成本计量模式与公允价值计量模式

关于会计师视角下数据资产的"定数"逻辑,主要是数据资产计量属性的选择问题。本书第 3 章已经详细介绍了数据资产的五种可能的计量属性,分别归类为成本导向的计量属性与价值导向的计量属性,但最常用的只有历史成本与公允价值两种,也是两类计量属性导向的典型代表。如果选用成本模式定数,数字最为可靠、稳定,但也涉及成本归集准确性的难题,而且在数据资产市场价值大幅波动时,数据资产的账面价值会严重滞后。如果选用公允价值模式定数,数字更为相关且可及时更新,但存在交易市场不活跃导致的定数不公允问题,而且数据资产价值具有易变性,可能导致数据资产账面价值极为不稳定。总之,数据资产计量是数据资产会计的一大传统难题,没有完美的解决方案,只能在不断取舍中找寻平衡。

这个平衡应该怎么找?其一,要参考会计信息质量要求,可靠性是排在相关性前面的,既然成本模式抱紧了可靠性的"大腿",公允价值模式抱紧了相关性的"大腿",自然成本模式要排在公允价值模式前面,这至少是总体原则,即使说公允价值模式是成本模式的补充,也不能说成本模式是公允价值模式的补充。更为关键的是,成本模式有"历史成本计量原则"的加持,理论靠山更为强大且历史更为悠久,如果"论资排辈",公允价值模式还是吃亏的。当然,博弈要讲究平衡,一家独大终将对会计计量生态造成不可逆的影响,不能一味地厚此薄彼,甚至走向极端。如果固守成本模式而不仰望公允价值模式的"诗与远方",既不科学又落后,而落后就要挨打,损失的是在国际会计学界中的地位。虽然二者要兼顾,但成本模式永远是会计计量的大本营,不能用二者完全平等的地位去制衡二者的博弈关系，因此这种对成本模式与公允价值模式的选择上的制衡是"非对称"的，如图11-8所示，否则轻易动摇财务会计的根基会出现混乱。

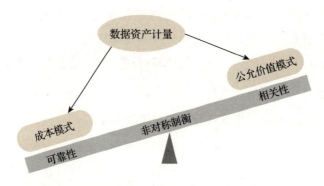

图 11-8　数据资产计量的成本模式与公允价值模式的非对称制衡

其二，要把好公允价值计量条件的关口，只有满足了公允价值会计的应用前提，公允价值模式才有与成本模式抗衡的可能，否则二者根本无法同台竞技。成本模式的应用条件几乎无门槛，从现行准则看，即使一项资产可以选用价值导向的计量属性，那也一定满足成本模式的计量条件，否则资产根本不满足能够可靠计量的确认条件。当然，即使成本模式几乎一定可行，在公允价值模式同样可行的前提下，会有一个准则倾向的问题，甚至淘汰掉成本模式，但这不代表在会计技术上无法应用成本模式计量。只是由于历史成本计量原则还未彻底退场，若干资产类具体会计准则仍然偏好成本模式，容易给人一种"成本模式必定有，公允价值模式可有可无"的错觉。其实，在公允价值会计登场后，凡是满足公允价值计量条件的，准则修订时都会斟酌考虑，有些资产固然不适合公允价值计量，但很多资产例如数据资产，更多的是暂时不满足公允价值计量条件，因此《暂行规定》没有给予数据资产公允价值计量的名分。

其三，根据上述分析，只有在满足公允价值计量条件时，才有资格谈及成本模式与公允价值模式的"非对称制衡"，否则只能按照成本模式来，直至等到满足公允价值计量条件的时机。因此，这种"非对称制衡"要在动态中予以把握，这里的动态含义除了有定期评估公允价值计量条件是否满足之外，还包括利益相关者博弈导致的准则倾向改变的可能性,例如历史成本计量原则的继续弱化、国际会计学界更大范围应用公允价值计量的会计文化影响、会计信息质量要求中可靠性与相关性的优先级别发生微妙改变、某大型数据资产审计失败突发事件对会计学界的冲击等,都需要不断观察跟踪。

其四,若成本模式与公允价值模式同时被准则允许,则需要对二者的转换加以限定,压缩准则赋予企业数据资产计量模式相关会计政策自主选择权所带来的会计操纵空间。理论上,可以有三类限定模式:一是"数据资产初始计量时计量属性一经选择,后续计量不得变更计量属性";二是"数据资产计量属性选定后,后续若想变更需合理变更且满足相应计量属性的应用条件,并按照《企业会计准则第 28 号——会计政策变更、会计估计及差错更正》的要求充分披露会计政策变更理由,不得随意变更";三是对前两类限定的折中,不直接取消变更行径,也不放过于宽松的口子,例如"数据资产初始计量属性一经选择,后续计量不得随意变更计量属性,但只允许单向变更,如一开始不满足公允价值计量的应用条件,只能在初始计量时选用成本模式,后续计量期间满足公允价值计量条件后可变更为公允价值模式,但公允价值模式不能变更为成本模式"。

第三类限定模式,也是现行的《企业会计准则第 3 号——投资性房地产》提供的解决方案,数据资产会计可以充分借鉴,毕竟数据资产与房地产有相通之处,账面价值很可能跟不上市场交易价格的快速变化,在公允价值模式很有补充的必要性且满足公允价值计量条件时,准则允许企业选用公允价值模式来给相关资产定数,而企业应用公允价值计量的条件也可能需要等待一段时间后才能满足,因此从成本模式转换为公允价值模式可以理解,但如果从公允价值模式转换为成本模式,就很难具有说服力,毕竟若想用成本模式计量,为何一开始不采用呢?对于想壮大资产规模的企业而言,当资产流通市场上的交易价格节节攀升时,企业自然愿意选用公允价值模式,当交易价格不断下跌时,企业自然愿意选用成本模式,反之亦然。无论企业是想挤出资产水分还是想虚增资产水分,从公允价值模式转换为成本模式的操作有很大的会计操纵嫌疑,因此《企业会计准则第 3 号——投资性房地产》禁止了这种转换,只允许成本模式向公允价值模式的单向转换。在未来数据资产可以取得可靠的公允价值后,数据资产会计可以借鉴这类限定模式，在为高质量会计信息提供便利的同时压缩会计操纵空间。

其五，在成本模式与公允价值模式的动态制衡中，要重点关注数据资产内涵的变化，在大范围应用公允价值模式时把握数据资产与金融资产的关系。目前，在三权分置的理念下，数据资产是一种权利内涵，数据相关权利成为入表的数据资产的经济实质。在《暂行规定》实施期间，数据资产按照存货或无形资产进行会计管理，同时参考《指导意见》，即使计入存货项目，数据资产通常也被视为无形资产。那么，随着数据要素发展的日新月异，作为显著区分于传统无形资产的数据资产，会一贯保持无形资产的外在身份吗？公允价值计量属性是金融资产计量的优先偏好，如果数据资产大范围选用公允价值模式计量，是否意味着数据资产具有金融资产属性，逐渐转化为金融资产身份？或者，随着数据要素法律法规及市场实践的变化，数据资产的权利内涵如果向金融资产靠拢，是否意味着公允价值模式可能成为数据资产定数的优先选择？至少，数据资产会计核算的大门逐渐向《企业会计准则第22号——金融工具确认和计量》敞开。总之，公允价值模式是更加契合金融资产属性的会计计量制度设计，在应用公允价值模式时，要与数据资产的金融资产身份和无形资产身份的转换统筹考虑，才能使得成本模式与公允价值模式的非对称制衡更加契合数据资产的业务属性，保障计量属性与资产身份的一致性。

未来，公允价值会计在数据资产的应用会成为财务会计界的又一亮点。财政部会计司在宣贯《暂行规定》时明确提到"财政部将持续关注数据交易市场发展，待未来市场成熟后适时研究引入公允价值计量的可行性"，因此"数据资产是否采用公允价值计量模式"大概率不是一道选择题，而只是时间早晚问题。关键在于这个平衡如何把握，会计准则的步伐与数据要素市场发展如何协调。

11.3 数据资产会计如何推动企业数智化转型

会计师不能局限于数据资产会计的技术层面，需要多在企业数据战略层面思考，才能实现数据资产会计的永续生命力，使得数据资产会计在企业未来竞争中占据关键地位，发挥数据资产会计担当会计师与企业高管之间沟通桥梁的作用。某种程度上，是否引入数据资产会计比会计技术合规更为重要的是，数据资产会计为企业发展带来切切实实的不可替代的能量。在数字经济时代乃至智能经济时代，只要数据资产会计成为推动企业数智化转型的重要力量，数据资产会计的落地就是成功的。本节先介绍数据资产会计推动企业数智化转型的核心机理，在这一指导原则下进一步探索数据资产会计在企业数智化转型中可落地的技术方案，聚焦数据资产会计在数字经济时代的使命。

11.3.1 企业数智化转型与数据资产入表的良性互动

在数字经济时代，数字技术将深入嵌入到企业生产经营中，甚至成为行业竞争态势变化的主导因素，数字化转型不再是一个可选项，而是一个必选项。在数字经济发展到高级形态即智能经济形态时，数字化转型只是一个基础，以"数字化+智能化"为核心的"数智化转型"才是目标。

在数字化转型之前，企业通常难以沉淀大数据规模级别的数据资源，即使沉淀的数据资源满足了资产确认条件、升格为数据资产，也难以产生对企业生产经营全局级别决策的影响力。在数字化转型之后、数智化转型之前，企业可以初步释放数据资源潜能，利用自身生产经营数据及购买的外部数据资源对生产经营管理决策进行指导，但这种有效指导依赖于擅长数据挖掘分析的复合型人才如首席数据官，对企业多年来沉淀的数据资源进行充分分析，来提炼对管理决策有用的信息，如果没有相关人才，企业的数据资产即使入表，也只能是不产生经济效益的沉没成本，除非在数据交易市场二次变现。由此可见，数字化转型主要通过改变企业生产经营的底层逻辑来创造沉淀数据资源更有利的环境，构建数据资源影响管理决策的数据赋能基础，与数据交易所挂牌的同行业企业开发的数据产品有了比较的基础，但若让外部采集或内部沉淀的数据资源真正发挥作用，或者满足《企业会计准则第20号——企业合并》中让数据资产构成业务的条件，必须依赖人的因素。只有企业完成数智化转型后，数据资源才不再是"越多越好"，而是"越相关越好"，从盲目积累数据资源的"加法"

过渡到精炼数据资源的"减法",结合 AIGC 技术,只保留高质量数据集作为仅服务于企业自身运作的小模型的训练语料,将数据资源中各种噪声因素予以自动化剔除,实现管理决策由数字化时期的半自动化转变为数智化时期的全自动化,让数据资源真正"智能化"、富有智慧,自动对企业生产经营决策进行 24 小时全天候扫描监督,同时自动沉淀为各式各样的提供企业特色解决方案的数据产品,实现管理决策与数据资产的良性循环互动,如图 11-9 所示。

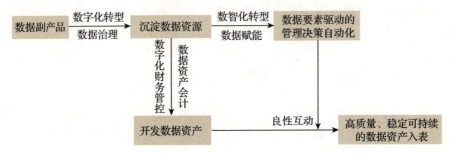

图 11-9 企业数智化转型与数据资产入表的良性互动

在企业数字化转型、数智化转型的历程中,企业的财务战略及具体的财务管控模式也会经历大变革,这里有两层含义:一方面,企业的财务战略要支持企业完成数字化转型,无论是在预算上还是在内控流程设计上都要予以充分保障,尤其是为数据治理体系贡献财务智慧、财务方案,从而创造充分应用数据资产会计的环境土壤,利用数据资产会计的智慧来反映企业对数据资产的积累,反哺推进企业数字化转型战略,这关系到数据资产会计的"效果";另一方面,企业财务模块自身的建设固然也是数字化转型的应有之义,财务系统的自动化、智能化升级也要响应企业数智化转型的财务模块子目标,这关系到数据资产会计的"效率"。相较于传统的财务管控模式,数智化转型带来的数据赋能可以激活数据对于财务管控的驱动效应,赋予企业数智化财务管控能力,不再完全依赖管理者调配资源的权力。

如果数据资产会计没能实现预期效果,不但没能发挥推进企业数智化转型的主要功效,而且降低了企业数据资产的质量,加大了企业数据资产减值测试的压力,甚至增加了审计风险及税务风险以及饱受虚增资产水分的质疑。如果数据资产会计没能在效率上达标，那么会极大地拉低应用数据资产会计的成本效益，在企业未能实现财务数字化转型时会极大地增加财务部门的工作量，在企业数据的规模达到一定量级后只能"无能为力"。因此，若想实现高质量且稳定可持续的数据资产入表，必须保障数据资产会计的效果及效率，这有赖于企业成功的数字化转型，其中少不了财务战略的配套及财务数字化的实现。为了规避企业核心数据人才流失风险对数据资产会计及数字化转型成果保护造成的不利影响，还需依赖企业数智化转型的成果。

11.3.2　数据资产管理会计报告成为企业数智化转型的重要抓手

本章前述的"数据资产变动表"，归属于财务报表或财务会计报告体系，用于对外披露。然而，数据资产不同于其他对外披露的普通资产，需要提供更多的相关信息辅助企业数智化转型的管理决策，而受制于对外披露信息规范的财务报告需要加以改造才能作为管理决策的参考依据，这主要归因于对外报告与对内报告的目标差异。因此，管理会计视角下的数据资产报表与财务会计视角下的"数据资产变动表"是截然不同的设计。在企业管理的范畴内，所谓的"数据资产入表"若想进一步反哺企业管理，离不开数据资产管理会计的参与，甚至"数据资产入管理会计报告"与"数据资产入资产负债表"同等重要。

如图 11-10 所示，广义的数据资产会计包含数据资产财务会计与数据资产管理会计，如不特别提及，数据资产会计通常指的是狭义范畴即数据资产财务会计，数据资产入表指的是数据资产列入财务报表。然而在管理会计的语境下，数据资产入表也可以体现为数据资产入管理会计报告。管理会计报告与财务会计报告不同，是专用于提升内部管理的，之所以叫"管理会计报告"而不叫"管理报告"，是因为这一报告是会计师做的，融入了很多定量数据资产管理信息，以及数据资产财务业绩的业务维度解释。二者并非毫无关联，如信息披露机制与管理改善机制得当，二者可以协同运作。

1. 数据资产管理会计报告与数据资产入表的协同运作机制

为了更好地说明数据资产管理会计报告是如何与财务会计主推的数据资产

入表进行相互联系的，下面将二者的协同运作机制用图 11-11 展示。数据资产入表，即企业财务报表对数据资产的列报，数据资产的列报项目及列报金额反映了企业是如何用财务数据评价数据资产管理业绩的，可以通过财务报表管理工作予以挖掘。在此基础上，数据资产管理会计可以结合企业未对外披露的内部信息尤其是数据资产业务信息，整理形成数据资产管理会计报告，优秀的数据资产管理会计报告会提示数据资产管理的"牛鼻子"及管理抓手，这才是改善数据资产入表情况的管理途径，由此形成财务披露与管理改善的良性循环。

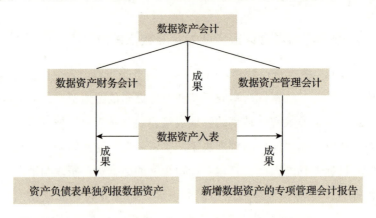

图 11-10　广义数据资产会计下的数据资产管理会计报告

图 11-11　数据资产管理会计报告与数据资产入表的协同运作机制

2. 数据资产管理会计报告的设计思路

数据资产管理会计报告，顾名思义，受数据资产管理目标主导，而每个行业、每家企业的数智化战略路线及数据资产的具体管理目标都是不同的，因此没有固定的格式，这也是管理会计的一贯作风。但是，这并不代表数据资产管理会计报告的设计可以"天马行空",即使有很大的自由发挥空间,也要包含如图 11-12 所示的设计数据资产管理会计报告的基本考虑。

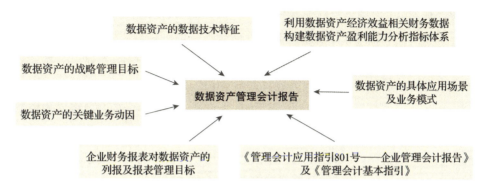

图 11-12　设计数据资产管理会计报告的基本考虑

其一,管理会计虽没有强制规范,但财政部也给出了相关参考。在管理会计报告方面,可以参考《管理会计应用指引第 801 号——企业管理会计报告》,如果是战略级数据资产,可以重点参考该指引的"战略层管理会计报告",如果是业务级数据资产,可以重点参考该指引的"业务层管理会计报告"。此外,还可以参考该指引的母指引《管理会计基本指引》。

其二,需考虑企业拥有的数据资源具体特征,既包括数据资源的数据技术特征,也包括数据资源对应的数据业务特征,尤其要重点体现决定数据资源成为高质量数据资产的关键业务动因。这里之所以强调数据资源而非数据资产,是考虑到数据资产管理要包含那些具有确认为数据资产的潜质但尚未满足资产确认条件的数据资源。

其三,需考虑企业财务报表对数据资产的列报,数据资产管理会计报告不能与财务会计报告体系完全割裂。要改变财务会计报告体系下对数据资产的列报,除了数据资产财务会计在记账规则上的努力外,还需要业务层面及战略层面的数据资产管理,而数据资产管理会计报告就呈现了数据资产管理的"牛鼻子",只有将数据资产在财务报表中的列报结果纳入数据资产管理会计报告中,才能建立起二者的联系,给企业提供改善数据资产对外报告结果的对内管理抓手。

其四，需体现数据资产的具体应用场景及业务模式。数据资产的使用价值与应用场景高度相关，如果在应用场景方面分析不到位，误导了数据资产使用决策，那么会导致数据资产"大材小用"，发生数据资产管理不善引起的数据资产减值。对于有特定应用场景限制的数据资产，业务模式较为单一，而对于没有特定应用场景限制的数据资产，就需要开动脑筋、发扬创新精神，一些"脑洞大开"的应用场景可能会成为数据资产应用的"蓝海"，带来超额收益。在不同应用场景下，数据资产需要有不同的配套资产，需要垫支的营运资本规模及种类各不相同，需要在数据资产管理会计报告中预测不同应用场景下数据资产的预期经济效益，可以利用差量分析等方法比较分析不同应用场景、不同业务模式下数据资产的价值，并进行敏感性分析。

其五，需体现数据资产已产生的经济效益，从利润表、现金流量表中剥离数据资产带来的收入、利润、经营现金流等数据，构建分析数据资产盈利能力的指标体系。在三大财务报表中，除了资产负债表单独列示资产中的数据资产部分，利润表、现金流量表并未单独列示与数据资产直接相关的财务数据，阻碍了对数据资产营运能力及盈利能力的财务分析，而数据资产管理会计报告可以弥补这一点，毕竟企业内部可以取得与数据资产相关的更加具体的财务数据。

11.3.3　数据资产会计为推进世界一流财务管理体系建设提供数据智慧

推动企业数智化转型、打造世界一流企业，离不开世界一流的财务管理体系建设，毕竟财务管理是企业管理的中心环节。财务作为天然数据中心，有能力、有责任成为推动企业数智化转型的中坚力量。在这一过程中，数据资产会计成为企业财务部门推进"数据驱动"的现代化企业管理体系建设的重要载体。

国务院国资委发布的《关于中央企业加快建设世界一流财务管理体系的指导意见》（国资发财评规〔2022〕23号）提出"从流程驱动为主向流程驱动与数据驱动并重转变"，"数据驱动"是时代的召唤，是数据资产会计的重要使命。

数据资产会计可以将业务场景与数据管理联系起来，帮助企业在业务管理决策中注入数据灵魂，在企业资源配置中融入数据智慧，基于业数财融合视角重塑企业数据管理体系，显性化从"数据流"到"资金流"的管理脉络，通过数据资产全生命周期核算加速数据转化为财富的过程，为企业数据要素释放价值提供财务智慧。数据资产会计通过在各个财务管理环节中融入数据要素，成为企业数据战略与财务战略的沟通桥梁，为推进世界一流财务管理体系建设提供数据智慧，为推进世界一流企业建设提供最先进的财务支持。

数字经济越发展，数据资产会计越重要。数据正在成为企业最时髦的资本，在这场围绕数据生态的价值创造竞赛中，数据资产会计永不缺席。

附 录

附录列入全书最常引用的《暂行规定》和《指导意见》,即《企业数据资源相关会计处理暂行规定》和《数据资产评估指导意见》,以便于读者在阅读时随时查阅。

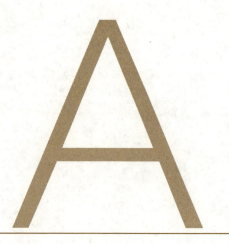

附录A | APPENDIX

《企业数据资源相关会计处理暂行规定》

为规范企业数据资源相关会计处理,强化相关会计信息披露,根据《中华人民共和国会计法》和企业会计准则等相关规定,现对企业数据资源的相关会计处理规定如下:

一、关于适用范围

本规定适用于企业按照企业会计准则相关规定确认为无形资产或存货等资产类别的数据资源,以及企业合法拥有或控制的、预期会给企业带来经济利益的、但由于不满足企业会计准则相关资产确认条件而未确认为资产的数据资源的相关会计处理。

二、关于数据资源会计处理适用的准则

企业应当按照企业会计准则相关规定,根据数据资源的持有目的、形成方

式、业务模式,以及与数据资源有关的经济利益的预期消耗方式等,对数据资源相关交易和事项进行会计确认、计量和报告。

1. 企业使用的数据资源,符合《企业会计准则第6号——无形资产》(财会〔2006〕3号,以下简称无形资产准则)规定的定义和确认条件的,应当确认为无形资产。

2. 企业应当按照无形资产准则、《〈企业会计准则第6号——无形资产〉应用指南》(财会〔2006〕18号,以下简称无形资产准则应用指南)等规定,对确认为无形资产的数据资源进行初始计量、后续计量、处置和报废等相关会计处理。

其中,企业通过外购方式取得确认为无形资产的数据资源,其成本包括购买价款、相关税费,直接归属于使该项无形资产达到预定用途所发生的数据脱敏、清洗、标注、整合、分析、可视化等加工过程所发生的有关支出,以及数据权属鉴证、质量评估、登记结算、安全管理等费用。企业通过外购方式取得数据采集、脱敏、清洗、标注、整合、分析、可视化等服务所发生的有关支出,不符合无形资产准则规定的无形资产定义和确认条件的,应当根据用途计入当期损益。

企业内部数据资源研究开发项目的支出,应当区分研究阶段支出与开发阶段支出。研究阶段的支出,应当于发生时计入当期损益。开发阶段的支出,满足无形资产准则第九条规定的有关条件的,才能确认为无形资产。

企业在对确认为无形资产的数据资源的使用寿命进行估计时,应当考虑无形资产准则应用指南规定的因素,并重点关注数据资源相关业务模式、权利限制、更新频率和时效性、有关产品或技术迭代、同类竞品等因素。

3. 企业在持有确认为无形资产的数据资源期间,利用数据资源对客户提供服务的,应当按照无形资产准则、无形资产准则应用指南等规定,将无形资产的摊销金额计入当期损益或相关资产成本;同时,企业应当按照《企业会计准则第14号——收入》(财会〔2017〕22号,以下简称收入准则)等规定确认相关收入。

除上述情形外,企业利用数据资源对客户提供服务的,应当按照收入准则等规定确认相关收入,符合有关条件的应当确认合同履约成本。

4. 企业日常活动中持有、最终目的用于出售的数据资源，符合《企业会计准则第 1 号——存货》（财会〔2006〕3 号，以下简称存货准则）规定的定义和确认条件的，应当确认为存货。

5. 企业应当按照存货准则、《〈企业会计准则第 1 号——存货〉应用指南》（财会〔2006〕18 号）等规定，对确认为存货的数据资源进行初始计量、后续计量等相关会计处理。

其中，企业通过外购方式取得确认为存货的数据资源，其采购成本包括购买价款、相关税费、保险费，以及数据权属鉴证、质量评估、登记结算、安全管理等所发生的其他可归属于存货采购成本的费用。企业通过数据加工取得确认为存货的数据资源，其成本包括采购成本，数据采集、脱敏、清洗、标注、整合、分析、可视化等加工成本和使存货达到目前场所和状态所发生的其他支出。

6. 企业出售确认为存货的数据资源，应当按照存货准则将其成本结转为当期损益；同时，企业应当按照收入准则等规定确认相关收入。

7. 企业出售未确认为资产的数据资源，应当按照收入准则等规定确认相关收入。

三、关于列示和披露要求

（一）资产负债表相关列示。

企业在编制资产负债表时，应当根据重要性原则并结合本企业的实际情况，在"存货"项目下增设"其中：数据资源"项目，反映资产负债表日确认为存货的数据资源的期末账面价值；在"无形资产"项目下增设"其中：数据资源"项目，反映资产负债表日确认为无形资产的数据资源的期末账面价值；在"开发支出"项目下增设"其中：数据资源"项目，反映资产负债表日正在进行数据资源研究开发项目满足资本化条件的支出金额。

（二）相关披露。

企业应当按照相关企业会计准则及本规定等，在会计报表附注中对数据资源相关会计信息进行披露。

1. 确认为无形资产的数据资源相关披露。

（1）企业应当按照外购无形资产、自行开发无形资产等类别，对确认为无形资产的数据资源（以下简称数据资源无形资产）相关会计信息进行披露，并可以在此基础上根据实际情况对类别进行拆分。具体披露格式如下：

项目	外购的数据资源无形资产	自行开发的数据资源无形资产	其他方式取得的数据资源无形资产	合计
一、账面原值				
1.期初余额				
2.本期增加金额				
其中：购入				
内部研发				
其他增加				
3.本期减少金额				
其中：处置				
失效且终止确认				
其他减少				
4.期末余额				
二、累计摊销				
1.期初余额				
2.本期增加金额				
3.本期减少金额				
其中：处置				
失效且终止确认				
其他减少				
4.期末余额				
三、减值准备				
1.期初余额				
2.本期增加金额				
3.本期减少金额				
4.期末余额				
四、账面价值				
1.期末账面价值				
2.期初账面价值				

（2）对于使用寿命有限的数据资源无形资产，企业应当披露其使用寿命的估计情况及摊销方法；对于使用寿命不确定的数据资源无形资产，企业应当披露其账面价值及使用寿命不确定的判断依据。

（3）企业应当按照《企业会计准则第 28 号——会计政策、会计估计变更和差错更正》（财会〔2006〕3 号）的规定，披露对数据资源无形资产的摊销期、摊销方法或残值的变更内容、原因以及对当期和未来期间的影响数。

（4）企业应当单独披露对企业财务报表具有重要影响的单项数据资源无形资产的内容、账面价值和剩余摊销期限。

（5）企业应当披露所有权或使用权受到限制的数据资源无形资产，以及用于担保的数据资源无形资产的账面价值、当期摊销额等情况。

（6）企业应当披露计入当期损益和确认为无形资产的数据资源研究开发支出金额。

（7）企业应当按照《企业会计准则第 8 号——资产减值》（财会〔2006〕3 号）等规定，披露与数据资源无形资产减值有关的信息。

（8）企业应当按照《企业会计准则第 42 号——持有待售的非流动资产、处置组和终止经营》（财会〔2017〕13 号）等规定，披露划分为持有待售类别的数据资源无形资产有关信息。

2．确认为存货的数据资源相关披露。

（1）企业应当按照外购存货、自行加工存货等类别，对确认为存货的数据资源（以下简称数据资源存货）相关会计信息进行披露，并可以在此基础上根据实际情况对类别进行拆分。具体披露格式如下：

项目	外购的数据资源存货	自行加工的数据资源存货	其他方式取得的数据资源存货	合计
一、账面原值				
1. 期初余额				
2. 本期增加金额				
其中：购入				
采集加工				

（续）

项目	外购的数据资源存货	自行加工的数据资源存货	其他方式取得的数据资源存货	合计
其他增加				
3.本期减少金额				
其中：出售				
失效且终止确认				
其他减少				
4.期末余额				
二、存货跌价准备				
1.期初余额				
2.本期增加金额				
3.本期减少金额				
其中：转回				
转销				
4.期末余额				
三、账面价值				
1.期末账面价值				
2.期初账面价值				

（2）企业应当披露确定发出数据资源存货成本所采用的方法。

（3）企业应当披露数据资源存货可变现净值的确定依据、存货跌价准备的计提方法、当期计提的存货跌价准备的金额、当期转回的存货跌价准备的金额，以及计提和转回的有关情况。

（4）企业应当单独披露对企业财务报表具有重要影响的单项数据资源存货的内容、账面价值和可变现净值。

（5）企业应当披露所有权或使用权受到限制的数据资源存货，以及用于担保的数据资源存货的账面价值等情况。

3.其他披露要求。

企业对数据资源进行评估且评估结果对企业财务报表具有重要影响的，应当披露评估依据的信息来源，评估结论成立的假设前提和限制条件，评估方法的选择，各重要参数的来源、分析、比较与测算过程等信息。

企业可以根据实际情况，自愿披露数据资源（含未作为无形资产或存货确认的数据资源）下列相关信息：

（1）数据资源的应用场景或业务模式、对企业创造价值的影响方式，与数据资源应用场景相关的宏观经济和行业领域前景等。

（2）用于形成相关数据资源的原始数据的类型、规模、来源、权属、质量等信息。

（3）企业对数据资源的加工维护和安全保护情况，以及相关人才、关键技术等的持有和投入情况。

（4）数据资源的应用情况，包括数据资源相关产品或服务等的运营应用、作价出资、流通交易、服务计费方式等情况。

（5）重大交易事项中涉及的数据资源对该交易事项的影响及风险分析，重大交易事项包括但不限于企业的经营活动、投融资活动、质押融资、关联方及关联交易、承诺事项、或有事项、债务重组、资产置换等。

（6）数据资源相关权利的失效情况及失效事由、对企业的影响及风险分析等，如数据资源已确认为资产的，还包括相关资产的账面原值及累计摊销、减值准备或跌价准备、失效部分的会计处理。

（7）数据资源转让、许可或应用所涉及的地域限制、领域限制及法律法规限制等权利限制。

（8）企业认为有必要披露的其他数据资源相关信息。

四、附则

本规定自 2024 年 1 月 1 日起施行。企业应当采用未来适用法执行本规定，本规定施行前已经费用化计入损益的数据资源相关支出不再调整。

附录B APPENDIX

《数据资产评估指导意见》

第一章 总则

第一条 为规范数据资产评估行为,保护资产评估当事人合法权益和公共利益,根据《资产评估基本准则》及其他相关资产评估准则,制定本指导意见。

第二条 本指导意见所称数据资产,是指特定主体合法拥有或者控制的,能进行货币计量的,且能带来直接或者间接经济利益的数据资源。

第三条 本指导意见所称数据资产评估,是指资产评估机构及其资产评估专业人员遵守法律、行政法规和资产评估准则,根据委托对评估基准日特定目的下的数据资产价值进行评定和估算,并出具资产评估报告的专业服务行为。

第四条 执行数据资产评估业务,应当遵守本指导意见。

第二章 基本遵循

第五条 执行数据资产评估业务,应当遵守法律、行政法规和资产评估准则，坚持独立、客观、公正的原则，诚实守信，勤勉尽责，谨慎从业，遵守职业道德规范，自觉维护职业形象，不得从事损害职业形象的活动。

第六条 执行数据资产评估业务，应当独立进行分析和估算并形成专业意见，拒绝委托人或者其他相关当事人的干预，不得直接以预先设定的价值作为评估结论。

第七条 执行数据资产评估业务，应当具备数据资产评估的专业知识和实践经验，能够胜任所执行的数据资产评估业务。缺乏特定的数据资产评估专业知识、技术手段和经验时，应当采取弥补措施，包括利用数据领域专家工作成果及相关专业报告等。

第八条 执行数据资产评估业务，应当关注数据资产的安全性和合法性，并遵守保密原则。

第九条 执行企业价值评估中的数据资产评估业务，应当了解数据资产作为企业资产组成部分的价值可能有别于作为单项资产的价值，其价值取决于它对企业价值的贡献程度。

数据资产与其他资产共同发挥作用时，需要采用适当方法区分数据资产和其他资产的贡献，合理评估数据资产价值。

第十条 执行数据资产评估业务，应当根据评估业务具体情况和数据资产的特性，对评估对象进行针对性的现场调查，收集数据资产基本信息、权利信息、相关财务会计信息和其他资料，并进行核查验证、分析整理和记录。

核查数据资产基本信息可以利用数据领域专家工作成果及相关专业报告等。资产评估专业人员自行履行数据资产基本信息相关的现场核查程序时，应当确保具备相应专业知识、技术手段和经验。

第十一条 执行数据资产评估业务，应当合理使用评估假设和限制条件。

第三章 评估对象

第十二条 执行数据资产评估业务，可以通过委托人、相关当事人等提供或者自主收集等方式，了解和关注被评估数据资产的基本情况，例如：数据资产的信息属性、法律属性、价值属性等。

信息属性主要包括数据名称、数据结构、数据字典、数据规模、数据周期、产生频率及存储方式等。

法律属性主要包括授权主体信息、产权持有人信息，以及权利路径、权利类型、权利范围、权利期限、权利限制等权利信息。

价值属性主要包括数据覆盖地域、数据所属行业、数据成本信息、数据应用场景、数据质量、数据稀缺性及可替代性等。

第十三条 执行数据资产评估业务，应当知晓数据资产具有非实体性、依托性、可共享性、可加工性、价值易变性等特征，关注数据资产特征对评估对象的影响。

非实体性是指数据资产无实物形态，虽然需要依托实物载体，但决定数据资产价值的是数据本身。数据资产的非实体性也衍生出数据资产的无消耗性，即其不会因为使用而磨损、消耗。

依托性是指数据资产必须存储在一定的介质里，介质的种类包括磁盘、光盘等。同一数据资产可以同时存储于多种介质。

可共享性是指在权限可控的前提下，数据资产可以被复制，能够被多个主体共享和应用。

可加工性是指数据资产可以通过更新、分析、挖掘等处理方式，改变其状态及形态。

价值易变性是指数据资产的价值易发生变化，其价值随应用场景、用户数量、使用频率等的变化而变化。

第十四条 执行数据资产评估业务，应当根据数据来源和数据生成特征，关注数据资源持有权、数据加工使用权、数据产品经营权等数据产权，并根据评估目的、权利证明材料等，确定评估对象的权利类型。

第四章 操作要求

第十五条 执行数据资产评估业务，应当明确资产评估业务基本事项，履行适当的资产评估程序。

第十六条 执行数据资产评估业务，需要关注影响数据资产价值的成本因素、场景因素、市场因素和质量因素。

成本因素包括形成数据资产所涉及的前期费用、直接成本、间接成本、机会成本和相关税费等。

场景因素包括数据资产相应的使用范围、应用场景、商业模式、市场前景、财务预测和应用风险等。

市场因素包括数据资产相关的主要交易市场、市场活跃程度、市场参与者和市场供求关系等。

质量因素包括数据的准确性、一致性、完整性、规范性、时效性和可访问性等。

第十七条 资产评估专业人员应当关注数据资产质量，并采取恰当方式执行数据质量评价程序或者获得数据质量的评价结果，必要时可以利用第三方专业机构出具的数据质量评价专业报告或者其他形式的数据质量评价专业意见等。

数据质量评价采用的方法包括但不限于：层次分析法、模糊综合评价法和德尔菲法等。

第十八条 同一数据资产在不同的应用场景下，通常会发挥不同的价值。资产评估专业人员应当通过委托人、相关当事人等提供或者自主收集等方式，了解相应评估目的下评估对象的具体应用场景，选择和使用恰当的价值类型。

第五章　评估方法

第十九条 确定数据资产价值的评估方法包括收益法、成本法和市场法三种基本方法及其衍生方法。

第二十条 执行数据资产评估业务，资产评估专业人员应当根据评估目的、评估对象、价值类型、资料收集等情况，分析上述三种基本方法的适用性，选择评估方法。

第二十一条 采用收益法评估数据资产时应当：

（一）根据数据资产的历史应用情况及未来应用前景，结合应用或者拟应用数据资产的企业经营状况，重点分析数据资产经济收益的可预测性，考虑收益法的适用性；

（二）保持预期收益口径与数据权利类型口径一致；

（三）在估算数据资产带来的预期收益时，根据适用性可以选择采用直接收益预测、分成收益预测、超额收益预测和增量收益预测等方式；

（四）区分数据资产和其他资产所获得的收益，分析与之有关的预期变动、收益期限，与收益有关的成本费用、配套资产、现金流量、风险因素；

（五）根据数据资产应用过程中的管理风险、流通风险、数据安全风险、监管风险等因素估算折现率；

（六）保持折现率口径与预期收益口径一致；

（七）综合考虑数据资产的法律有效期限、相关合同有效期限、数据资产的更新时间、数据资产的时效性、数据资产的权利状况以及相关产品生命周期等因素，合理确定经济寿命或者收益期限，并关注数据资产在收益期限内的贡献情况。

第二十二条 采用成本法评估数据资产时应当：

（一）根据形成数据资产所需的全部投入，分析数据资产价值与成本的相关程度，考虑成本法的适用性；

（二）确定数据资产的重置成本，包括前期费用、直接成本、间接成本、机会成本和相关税费等；

（三）确定数据资产价值调整系数，例如：对于需要进行质量因素调整的数据资产，可以结合相应质量因素综合确定调整系数；对于可以直接确定剩余经济寿命的数据资产，也可以结合剩余经济寿命确定调整系数。

第二十三条 采用市场法评估数据资产时应当：

（一）考虑该数据资产或者类似数据资产是否存在合法合规的、活跃的公开交易市场，是否存在适当数量的可比案例，考虑市场法的适用性；

（二）根据该数据资产的特点，选择合适的可比案例，例如：选择数据权利类型、数据交易市场及交易方式、数据规模、应用领域、应用区域及剩余年限等相同或者近似的数据资产；

（三）对比该数据资产与可比案例的差异，确定调整系数，并将调整后的结果汇总分析得出被评估数据资产的价值。通常情况下需要考虑质量差异调整、供求差异调整、期日差异调整、容量差异调整以及其他差异调整等。

第二十四条　对同一数据资产采用多种评估方法时，应当对所获得的各种测算结果进行分析，说明两种以上评估方法结果的差异及其原因和最终确定评估结论的理由。

第六章　披露要求

第二十五条　无论是单独出具数据资产的资产评估报告，还是将数据资产评估作为资产评估报告的组成部分，都应当在资产评估报告中披露必要信息，使资产评估报告使用人能够正确理解评估结论。

第二十六条　单独出具数据资产的资产评估报告，应当说明下列内容：

（一）数据资产基本信息和权利信息；

（二）数据质量评价情况，评价情况应当包括但不限于评价目标、评价方法、评价结果及问题分析等内容；

（三）数据资产的应用场景以及数据资产应用所涉及的地域限制、领域限制及法律法规限制等；

（四）与数据资产应用场景相关的宏观经济和行业的前景；

（五）评估依据的信息来源；

（六）利用专家工作或者引用专业报告内容；

（七）其他必要信息。

第二十七条　单独出具数据资产的资产评估报告，应当说明有关评估方法的下列内容：

（一）评估方法的选择及其理由；

（二）各重要参数的来源、分析、比较与测算过程；

（三）对测算结果进行分析，形成评估结论的过程；

（四）评估结论成立的假设前提和限制条件。

第七章　附则

第二十八条　本指导意见自 2023 年 10 月 1 日起施行。

推荐阅读